『어떻게 살 것인가』를 향한 찬사들

『어떻게 살 것인가』의 25주년 기념판에서 패트릭 몰리는 오늘날의 급변하는 사회적·도덕적 상황 속에서 남성들이 직면하는 여러 가지 어려운 문제를 살핀다. 그는 우리의 선택이 우리 주변의 모든 이들의 삶에 영향을 주는 방식에 대해 생각해보도록 돕는다. 이 책은 아주 유용하다.

벤 카슨, 존스홉킨스 대학 명예교수

지난 1백 년간 가장 큰 영향을 끼친 책 100권 중 하나로 선정된 『어떻게 살 것인가』는 나에게도 아주 큰 영향을 주었다. 이제 패트릭 몰리는 당신을 포함해 완전히 새로운 세대의 남성들을 위해 그 책을 개정하고 증보했다. 자신의 책꽂이에 『어떻게 살 것인가』를 두는 남성은 현명한 사람이다. 이 책이 다루는 24가지 문제 중 하나와 마주할 때, 당신은 하나님의 해결책에 대해 배우게 될 것이다.

마크 배터슨, 『뉴욕 타임즈』가 선정한 베스트셀러
『서클 메이커; 기도의 원을 그리는 사람』의 저자

패트릭 몰리의 고전은 모든 남성이 읽어야 할 필독서다. 이 중요한 책은 남성이 마주하는 가장 일반적인 문제를 다루며, 모든 남자에게 하나님이 기대하시는 사람이 될 수 있는 능력을 부여하고, 유익하며 쉬운 성경적 해결책을 제공한다.

크레이그 그로쉘, 라이프교회(LifeChurch.tv)의 담임목사

패트릭 몰리는 내 생애 가장 어렵고 가장 힘든 시기에 『어떻게 살 것인가』를 출간했다. 당시 나는 막 그리스도인이 되었고, 젊은 남편이자 아버지였으며, 실패한 사업가였고, 파산한 상태였다. 하나님은 나의 삶을 되돌려놓으려 하셨고, 이 책은 그때 그분이 내 손에 쥐어주신 도구 중 하나였다. 그로부터 20년이 훨씬 넘은 지금, 나도 이 책을 다른 사람들의 손에 쥐어주고 싶다. 아직 읽지 않았다면, 지금이야말로 이 책을 읽어야 할 때.

데이브 램지, 『뉴욕 타임즈』가 선정한 베스트셀러 작가, 전국 연합 라디오 쇼 진행자

KB192666

1989년에 나는 당시 나의 사업 파트너였던 로버트 월게머스와 함께 『어떻게 살 것인가』 초판을 출간하는 특권을 누렸다. 34살의 사업가이자 남편, 그리고 아버지였던 나는 이 책이 나에게 말을 걸어온다고 느꼈다. 패트릭은 마치 나의 편지를 읽고 책을 쓴 것 같았다. 그는 내가 마주하던 문제들에 대해 단순하고도 실제적인 해결책을 제시해주었다. 놀랍게도 그것은 그때나 지금이나 적절하다.

마이클 하얏트, 『뉴욕 타임즈』가 선정한 베스트셀러 작가

소수의 책들만 "고전"으로 간주된다. 이 책은 그렇게 간주될 자격이 있다. 1989년에 나온 이 책의 초판은 사업가이자 헌신된 그리스도의 제자였던 패트릭 몰리의 삶의 용광로로부터 직접 흘러나왔다. 새롭게 개정된 이 책은, 저자 자신의 삶이 그러하듯이, 시간의 시험을 통과했다. 독자들에게 이 책을 강력하게 추천한다.

로버트 월게머스, 베스트셀러 작가

나는 『어떻게 살 것인가』가 매일 풍성한 삶을 사는 방법에 관한 실제적이고 성경적인 통찰을 원하는 남자들을 위해 쓰인 최고의 책이라고 믿는다. 패트릭 몰리는 이 고전적인 베스트셀러를 통해 오늘날 우리 문화 속에서 남자들에게 일어나는 일을 전략적으로 분석하고, 이어서 우리에게 풍성한 삶을 살기 위한 특별한 행동 지침들을 제시한다. 당신은 이 책을 확신을 갖고 읽을 수 있다. 이 책은 당신의 삶을 영원히 바꿔놓을 것이다!

노엄 밀러, 인터스테이트 배터리즈 회장

그동안 이 책은 수많은 남성들에게 삶을 변화시켜주는 입증된 자산이 되었다. 이 개정판은 당신의 신앙을 보다 높은 단계로 이끌어가기 위한 훨씬 더 많은 지혜의 진주들을 담고 있다. 적극 추천한다.

로버트 루이스, 멘즈 프러터너티 설립자

저자는 여러 나라에서 남성들을 제자화하는 선구적인 리더다. 그가 교회에서 보여준 성실함과 유익한 코칭의 삶은 나와 수많은 다른 목회자들을 이끌어주었다. 그가 하나님의 말씀과 그분의 성령으로부터 나오는 활력과 통찰력을 지닌 도전으로 우리를 이끌어갈 때 그는 탁월하기도 하고 실제적이기도 하다. 이 책은 당신의 삶을 바꿀 것이다. 전에 나의 삶을 바꿨듯이!

조엘 C. 헌터, 노스랜드 교회 담임목사

25년 전에 저자는 남자들이 문제에 빠져 있음을 보았고 『어떻게 살 것인가』를 통해 그들에게 생명줄을 던져주었다. 오늘날 그가 이 위대한 책을 통해 제공하고 있는 원리들은 25년 전에 그랬던 것처럼 참되고, 시도되고 있으며, 또한 시험을 받고 있다. 나는 이 책을 예수 그리스도를 절실하게 필요로 하는 새 세대의 남자들에게 권한다.

제임스 맥도널드, 하베스트 성경 채플 담임목사

바울은 디모데전서에서 이렇게 썼다. "경건에 이르기를 연습하라." 21세기를 살아가는 우리는 어디에서 그와 같은 권면을 얻을 수 있을까? 성경에 더하여 한 가지 자료가 있다면, 그것은 『어떻게 살 것인가』가 될 것이다. 이 책은 그리스도 안에서 성장하기를 원하는 남자들을 위한 참으로 훌륭한 지침서다.

브라이언 도일, 아이언 샤픈즈 아이언 설립자

패트릭 몰리는 남자들을 움직이는 법에 관한 한 세계 최고의 전문가다. 그 어떤 사람도 그렇게 많은 남자들을 도운 적이 없었다. 지금 당신도 그에게 도움을 받을 수 있다. 우리가 거울을 들여다보면서 어려운 질문을 던질 때 곁에 친구 하나를 두는 것은 큰 도움이 된다. 팻이 그런 친구가 될 수 있다. 그는 『어떻게 살 것인가』를 통해 당신이 삶의 어려운 질문들에 답하도록 돕는다.

리어리 게이츠, 내셔널 코얼리전 미니스트리즈 회장

당신이 틀에 박힌 삶을 살면서 좋은 충고를 구하고 있다면, 패트릭 몰리를 찾으라. 그는 오랜 세월 동안 사람들이 그들의 가장 참된 질문들에 답하는 일을 돕는 경험을 해왔다.

패트릭 몰리는 내가 가장 좋아하는 사람 중 하나다. 그는 진실성과 높은 원칙을 지닌 경건한 사람이다. 『어떻게 살 것인가』는 그가 가정과 일터에서 배운 교훈에 관한 탁월한 설명이다. 나는 이 책을 영적으로 겨우겨우 살아가느라 지쳐 있는 이들에게, 그리고 예수를 충실하게 따르는 자들이 누릴 수 있는 부요하고 의미 있고 풍성한 삶을 경험하고 싶어하는 그리스도인들에게 권한다.

나는 이 책만큼이나 복음을 위해 일하는 많은 이들에게 영향을 준 다른 책을 알지 못한다. 이 책은 결혼 생활이나 자녀들에 대한 남자들의 생각을 바꾼다. 이 책은 남자들에게 성경의 진리를 제시하면서 그들이 그리스도와의 보다 깊은 관계를 발견하도록 돕는다. 젊고 에너지가 넘치는 기업가였던 나는 이 책을 읽고 잠시 멈춰서 내 자신의 삶을 정직하게 살펴보았다. 그리고 다람쥐 쳇바퀴 같은 삶이 나를 가족들로부터 떼어놓고 있음을 깨달았다. 나는 팻이 이 책을 써준 것에 — 그리고 지금 다시 쓰고 있는 것에 — 깊이 감사드린다. 나는 하나님께서 계속해서 이 책을 사용해 남자들의 마음을 붙들어 주시는 것을 보게 되기를 바란다.

『어떻게 살 것인가』는 신앙을 매일의 삶과 통합시키고자 하는 남자들을 위한 시대를 초월한 고전이다. 몰리는 우리 모두가 직면하고 있는 스물네 가지의 실제적인 문제들을 다룬다. 그는 우리에게 우리가 결혼 생활에서, 아이들과, 친구들과, 일터에서 그리고 우리의 삶의 다른 모든 분야에서 어떻게 경건한 남자로 살아갈 수 있는지를 보여준다. 이 책을 읽으라. 기쁨을 누리게 될 것이다.

저자는 독자들이 확실하게 삶의 우선순위와 실천에 도전하도록 부추기는 방식으로 삶에서 참으로 중요한 모든 것의 핵심을 건드린다.

스티븐 레인먼드, 웨이크 포레스트 대학 경영학부 학장, 전 펩시콜라 회장 겸 CEO

이것은 중요한 책이다. 이것은 남자들이 직면하는 모든 중요한 문제들을 다루며 정확하게 그것에 대해 말한다. 『어떻게 살 것인가』는 모든 남자들을 위한 성공 핸드북이다. 나는 이 책을 읽고 도전을 받고, 자극되며, 확신을 얻었다. 이 책은 오래도록 널리 읽힐 것이다.

팻 윌리엄스, NBA 올랜도 매직 부회장

패트릭 몰리와 교제해왔던 오랜 세월 동안 그는 나에게 굉장한 영향을 끼쳤다. 이 책을 읽고 난 지금, 나는 전보다 훨씬 더 많은 도전을 받고 있다. 나는 이 책을 소그룹 토론에 사용하도록 추천한다. 또한 내가 읽는 방식대로 읽어볼 것을 제안한다. 나는 이 책을 성경 공부와 병행해 매일 한 장씩 읽고 있다. 각 장을 읽을 때마다 나는 패트릭이 제기한 어려운 문제들과 관련해 기도를 드리고 주님께서 내가 그런 문제들에 어떻게 대응하기를 바라시는지에 관해 종일 생각한다.

스티븐 스트랭, 카리스마 미디어 설립자 겸 CEO

때때로 어떤 이들이 나타나 몇 년 동안이나 내가 하려고 했던 말을 한다. 바로 이 책이 그런 책 중 하나다. 이 책은 21세기를 위한 아우구스티누스의 책이다. 이 책은 참되고, 정직하며, 적극적이고, 용의 등 위에 올라탄 것만큼 흥미롭다. 이 책을 읽으라. 이 책은 뜻밖의 발견이 될 것이다. 놀라움의 연속이 될 것이다.

리만 콜맨, 세렌디피티 하우스 설립자

성공한 사업가로서 자신이 "말한 대로 실천하는 것"은 거의 아무도 응하려 하지 않는 도전이다. 패트릭 몰리는 그가 말한 대로 실천한다. 그는 성공한 사업가다. 그리고 그는 『어떻게 살 것인가』에서 쉽게 읽고 이해할 수 있는 방식으로 자신의 지혜와 경험을 제시한다. 이 책을 읽기만 할 것이 아니라 그것의 원리들을 실천해볼 것을 권한다.

론 블루, 로널드 블루 & Co.의 설립자

지난 수년간 읽은 책들 중 가장 자극적인 책이다. 나는 『어떻게 살 것인가』가 우리 세대에 가장 중요한 책 중 하나가 되리라고 믿는다. 이 책은 실제적이고, 적절하며, 도전적이다.

하워드 데이턴, 컴파스 설립자

패트릭 몰리가 말하는 "다람쥐 쳇바퀴"에 관한 주장은 핵심을 찌른다. 이 문화에서 살아남기 위한 첫 단계는 문제를 이해하는 것이다. 『어떻게 살 것인가』는 그 문제를 효과적으로 묘사한다. 이 책은 견고하고, 균형 잡혀 있으며, 실제적이고, 흥미롭다.

크리스 화이트, 리더십 미니스트리즈의 설립자 겸 회장

패트릭 몰리는 일류다. 그리고 『어떻게 살 것인가』는 고전이다. 패트릭은 25년 전에 남자가 가진 마음의 문제들을 아주 정확하게 진단했다. 새 포도주는 시간과 더불어 농익는다. 패트릭 역시 그러하다.

스티브 파라, 『영적 리더십을 발휘하는 아빠』의 저자

『어떻게 살 것인가』는 삶의 우선순위와 관련된 많은 문제의 뿌리를 건드린다. 또한 문제를 정확하게 묘사하는 것 외에도 성경적 관점에서 분명하고 검증된 답들을 제공한다. 이 책은 필독서다.

스탠 스미스, 전 세계 1위 테니스 선수

역동적인 책이다! 마침내 우리 사회에서 남자들이 마주하는 진짜 문제를 다루는 책이 나왔다. 이 책은 정직하고, 실제적이며, 분명하다. 나는 이 책을 오늘날 사업계에서 분투해야 하는 모든 남자들에게 권한다.

스티브 브라운, 키 라이프 네트워크의 설립자 겸 회장

수많은 이들이 이 강력하지만 단순한 메시지를 통해 영향을 받았다. 내가 그들 중 하나인 것에 감사드린다.

패트릭 몰리는 참된 사람이고, 그의 책도 참되다. 그는 삶의 기본을 다룬다. 이 책을 읽고 당신의 삶에 적용하라. 당신은 결코 이전과 같을 수 없을 것이다.

『어떻게 살 것인가』는 내가 우리 사회의 남자들과 관련해 읽은 책 중 최고의 책이다. 패트릭 몰리는 모든 남자들이 직면하는 시련과 유혹들에 대해 썼다. 그는 모든 남자에게 보다 나은 삶을 살아가도록 도전한다.

『어떻게 살 것인가』는 대부분의 남자들이 갖고 있는 문제와 두려움에 대해 직설적인 답을 제공한다. 나는 이 책을 앞으로 레이 리뉴얼 미니스트리즈에 참여할 수많은 남자들에게 권할 것이다. 이것은 그들의 필독서가 될 것이다.

패트릭 몰리는 내가 쓰고 싶었던 책을 썼다. 이 책은 내가 만났던 사업가와 전문가들을 위한 가장 적절한 책이다. 이 책을 읽을 것을 강력하게 권한다.

종교적인 말쟁이들은 많으나 종교적인 행동가들은 아주 드물다. 나는 패트릭 몰리가 이 책에서 쓴 예수와 자신의 동행에 관한 실제적이고 사업가다운 설명을 아주 즐겼다. 피상적인 믿음에서 실제적인 믿음으로 나아가고자 하는 이들은 이 책을 반드시 읽어야 한다.

어떻게 살 것인가

어떻게
살 것인가

남자가 세상에서
하나님의 뜻대로
산다는 것

패트릭 몰리 지음
김광남 옮김

CH북스

목차

추천사

"거울아, 거울아, 세상에서 누가 제일 예쁘니?"

『백설 공주』에 나오는 악한 왕비의 허영심보다 더 큰 허영심이 있을까? 여왕은 세상에서 가장 아름다운 여인이 되려는 욕망에 사로잡혔다. 그녀는 자신의 거울을 사랑했다. 그녀는 답을 얻을 때까지 계속 애정을 담아 질문했다. 그러던 어느 날 거울이 그녀에게 답했다. 답을 얻은 왕비는 자신이 백설 공주를 더 미워하는지 아니면 거짓말 못하는 거울을 더 미워하는지 알지 못했다.

남자의 가장 좋은 친구는 개이고, 가장 나쁜 친구는 거울이라고 생각하는 사람이 많을 것이다. 하지만 실제로도 그러할까? 거울은 단지 우리의 가장 혐오스러운 적의 모습을 반영할 뿐이다. 우리의 가장 깊고 가장 어두운 비밀을 아는 자보다 더 위험한 적이 어디 있겠는가? 또한 우리의 가장 연약하고 부서지기 쉬운 점을 찾아낼 수 있는 자보다 더 치명적인 적이 어디 있겠는가?

거울 속의 남자는 바로 눈에 보이는 나(me)다. 이런! 나는 "거울 속의 남자는 실제 나 자신(I)이다"라고 말했어야 했다. 그러나 그것이 "**실제 나 자신**"(I)이든 "눈에 보이는 나"이든, 메시지는 동일하다. 내가 거울에서 보는 것은 좋든 싫든 내 모습이다. 거울은 결코 우리에게 거짓말을 하지 않는다.

거울은 놀라운 물건이다. 나르키소스가 연못에 비추인 자신의 모습을 보면서 그 남자와 사랑에 빠졌던 이후로 인류는 거울에 매료되었다. 거울은 마술사들의 친구이고, 늙어가는 영화계 스타들의 적이다. 거울에는 둥근 거울, 사각 거울, 큰 거울, 작은 거울, 욕실 거울 그리고 백미러 등 여러 가지가 있다.

앨리스가 이상한 나라로 들어갈 수 있게 해준 마법의 도구도 거울이었다. 거울은 사도 바울이 하나님의 신비한 일에 대한 우리의 희미한 이해를 예시하는 데 사용한 상징이기도 했다. "우리가 지금은 거울로 보는 것 같이 희미하나 그때에는 얼굴과 얼굴을 대하여 볼 것이요 지금은 내가 부분적으로 아나 그때에는 주께서 나를 아신 것 같이 내가 온전히 알리라"(고전 13:12).

나는 웨이트 와처스(Weight Watchers, 식이요법을 통해 살을 빼는 프로그램—옮긴이 주)의 평생회원이다. 최근 모임에서 동료 회원 한 명이 28kg을 감량하고 마침내 자신이 목표로 삼았던 체중에 도달했다. 모임의 리더가 목표를 달성한 후에 어떤 느낌을 받았는지 질문하자 그는 이렇게 답했다. "저는 이제 더 이상 쇼윈도를 들여다보는 것이 부끄럽지 않아요. 전에 거리를 지나갈 때는 쇼윈도를 바라보는 것을 피했어요. 들여다볼 때마다, 그 안에 전시된 멋진 옷보다 창에 비친 제 뚱뚱한 몸이 신경 쓰였거든요. 그때마다 저는 그 모습을 마주볼 수 없었어요. 그런데 제가 목표했던 체중에 도달한 지금 다시 쇼윈도를 마주보는 것을 즐기고 있죠."

당신은 거울을 볼 때 거기서 무엇을 보는가? 내 침실에는 커다란 스탠드 형 거울이 하나 있다. 나는 도대체 왜 내가 그런 혐오스러운 물건을 구입하느라 힘들여 번 돈을 썼는지 모르겠다. 골프 연습할 때 나는 그 거울을 사용한다. 그렇다. 나는 개인 침실에서 거울을 보며 골프채를 휘두르고 자세를 점검한다. 한 가지는 분명하다. 그 거울에 비치는 것이 잭 니클라우스(Jack Nicklaus, 남자 프로골프 세계 4대 대회를 모두 석권한 골프 선수—옮긴이 주)는 아니라는 점이다.

그 괘씸한 거울은 섬세하지 않다. 사실 그것은 아주 잔인하다. 거울은 나의 피부에 난 사마귀, 셔츠의 구겨진 부분 그리고 피부의 모든 흠을 보여준다.

그런데 이제 패트릭 몰리는 그보다 더 나아가 우리의 영혼을 되비추는 거울에 대해 말하려고 한다. 다행스럽게도 몰리의 거울은 나와 이 책을 읽는 이들에게 부드럽고 친절하다. 그것은 충분히 두려운 진실을 말하고 있으나 격려와 지혜를 제공하면서 그렇게 한다.

몇 해 전에 나는 어떤 이의 전기를 쓴 적이 있다. 그 과정에서 두 가지 생각이 떠올랐다. 다른 이의 삶을 세밀하게 살피는 과정에서 갖게 된 첫 번째 생각은 모든 이의 삶이 아주 흥미롭고 심원한 연구 대상이 될 수 있다는 것이었다. 개인이 살아오면서 겪은 독특한 경험은 흥미로운 소설을 위한 좋은 소재가 될 수 있다.

내가 갖게 된 두 번째 생각은 이것이었다. 나는 병적인 자기중심성 때문에 혹시 누군가 나의 삶에 대한 전기를 쓰려고 하지 않을까 하는 생각을 했다. 그러나 곧 나는 그것이 공상에 불과하며 그런 일은 결코 일어나지 않을 것이라고 확신했다.

그런데 최근에 어떤 이가 실제로 나의 전기를 썼다는 사실을 알고 깜짝 놀랐다. 그는 패트릭 몰리였고 그 책의 제목은 『어떻게 살 것인가』였다. 아이러니컬한 점은 몰리가 자신이 나의 삶에 관한 이야기를 쓰고 있다는 사실을 알지 못했다는 것이다. 당신 역시 나처럼 이 책이 당신의 전기라는 사실을 발견하고 놀라게 될 것이다. 몰리가 한 권의 책으로 그렇게 많은 전기를 쓸 수 있었다는 것은 참으로 놀라운 일이다.

나는 지식 산업에 종사하고 있는 선생이다. 성경은 우리에게 지식은 "교만하게 하고" 사랑은 "덕을 세운다"고 알려준다(고전 8:1). 하지만 그와 동시에 성경은 우리에게 지식을 구하라는 권고도 한다. 그러나 그런 지식은 그 자체가 목적이 되어서는 안 된다. 성경은 이렇게 말한다. "지혜가 제일이니 지혜를 얻으라. 네가 얻은 모든 것을 가지고 명철을 얻을 지니라"(잠 4:7).

지식의 목표는 지혜다. 지혜의 목표는 하나님을 기쁘게 해드리는 삶을 사는 것이다. 이 책은 특별한 지혜를 포함하고 있다. 그 지혜는 우리를 자극하고, 혼란스럽게 하며, 그와 동시에 풍성하게 격려한다.

『어떻게 살 것인가』는 남자에 의해, 남자를 위해 쓰였다. 이 책을 읽는 동안 계속해서 한 가지 생각이 떠올랐다. **내 아내 베스타가 이 책을 읽을 때까지 기다려서는 안 된다.** 베스타는 독서광이다. 그녀는 나보다 훨씬 더 많은 책을 읽는다. 그래서 나는 다음에 무슨 책을 읽어야 할지(신학 서적들에 대해서조차)에 대한 팁을 늘 그녀에게서 얻는다.

나는 내 아내가 이 책을 읽기를 바란다. 그녀가 이 책을 읽을 필요가 있다고 생각해서가 아니다. 사실 이 책을 읽을 필요가 있는 사람은 나다. 내가 아내가 이 책을 읽기를 바라는 것은 그녀가 이 책을 읽고서 감동하리라는 것을 알기 때문이다.

독자들을 위한 마지막 팁 하나를 알려주겠다. 어떤 이가 당신에게 이 책을 선물로 주거나 당신이 스스로 구입한다면, 반드시 읽어라. 그렇지 않을 경우 이 책이 당신 아내의 손에 들어가기 전에 어떻게 해서든 없애

버려라. 그 상상할 수 없는 일, 즉 당신이 읽지 않았는데 당신의 아내가
이 책을 읽는 일이 벌어진다면, 형제들이여, 당신은 아주 곤란할 것이다.

플로리다주 올랜도에서

R. C. 스프로울

서문

어느 날 저녁에 우리는 로그니 씨를 위한 송별 파티를 열었다. 로그니 씨는 1년 동안 미국의 문화를 스펀지처럼 빨아들였다. 스웨덴 출신의 목회자인 그는 자신의 모국이 하나님에 대한 열정을 갖게 하는 방법을 찾기 위해 미국을 여행했다. 나는 아내 팻시와 함께 우리 집에서 열었던 주중 성경 공부 모임에 참석하도록 로그니 씨를 초대했다. 우리 모임에 참여하는 것은 로그니 씨가 하는 훈련의 일환이었다. 늘 유머가 뒤따랐던 그의 통찰은 우리 모임에 활력을 불어넣었다.

마지막 저녁 모임 때 우리는 방을 돌며 대화를 나눴고 각자 로그니 씨에게 작별 인사를 했다. 그때 우리는 그에게 스웨덴 집 책상에 놓아두도록 펜과 연필을 선물했다. 그동안 우리 모두는 그 상냥한 노르웨이의 곰을 닮은 사람을 좋아하게 되었다.

작별 인사가 끝났을 때 내가 로그니 씨에게 미국인들에 관해 알게 된 가장 흥미로운 것이 무엇이냐고 물었다.

그는 주저하지 않고 거센 스칸디나비아식 억양으로 말했다. "음, 제가 처음으로 이곳에 왔을 때, 그리고 어디를 가든지, 언제나 모든 사람이 저에게 말했어요. '로그니 씨, 만나서 반가와요. 잘 지내시죠?'라고요."

"그리고 그 사실을 깨닫는 데 꼬박 6개월이 걸렸어요. 사실은 아무도 저의 답을 원치 않는다는 것을요!"

안타깝지만 사실이다. 우리 모두는 무성의한 질문이 가져온 아픔을 경험했다. 어째서 아무도 그 질문에 대한 답을 원하지 않는 것일까? 어떤 이들에게 그것은 단순한 의례적인 인사에 불과하다. 그러나 이것을 통해 우리가 지금 어떻게 살아가는지에 대한 단서를 발견할 수 있다.

우리는 너무 바쁘고, 아주 과도한 업무를 하고 있으며, 늘 너무 많은 의무와 빚에 시달리고 있다. 그래서 다른 사람에게 관심이 없다. 우리 자신의 문제가 너무 많기에 다른 누군가에게 신경을 쓸 여력이 없다. 우리는 다른 이의 "답변을 기다릴" 여유조차 없다.

적지 않은 사람이 늪에 빠져 있다. 그들은 감당할 수 없는 상황에 처해 있다. 그들은 자신들의 문제를 처리하느라 다른 누군가를 도울 만한 여력이 없다. 그들은 자기들이 왜 그런 다람쥐 쳇바퀴 같은 삶에 사로잡혀 있는지 이해하지 못한다. 그리고 그들의 삶은 종종 그들의 통제를 벗어난 채 돌아간다.

어떤 이들은 자기들의 삶에서 무언가가 아주 잘못되었다고 느낀다. 하지만 그들은 그 문제에 대한 답이 무엇인지 알지 못한다. 그들은 자기들이 잘못된 경기를 하는 것일 수도 있다는 으스스한 감정에 사로잡혀 있다. 그들은 자신들이 부모들보다 **재정적으로** 성공했다는 것을 안다. 하지만 그들은 자기들이 부모들보다 더 행복하지 않을 수도 있다고 여긴다.

1939년에 크리스토퍼 몰리(Christopher Morley)는 『키티 포일』(Kitty Foyle) 이라는 소설에서 이런 말을 했다. "그들의 개인 생활은 다람쥐 쳇바퀴 같은 것이 되어가고 있다." 그 후로 지난 수십 년 동안 **다람쥐 쳇바퀴 경**

주는 결코 성취되지 않는 멋진 삶을 희망 없이 추구하는 상태를 묘사하는 말이 되었다. 그 삶은 우리가 계속해서 그 위에서 걸을 수도 없고, 그렇다고 뛰어내릴 수도 없는 트레드밀 같은 것이다. 오늘날 많은 이들은 그 잘못된 경기에서 이기려고 애를 쓰고 있다.

우리는 로그니 씨의 날카로운 통찰이 담긴 말을 비난으로 여길 수도 있다. 하지만 그렇게 여기기보다는 그것을 도약대로 삼아 거울 속의 남자가 매일 직면하는 문제, 쟁점 그리고 유혹을 들여다보고 또한 우리가 **올바른** 경기에서 이기기 위해 어떤 실제적인 해결책을 발견할 수 있는지 알아보는 것이 낫다.

이 책의 각 장 말미에 토론 문제를 실었다. 그 질문들을 활용할 수 있는 다음과 같은 여러 가지 방법이 있다.

- 단순히 각 장 끝에서 그 질문을 읽고 그것에 대한 당신의 답을 혼자서 생각해볼 수 있다.
- 그 장을 통해 더 많은 것을 얻고자 한다면, 당신의 답을 일기에 적을 수 있다. 이것은 당신의 사고에 명확성과 의지를 부여하는 탁월한 방법이다.
- 마지막으로 한 무리의 남자들을 모아 스스로 일주일에 이 책의 한 장 혹은 두 장을 읽고 주중 모임에서 자신들의 답과 통찰들을 나눌 수도 있다. 그럴 경우 이 책 끝에 있는 "리더를 위한 지침"이 도움이 될 것이다.

남자들의 모임, 성경 공부 모임, 장년부 교육 모임 혹은 동료들의 모임에서 이 책을 사용하는 것은 이 책의 가치를 크게 높여줄 것이고 당신이 배운 것을 실천할 기회도 제공할 것이다.

내가 기도하는 것은 이 책이 당신이 사는 곳—시장터—에서 당신에게 도움을 주는 것이다. 삶은 분투다. 월요일부터 금요일까지 우리에게 필요한 것이 있다면, 바로 우리가 주일에 제기했던 질문에 답하는 것이다. 나는 이 책이 긍정적인 책이 되도록 의도되었다는 것을 당신이 알기를 바란다. 나는 당신이 이 책을 전부 읽을 때 더 행복해지고 바른 목표에 더 집중하는 남자가 될 것이라고 믿는다. 그럼 이제 다람쥐 쳇바퀴 경주에 대해 면밀하게 살펴보자.

개정판 서문

지난 25년 동안 세상은 극적으로 변했다. 전에 신뢰할 수 있었던 유대-기독교적 가치들에 대한 합의는 극지방의 만년설보다 더 빠르게 녹아 없어졌다. 오늘날의 여자 중 거의 절반이 남자와 결혼하기보다는 단지 함께 살기를 원한다. 그리고 우리의 자녀 중 1/3은 그들의 생물학적 아버지와 함께 살고 있지 않다.

지난 25년은 디지털 혁명의 지배를 받았다. 인터넷은 기껏해야 1990년대 중반 이후에야 나타났다. 그럼에도 그 세월은 스티브 잡스가 아이패드로 작동되는 2억5천만 불짜리 슈퍼 요트를 만들기에 충분할 만큼 그를 부유하게 만들어주었다. 잡스는 그 요트를 보지 못하고 죽었다. 하지만 나는 이 글을 쓰기 이틀 전에 그것을 보았다. 플로리다의 어느 정박지에 흔들리며 묶여 있는 그 유령선을 말이다.

우리가 몸수색을 당연한 것으로 받아들이고 학교에서 금속 탐지기 사용을 용인하는 일은 어떻게 일어난 것일까? 문제가 대침체(Great Recession, 2000년대 후반부터 일어난 세계적인 경기 침체 — 옮긴이 주)든, 월스트리트의 부패든, 정치적 교착 상태든, 소셜 미디어든, 급변하는 인구 통계든, 테러리즘이든 혹은 국토안보부든, 그 모든 것은 지난 몇 년간 우리의 세계를 요동치게 했던 구조적인 변화 중 몇 가지에 불과하다.

그러나 믿음으로 사는 것이 어떤 것인가 하는 문제와 관련해서는 그동안 그다지 변한 게 없다. 솔직히 말해 나의 동료들이 나에게 『어떻게 살 것인가』를 개정해달라고 요청했을 때, 나는 과연 그것이 좋은 생각인지에 대한 확신이 없었다. 그러나 방금 언급한 극적인 변화들에 비추어 전적으로 새로운 세대의 남자들이 직면하는 24가지 문제를 해결하는 방법을 새롭게 살펴봄으로써 어떤 유익을 얻을 수도 있으리라는 것은 분명해 보였다.

사실 당신과 내가 직면하는 문제들 대부분에 대한 해결책은 놀라울 정도로 단순하다. 하지만 해결책이 단순하다고 해서 모두가 그것을 잘 알고 있는 것은 아니다. 먼저 올바른 해결책이 무엇인지 아는 일은 대단히 중요하다. 따라서 내가 『어떻게 살 것인가』 개정판을 통해 목표하는 것은, 당신이 21세기에 당신의 길을 찾아나갈 때 이 24가지 문제가 제기하는 독특한 도전에 대처할 수 있도록 돕는 것이다.

『어떻게 살 것인가』 초판을 썼을 때 나는 전문 작가가 아니었다. 당시에 나는 상업용 부동산과 관련된 일을 하고 있었다. 그동안 그 책이 세계 전역에서 수백만 권이 팔렸다는 사실을 생각할 때 나에게 의심의 여지가 없이 분명해지는 것은 하나님께서 그 초판으로 기적을 행하셨다는 것이다. 그런 까닭에 나는 애초에 그렇게 많은 이들이 듣기를 원했던 ─ 혹은 그럴 필요가 있었던 ─ 내용을 표현했던 원래의 직접적이고 꾸밈없는 문장들을 바꾸라는 설득에 응하지 않았다. 중요한 것은 글솜씨가 아니라 하나님이 남자들의 삶 속에서 하고자 하셨던 것 ─ 그분이 세상에서 활동하시는 방식 ─ 이었다. 이 책을 읽은 어떤 이들은 믿음을 갖게 되었다. 다른 이들은 자기들이 성경적 그리스도인이 아니라 문화적 그리스도인이었다는 것을 깨달았다. 많은 이들이 그들의 우선순위를 다시 정했고 그 과정에서 그들의 결혼 생활과 가정을 살렸다. 즉 하나님께서 이 책을 사용해 한 세대 동안 남자들에게 영감을 불어넣으시고 그들을 이끄셨다.

이제 나는 이 책이 당신에게도 영감을 불어넣고 당신도 이끌 수 있기를 기도한다. 하나님은 당신의 삶에서 무슨 일을 하고자 하실까? 준비가 되었다면, 페이지를 넘기고 시작하라!

1부

정체성

1장 다람쥐 쳇바퀴 경주

미로 속의 쥐와 같이 내 앞에 길이 놓여 있네.
사이먼 앤 가펑클, 〈패턴즈〉(Patterns)

너희가 달음질을 잘 하더니
누가 너희를 막아 진리를 순종하지 못하게 하더냐.
갈라디아서 5:7

알람시계가 울리고 TV 화면이 켜지면서 스피커에서 아침 뉴스가 흘러
나온다.

"벌써 아침이야?" 래리가 불퉁거린다. 그는 몸을 굴리면서 베개로 자
신의 귀를 틀어막는다. 그러면서 자신이 다람쥐 쳇바퀴 같은 하루의 시
작을 알리는 그 소리를 덮어버릴 수 있었으면 하고 생각한다. 시간을 맞
춰놓은 커피메이커에서 풍기는 커피향이 그를 부엌으로 유혹한다.

그가 어렸을 때부터 하루 6시간만 자면서 생활했던 것은 아니다. 하
지만 21세기에 성공하려는 이는 그것을 위해 필요한 대가를 지불해야
한다. 래리처럼 떠오르는 스타가 잠을 자느라 시간을 허비할 수는 없다.

즉석 오트밀 그릇에서 모락모락 김이 올라온다. 전자레인지는 35분에

이르는 그의 기상 스케줄에 맞춰 완벽한 리듬으로 완벽한 아침 식사를 만들어낸다.

의자에 주저앉아 팔에 머리를 기대고 있던 래리는 컴퓨터의 스크린이 켜져 있는 것을 발견한다. 어젯밤에 그는 11시 뉴스를 시청한 후 컴퓨터로 입출금 결산을 했는데 하루 종일 일하느라 피곤해 작업 후에 컴퓨터 끄는 것을 깜빡했다.

래리의 아내 캐롤은 비번이었기에 깊이 잠들어 있다. 래리는 여느 때처럼 아이들을 학교에 데려다주었다. 작은 아이 둘을 어린이집에 내려주고 나자 차에는 그와 큰딸 줄리 둘만 남았다. 올해 12살인 줄리는 최근에 문제가 있는 듯 보였다. 줄리가 묻는다. "아빠, 아직도 엄마를 사랑하세요?" 래리로서는 느닷없는 질문이었으나 줄리는 그 질문을 하기 위해 여러 달 동안 고민을 해왔다. 래리 가족은 삶의 변화를 겪고 있었다. 그리고 그들 중 줄리만이 그 변화를 알아차리고 있었다. 래리는 딸에게 자기가 엄마를 아주 많이 사랑한다고 확인해주었다.

캐롤은 경영학 석사(MBA) 과정을 시작했을 때 다시 일할 계획을 갖고 있지 않았다. 전통적인 가정주부 역할에 지친 그녀는 단지 좀 더 개인의 자아 성취를 바랐을 뿐이다. 그녀가 즐겨 보는 블로그와 온라인 기사들은 전통적인 어머니의 역할에 거의 아무런 가치도 부여하지 않았다.

비록 그녀의 가족이 여러 해 동안 그녀의 자존감에 대한 필요를 만족시켜주기는 했으나, 이웃에 있는 그녀 또래의 다른 여자들은 비즈니스 세계에서 아주 멋진 삶을 살아가고 있는 것처럼 보였다. 그녀는 자신이 지켜온 전통적인 가치들에 대해 의문을 갖지 않을 수 없었다.

"나는 너무 구식인가 봐. 시대에 뒤진…." 캐롤은 그렇게 생각했다.

그래서 그녀는 3년 반 동안 매주 이틀씩 그 지역에 있는 야간 대학원에 다녔다. 그녀에게 그것은 아주 큰 투자였다. 과제를 해야 하는 것은 말할 것도 없었다. 석사 학위를 받기 위해 강당의 계단 위로 걸어 올라갈 때 그녀는 여자도 남자만큼이나 직업적 성취를 추구할 권리가 있다고 확신했다.

끈질기고 집요한 세일즈맨인 래리는 회사에서 빠르게 승진했다. 그는 15년간 꿈을 좇은 결과 부사장이라는 직책을 얻을 수 있었다. 그가 받는 봉급은 생활에 필요한 것들을 충족시켜주었다. 하지만 그들 부부는 더 나은 삶을 위해 더 많은 돈을 원했다.

"다시 일을 해볼까 해요." 캐롤이 그에게 말했다.

래리는 반대하지 않았다. 결혼 초기에 캐롤은 은행에서 일하면서 여윳돈을 벌었다. 그 돈은 자신들의 신혼집을 장만하는 데 큰 도움이 되었다. 줄리가 태어났을 때 그들은 서로 합의해 캐롤이 일을 그만두었다. 그때부터 그들은 수입에 맞춰 사느라 압박을 받기 시작했다.

비록 그의 어머니는 일을 하지 않았으나, 래리는 지금 여자들의 상황이 그때와는 다르다는 것을 알았다. 여전히 그는 어린 두 아이를 어린이집에 보내는 것에 복잡한 감정이 들었다. 하지만 돈이 늘 부족했기에 캐롤이 일자리를 얻기 위해 면접을 보러 다니겠다고 선언했을 때 그는 어깨를 으쓱하고는 입을 다물었다.

래리는 그 거래의 의미를 분명히 이해하고 있었다. 더 많은 돈을 벌려면 가정을 소홀히 할 수밖에 없고 가정을 중시하려면 돈을 적게 벌어야 한다는 것을. 그러나 그들이 실제로 원하는 것은 더 풍족한 삶이었다.

그들의 이웃이 7m짜리 스키 보트를 구매했다. 래리는 매달 328불씩만 지불하면 자기들도 그런 보트를 소유할 수 있다는 사실을 알고 깜짝 놀랐다. 그들은 다섯 달 동안 긴축해 1,000불을 만들었고, 거기에 자신들이 저축해둔 돈을 더해 2,500불의 계약금을 지불할 수 있었다.

래리는 차도 좋아했다. 그의 온화한 아버지 역시 차를 좋아했다. 어쩌다 신호등 때문에 고급 세단이 자기 옆에 멈춰서면 래리의 가슴은 늘 빠르게 뛰었다. 그러면서 그는 자기가 고급 외제차의 기어를 이리저리 움직이는 모습을 떠올렸다. 우연히 그는 한 달에 424불만 지불하면 자기가 꿈꾸는 차―경주용 수입차―를 리스해서 탈 수 있다는 사실을 알게되었다! 전에 그는 차 리스에 대해서는 생각해본 적도 없었다.

캐롤은 그해에 하와이에서 휴가를 보내기를 절실히 원했다. 그녀와 화요일마다 테니스를 함께 치는 파트너가 작년 봄에 그곳을 다녀왔다. 그러나 래리 부부는 자동차 리스와 하와이 휴가 모두를 할 수는 없었다.

"당신이 이번에 내 생각을 따라주면 나중에 꼭 보상해줄게, 캐롤. 약속할게!" 래리가 얼굴 가득 매력적인 웃음을 지으며 아내에게 말했을 때, 캐롤은 자신이 처음에 장난기 가득하고 어린 소년 같은 미소에 얼마나 매력을 느꼈는지를 떠올렸다. 그녀는 '그동안 그가 내게 참 잘해 주었지' 하고 생각했다.

"좋아요, 그렇게 해요." 캐롤이 말했다.

래리의 아버지는 늘 쉐보레를 좋아했다. 하지만 래리의 취향은 시간과 더불어 바뀌었다.

캐롤은 수영장이 딸린 2층짜리 단독 주택에서 사는 꿈을 꾸었다. 그러나 차와 보트를 위해 지불해야 할 금액이 너무 컸기에 그 꿈은 여러해 동안 꿈으로 남아 있어야 했다. 래리는 늘 캐롤의 꿈을 이루는 데 필요한 돈을 벌 생각을 하면서 하루에 12-14시간씩 자신을 혹사시켰다. 캐롤이 일을 시작했을 때 그들은 마침내 이사를 할 수 있을 것이라 여기며 잔뜩 고무된 채로 그날을 손꼽아 기다렸다.

그러나 가정을 꾸려나가는 데 따르는 긴장이 그들을 낙담시켰다. 지불해야 할 청구서들이 쌓였고, 아이들을 어린이집에서 데려와야 했으며, 마감일을 맞춰야 했고, 목표를 달성해야 했다. 반면에 자기들이 쌓은 부를 즐길 시간은 많지 않았다.

사이먼 앤 가펑클의 노랫말 하나가 래리의 뇌리에서 떠나지 않았다. "미로 속의 쥐와 같이 내 앞에 길이 놓여 있네. 그리고 그 길의 패턴은 쥐가 죽을 때까지는 절대 변하지 않는다네." 그는 덫에 걸렸다.

캐롤은 더 이상 견딜 수 없었다. 그녀는 래리가 자기를 실망시켰다고 여겼다. 래리는 강해져야 했다. 그는 모든 것을 유지하는 법을 알고 있어야 했다. 그러나 래리는 그녀만큼이나 자신의 상황이 혼란스러웠다.

래리는 이사 트럭이 떠나는 것을 보면서, 그녀가 하는 일을 도무지 믿을 수 없었다. 캐롤이 집을 나가고 있었다. 그녀는 자기에게 상황을 정리할 얼마간의 시간과 공간이 필요하다고 말했다. 래리에게 자기가 혼란스럽다고 말했다. 몇 달 전 어린 줄리가 물었던 질문이 그의 마음속에서 떠올랐다. "아빠, 아직도 엄마를 사랑하세요?" 물론이다. 물론 그는 그녀를 사랑한다. 하지만 너무 늦은 것일까? 어쩌다 상황이 이렇게 통제할 수 없게 되었을까?

문제

당신은 다람쥐 쳇바퀴 같은 경주에서 이긴 사람을 알고 있는가? 이 질문은 단순한 유머가 아니다. 곰곰이 생각해보면, 우리 대부분이 실제로 그런 사람을 알지 못한다고 시인할 수밖에 없기 때문이다.

어째서 우리는 이길 수 없는 경주를 하고 경쟁하는 것일까? 솔직히 말해 나는 이기고 싶다. 승자를 낳는 역사를 가진 경주에서 이기고 싶다.

그러나 비극적이게도 대부분의 사람은 그것이 어떤 경주인지 모른다.

다람쥐 쳇바퀴 경주와 관련된 잠언과 같은 질문―"도대체 이게 무엇인가?" 그리고 "이게 전부인가?"―은 종종 우리 모두를 괴롭힌다. 우리가 얼마나 성공했는지와 상관없이 이런 질문은 늘 그늘에 숨어 기다리다가 삶의 불가피한 문제가 우리를 덮칠 때 우리를 향해 튀어나온다.

우리는 삶을 지켜나가기 위해 긴장하지만 종종 가슴을 탄탄하게 둘러싼 붕대처럼 심한 압박을 느낀다. 때때로 빚과 의무라는 중력은 우리를 아주 심하게 짓눌러 우리의 내면이 슬럼프에 빠지도록 만든다. 설령 우리가 그런 것이 없는 듯 위장하면서 세상을 향해 우뚝 서려고 할지라도 말이다.

"내 삶의 목적은 무엇일까?"

"나는 왜 존재할까?"

"어떻게 해야 의미를 찾을 수 있을까?"

"어떻게 해야 중요한 존재가 되려는 나의 필요를 채울 수 있을까?"

"나의 인간관계는 왜 휘청거릴까?"

"어쩌다가 이렇게 빚에 쪼들리게 되었을까?"

"도대체 나는 누구를 기쁘게 하려는 것일까?"

"어쩌다 내가 이런 다람쥐 쳇바퀴 경주 같은 삶에 빠진 것일까?"

원하는 결과, 즉 멋진 삶을 얻는 방법에 관한 혼란은 늘 존재한다. 우리 모두는 삶의 수준이 향상되길 원한다. 그건 정상적인 것이다. 그러나 우리가 살고 있는 세상이 그런 멋진 삶을 얻는 방법에 관해 가지고 있는 나름의 생각들은 하나님의 질서와 다르다. 사실 모두가 나름의 독특한 견해를 가진 것처럼 보이지 않는가?

하나님의 질서와 이 세상의 질서 사이의 괴리는 자신의 생각을 정리해보려는 그리스도인 남자들에게 긴장을 유발한다. 절대적인 것이 존재하는가? 성경의 원리들은 실제로 21세기를 살아가는 남자들이 매일 마주하는 문제들을 다루고 있는가? 우리가 그것에 비추어 우리의 문제를 분석하고 그것에 따라 살아갈 수 있는 유효한 모델을 세우는 것이 가능한가?

온갖 종류의 좋은 사업 계획도 현재의 상황에 대한 설명에서 시작한다. 따라서 남자들의 문제를 살피기 위해 먼저 우리가 살고 일하는 상황을 이해해보자. 우리가 제기해야 할 첫 번째 질문은 이것이다. "우리는 우리의 삶의 수준을 어떻게 측정하는가?"

"삶의 수준"이라는 오류

미국인들은 전례가 없는 물질적 성공을 누리고 있다. 하지만 인간 삶의 수준을 오직 하나의 차원으로만 측정하는 것은 기만이다. 우리가 실제로 이룬 삶의 수준이 어느 정도인지 이해하려면, 먼저 우리는 삶의 수준(standard of living)이라는 생각을 분석하고 그것의 몇 가지 구성 요소를 살펴볼 필요가 있다.

언젠가 비행기 여행을 했을 때 나는 60대 중반쯤 되는 어느 멋진 부부의 옆자리에 앉게 되었다. 실버 씨는 주름진 얼굴에 늘 미소를 짓고 있는 친절하고 온화한 할아버지 타입의 사람이었다. 나는 그들이 방금 막 열기구에서 아들의 결혼식을 진행하고 올랜도를 떠나왔다는 사실을 알게 되었다. 실버 씨는 젊은 사람이 결혼이라는 고귀한 상태에 대해 얼마나 무신경해졌는지에 대한 나름의 견해를 아주 열심히 펼쳐나갔다.

대화가 진행되는 동안 그는 경제적 풍요에 대한 자신의 모든 바람이 어떻게 성취되었는지에 대해 말해주었다. 하지만 무언가가 그를 괴롭히고 있었다. 그렇다. 경제적 삶의 수준은 높았지만, 그는 자신의 삶이 아주 옳지는 않다는 무서운 느낌을 떨쳐버리지 못했다.

그때 마침 나에게 우리의 대화와 관련한 그래프 하나가 있었다. 그래서 그것을 그에게 보여주었다. 그는 어깨를 으쓱하더니 큰 소리로 말했다. "맞아요, 맞아. 바로 이게 나의 삶에서 일어난 일이에요!"

내가 실버 씨에게 보여준 것과 동일한 그림 1.1은 우리의 삶의 수준의 두 가지 요소를 보여준다. 그것들은 서로 전혀 다른 방향으로 나아간다. 지난 세기에 우리의 **물질적** 삶의 수준은 위로 솟구친 반면, 우리의 **도덕적·영적·관계적** 삶의 수준은 아래로 곤두박질쳤다. 어찌 보면 그것들은 서로 자리를 맞바꿨다.

이유가 무엇이든, 과연 우리가 25년 전보다 더 잘 살고 있는가? 학생들은 어떠한가? 정부는 향상되고 있는가? TV의 수준에 대해서는 어떻

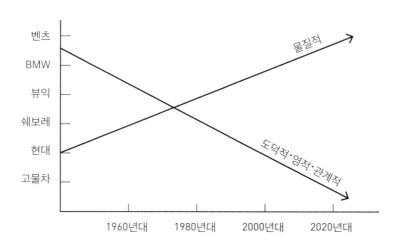

그림 1.1 삶의 수준에 대한 분석

게 생각하는가? 결혼 생활은 견고한가? 가정들은 건강한가? 사람들은 권위자들을 과거보다 더 존경하는가? 사회는 보다 질서가 있는가? 월스트리트는 더 정직해졌는가? 성도덕은 높아지고 있는가 아니면 낮아지고 있는가? 영화는 보다 건전한가? 다시 말하지만, 이유가 무엇이든, 상식은 우리의 문화가 서서히 그러나 확실하게 흐트러지고 있다고 말해 준다.

어쩌면 당신은 《코스비 쇼》(*The Cosby Show*), 전통적인 가정, 학교에서 금속 탐지기보다 공적인 기도가 더 익숙했던 때, 노골적인 성행위가 등장하지 않는 TV를 기억하고 있을 만큼 나이를 먹었을지도 모른다. 그렇다. 그 시절에도 문제들이 있었다. 그러나 그것들은 쉐보레 수준의 이웃들 사이에서 쉐보레 수준의 급료를 받으며 살아가는 쉐보레 수준의 가족들을 위한 쉐보레 수준의 문제들이었다. 삶은 점진적이었고 직선적이었다. 쉐보레, 뷰익, 캐딜락, 금시계, 그리고 장례식.

그러나 즉각적인 만족에 대한 갈망이, 필요한 것을 위한 값을 지불할 수 있을 때까지 기다리는 것을 대체했다. 오늘날 남자들은 자기들이 좋아하지 않는 사람들에게 깊은 인상을 주기 위해 자기들이 갖고 있지 않은 돈으로 자기들이 필요하지 않은 것들을 사고자 하는 갈망으로 인해 소진되고 있다. 이런 갈망은 어디서 오는 걸까?

지난 수십 년에 걸쳐 이루어진 기술의 폭발은 우리 시대를 인간의 잠재력과 성취의 정점에 이르게 했다. 우리는 삶을 안락하게 해주는 것들, 여행, 소통 그리고 직업 등에서 기술적 혁신이라는 복을 누리고 있다. 당신은 구글(Google)이 등장하기 전에 정보를 찾는 일이 얼마나 지루했는지 기억하는가? 위키피디아(Wikipedia)가 없었을 때는 어떠했는가? 당신의 주머니 속에 들어 있는 스마트폰에 탑재할 "~을 위한 앱"이 없었던 때를 떠올릴 수 있는가?

그러나 동시에 우리는 상처를 입었다. 변화는 빨리 다가왔고, 경기 계획은 변화되어야 했으며, 최고의 선수들은 휴식을 얻지 못했고, 지친 선수들은 가장 약한 자들에게 상처를 주었다. 그렇다, 우리는 번영하고 있다. 하지만 그것을 위해 어떤 값을 치르고 있는가? 우리는 점수를 얻었다. 하지만 또한 지쳤다. 팀의 개별 구성원들이 상처를 입으면 팀 전체는 리듬과 용기와 의지를 잃기 시작한다.

오늘날 남자들은 지쳐 있다. 꿈을 좇는 많은 이들이 가정을 잃었다. 너무 많은 아이들이 아버지 없이 성장한다. 매달 초가 되면 필요하지도 않고 사용하지도 않는 것들을 축적하기 위해 빚을 내 구입한 물품들의 청구서가 메일함에 도착한다.

여러 방면에서 그처럼 전례가 없는 전진을 경험하고 있는 때에, 어째서 우리 나라의 도덕적 의복은 낡아지고 있을까? 미국은 하나님을 예배하기 위해 영적 자유를 추구했던 이들에 의해 설립되었다. 그들의 후손은 지금 어디에 있는가? 그들의 용기는 유전되지 않은 것인가? 삶의 가장 지속적인 만족은 우리의 관계 안에 있다. 그런데 어째서 우리는 목표를 달성하지 못하면 뜨거운 감자처럼 우리를 내팽개치는 회사에서 경력을 쌓기 위해 그것들을 포기하는가? 우리의 삶의 수준은 더 많은 차원에서 측정되어야 한다.

지배적인 경제 이론

우리가 즐기고 있는 물질적 번영은 현대의 기적이다. 제2차 세계대전 이후 나타났던 소형 주택들을 떠올려보라. 당시에 TV는 새로운 것이었다(컬러 TV는 1953년에야 나타났다). 아직 아무도 컴퓨터를 소유하지 않았다

(스티브 잡스는 1955년에 태어났다). 여행 수단은 고속버스였고, 각 주의 고속도로 시스템은 존재하지 않았다. 우주 탐험은 추상적인 아이디어였고, 원자력은 신비였으며, 매디슨 애비뉴(뉴욕 맨해튼에 있는 번화가―옮긴이 주)는 아직 출발 단계에 있었고, 백만장자는 희귀했다.

생각해보라. 하나님은 역사상 위대한 사상가, 지도자, 행동가들이 이 나라에 태어나는 복을 내리셨다. 그분은 이 나라에 솔로몬조차 질투할 만한 번영을 허락하셨다! 그러나 그런 번영은 어떻게 찾아온 것일까? 당신은 대공황(1942년)과 제2차 세계대전(1945년)이 끝나고 나서 불과 몇십 년 동안에 미국이 어떻게 그런 놀라운 삶의 수준을 얻을 수 있었는지에 대해 생각해본 적이 있는가? 2007년에 시작된 대침체(Great Recession)조차 우리의 엄청난 경제적 성장을 고작 몇 년 정도 가로막을 수 있었을 뿐이다.

지난 세기의 지배적인 경제 이론은 **소비주의**(consumerism)였다. 사전은 소비주의를 "점점 더 증가하는 상품 소비가 유익하다는 경제 이론"이라고 정의한다. 사실인가? 점점 더 증가하는 상품 소비는 유익한가? 사실이든 아니든―나는 아니라고 생각한다―우리는 신문과 TV 광고를 통해 지금 회사들이 그들의 사업 계획에 이 이론을 적용하고 있음을 알 수 있다.

1950년대에 밴스 팩커드(Vance Packard, 1914-1996, 미국의 저널리스트 겸 사회 비평가―옮긴이 주)는 미국에 큰 충격을 준 『숨어 있는 설득자들』(*The Hidden Persuaders*)을 썼다. 그는 우리의 무의식적인 습관을 유발하고 구매 행동을 조정하기 위한 대규모 움직임을 발견함으로써 경종을 울렸다. 매디슨 애비뉴의 경영자들은 심리학자들과 위험한 동맹을 맺어 소비자들을 조정했다.

제2차 세계대전이 끝났을 때 공장의 기계들은 사람들이 구매하는 것보다 훨씬 더 많은 제품을 만들어낼 능력을 갖추고 있었다. 그런 까닭에 사업가들은 어떻게 사람들을 자극해 더 많은 제품을 구매하도록 할까 고민하기 시작했고, 그 결과 동기 유발에 관한 학문이 탄생했다.

왜 당신이 새 차를 사고 2-3년밖에 안 된 상태에서 다시 빛나는 새 차를 사고 싶어 안달하는지에 대해 의문을 가져본 적이 있는가? 어째서 우리는 지금 타고 있는 차가 달리기를 멈추기도 전에 새 차를 사려고 할까? 위험한 동맹이 만들어낸 **심리적 진부화**(psychological obsolescence) 때문이다. 매디슨 애비뉴의 경영자들은 우리가 살짝 낡은 차를 소유하는 것에 대해 부끄러움을 느끼게 하는 법을 찾아냈다. 우리는 소비하도록 **프로그램화되었다. 미국에서 사용되는 지배적인 경제 이론이 점점 더 증가하는 상품 소비가 유익하다는 것이기 때문이다.**

1955년 말에 나온 『기독교와 위기』(Christianity and Crisis)라는 기독교 출판물은 미국의 "점점 팽창하는 경제"에 대해 엄중하게 경고한 바 있다. 그것은 강요되다시피 주어지는 제품들이 진짜로 우리에게 필요하든 아니면 그저 그것을 욕망하는 것이든 관계없이 소비하라, 소비하라 그리고 소비하라"라는 압력이 미국인들에게 존재한다고 주장했다. 또한 그것은 점점 팽창하는 경제 체계의 역학이 "우리가 생산 과정의 필요에 맞춰 소비하도록 설득당하는" 것을 요구한다고 덧붙였다.[1]

1955년에 나온 이 예언자적인 진술이 21세기의 삶에 대한 논평이 될 수 있다는 것이 흥미롭지 않은가? 팩커드, 『기독교와 위기』 그리고 다른 이들의 의견은 간명하고 강력했으나, 산업계의 재정적 영향력은 이런 현명한 관찰자들을 압도했다. 그들의 경고는 새롭고 향상된 비누 거품과 윤기가 나고 빛나는 차들을 위한 광고의 소음에 묻히고 말았다. 컴퓨터나 태블릿 PC를 켜보라. 소비주의가 경제 과정 전체를 지배하고 있다. 우리는 어쩌다 이런 소비주의에 휩쓸리게 된 것일까?

미디어의 영향력

미디어보다 우리의 사고에 큰 영향을 주는 것은 없다. 불행하게도 미국에서 미디어는 세속주의자들에 의해 통제되고 있기에 대부분의 인쇄물과 디지털 문서, 프로그래밍, 광고 그리고 뉴스 등은 세속적 세계관(secular worldview)을 드러낸다.

세속적 세계관에 대해서는 다음 장에서 설명할 것이다. 다만 여기서는 이런 기초적인 정의를 사용하도록 하자. 세속주의자들은 인간이 (하나님을 포함해) 그 누구의 영향력에서도 분리되어 스스로 도덕적 가치를 수립하고 자신의 운명을 결정한다고, 즉 인간이 "그들 자신의 운명의 주인"이라고 믿는다.

그런 세계관의 문제점은 그것이 절대적인 것을 갖고 있지 않다는 점이다. 모든 것이 상대적이다. 그 어떤 영원한 준거점도 존재하지 않는다. 우리는 하고 싶은 대로 다 할 수 있다. 그러나 이것이 사실이라면 성적 문란이나 포르노가 부도덕한지 아닌지를 어떻게 알 수 있는가? 사업을 하면서 속임수를 쓰면 안 되는 이유가 무엇인가? 어째서 직장보다 가정을 소중히 여겨야 하는가?

전설적인 뉴스 리포터인 테드 코펠(Ted Koppel)은 1980년대에 듀크 대학에서 행한 예언자적인 졸업 연설에서 이렇게 말했다. "우리는 바벨탑을 재건했습니다. 바로 TV 안테나입니다. TV에서는 매일 수많은 목소리가, 내용이나 가치에 상관없이 모든 사람의 의견에 동등한 무게가 주어지는 민주주의를 패러디하고 있습니다. 사실 TV라는 진부함의 바다에서 실제로 중요한 의견들은 거의 아무런 흔적도 없이 가라앉고 있습니다."[2]

물론 지금 우리는 TV에 블로그, 페이스북, 트위터 그리고 다른 소셜 미디어들을 덧붙일 수 있다. 이런 상대주의적 접근법은 지금 우리 주변에 너무나 많은 이상한 아이디어들이 떠다니고 있기에 우리로서는 좀 더 신중하게 우리의 마음을 지킬 필요가 있다는 점을 보여준다.

우리는 강력하게 잠재의식에 호소하는 미디어와 광고를 통해 의식적으로 그리고 무의식적으로 매디슨 애비뉴식 삶의 방식을 따르도록 유혹을 받는다. 우리의 이글거리는 욕망과 욕구에 부채질을 하는 비법은 과학적 수준으로까지 높아졌다. 결국 모든 미디어의 경제적 목표는 상품과 서비스를 파는 것이다!

우리의 문제는 우리의 의식이 작동하는 방식이 아니라 우리의 무의식이 노출되는 대상에 있다. 윌슨 브라이언 키(Wilson Bryan Key)는 자신의 『잠재적 유혹』(Subliminal Seduction)에서 다음과 같이 말한다.

> 의식은 식별하고, 판단하며, 평가하고, 저항하거나 받아들인다. 반면에 무의식은 단순히 정보를 축적하는데 그중 많은 것이 과학이 알지 못하는 방식으로 의식적 차원에서 우리의 태도나 행위에 영향을 끼친다. 거대한 미디어 산업은 전개되는 광고에 대해 의식적 차원에서의 저항이 있음을 오래전에 알아차렸다. 그러나 무의식적 차원에서는 저항이 있더라도 아주 작았다. 지금 마케팅은 바로 그것에 호소하고 있다.[3]

알다시피 의식적 차원에서는 적어도 얼마간 스스로를 보호할 수 있다. 그러나 소비주의의 호소 대부분은 우리의 무의식을 향한다.

이런 딜레마를 극복하기 위해 택할 수 있는 유일한 길은 오락과 정보의 근원들을 재평가하는 것이다. 개인적으로 내가 아직 젊은 아빠였을 때 나는 사실상 TV 시청을 멈추고 더 많은 책을 읽으려고 노력했다. 고린도전서 6:12은 나에게 한 가지 가치 있는 신조를 제공해주었다.

모든 것이 내게 가하나 다 유익한 것이 아니요, 모든 것이 내게 가하나 내가 무엇에든지 얽매이지 아니하리라.

당시에 나의 근심은 나의 무의식이 내가 저항할 능력이 없는 분야에 얽매여 있는 것이었다. 당신도 그럴 것이다. 우리의 무의식은 주변에 아무런 벽도 갖추지 않고 문들에 초병을 세워두지도 않는다.

저녁에 TV 광고를 보면서 자신에게 물어보라. **"이런 광고들이 사실이라면, 나는 누구인가 그리고 나는 무엇인가?"** TV 광고는 우리의 삶을 쾌락과 감각을 사랑하고, 아무것도 부정하지 않으며, 그 삶이 설정한 목표가 무엇이든 그것을 할 권리가 있다고 묘사한다. 나는 당신 역시 나와 동일한 결론에 이를 것이라고 믿는다.

우리는 유명한 과학자, 예술가, 사상가, 선교사, 정치가, 건축가 그리고 다른 영웅들과 성자들의 희생과 공헌이 우리 아이들의 모델이 되기를 바란다. 한데 그들은 미디어 밖에 있다. 우리는 유행하는 미디어를 통해서는 그런 이들을 발견하지 못한다.

멋지고 구김살 없는 삶

만족을 얻지 못하는 것이 오늘날 소비자들이 사는 삶의 특징이다. 소비주의와 미디어의 영향이 사람들이 추구하는 기본적인 가치를 바꾸었기 때문이다.

오늘날에는 물질에 대한 갈망이 의미 있는 삶의 철학을 갖는 것보다 훨씬 더 중요해졌다. 어떤 연구자들이 지난 1966년 이후 매해 대학 1학년 학생들의 삶의 목표를 추적해온 미국 신입생 설문조사(American Freshman Survey)의 방대한 자료들을 분석한 적이 있다. 그들의 연구 결과는 이런 가치관의 변화를 극적으로 예시해주었다. 그들은 세대를 다음과 같이 분류했다. 베이비부머 세대(1946-1961년생), X세대(1962-1981년생) 그리고 밀레니엄 세대(1982년생 이후). 그리고 그들은 경제적으로 아주 잘 살기를 바라는 학생들의 숫자가 베이비부머 세대의 45%에서, X세대의 71%로 그리고 밀레니엄 세대의 74%로 증대된 것을 발견했다. 그와 동시에, 의미 있는 삶의 철학을 발전시키기를 바라는 이들의 숫자는 베이비부머 세대의 73%에서, X세대의 47%로 그리고 밀레니엄 세대의 45%로 떨어졌다. 긍정적인 입장에서 보자면, 어려움에 처한 다른 이들을 돕겠다는 이들의 숫자는 비교적 안정적이었다(각각 66%, 64% 그리고 65%였다). 그리고 가정을 세우겠다는 이들의 숫자는 약간 상승했다(각각 65%, 71% 그리고 75%였다).[4]

안타깝게도 점점 더 많은 이들이 자신들의 경제적 능력 이상으로 매디슨 애비뉴식 생활방식(이것을 "멋지고 구김살 없는 삶"이라고 부르도록 하자)을 살고자 애쓴다. 우리가 추구하는 생활방식의 이미지는 **미디어가 조장한 인위적인 삶의 표준**이다. 미디어는 상품과 서비스 생산자들이 팔고 싶어 하는 생활방식의 이미지를 만들어낸다. 그것은 실제적이지 않다. 그것은 인위적이다. 그리고 지칠 대로 지친 소수의 사람만이 성취할 수 있다.

매디슨 애비뉴식 생활방식을 추구하는—사실 우리 모두가 얼마간 그렇게 한다― 남자들은 자신들이 그것을 얻을 수 없거나, 유지할 수 없거나 혹은 유지할 가치가 없다는 것을 발견한다.

멋지고 구김살 없는 삶을 성취하거나 유지하는 데 실패할 경우 고통스러울 정도의 불안이 찾아온다. 우리가 소비주의 사회에 노출되면 될수록 우리의 불만족 역시 그만큼 강렬해진다.

그림 1.2는 우리가 멋지고 구김살 없는 삶을 추구할 때 나타나는 두 가지 형태의 압력을 보여준다. 첫째는 **미디어가 조장한 삶의 표준이라는 불안**이다. "나는 그것을 얻고자 애썼으나 얻을 수 없었다." 이것은 우리의 총 소비가 여전히 우리가 목표로 설정한 생활방식의 수준에 도달하지 못할 때 나타나는 압박의 정도다.

우리가 매디슨 애비뉴식 생활방식에 젖어들었을 경우, 미디어가 조장한 삶의 표준에 의해 발생한 불안을 제거하는 것은 불가능하다. 솔로몬은 다음과 같이 말했다. "은을 사랑하는 자는 은으로 만족하지 못하고 풍요를 사랑하는 자는 소득으로 만족하지 못한다"(전 5:10). 사람은 얻으면 얻을수록 더 많은 것을 바란다. 불안은 멋지고 구김살 없는 삶을 추구할 때 발생하는 자연스러운 부산물이다.

두 번째는 **빚의 부담**이다. 그림 1.2에서 **소비**와 **소득**의 차이에 주목하라. 소비가 소득을 초과하는 정도만큼 우리는 **빚**을 질 수밖에 없다. 우리는 삶의 기준을 두 가지 방식으로 만들어낼 수 있다. 하나는 소득이고 다른 하나는 빚이다. 가정의 필요를 채우는 가장 기본적인 방법은 일이다. 우리의 생산에는 가치가 있다. 이것은 곧 우리가 벌어들이는 소득이다. 다른 방법은 우리가 벌 것으로 예상하는 미래의 소득에서 돈을 빌려오는 것이다.

돈을 빌리는 것은 국가적인 오락이 되었다. 손쉬운 신용 대출은 좋은 아이디어처럼 보였다. 적어도 2008년에 주택 거품이 꺼지고 대침체가 발생하기 전까지는 그랬다. 우리가 우리의 감정을 통제할 수 있다면, 이는 참으로 좋은 일일 것이다. 하지만 손쉬운 신용 대출과 소비주의가 뒤섞이면 가연성이 아주 높은 공식 하나가 만들어진다. 멋진 삶을 추구하는 우리는 신용으로 만들 수 있는 행복을 얻기 위해 좀 더 무리해서라도 과소비하라는 유혹을 받는다.

본질적으로 우리는 생산성의 괄목할 만한 증가에 의해, 그리고 소비, 담보 대출, 학자금, 공공 부채로 인한 질식할 것 같은 부담에 의해 재정 지원을 받는 매우 어두운 종류의 번영과 우리의 전통적 가치를 맞바꿨다.

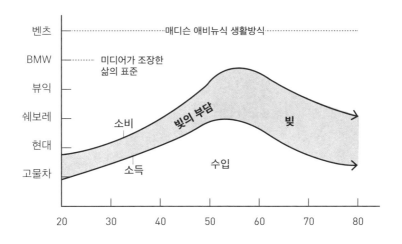

그림 1.2 미디어가 조장한 인위적인 삶의 표준

다람쥐 쳇바퀴 경주에 대한 정의

우리는 다람쥐 쳇바퀴 경주를 "멋지고 구김살 없는 삶에 대한 추구"라고 정의할 수 있다. 그 경주에는 승자가 있을 수 없기에 경주를 마치고 나서 경험하는 실패의 후유증은 아주 크다.

미디어가 조장한 삶의 표준이 만들어내는 불안과 빚의 부담이라는 이중고는 굉장히 억압적이다. 우리는 자신이 목표로 정해놓은 생활방식에 이르지 못해 발생하는 긴장을 느낀다. 그뿐 아니라 우리는 그 기준에 이르기 위해 애쓰는 과정에서 진 빚의 부담도 느낀다. 그 빚은 우리를 더욱 쓰라리고 화나게 만든다. 결국 우리는 우리 스스로 바보 같은 짓을 했고 자신을 속여왔음을 깨닫기 때문이다. 또한 우리의 관계 역시 깨진다. 다람쥐 쳇바퀴 경주는 우리가 애초에 창조된 본질과 우리가 되고자 유혹받는 존재 사이의 갈등으로 끝난다. 다람쥐 쳇바퀴 경주를 이보다 더 분명하게 정의할 수 있을까?

돈과 재물에 대한 추구가 유일한 문제라면, 우리는 돈에 대한 우리의 욕망을 얼마간 합리적으로 설명할 수도 있을 것이다. 그러나 모든 대차대조표에는 차변(자산)과 대변(자본과 부채)이 있고, 대차대조표의 차변에 다람쥐 쳇바퀴 경주가 있다면 대변에는 인간관계가 있다.

다람쥐 쳇바퀴 경주를 선택할 경우, 우리의 인간관계에는 곧 균열이 나타나기 시작하고 그것이 부서지는 것은 시간문제일 뿐이다. 불행하게도, 너무나 자주, **멋진 삶을 추구하는 남자들은 깨어진 인간관계라는 흔적을 남긴다.**

우리가 삶의 기준을 정하는 방법은 우리가 출전하는 경주가 어떤 것인지를 보여준다. 그리스도인들은 딜레마에 직면해 있다. 그들은 다람쥐 쳇바퀴 경주를 선택할 수도 있고, 이 세상을 사랑하지 않고 "모든 무거운 것과 얽매이기 쉬운 죄를 벗어버리고 인내로써 우리 앞에 당한 경주를"(히 12:1) 하는 쪽을 선택할 수도 있다.

우리 모두는 스스로 선택을 한다. 하지만 잘못된 선택을 하라는 압박은 아주 강력하다. 따라서 이 선택을 과소평가해서는 안 된다. 나의 첫 번째 성경 공부 리더는 자주 이렇게 말했다. "당신은 당신의 길을 선택할 수 있다. 하지만 그 결과를 선택할 수는 없다." 우리가 선택한 것의 인과관계가 우리 삶의 특징이 된다.

새로운 일

경영대학원에서 나는 남자들이 승진한 후에 실패하는 첫 번째 원인이 과거의 일을 계속하기 때문이라는 걸 배웠다. 다시 말해, 그들은 새로운 일에 도전하기보다는 과거에 했던 편안한 일을 계속하려 낡은 직무 내용 설명서에 집착한다.

이는 영적 영역에도 해당된다. 남자들이 "그리스도의 제자"로 승진할 때 실패하는 첫 번째 원인은 과거의 일을 계속하기 때문이다. 그들은 삶의 문제들을 꿰뚫어보고 성경대로 대응하기보다 마치 그동안 아무 일도 일어나지 않았던 것처럼 계속해서 무능한 삶을 살아나간다. 어쩌면 자신들의 어투를 조금 바꿀는지는 모른다. 하지만 본질적으로 그들은 변하지 않는다.

지금이야말로 그리스도인 남자들이 다람쥐 쳇바퀴 경주에서 벗어나야 할 때다. 그것은 이길 수 없는 경주다. 지금이야말로 우리가 처음으로 그리스도를 믿었을 때 맡겨진 일을 시작해야 할 때다. "그런즉 누구든지 그리스도 안에 있으면 새로운 피조물이라. 이전 것은 지나갔으니 보라 새 것이 되었도다"(고후 5:17). 우리는 새로운 영적 본질을 약속받았다.

그러니 우리는 우리에게 주어진 역할을 하기 위해, 즉 새로운 일을 하기 위해 충성을 다해야 한다.

지금이야말로 당신이 새로운 일을 시작해야 할 때가 아닌가? 혹시 지금 당신은 다람쥐 쳇바퀴 경주를 하느라 지쳐 있지 않은가? 혹시 자신이 후회로 가득 찬 삶의 길 위에 서 있을지도 모른다고 생각하는가?

우리가 살고 있는 상황에 대한 설명은 이렇다. 이제 남자들이 마주하는 특별한 문제들로 눈을 돌리고 어떤 유용한 해결책이 있는지 살펴보자. 또한 혹시 그 중요한 경주에서 우리가 취할 만한 새로운 트랙을 발견할 수 있을지 살펴보자.

토론 문제

1. "대부분의 남자가 다람쥐 쳇바퀴 경주에 빠져 있다."

   ☐ 동의한다. ☐ 동의하지 않는다.

   어째서인가?

2. 다람쥐 쳇바퀴 경주가 승자가 없는 경주라면, 어째서 그렇게 많은 남자가 그 경주를 하고 있는 것일까? 그들은 무엇을 이루려는 것일까?

3. 어린 시절 이후 당신 삶의 물질적 기준은 어떤 방식으로 향상되었는가? 당신의 삶의 도덕적·영적·관계적 수준은 어떤 방식으로 영향을 받았는가?

4. 많은 남자가 정신적·영적 만족에 빠져 있는 것처럼 보인다. 소비주의와 미디어는 당신이 가치와 시간과 돈을 사용하는 방식에 어떻게 영향을 주었는가?

5. 매디슨 애비뉴는 멋지고 구김살 없는 삶이라는 측면에서 우리가 누구이며 무엇인지를 정의해주느라 열심이다. 어떤 실천적 단계들을 취해야 그것의 영향력으로부터 벗어날 수 있겠는가?

2장 성찰하지 않는 삶

성찰하지 않는 삶은 살 가치가 없다.
소크라테스, 플라톤이 『소크라테스의 변명』에서 인용함

우리가 스스로 우리의 행위들을 조사하고 여호와께로 돌아가자.
예레미야 애가 3:40

1980년대에 몇 해에 걸쳐 방영된《뎀지와 메이크피스》(*Dempsey and Make-peace*)라는 영국의 TV 쇼가 있다.

뎀지라는 이름의 남자가 있다. 그는 터프한 뉴욕 경찰이다. 뎀지의 보스는 믿을 만한 경찰 정보원으로부터 깡패들이 뎀지를 살해하기로 결의했다는 소식을 접한 후 퉁명스럽고 거친 독불장군이었던 그를 보호하기위해 영국 런던으로 보낸다.

메이크피스라는 이름의 여자도 등장한다. 그녀는 아주 여성스럽고, 아주 영국적이며, 아주 바람직한 경찰이다. 그 두 사람이 파트너가 된다. 두 주인공이 열연한 그 작품은 영국의 고전적인 경찰-강도 프로그램이 되었다.

매주 방송이 시작되는 첫 장면은 그 두 사람이 폭발해 불타는 자동차에서 튀어 나오면서 시작된다. 그들은 기관총에서 뿜어져 나오는 총탄에 맞지 않으려고 아스팔트 위로 납작 엎드린다. 이어서 땅바닥을 구르고 악당들을 향해 총을 쏴댄다. 그렇게 한 시간짜리 드라마가 진행된다. 그러고 나서 갑자기 화면이 정지하고 카메라가 상처투성이가 된 뎀지의 얼굴을 클로즈업한다. 그는 잠시 카메라 렌즈를 똑바로 쳐다본다. 그리고 아주 사무적인 어투로 자신의 세계관을 요약한다. "삶은 어렵다. 그리고 당신은 죽는다."

그러고 나서 광고 방송이 이어진다.

당신은 뎀지가 심오한 지성인을 대표한다는 느낌을 받지 못할 것이다. 하지만 그가 한 말에는 어떤 진실한 울림이 들어 있다. 뎀지는 내일 벌어질 일은 생각하지 않은 채 매번 하나의 사건에 목숨을 건다.

많은 이들이 뎀지와 같다.

그러나 우리 모두가 이 질문에 대한 **참된** 답을 원하는 날이 온다. 뎀지는 이렇게 묻는다. "삶은 왜 이리 힘들까? 내가 죽을 때 무슨 일이 일어날까?"

문제

스스로 정한 궤도를 따라 살아갈 때는 삶과 관련된 "왜?"라는 질문에 대해 깊이 생각하지 않는다. 그러나 목표를 이루고도 여전히 만족하지 못할 때 그런 질문이 튀어나오기 시작한다. "나는 누구인가?" "나는 왜 존재하는가?" "어째서 이토록 성공을 하고서도 이렇게 공허한 것인가?"

목표를 이루지 못하면, 질문의 목록은 더 길어진다. "왜 접니까, 하나님?" "저를 사랑하신다면 제가 당신을 필요로 할 때 어디에 계십니까?"

"왜 저에게 복을 내리지 않으시나요?" "어떻게 제게 이런 일이 일어날 수 있단 말입니까?" 우리의 상한 마음은 서서히 분노와 비통함, 두려움과 죄책감 혹은 그것들 모두가 얼마간 섞인 상태에 자리를 내어준다.

모든 것을 고려해보았을 때 우리의 가장 큰 문제는 **우리가 삶을 성찰하지 않는다는 것이다. 대부분의 남성이 진리를 탐구하고 하나님께 순종함으로써 자신의 세계관을 정립해 나가는 일을 하지 않는다.**

오히려 우리는 한 가지 일이 끝나면 더 바쁜 일을 향해 돌진한다. 우리는 충분한 시간을 들여 삶의 더 큰 의미와 목적에 대해 성찰하지 않는다. 오히려 근시안적으로 하루하루를 살아간다. 우리는 당장의 문제라는 폭군 밑에서 살고 있다. 우리의 관심, 시간 그리고 돈을 얻기 위해 경쟁하는, 얼핏 끝이 없어 보이는 선택의 메뉴판을 들고 고민할 때, 우리의 삶은 뎀지의 그것처럼 소모된다. 그러나 간디의 말처럼 "삶에는 속도를 높이는 것보다 중요한 게 있다."

영적으로 보자면, 너무나 많은 이들이 그저 "교회 놀이를 하고 있다." 우리는 그저 어떤 행동을 이어나갈 뿐이다. 우리는 예배에 참석한다. 하지만 예배에서 얻는 메시지는 다른 이들을 위한 것처럼 느껴질 뿐, 우리 자신에게는 잘 적용이 되지 않는다. 우리는 정확하게 그 이유가 무엇인지 알지 못한다. 그리고 그것에 대해 깊이 생각해보기도 전에 우리의 마음은 우리의 속을 끓이고 있는 다른 문제로 향한다. 우리는 다음에 해야 할 바쁜 일을 향해 질주한다. 그리고 월요일 오후가 되면 주일의 기억은 작년 여름휴가의 기억만큼이나 우리에게서 멀어진다.

그리스도인들은 삶의 큰 문제를 성찰하는 일에 변호사나 전기 기술자가 그들의 직업을 유지하기 위해 기울이는 정도의 노력도 기울이지 않는다.

모두가 나처럼 생각하지는 않는다

어느 날 한 친구와 점심을 먹다가 그가 하는 말을 듣고서 크게 놀란 적이 있다. 그는 낙태에 관한 자신의 견해에 대해 말하던 중이었다. 그는 외국에서 태어났고 역사의식이 있었다. 나는 늘 그의 사업 능력을 존경했다.

그는 원치 않은 상태에서 아이를 낳아 고통스러운 삶을 살게 하느니 태아를 죽이는 편이 낫다고 주장했다. 그는 태아가 인간이 아니라고 주장하지는 않았다. 그러나 그는 그렇게 태어난 아기가 무시되고 학대당할 수도 있으니 원치 않는 아이는 태어나기 전에 없애서 고통을 당하지 않게 하는 편이 자비로운 일이라고 주장했다. 그것은 그동안 내가 낙태와 관련해 들었던 모든 이유 중에서도 가장 어리석은 것이었다. 부유하고 영향력 있는 그 친구는 우리 공동체의 삶을 형성하는 중요한 결정을 상업적 측면에서 내리고 있었다.

어째서 사람들은 자기의 방식대로 생각하고, 말하며, 일을 할까? 우리 각자는 나름의 세계관을 갖고 있다. 대부분의 경우, 우리의 세계관은 여러 문제에 대한 면밀한 성찰을 통해서가 아니라 태어난 장소, 부모 그리고 우리가 다닌 학교에 영향을 받아 형성된다. 이 세계관은 우리가 하는 모든 생각과 말 그리고 모든 행위에 영향을 끼친다.

두 개의 세계관

성장하고 성숙하는 동안, 우리의 세계관은 수많은 경험 및 관계들을 통해 발전한다. 오늘날에는 두 개의 지배적인 세계관이 존재한다. 하나는 인간이 모든 사건의 중심이라고 믿는 **세속적 세계관**이고, 다른 하나는 하나님이 우리의 삶을 매일 다스리시고 행동하신다고 믿는 **기독교적**

세계관이다.

세속주의자들은 인간이 본질적으로 선하고, 자신의 운명을 지배하며, 스스로 자신의 업적과 지식의 경계를 정하고, 자기 판단으로 택한 것들 외에는 다른 도덕적 기준에 구속되지 않는다고 믿는다.

반면에 그리스도인들은 전능하신 하나님이 땅과 하늘을 창조하셨다고 믿는다. 이 살아 계시고 전능하신 하나님은 모든 지식을 갖고 계신다. 또한 그분은 우리를 향한 큰 사랑 때문에 우리를 보호하시기 위해 절대적인 도덕적 기준을 세우셨다. 그분은 거룩하시고, 사랑이 많으시며, 인격적이시다.

이 두 세계관의 차이를 모르는 그리스도인 남자들은 자주 자신들의 문제에 잘못된 원리를 적용한다. 그들은 우리가 어떻게 살아야 하는지 부분적으로밖에 알지 못한다.

오늘날 세상에서 그리스도인들은 사물을 전체적으로 보지 않고, 조각내서 바라본다. 지금까지 우리는 가족의 붕괴, 포르노, 총기 사고, 인종주의, 빈곤 그리고 낙태 등에 경종을 울려왔다. 그러나 프랜시스 쉐퍼(Francis Schaeffer) 박사가 다음과 같이 지적했듯이 우리는 "이것을 하나의 전체적인 문제로 보지 않았다. 그것들 각각을 좀 더 큰 문제의 일부나 증상으로 보았다."[5]

이런 "좀 더 큰 문제"는 1장에서 언급했던 가치의 기본적인 변화를 가리킨다. 그것은 우리가 삶과 세상을 바라보는 방식에서 나타난 근본적인 변화였다. 우리는 스스로 전통적인 유대-기독교적 가치들로부터 벗어나, 우리의 이익에 복무하는지 여부에 따라 가치를 택하도록 허용하는 세계관으로 옮겨왔다. 사탕 가게를 휘젓고 다니는 아이처럼, 우리는 **스스로** 가치를 선택하고, **스스로** 자신의 운명을 결정하며, **스스로** 우리가 탄 배의 선장 노릇을 한다.

이 두 개의 세계관, 즉 세속적 세계관과 기독교적 세계관은 서로 충돌하며, 불가피하게 정반대의 결과를 낳는다. 이 둘의 차이를 이해하는 것이야말로 성찰하지 않는 삶이 야기하는 문제를 해결하기 위한 첫 번째 단계다.

종종 이 극적인 차이는 우리 눈에 보이지 않는다. 나는 당신이 동시에 두 마리의 말을 타는 용감한 서커스 광대 노릇을 해왔다고 확신한다. 광대는 각각의 말 등에 발 하나씩을 견고하게 올려놓는다. 그가 이렇게 할 수 있는 것은 두 마리의 말이 서로 가까이 있기 때문이다. 그러나 그 두 마리의 말이 서로에게서 멀어지기 시작하면 광대는 이쪽이든 저쪽이든 어느 한쪽 말 위로 올라가야 한다.

우리의 영적 여행도 마찬가지다. 처음에는 그 두 세계관이 그다지 달라 보이지 않는다. 삶을 신중하게 검토하지 않으면, 기독교 세계관과 세속적 세계관이 마치 두 마리의 서커스용 말들처럼 서로 가깝다고 여기게 된다. 그러나 좀 더 면밀하게 살펴보기 시작하면, 그 둘 사이에 존재하는 명백한 차이를 발견하게 될 것이다.

우리는 그것들이 서로 얼마나 극적으로 다른지 —심지어 정반대인지—를 보기 시작한다. 그 차이점이 보다 날카롭게 대조될 때 두 세계관은 서로에게서 점점 더 멀어진다. 그리고 결국 우리는 그 용감한 서커스 광대처럼 이쪽이든 저쪽이든 어느 한쪽을 택해야 할 지점에 이른다.

기독교 세계관과 세속적 세계관 사이에서의 선택은 하나님의 경주와 다람쥐 쳇바퀴 경주 사이의 선택이다.

삶을 성찰하지 않고 살아감으로써 발생하는 결과

존과 베티는 대부분의 그리스도인처럼 시작했다. 나는 그들이 생활방식과 세계관의 문제로 씨름하는 것을 7년간이나 지켜보았다. 그들은 그리스도를 인격적으로 앎으로써 얻는 평안과 만족을 진지하게 원했다. 그러나 그들은 물질에 대한 욕망 때문에 지속적인 긴장을 경험했다. 특히 베티는 늘 더 많은 것을 원했다.

그들은 안락한 집에서 살고 있으면서도 많은 이들처럼 자신들만의 드림 하우스에서 사는 꿈을 지니고 있었다. 존은 자신의 재정 능력으로 그 꿈을 이루는 것이 어렵다는 사실을 알았지만 베티는 도약하고 싶어 했다. 결국 그들은 모험을 감행해 정말로 멋진 집을 구입했다.

존은 자기가 베티의 소유욕을 만족시킬 수 있을 것 같지 않았다. 그는 충분히 열심히 일했으나 베티는 그가 야망이 없다고 믿었다. 존이 기독교 사역을 시작했을 때 베티는 그가 가족을 위해 일하고 돈을 모아야 하는 책임을 회피하고 있다고 여겼다.

2년 후 여름휴가 기간에 베티는 몇 주 동안 친정집에 가서 머물렀다. 어느 날 베티가 집으로 전화를 했다.

"일자리를 얻었어요." 그녀가 간단하게 말했다.

"무슨 소리야?" 존이 바짝 긴장하며 간신히 물었다.

베티는 그들의 관계에 관해서는 언급하지 않은 채 오직 더 많은 돈을 벌고 싶다는 자신의 야망에 대해서만 말했다. 결국 그들은 이혼 서류에 도장을 찍었다. 그들은 구입했던 집을 주택 담보 대출 회사에 넘겼다.

어떻게 그리스도인 부부가 그렇게까지 멀리 갈 수 있는 것일까? 세속적 세계관은 직접 기독교적 세계관과 경쟁한다. 소수인 그리스도인들은 종종 우리를 세속적 생활방식으로 회심하게 만들려는 소비주의와 물질주의의 압도적인 메시지에 복종한다. 그렇다! 그리스도인들이 회심자를 만들고자 애쓰는 것만큼이나 다른 세계관의 제자들도 애쓰고 있다!

포로가 된 그리스도인들

그렇다. 두 개의 중요한 세계관이 존재한다. 얼마나 많은 이들이 이 둘 사이를 분명하게 구별했을까? 얼마나 많은 이들이 진리에 대한 탐구를 통해 자신의 세계관을 확립했을까? 혹시 우리의 세계관이 환경과 상황의 산물은 아닐까?

골로새서 2:8은 이렇게 말씀한다.

> 누가 철학과 헛된 속임수로 너희를 사로잡을까 주의하라. 이것은 사람의 전통과 세상의 초등학문을 따름이요 그리스도를 따름이 아니니라.

세속주의자들은 우리의 문화에 영향을 끼치는 문제와 관련해 우리 그리스도인들보다 훨씬 더 유능하게 일해왔다. 학교에서 드리는 기도는 1961년에 불법화되었고, 낙태는 1973년에 합법화되었다. 그리고 1989년에는 주요 방송사들이 TV 프로그램에 대한 검열을 그만두었다. 이런 획기적인 결단들로 인해 결국 모든 가치 있는 것들이 심각하게 침식되기 시작했다.

오늘날 그리스도인들은 소수다. 소수인 만큼, 그리스도인들의 가치와 견해도 현대 역사 어느 소수 집단의 것과 다를 바 없이 무기력하다. 어째서 그런가? 우리가 삶에 대해 진지하게 성찰하지 않기 때문이다. 그동안 수많은 훌륭한 남자들이 "사람의 전통과 세상의 초등학문을 따르는 철학과 헛된 속임수에" 사로잡혀왔다. 다시 말해 많은 이들이 영적으로는 그리스도인이나 실천적 측면에서는 세속적이다. 우리 세대는 문화적 그리스도인들의 세대다.

우리는 사물을 전체가 아니라 쪼개서 바라보고 있다. 오랫동안 잊힌 문명의 유적을 추적하는 고고학자들은 무엇보다도 파편들을 찾는다. 그들은 깨진 항아리의 조각들을 연구한다. 그 후에 그들은 그 깨진 조각들에서 원형의 모습을 어림잡아 그 물체의 모습을 마음에 그려본다.

바로 이것이 우리가 삶을 이끌어야 하는 방식이다. 우리는 모든 파편—마음속에 떠오르는 모든 개념과 이론—을 살펴보고 그것들이 어떤 세계관을 대표하는지 알아보아야 한다. 너무나 자주 우리는 주변의 사건과 상황들을 서로 무관하고 고립되어 있는 것으로 바라본다. 어떻게 그것들이 세계관이라는 더 큰 그림 안에 적절하게 조화를 이루는지를 마음에 그려보아야 하는 데도 말이다.

앨런 블룸(Allan Bloom) 박사는 『미국 정신의 폐쇄』(*The Closing of the American Mind*)에서 성찰하지 않는 삶을 살아가는 문제에 대해 말한다. 그는 우리 시대의 개방성, 곧 그가 "무관심의 개방성"이라고 부르는 것을 "우리를 지식과 확신에 대한 탐구로 초대하는 개방성"으로 대체해야 한다고 설득력 있게 촉구한다.[6]

블룸 박사는 우리 사회의 "개방성"이 끈덕진 결의를 지니고 진리를 추구하는 개방성이 아니라, 우리로 하여금 "온갖 종류의 사람, 온갖 종류의 생활방식 그리고 모든 이념에 대해 열려 있도록" 압박하는 개방성이라는 주장을 편다. 유일한 적은 모든 것에 대해 열려 있지 않은 사람이다.

모든 것에 개방되어 있는 사람은 맹목적이기에 우리의 용감한 서커스 광대가 말을 타고 있는지 나귀를 타고 있는지에 대해 알려주지 못하며, 설령 그가 운 좋게 어떤 차이를 알아차린다고 할지라도, 어느 것이 다른 것보다 나은지 알려주지도 못한다.

이것은 도덕적 진리와 선을 추구하는 과정에서 자신의 믿음을 검토하는 개방성이 아니라, 모든 것에—그것이 무엇이든—"예"라고 말하는 것에서 미덕을 찾는 개방성이다. 그리스도인의 개방성은 진리와 절대적인 것에 대한 추구에서 나온다. 세속주의자의 개방성은 세속주의자가 "최선"이라고 생각하는 것에서 진리를 만들고, 그 어떤 절대적인 것은 믿지 않기 때문에 존재한다. 그는 당신이 진지하기만 하다면 무엇을 믿든 문제가 되지 않는다고 여긴다.

이것은 삶을 성찰하지 않고 살아가는 상황의 한 측면이다. 우리는 많은 것을 알 수 있다. 그러나 우리가 우리의 지식을 사용해 우리 자신—우리의 마음, 우리의 영혼, 우리의 정신—을 가장 높은 수준의 도덕적 선으로까지 향상시키지 않는다면, 그때 우리는 그 지식의 가련한 종일 뿐이다. 그리고 그럴 경우 우리는 포로 상태의 그리스도인, 즉 세속적 세계관에 사로잡힌, 다시 말해 "철학과 헛된 속임수에 사로잡힌" 그리스도인이 되고 만다.

기독교 세계관을 따라 살아가려 한다면, 먼저 우리의 견해가 소수의 견해라는 것을, 그리고 우리가 자신의 삶에 대해 책임이 있다는 것을 인식해야 한다. 그리스도는 우리가 그분께 돌아와 그분의 계획을 따라 살 수 있도록 고통을 당하셨다. 그러나 그런 삶을 따르기로 결단해야 하는 것은 우리다. **우리의 삶을 향한 하나님의 계획을 알기 위한 첫 단계는 우리 자신을 있는 그대로 보고자 노력하는 것이다.**

두 명의 당신

두 명의 당신, 곧 **눈에 보이는** 당신과 **실제** 당신이 존재한다. 눈에 보이는 당신은 다른 이들에게 알려진 당신이다. 우리는 또래 집단의 사람들과 어울리려면 어떻게 행동하고 말해야 하는지 경험을 통해 직관적으로 안다. 종종 우리는 또래 집단의 종류에 따라 다르게 행동한다.

고등학교 때 나는 서로 다른 세 개의 또래 집단에 소속되어 있었다. 하나는 운동선수 집단이었다. 그 친구들과 함께 운동할 때 나는 거칠게 말했고 술을 마시거나 담배를 피우는 일을 하지 않았다.

다른 하나는 학구파 집단이었다. 나는 우등생이었고 이 똘똘한 친구들을 좋아했다. 우리는 다윈의 이론에 대해 토론하고 과학이 인류의 미래에서 차지하는 중요성에 대해 대화했다.

세 번째 그룹은 말썽쟁이들이었다. 주말이 되면 나는 담배를 피우고, 맥주를 마시며, 드라이브인(drive-in) 레스토랑을 순례하며 여자들을 찾았다. 솔직히 나는 캠퍼스를 오갈 때 불안했다. 어느 한 또래 집단과 걸을 때 내 눈은 계속해서 주변을 살폈다. 다른 또래 집단의 친구를 만날까 봐 두려웠다. 그렇게 되면 나는 사기꾼으로 알려질 것이다!

비록 내가 학창 시절의 서로 다른 세 가지 모습을 묘사하기는 했으나, 매일 방과 후에 집에서는 네 번째 패트릭 몰리도 등장했다. 나는 걸어다니는 정체성의 위기였다!

눈에 보이는 당신은 알려진 당신이다. 그것은 결코 실제 당신이 아니다. 그동안 우리는 세계에 대처하고 그것과 평화롭게 공존할 수 있는 방식을 따라 말하고 행동하는 법을 배웠다. 우리는 다른 이들에게 자신의 어떤 이미지를 투사하기 위해 애를 쓴다.

실제 당신은 하나님께 알려진 당신이다. 말하거나 행동하기 이전에 먼저 우리의 마음속에 있는 자신이다. 우리의 말과 행위는 사고의 결과다. 성경은 이렇게 말한다. "만물보다 거짓되고 심히 부패한 것은 마음이라 누가 능히 이를 알리요"(렘 17:9). 자신의 이미지를 보호하기 위해 농담하고, 속이며, 눈에 보이는 우리가 실제 우리라고 스스로를 속인다. 있는 그대로의 실제를 보려면, 먼저 우리가 하나님의 도우심 없이 그렇게 할 수 없다는 것을 인정해야 한다.

마음은 전투가 벌어지는 장소다. 그것은 다수파의 견해인 세속주의적 견해와 소수파의 견해인 기독교적 견해 사이의 전투다. 에베소서 6:12은 마음을 차지하기 위한 이 전투를 다음과 같이 묘사한다.

> 우리의 씨름은 혈과 육을 상대하는 것이 아니요 통치자들과 권세들과 이 어둠의 세상 주관자들과 하늘에 있는 악의 영들을 상대함이라.

이 비가시적인 전쟁을 심각하게 다루지 않기 때문에 많은 이들이 마음을 차지하기 위한 전투에서 패배한다. 성경 공부는 실제 당신, 즉 하나님께 알려진 당신을 돌아보게 함으로써 당신이 그 전투에서 승리할 수 있게 한다. 이제 자신을 이해하기 위한 탐구에서 우리를 도와줄 유력한 도구에 대해 살펴보자.

"물고기를 관찰하게"

랄프 왈도 에머슨(Ralph Waldo Emerson)은 일기에서 자기가 가장 존경하는 인물은 칼라일(Carlyle)이고 두 번째가 루이 아가시(Louis Agassiz)라고 말했다. 아가시 뒤에는 헨리 데이비드 소로(Heny David Thoreau)와 올리버

웬델 홈스(Oliver Wendell Holmes)가 나온다.

아가시는 사람들을 마법처럼 다룬다. 그는 젊은 시절에 자연과학자로 서 세계적인 명성을 얻었다.

스위스에서 태어난 그는 1846년에 무한한 상상력과 열정을 지니고 보스턴에 도착했다. 그는 하버드 대학교의 교수직을 수락했고 그곳에서 물고기와 화석에 관한 연구를 수행했다.

화석과 물고기에 관한 연구에서 천재적 능력을 발휘한 그는 선생으로 서도 아주 큰 천재성을 갖고 있었다. 그는 한 세대 동안 과학자들을 양 성했는데 그들 중 대부분은 나름 중요한 업적들을 남겼다. 아가시는 자 신의 학생들에게 그들의 문제에 대해 스스로 생각하고 답을 찾는 법을 배울 기회를 제공하는 독특한 교수법을 개발했다.

내가 처음으로 아가시에 대해 알게 된 것은 하버드 경영 대학원 최고 경영자 과정에 등록해 공부할 때였다. 교수들은 아가시를 존경했고 하 버드 대학교의 문화 속에서 그를 불멸화시켰다. 그의 교수법은 유명한 하버드 경영 대학원에서 사용되는 사례 연구 방법의 핵심적 일부였다. 그것은 자기의 삶을 성찰하고자 하는 사람들을 위한 굉장한 교훈이다.

아가시의 학생 중 하나였고 훗날 거의 그만큼이나 유명한 교수가 된 스커더(Scudder)는 아가시의 교수법에 대해 이렇게 설명한다.

> 내가 아가시 교수의 실험실에 들어간 것은 [1874년부터] 15년도 더 이전이었 다. … 그는 내가 그 실험실에 들어온 목적에 관해 몇 가지 질문을 했다. 그 러고 나서 물었다. "연구를 언제부터 시작하고 싶은 건가?"
>
> "당장요." 내가 대답했다.
>
> 내 대답이 그를 기쁘게 한 것 같았다. 그는 아주 활기차게 "아주 좋아!"

하더니 선반에서 노란 알코올에 담긴 표본이 들어 있는 커다란 항아리 하나를 꺼냈다.

"이 물고기를 받게." 그가 말했다. "그리고 자세히 살펴보게. … 자네가 무엇을 보았는지를 하나씩 물어보겠네." 10분 후에 나는 그 물고기에서 볼 수 있는 모든 것을 보았다고 여기고 교수님을 찾아뵈려 했다. 하지만 교수님은 박물관을 떠난 상태였다. … 30분이 흐르고, 한 시간이 흐르고, 다시 한 시간이 흘렀다. 물고기가 역겨워 보이기 시작했다. 나는 그것을 돌려보고 뒤집어보았다. 그리고 물고기의 얼굴을 들여다보았다. 섬뜩했다. 뒤에서 보고, 밑에서 보고, 위에서 보고, 옆에서 보고, 비스듬히 보았다. 마찬가지로 섬뜩했다. 나는 절망했다. 조금 이른 시간에 점심을 먹는 게 좋겠다고 결론을 내렸다. 그래서 잠시 숨을 내쉬고 그 물고기를 신중하게 항아리 안에 다시 집어넣었다. 그리고 한 시간 동안 점심을 먹으며 자유 시간을 가졌다.

실험실로 돌아왔을 때 아가시 교수가 박물관에 왔다가 다시 나갔고 앞으로 몇 시간 동안 돌아오지 않으리라는 것을 알게 되었다. … 나는 천천히 그 끔찍한 물고기를 꺼냈다. 그리고 절망감을 느끼며 다시 그것을 바라보았다. … 그것의 목구멍을 손가락으로 누르면서 그것의 날카로운 이빨을 느꼈다. 다른 쪽에 있는 비늘의 수도 헤아리기 시작했다. 그러다가 그것이 부질없는 짓이라고 느꼈다. 마침내 한 가지 즐거운 생각이 떠올랐다. 나는 그 물고기를 그리기 시작했다. 그러자 놀랍게도 그 물고기의 다른 특징들을 발견하기 시작했다. 바로 그때 교수님이 돌아오셨다.

"바로 그거야." 그가 말했다. "연필은 가장 좋은 눈 중 하나지. 자, 물고기가 어떻게 보이던가?"

그는 내가 간략하게 설명하는 말을 주의 깊게 들었다.

내가 말을 마쳤을 때, 그는 더 많은 것을 기대하는 표정으로 기다렸다. 그러고 나서 실망스러운 음성으로 말했다. "아주 꼼꼼하게 살펴보진 않았구먼. ⋯ 다시 보게, 다시 살펴봐!" 그러고 나서 나를 비참하게 남겨두고 실험실을 떠났다.

나는 용기를 내어 그에게 내가 다음에 무엇을 해야 하느냐고 물었다.

"오, 물고기를 보게!" 그가 말했다. 그리고 그 후로 3일 동안 내 앞에 그 물고기를 놓았다. 그는 내가 다른 무언가를 보는 것을 금했다. 또한 다른 인위적인 도구를 사용하는 것도 금했다. "보고, 보고, 또 보게"가 그가 되풀이한 명령이었다.

그것이 내가 받았던 최고의 동물학 레슨이었다. 이후 나의 모든 연구의 상세한 부분에까지 그 레슨의 영향이 확대되었다. 그 교수가 나에게 남긴 유산이었다. 그는 다른 많은 이들에게도 그것을 남겼는데 그 가치는 헤아릴 수 없을 정도다. 우리는 그것을 구매할 수도 다른 이에게 나눠줄 수도 없다.

아가시 교수는 현상을 살펴보고 질서정연하게 정리하는 방법을 가르쳤을 뿐 아니라 또한 만족하지 말라고 집요하게 권했다.

"어떤 일반 법칙과 연결되지 않는 한, 사실들은 의미가 없다."

8개월 후 나는 마지못해 동물 관찰을 그만두고 본격적인 곤충학 공부를 시작했다. 하지만 내가 이런 외도 경험을 통해 얻게 된 것은 훗날 내가 선호하는 그룹 안에서 수행한 여러 해 동안의 연구보다 훨씬 더 큰 가치가 있었다.[7]

우리가 성찰하지 않는 삶을 살아가는 주된 이유는 시간을 내서 더욱더 세밀하게 물고기를 살펴보지 않기 때문이다. 만약 시간을 내서 살핀다면, 우리는 언제나 더 많은 것을 볼 수 있다. "이 물고기를 받고 그것을 살펴보게." 우리는 곧 아가시 교수의 비판이 타당하다는 것을 발견하게 될 것이다. 우리는 우리의 삶을 꼼꼼하게 살펴보지 않았다. 운이 좋다면, 우리는 이렇게 말할 수 있을 것이다. "나는 아직 삶을 꼼꼼하게 보지 못하지만 이전에 내가 그렇게 하지 못했다는 사실은 이제 확실하게 안다."

나는 당신이 이 책을 읽고 나서 스커더 교수처럼 마지못해 이 연구를 떠나 자기 성찰이라는 새로운 분야로 돌아서게 되기를 바란다. 당신은 성경을 자료집으로 삼아 당신의 삶의 모든 측면을 위한 하나님의 원리를 발견하고, 당신의 삶의 조각들을 하나님의 일반적인 법과 연결시킬 수 있을 것이다.

결론

당신은 그동안 성찰하지 않는 삶을 살아왔는가? 세계관들 사이의 극적인 차이를 이해한 적이 있는가? 어째서 당신이 생각하는 것을 생각하고, 말하는 것을 말하며, 하는 일을 하는지 알고 있는가?

아니면 당신은 뎀지처럼 그저 매일 그날의 일을 하며 살고 있는가?

"좋다," 당신은 이렇게 말한다. "나는 실제 나, 즉 하나님께 알려진 나에 관해 알아야 할 많은 것이 있다고 확신한다. 그렇다면 내가 다음으로 해야 할 일은 무엇인가?"

스포츠광인 교회 방문자에 대해 알고 싶어 했던 목사가 있었다. 그 목사는 권투를 좋아했기에 그 남자를 권투 경기에 초대했다. 한데 그 남자는 그때까지 권투 경기에 가본 적이 한 번도 없었다. 경기가 시작되기 직전에 복서 중 한 사람이 십자가 표시를 했다.

"저게 어떤 의미가 있죠?"라고 그 남자가 물었다.

목사가 즉시 답했다. "그게 어떤 의미이든 그건 권투를 계속할 때에만 의미가 있어요."

  그러므로 계속해나가자. 그리고 우리의 마음을 얻기 위한 싸움에서
승리하는 데 필요한 기술들을 얻자. 이 책의 나머지 부분은 삶에서 특별
히 문제가 되는 영역들을 생각할 틀, 즉 물고기를 바라보는 틀을 제공해
줄 것이다.

토론 문제

1. 당신은 삶을 요약하는 문구로 어떤 말을 당신의 묘비에 새겨넣고 싶은가?

2. 당신은 경험과 관계 중 어느 것이 당신이 생각하고, 말하며, 행동하는 방식에 가장 큰 영향을 주었다고 생각하는가? 그것들은 어떤 방식으로 당신에게 좋은 영향을 주었는가? 혹은 나쁜 영향을 주었는가?

3. 당신의 세계관은 기독교적 세계관과 세속적 세계관에 각각 어느 정도나 물들어 있는가? 예컨대, 기독교 세계관 60%, 세속적 세계관 40%라고 답할 수 있다. 그렇게 답한 이유를 설명해보라.

4. 당신은 삶의 "왜"라는 질문에 대해 생각하는 사람인가 아니면 있는 그대로의 삶에 만족하는 사람인가? 성찰하지 않는 삶을 살아가는 것에 내포된 위험은 무엇인가?

5. 두 명의 당신이 있다. 하나는 다른 이들에게 알려진 눈에 보이는 당신이고, 다른 하나는 오직 하나님께만 알려진 실제 당신이다.
   □ 동의한다. □ 동의하지 않는다.
   그렇게 답한 이유를 설명해보라.

6. 당신은 하나님이 당신에게 실제 당신을 보여주시도록 허락할 것인가? 그럴 경우 당신이 자신에 관해 발견할지도 모르는 것은 어떤 것들인가?

7. 무언가를 잘 알 수 있는 비결은 계속해서 "물고기를 바라보는 것"이다. 당신은 시간과 노력이라는 측면에서 자기 성찰을 위해 어떤 노력을 할 것인가?

3장 성경적 그리스도인 vs 문화적 그리스도인

한 세대의 그리스도인 전체가 세상을 포기하지 않고도
그리스도를 "영접할 수" 있다고 믿게 되었다.

A. W. 토저

누구든지 말씀을 듣고 행하지 아니하면
그는 거울로 자기의 생긴 얼굴을 보는 사람과 같아서
제 자신을 보고 가서 그 모습이 어떠했는지를 곧 잊어버리거니와

야고보서 1:23-24

우리에게는 문제가 있다. 1장에서 살펴보았던 래리와 캐롤을 떠올려보라. 그들은 그리스도인들이었다.

"뭐라고요?" 당신은 말할 것이다. "지금 농담하는 거지요!"

농담이 아니다. 사실 나는 래리와 캐롤의 삶에서 작용하는 힘이 오늘날 다른 그리스도인 가정들에게도 예외 없는 규칙이 되고 있다고 말하고 싶다. 한 걸음 더 나아가, 나는 그동안 수많은 남자와 상담한 경험을 가지고 있지만, 결혼 생활을 마땅히 그래야 하는 방식으로 잘 하고 있는 이들의 이름을 몇 개 떠올리지 못한다고 고백해야 할 것 같다.

나는 여러 자리에서 "나는 개인적으로 결혼 생활을 옳은 방식대로 하고 있는 남자들을 열 사람도 알지 못한다"는 과격한 발언을 했다. 그러나 그런 때에도 누군가가 나에게 말로 도전하거나 몸짓으로라도 항의를

하는 것을 보지 못했다.

어쩌면 당신은 "그렇다면, 어떻게 그리스도인 부부에게 그런 일이 일어날 수 있는가?" 하고 물을 것이다.

그에 대한 답은 당신이 생각하는 것보다 쉽다.

문제

앞에서 보았듯이, 우리의 물질적 삶의 수준은 높아졌다. 그러나 지금 우리가 참으로 전보다 더 잘 살고 있는가? 이 책의 서문에서 말했듯이, 오늘날 많은 이들이 삶에서 무언가가 크게 잘못되었다고 느끼고 있으나 그것이 무엇인지 정확하게 지적하지는 못한다. 그들은 잘못된 경주를 하고 있을지도 모른다는 으스스한 느낌을 떨쳐버리지 못한다. 그들은 자기들이 부모들보다 **재정적으로** 훨씬 더 성공했다는 것을 안다. 하지만 그들은 삶이 더 나아지지는 않았을지도 모른다고 여긴다. 도대체 무슨 일이 벌어지고 있는 것일까?

우리가 1장에서 지적했듯이, 소비주의와 미디어가 한 세기에 영향을 주었고 이는 다시, 가치의 근본적인 변화를 야기했다. 전체적으로 우리는 세속적 세계관에 의해 지배된 문화 속에서 살아가고 있다.

우리의 진짜 문제는 그런 일이 래리와 캐롤 그리고 실버 씨에게만 일어나는 게 아니라 **우리에게도 일어나고 있다**는 것이다.

두 개의 빈곤한 가치

신학자 프랜시스 쉐퍼는 그의 기념비적인 책『그러면 우리는 어떻게 살 것인가』(생명의 말씀사, 2018)에서 미술, 음악, 드라마, 신학 그리고 대중 매체의 변화가 어떻게 우리의 가치에 부정적으로 영향을 끼쳤는지를 지적했다.

쉐퍼 박사는 그동안 대부분의 사람이 **개인적 평안**과 **풍요**라는 두 개의 빈곤한 가치를 택해왔다고 강조했다. 그의 지각력 있는 분석은 즉각 모든 이의 동의를 얻었다. 그것은 진리의 울림을 갖고 있었고 지금도 여전히 갖고 있기 때문이다. 그 두 가지 가치에 대한 그의 유효한 정의는 다음과 같다.

> 개인적 평안은 단지 혼자 있겠다는 것, 다른 이들이 세계 전역에 있든 도시 전역에 있든 간에 그들의 문제로 인해 괴로움을 겪지 않겠다는 것, 개인적으로 괴로움을 당할 가능성을 최소화하면서 자신의 삶을 살겠다는 것을 의미한다. 개인적 평안은 나의 일생 동안, 자녀나 손자들의 생애 동안 그로 인한 결과가 어떻게 되든 상관없이, 나의 개인적 삶의 패턴이 어지럽혀지지 않기를 바란다는 것을 의미한다. 풍요는 압도적이고 계속해서 커지는 번영—물질, 물질 그리고 더 많은 물질로 이루어진 삶—을 의미하는데 그것은 보다 높은 수준의 물질의 풍성함에 의해 판단되는 성공이다.[8]

우리의 정신은 쉐퍼 박사의 진단이 진리라는 것을 인식한다. 그렇지 않은가? 그의 진단은 우리 주변의 세계에서 벌어지고 있는 아주 많은 것을 설명하는 틀을 제공한다.

1장에서 우리는 매디슨 애비뉴식 생활방식을 추구함으로써 어떻게 이 두 가지 가치 속으로 끌려 들어가는지를 살펴보았다.

또한 래리와 캐롤을 지속적으로 괴롭히는 문제, 곧 "어떻게 **그리스도인** 부부가 그처럼 빈곤하고 파산해가는 가치들 속으로 절망스럽게 뒤엉켜 들어갈 수 있는 것일까?"라는 문제와 함께 우리의 눈길을 끄는 문제는 바로 "어떻게 그런 일이 우리에게 일어나는가?"다.

세 번째 빈곤한 가치

기독교는 번성하고 있다. 오늘날 미국에는 전보다 훨씬 더 많은 그리스도인이 존재한다. 비율과 실제 숫자 모두 그러하다. 대략 미국인 세 명 중 하나는 자기들이 예수께 자신의 죄를 용서하시고 영생의 선물을 허락해주시기를 간구한다고 주장한다.

바로 여기에 문제가 있다. **종교가 우리의 삶에서 그토록 큰 부분을 차지한다면, 어째서 그것이 우리 사회에 좀 더 큰 영향을 주지 못하는 것인가?** 슬픈 현실은 종교적 헌신에 대한 주장은 높아지고 있으나 그 영향력은 최저라는 것이다. 그리스도인들이 "별실에서" 나와 편안하다고 느꼈던 바로 그 순간에 우리의 문화는 도덕적 시궁창 속으로 빠져들었다.

그렇다면 우리의 문화는 어쩌다 그런 상태가 된 것인가? 그 질문에 대한 답은 간단하다. 기독교는 번성하고 있으나 우리의 문화는 더 이상 기독교적 가치에 의해 인도를 받지 못하고 있기 때문이다. 어떤 이들은 이것을 탈 기독교 문화(post-Christian culture)라고 부른다.

여기에 흥미로운 점이 있다. 오늘날에는 미국인 3명 중 1명이 복음주의자인 반면, 미국인 시민권자가 5천3백만 명이던 1800년에는 미국인 **14명** 중 1명만이 복음주의 교회에 속해 있었다.[9] 따라서 우리는 미국에서 그리스도인의 수가 극적으로 성장하는 동안에도 기독교는 늘 소수파였다고 말할 수 있다.

그러나 그때는 유대-기독교적 원리들에 입각한 도덕적 합의가 이루어졌던 시기였다. 영화, 텔레비전, 문학 그리고 다른 문화적 도구들은 이렇게 합의된 도덕을 고수했다. 그 합의가 1백 년 이상에 걸쳐 깨졌고, 상태는 지난 25년간 급속하게 악화되었다. 따라서 기독교 자체는 계속 번성하는 반면, 더 이상 세속 문화는 유대-기독교의 가치에 의존하지 않게 되었다.

본질적으로 기독교와 기독교가 아닌 것 모두 성장하고 있다. 하지만 서로 방향이 다르다. 따라서 기독교가 작동하지 않는다고 말하는 실수를 저지르지 마라. 그것은 작동하고 있다! 작동하지 않는 것은 기독교가 아닌 것들이다. 여전히 건전함을 유지하는 문화가 있다면, 그것은 그리스도인과 그리스도인이 아닌 이들 모두가 여전히 유대-기독교적 가치들을 고수하고 있기 때문이다. 유대-기독교적 가치를 고수하지 않는 다른 모든 것은 도덕적 혼란을 야기할 뿐이다. 기독교가 아닌 것의 실패로 기독교를 판단하는 잘못을 저지르지 마라.

여기에 문제가 있다. 비록 기독교가 번성하고 있으나, 그리스도인 중 많은 이들이 이처럼 점차 파산해가는 문화에 사로잡혀 있다. 우리는 주변 세상의 가치 중 많은 것들을 받아들였다. 아마도 그것은 동거나 포르노 같은 새로운 성윤리, 방자한 탐욕과 물질주의 혹은 가난한 자들의 필요에 대해 눈을 감는 것을 의미한다. 갈라디아서 5:9은 이런 가치들을 택하는 것이 어째서 문제인지를 설명한다. "적은 누룩이 온 덩이에 퍼지느니라." 우리가 두 세계 모두에서 최상의 것을 갖고자 할 때, 우리는 하나님의 진리를 거짓과 바꾸고 하나님의 영광을 우상과 바꾸며, 우리의 눈에 옳아 보이는 것을 행하고, 세속에 몰두하며, 창조주 대신 피조물을 예배한다.

우리가 좋은 경주를 하지 않을 때 발생하는 불행한 결과는 세 번째 빈곤한 가치인 **문화적 기독교**가 발전하는 것이다. 문화적 기독교(cultural Christianity)는 본래의 하나님 대신 우리가 원하는 하나님을 추구하는 것을 의미한다. 이는 하나님에 대한 우리의 이해가 얕아지는 경향을 가리킨다. 우리는 그분이 우리가 멋대로 하도록 내버려둠으로써 우리를 망치는 인자한 할아버지가 되기를 바란다. 또한 이는 하나님에 대한 필요를 의식하되 그분을 우리 멋대로 의식하는 것이다. 다시 말해, 하나님의 나머지 부분을 원치 않은 채 자신이 성경에서 밑줄을 그으며 강조해왔던 하나님만을 원한다. 절대적 하나님 대신 상대적 하나님을 원하는 것이다.

문화적 기독교는 무능하다. 우리 사회의 가치와 믿음에 단지 작은 영향만 주거나 아무런 영향도 주지 못한다. 세속적 세계관이 기독교 세계관과 뒤섞이면, 아무것도 살아남지 못한다.

문화적 기독교는 하나님이 우리를 사랑하신다는 것을 입증하기 위해 개인적 평안과 풍요를 제공해주실 것을 요구한다. 그 하나님은 사랑의 하나님이지 거룩하신 하나님이 아니다. 사실 하나님은 우리를 너무나 사랑하셔서 마치 대장장이가 은을 불로 연단해 찌꺼기를 제거하듯 우리의 삶에서 문화적 기독교를 제거해주시는 분이다.

종종 우리는 하나님이 마치 아이들이 갖고 노는 변신 로봇 장난감처럼 우리가 조종할 수 있는 분이기를 원한다. 우리는 우리가 그분에게 적응하기보다 그분이 우리의 변덕에 적응하시기를 원한다. 잠시 당신의 생활방식을 살펴보라. 당신은 이 세 가지 가치, 곧 개인적 평안, 풍요 그리고 문화적 기독교가 어느 정도까지 당신의 삶을 묘사하고 있다고 여기는가? 이런 적응력 있고 문화적인 종교의 결과는 무엇인가?

두 종류의 그리스도인

두 종류의 그리스도인이 존재한다. 하나는 **성경적 그리스도인**이고, 다른 하나는 **문화적 그리스도인**이다.

우리가 "물고기를 보듯" 자기를 성찰할 때, 아마도 우리가 처음으로 발견하는 것은 자신을 그리스도인이라고 여기는 몇몇 이들의 생활방식이 서로 크게 다르다는 점이다.

물론 이것은 전혀 새롭지 않다. 그저 주기(cycle)가 다시 돌아왔을 뿐이다. 예수님은 자기와 교제했거나 교제하지 않았던 이들의 유형을 명확하게 구분하신 첫 번째 사람이셨다. 씨 뿌리는 자의 비유는 하나님의 말씀을 듣는 자들 가운데 네 개의 그룹이 있음을 밝힌다.

▶ 그룹 1 — 비그리스도인

> 길가에 있다는 것은 말씀을 들은 자니 이에 마귀가 가서 그들이 믿어 구원을 얻지 못하게 하려고 말씀을 그 마음에서 빼앗는 것이요(눅 8:12).

그리스도는 구원에 관한 소식을 듣는 모든 사람이 믿는 것은 아니라는 점을 분명하게 밝히셨다.

▶ 그룹 2 — 문화적 그리스도인: C 타입

> 바위 위에 있다는 것은 말씀을 들을 때에 기쁨으로 받으나 뿌리가 없어 잠깐 믿다가 시련을 당할 때에 배반하는 자요(눅 8:13).

사람이 한 번 구원을 받으면 계속해서 구원을 받는다고 믿는 현대적 사고는 옳다. 그리스도는 다음과 같은 말씀으로 이것을 확증해주신다. "내 양은 내 음성을 들으며 나는 그들을 알며 그들은 나를 따르느니라. 내가 그들에게 영생을 주노니 영원히 멸망하지 아니할 것이요 또 그들을 내 손에서 빼앗을 자가 없느니라"(요 10:27-28).

그러나 이같은 현대적 사고는 사람들에게 필요한 것은 오직 "기도를 드리는 것"이며 그러면 구원을 얻을 것이라고―중생할 것이라고―홍보함으로써 무너진다. 모든 사람이 "기도를 드려왔다!" 그러나 기도는 구원하지 못한다. 믿음이 구원한다. 이것에 대해서는 다음 장에서 상세히 다룰 것이다.

C 타입은 **가짜 믿음**(Counterfeit faith)을 가리킨다. 우리 중에는 스스로 그리스도인이라고 고백하지만 실제로는 전혀 그리스도인이 아닌 사람들이 있다. 그들은 문화적 그리스도인들(Cultural Christians), 곧 C 타입의 그리스도인들이다. 그들은 가짜 믿음―그리스도에 대한 참된 믿음이 아닌 믿음―을 갖고 있다. 예수께서는 이렇게 말씀하셨다. "나더러 주여 주여 하는 자마다 다 천국에 들어갈 것이 아니요 다만 하늘에 계신 내 아버지의 뜻대로 행하는 자라야 들어가리라"(마 7:21).

바울은 이렇게 촉구한다. "너희는 믿음 안에 있는가 너희 자신을 시험하고 너희 자신을 확증하라. 예수 그리스도께서 너희 안에 계신 줄을 너희가 스스로 알지 못하느냐. 그렇지 않으면 너희는 버림받은 자니라"(고후 13:5).

나는 거짓된 경고음이 아닌 사랑을 담아, 자신이 문화적 그리스도인이라는 사실을 알고 있는 모든 이들에게 그들의 믿음이 그저 패배한 믿음 혹은 가짜 믿음이 아닌지 생각해볼 것을 권한다. 설령 당신의 삶의 상황이 당신의 믿음이 가짜 믿음임을 알려줄지라도 낙심하지 마라. 하나님은 영원한 사랑으로 당신을 사랑하시며 당신과 화해하기를 원하신다. 우리는 다음 장에서 어떻게 당신이 옳은 길에 이를 수 있는지 혹은 그 길로 돌아갈 수 있는지에 대해 살펴볼 것이다.

▶ 그룹 3 — 문화적 그리스도인: D 타입

가시떨기에 떨어졌다는 것은 말씀을 들은 자이나 지내는 중 이생의 염려와 재물과 향락에 기운이 막혀 온전히 결실하지 못하는 자요(눅 8:14).

일찍이 나는 많은 사람이 사회 전반과 비교해 복음주의 그리스도인들의 구매 습관에 관해 관찰했다는 사실에 주목했다. 대부분의 경우에는 차이가 없었다. 이것이 어째서 중요한가? 영적으로, 그리스도인인 우리 삶의 방식과 그들의 삶의 방식과 별 차이가 없다면, 우리는 아직 예수님을 알지 못하는 이들에게 그분을 전할 만한 것을 과연 갖고 있을까? 전형적인 미국인 가정의 가계 부채는 약 10만 달러다.[10] 그리스도인들이 "전형적인 가정들"처럼 소비할 경우, 우리 역시 빚의 수렁에 빠지고 물질을 소유하기 위한 경주에 뛰어들게 될 것이다. 그럴 경우, 그 결과로 인한 근심이 말씀을 질식시킬 것이고, 우리의 삶이 말씀의 열매를 맺지 못하게 할 것이다.

유감스럽게도 그리스도인이 돈을 사용하는 방식과 비그리스도인들이 돈을 사용하는 방식 사이에는 거의 차이가 없다. 깨지고, 혼란에 빠진 세상에서 소금과 빛이 되라는 우선적 임무를 받은 집단이 이런 모습을 보인다면, 그 집단은 공허한 생활방식에 맞서 생명력 있는 대안을 제시하지 못한다.

D 타입은 **패배한 믿음**(Defeated faith)을 대표한다. D 타입의 문화적 그
리스도인들은 패배하는 삶을 살아간다. 그들의 생활방식은 자기들이 그
리스도 안에 있다고 주장하지 않는 이들의 생활방식과 거의 차이가 없
다. D 타입의 문화적 그리스도인들은 그런 상황을 이해하지 못하는데,
아마도 그것은 그들이 문화적 그리스도인과 성경적 그리스도인의 차이
에 대해 들어본 적이 없어서일 것이다. 이 책은 특히 이런 범주에 속한
이들에게 도움이 된다. 하나님이 나를 정신 차리게 하시기 전에는 나도
이 범주에 집적거렸다.

▶ 그룹 4 — 성경적 그리스도인

> 좋은 땅에 있다는 것은 착하고 좋은 마음으로 말씀을 듣고 지키어 인내로
> 결실하는 자니라(눅 8:15).

성경적 그리스도인(biblical Christian)은 그들 자신의 생각을 따라 살기
보다는 하나님의 말씀을 살피고, 이해하며 적용하면서 살아간다. 그들은
성령을 힘입어 우리 모두가 갈망하는 성공과 평안을 경험한다.

성경적 그리스도인은 자신의 구원을 위해 그리스도를, 그리고 오직
그리스도만을 신뢰하는 사람이다. 구원에 이르게 하는 믿음은 넘치는
감사의 마음으로 하나님의 원리에 **순종하기**를 갈망하게 한다(롬 1:5을 보
라). 순종은 우리를 구원에 이르게 하지 않는다. 믿음이 그렇게 한다. 이
는 어떤 이들이 문화적 그리스도인이 되는 이유를 설명해준다. 그들은
구원에 이르게 하는 믿음을 갖고 있으나, 주 그리스도께서 자신들의 모

든 삶을 주관하시도록 허락하지 않는다. 그들은 성령께서 그들에게 능력을 주시도록 허락하지 않는다.

그러므로 그리스도와 교제하는 사람들은 크게 보아 두 부류로, 즉 **성경적 그리스도인**과 **문화적 그리스도인**으로 나뉜다. 문화적 그리스도인들 중에는 **가짜 믿음**을 지닌 이들과 **패배한 믿음**을 지닌 이들이 포함되어 있다. 그것을 달리 말하면 아래와 같다.

- 성경적 그리스도인 — 참된 그리스도인(순종)
- 문화적 그리스도인
    - C 타입 — 가짜 믿음(참되지 않은 믿음)
    - D 타입 — 패배한 믿음(능력 없는 믿음)

그리스도인이 되는 것에 어째서 이렇게 많은 혼란이 존재할까?

모호한 용어들

그동안 너무 많은 이들이 자신을 그리스도인이라고 칭해온 까닭에 그리스도인이 되는 것이 정말로 무엇을 의미하는지가 모호해졌다. 그것은 자신을 공화당원이나 민주당원이라고 부르는 것과 비슷하다. 오늘날 당신이 그런 칭호들이 의미한다고 여기고 믿는 것은 50년 전에 그 칭호들이 의미했던 것과는 크게 다르다.

C. S.루이스(C. S. Lewis)는 1943년에 출간한 『순전한 기독교』(홍성사, 2018)에서 사람들이 의도하는 목적 때문에 단어가 어떻게 훼손될 수 있는지를 지적한 바 있다. "신사"(gentleman)라는 단어는 원래 정확한 의미를 가지고 있었다. 신사가 되려면, 당신은 문장(紋章)과 재산을 갖고 있어야

했다. 신사라고 불리는 것은 찬사가 아니라 어떤 사실에 대한 진술이었다. 그러나 세월이 흐름에 따라 그 단어는 누군가에 관한 정보를 제공하는 것이 아니라 그를 칭찬하는 방법으로 변화되었다. 루이스는 그로 인해 오늘날 신사라는 단어가 원래의 의미를 나타내는 데는 쓸모가 없어졌다고 지적한다. 그 단어를 사용하는 목적 때문에 단어 자체가 훼손된 것이다.[11]

"그리스도인"이라는 단어 역시 그것을 사용하는 이들에 의해 넓고 다양한 의미를 지닌 것으로 변화되었다. 사람은 그리스도인이거나 그리스도인이 아니거나 둘 중 하나다. 그것이 본질이며, 참된 그리스도인을 묘사하기 위해서는 그 어떤 형용사도 필요하지 않고 앞으로도 그러할 것이다. 그러나 오늘날 그 단어를 둘러싸고 있는 모호성 때문에, 우리가 **문화적** 혹은 **성경적**이라는 형용사들을 사용하는 것은 믿음을 고백하는 그리스도인들의 생각과 말 그리고 행동에서 드러나는 차이를 설명하는 데 큰 도움이 된다. 루이스가 지적했듯이, 그리스도인은 그리스도인이다. 그러나 그는 좋은 그리스도인일 수도 있고 나쁜 그리스도인일 수도 있다.

오늘날 문화적 그리스도인이 된다는 것은 무엇을 의미하는가?

초등학교에서 배운 교훈

당신은 초등학교 때 선생님이 용해의 원리를 예시해주시던 것을 기억하는가? 선생님은 맑은 물 한 잔을 들어 보이셨다. 이어서 그분은 점안기를 사용해 병에서 붉은색 식용 염료 몇 방울을 취한 후 그것을 물 잔 속으로 떨어뜨리셨다. 염료가 잔의 물속으로 스며들면서 순식간에 물이 분홍빛으로 변했다.

우리 부모 세대에 문화적 그리스도인이 되는 것은 한 방울의 붉은색 염료가 떨어진 맑은 물 잔이 되는 것과 같았다. 다시 말해 세속 문화는 기독교 문화와 다르지 않았다. 그 시절은 인터넷을 가득 채우고 있는 포르노, 요구에 의한 낙태, 황금 시간대에 TV에 등장하는 노골적인 섹스, 여성을 비하하는 노래들 그리고 피하기 어려운 마약 문화가 등장하기 전이었다. 그래서 사람들은 문화적 그리스도인이면서도 여전히 기독교적 세계관과 가치에 근접할 수 있었다.

오늘날 문화적 그리스도인이 되는 것은 물 잔에 붉은색 염료 한 통을 쏟아붓는 것과 같다. 오늘날 세속 문화는 너무나 오염되어 있어서 오늘날 문화적 그리스도인이 된다는 것은 당신의 세계관과 생활방식이 분홍빛 색조를 띄는 것이 아니라 실패하고 빈곤한 다음 세 가지 가치에 의해 오염되는 것을 의미한다.

1. 개인적 평안
2. 풍요
3. 문화적 기독교

따뜻한 물속의 개구리

말콤 머거리지(Malcolm Muggeridge)가 개구리를 요리하는 방법에 관한 이야기를 한 적이 있다. 만약 끓는 물이 든 냄비에 개구리를 던져넣으면, 그 개구리는 즉시 열기를 느끼고 냄비에서 뛰쳐나올 것이다. 그러나 만약 차가운 물이 들어 있는 냄비에 개구리를 던져넣고 서서히 물의 온도를 높인다면, 개구리는 온도가 변화되는 것을 감지하지 못해 냄비에서 뛰쳐나오지 않을 것이다. 개구리는 그렇게 해서 요리된다.

차가운 물이 들어 있는 냄비 속에 의심하지 않고 앉아 있는 개구리처럼, 지난 수십 년 동안 우리의 가치들은 천천히 "요리되었다." 만약 어떤 이가 1백 년 전에 냉동되어 보존되었다가 오늘 우리가 그 사람을 해동해 살려놓는다면, 그는 오늘 우리가 만들어놓은 이 끓는 물이 담긴 냄비에서 아주 급하게 뛰쳐나가 우리의 머리가 획 돌아가게 만들 것이다!

어째서 우리는 자유로운 낙태, 불법 마약, 연방정부의 적자 그리고 부패에 대해 절규하지 않는가? 우리는 팔짝거리며 뛰지 않는다. 오랜 세월 많은 가치들이, 마치 물의 온도가 변화하는 것을 감지하지 못하고, 의심하지 않는 개구리처럼 점차적으로 부식되었기―"요리되었기"―때문이고 또한 많은 이들이 문화적 그리스도인이 되었기 때문이다.

많은 이들이 현대 문화를 사들여왔다. 너무나 자주 우리의 가치와 믿음은 천박하고 거친 사회의 파산하는 가치를 반영한다. 지친 세상에 소망을 주기는커녕 오히려 세상이 우리를 보며 이렇게 생각한다. "나는 그리스도가 당신의 삶에서 큰 변화를 만들어내는 것을 보지 못했다. 만약 그것이 그리스도인이 되는 것을 의미한다면, 나는 지금 내 상태에 머물러 있겠다."

우리 모두를 위한 질문은 이런 것이 되어야 한다. **내가 사는 방식과 이 부서지고 거친 세상이 사는 방식 사이에 조금이라도 차이가 있는가? 나의 삶은 다른 이들에게 소망을 주고 있는가, 아니면 환멸을 주고 있는가?**

예수께서는 한 무리의 그리스도인들에게 이렇게 말씀하셨다. "내가 네 행위를 아노니 네가 차지도 아니하고 뜨겁지도 아니하도다. 네가 차든지 뜨겁든지 하기를 원하노라. 네가 이같이 미지근하여 뜨겁지도 아니하고 차지도 아니하니 내 입에서 너를 토하여 버리리라. 네가 말하기를 나는 부자라 부요하여 부족한 것이 없다 하나, 네 곤고한 것과 가련한 것과 가난한 것과 눈먼 것과 벌거벗은 것을 알지 못하는도다"(계 3:15-17). 예수께서 당신에게도 이런 말씀을 하고 계시지 않은가? 당신은 미지근하여 개구리처럼 천천히 요리되고 있는 중인가? 만약 "그렇다"라고 답한다면, 그동안 당신은 문화적 그리스도인의 삶을 살아온 셈이다.

너무 바쁜 삶

론 젠슨(Ron Jenson)은 박사학위 논문을 쓰는 동안 캠핑카를 빌려 아내와 함께 전국을 여행했다. 그의 과제는 350명의 기독교 지도자와 인터뷰하는 것이었다. 여행을 끝낸 후 그는 한 가지 실망스러운 관찰 결과를 내놓았다. 그는 이렇게 말했다. "나는 하나님의 일에 대한 굉장한 열정을 발견했다. 하지만 하나님에 대한 열정은 거의 발견하지 못했다." 그가 찾아낸 단 하나의 예외는 대학생선교회(CCC)의 창설자인 빌 브라이트(Bill Bright)뿐이었는데, 그는 예수에 대한 자신의 사랑에 대해 말하면서 공개적으로 울었다.

많은 이들이 "일을 하느라" 바쁘다. 하지만 하나님과 맺는 인격적 관계를 잘 조율하고 있지는 않다. 우리는 그리스도를 위해 너무 바쁘게 일한 나머지, 삶의 중요한 부분을 차지하는 개인적 관계는 잃어버리게 될 수도 있다. 그리스도께서는 또 다른 그룹의 그리스도인들에게 이렇게 말씀하셨다. "내가 네 행위와 수고와 네 인내를 알고 또 악한 자들을 용납하지 아니한 것과 자칭 사도라 하되 아닌 자들을 시험하여 그의 거짓된 것을 네가 드러낸 것과 또 네가 참고 내 이름을 위하여 견디고 게으르지 아니한 것을 아노라. 그러나 너를 책망할 것이 있나니 너의 처음 사랑을 버렸느니라"(계 2:2-4). 예수께서 당신에게 이렇게 말씀하고 계시지 않은가? 당신은 당신 자신의 일로 너무 바빠 하나님을 향한 열정을 잃어버린 적이 있는가? 만약 당신의 답이 "그렇다"라면, 그동안 당신은 문화적 그리스도인의 삶을 살아온 셈이다.

이전에 당신은 자신이 어떤 종류의 그리스도인인지에 대해 생각해본 적이 없을지도 모른다. 혹은 당신이 마땅히 살아야 하는 방식대로 살지 못하고 있음을 안 후에도 어떻게 변화를 주어야 할지 몰랐을 수도 있다. 어느 경우이든, 어떻게 살아야 하는지에 대한 단서를 얻으려면 문화적 그리스도인의 삶과 성경적 그리스도인의 삶을 대조해보라. "문제를 이해하면 답의 절반은 얻은 셈"이라는 말이 있지 않은가?

시장 지향 vs 생산 지향

대법원장을 지낸 프레더릭 무어 빈슨(Frederick Moore Vinson)은 언젠가 이렇게 말했다. "현대 사회에 절대적인 것은 없다는 원칙보다 확실한 것은 아무것도 없다."

문화적 그리스도인들은 종종 진리가 상대적이라고, 즉 진리는 시간이 흐르고 상황이 바뀜에 따라 변한다고 생각한다. 반면에 성경적 그리스도인들은 예수님의 말씀을 받아들인다. "내가 곧 길이요 진리요…"(요 14:6). 그들은 오래된 가르침을 현대에 적용하는 데 아무런 문제도 없다고 여긴다. 그들에게는 성경에 첨단 기술이 등장하지 않는 것이 당혹감이 아니라 힘과 격려의 원천이 된다.

성경적 그리스도인들은 성경이 비록 종종 신비로 가득 차 있을지라도 변하지 않으며 절대적 원리와 명령을 갖고 계신 인격적 하나님을 드러낸다고 여긴다.

그건 좋은 생각이 아니야!

매일 굉장한 지식을 지닌 이들이 우리가 받아들이는 새로운 생각들을 발견해낸다. 나는 연방정부가 돈을 빌릴 수 있다는 생각을 처음으로 한 천재가 누구였을까 궁금하다. 당신은 다수결이 아돌프 히틀러를 나치당의 리더로 선출했다는 것에 대해 생각해본 적이 있는가?

문화적 그리스도인들은 그들 자신의 생각과 다른 이들의 생각을 따라 살아간다. 51%의 다수결 원칙이 그들의 마음에 있는 법이다. 반면, 성경적 그리스도인들은 하나님의 말씀과 성령의 조언을 따라 살아간다.

성경적 그리스도인들이 성경에 대해 의문을 제기하는 것은 허용되는가? 그렇다, 물론이다. 그러나 성경의 진리를 이해하기 위해, 그것을 꿰뚫기 위해, 온전한 깊이와 의미를 헤아리기 위해 그것을 붙잡고 씨름하는 것과 당신 생각에 그것이 진리인지 아닌지를 판단하기 위해 그것을 붙잡고 씨름하는 것은 전혀 다른 일이다. 첫 번째 씨름은 항복의 조건들을 찾는 것이다. 두 번째 씨름은 하나님의 뜻에 맞서 우리 자신의 뜻의 승리를 구하는 것이다. 이는 특별한 불순종의 행위다.

내가 살고 있는 올랜도에서 한 남자를 만난 적이 있다. 그의 말에 따르면 그의 아내는 최근에 그리스도인이 되었다. 그녀는 주님께서 자기에게 가정을 버리고 뉴욕으로 가서 홍보 일을 하라고 부르고 계신다고 느꼈다. 그 남자는 충격을 받았다. 그녀는 하나님이 말씀으로 조언하시는 것에 귀를 열지 않았고, 그로 인해 재앙이 일어났다. 성경적 그리스도인은 결코 하나님의 말씀에 맞서며 살지 않는다.

가장 중요한 것 찾기

당신의 삶에서 가장 중요한 사람은 누구인가? 그 답이 당신이 문화적 그리스도인인지 아니면 성경적 그리스도인인지를 알려줄 수도 있다.

스티브와 그의 아내는 사업체를 팔았다. 스티브는 자신이 거주하는 주가 아닌 다른 주에 있는 대학원에 등록했다. 그들은 그 대학 인근에 있는 집 한 채를 구입하기로 했다. 그들이 새 집 구매를 마무리하려 했을 때 할부 금융 회사가 그에게 몇 가지 재정 정보를 거짓으로 작성하자고 제안했다.

"그럴 수 없어요"라고 스티브가 그들에게 말했다.

"별거 아니에요. 모두가 그렇게 해요"라고 그들이 답했다.

"제 말의 뜻을 이해하지 못하시는군요. 그렇게 할 수 없어요."

"그저 서류만 그렇게 작성하는 거예요. 아무도 그걸 들여다보지 않을 거예요. 게다가, 만약 당신이 그렇게 하지 않는다면, 우리는 당신에게 돈을 빌려드릴 수가 없어요."

스티브는 하나님이 자기들을 학교로 돌아가도록 이끄신다고 정말로 믿게 되었다. 이제 그의 평안은 산산조각 났다. 이주를 완료하려면 그는 자신의 정직함을 훼손해야 할 것이다. 결정은 실제로는 아주 간단했다. "이 결정에서 내가 우선시할 것이 무엇인가? 나 자신의 갈망인가 아니면 그리스도인가?"

우리도 종종 그와 유사한 결정을 해야 한다. 우리는 그리스도를 우선시함으로써 우리의 개인적 평안을 깨뜨리는가? 우리는 우리의 삶의 기준이 후퇴하는 것을 기꺼이 받아들이는가? 아니면 "모두가 그렇게 하니" 우리도 그렇게 하는가?

스티브는 거짓말을 하고 주 밖으로 이사를 가는 대신 지역에 있는 학교에 돌아가기로 결정했다. 자기를 우선시하는 일은 쉬웠을 것이다. 누가 알겠는가? 누가 신경이라도 쓰겠는가? 그러나 그는 예수님을 우선시하기로 결정했다. 그럼으로써 그는 그보다 더 평온해질 수 없었다.

많은 그리스도인이 우리 시대의 세 가지 빈곤한 가치, 곧 개인적 평안, 풍요 그리고 문화적 기독교를 택해왔다. 그것들이 그들의 삶에서 가장 중요한 것이 되었다. 성경적 그리스도인들은 예수님과의 관계를 그 목록의 꼭대기에 올려놓는다. 그들은 "먼저 그의 나라와 그의 의를 구하기" 위해 애쓴다(마 6:33).

순종은 성경적 그리스도인의 특징이다. 그것은 우리가 하나님께 우리의 사랑을, 그리고 지친 문화에 진리를 드러내는 방식이다.

우리는 어떻게 성경적 그리스도인이 될 수 있는가? 만약 그동안 당신이 문화적 그리스도인이었다면, 당신은 어떻게 해야 변화를 이룰 수 있는가?

자기 성찰

문화적 그리스도인으로 살아온 사람은 자신의 삶에 **영향을 주는 것들**과 자기가 택한 **가치들**을 점검해봄으로써 변화할 수 있다.

만약 자신을 문화적 그리스도인으로 여긴다면, 당신의 삶에 영향을 준 것들을 점검해보라. 당신이 다니고 있는 교회를 살펴보라. 그 교회는 성경적 교회인가? 당신의 친구들은 어떠한가? 그들은 어떤 세계관을 대표하는가? 당신은 어떤 형태의 오락, 미디어, 미술 그리고 음악 등에 관심을 갖고 있는가?

당신이 살면서 추구하는 가치들을 살펴보라. 그것들은 성경적 가치인가 아니면 문화적 가치인가? 오늘날의 사회는 개인적 평안, 풍요 그리고 문화적 기독교라는 세 가지의 빈곤한 가치를 끌어안고 있다.

변화를 위한 인내

그리스도인이 되었을 때 나는 하나님께 내가 씨름하고 있는 심각하고도 실제적인 두 가지 문제에 도움을 주시기를 간청했다. 첫 번째 문제는 욕이었다. 거의 즉각적으로, 내 쪽의 그 어떤 도움이나 조력 없이, 욕이 그쳤다. 어느 날 아내가 말했다. "팻, 이제 당신은 더 이상 욕을 하지 않네요."

나는 몹시 놀랐다. 나는 욕을 하지 않으려고 의식적인 노력을 한 적이 없었고, 어떤 변화가 일어났다는 것을 의식한 적도 없었다.

다른 투쟁은 나의 기질과 관련이 있었다. 나는 너무 자주 화를 냈다. 내 입에서 튀어나온 수많은 말이 그렇게 후회스러울 수가 없었다. 비록 주님께서 내가 욕을 하지 않도록 신속하게 도와주셨으나, 기질의 문제는 5년이라는 길고 눈물 어린 시간 동안 나에게서 떠나지 않았다. 결국 매일 나는 용서를 빌어야 했다. 나는 많은 눈물과 긴 기도를 통해 하나님께 도움을 탄원했다. 그러나 나의 분노의 수준이 보통 사람의 그것 정도가 되기까지 꼬박 5년의 세월이 흘러야 했다.

내 말의 요점은 이것이다. 우리는 하룻밤 사이에 지금 우리의 모습이 된 것이 아니다. 그러니 우리의 삶이 우리가 바라는 대로 되기 위해서는 얼마간의 시간이, 어쩌면 오랜 시간이 필요하리라는 것을 알아야 한다.

거울 속 들여다보기

거울 속의 남자는 스스로를 있는 그대로 보려 하고 또한 있는 그대로의 하나님을 알려고 하기 전까지는 절대로 변하지 않는다. 이런 객관성이 남자를 단단히 고정시켜, 성경적 그리스도인이 되기 위해 필요한 명료한 사고를 제공한다.

거울 속에 있는 당신을 바라보고 있는 사람은 문화적 그리스도인인가 아니면 성경적 그리스도인인가? 이 책은 우리 모두가 자기를 점검하고 가치와 믿음을 재형성하도록, 그래서 지치고 부서진 세상에서 성경적 그리스도인이 되도록 돕기 위한 것이다.

토론 문제

1. 당신이 알기로 결혼 생활에 문제가 있는 그리스도인 부부에 대해 생각해보라. 그들이 문화적 가치에 순응한 것이 어떻게 그들의 갈등의 원인이 되었다고 보는가?

2. 프랜시스 쉐퍼 박사는 현대 사회는 개인적 평안과 풍요라는 두 가지 빈곤한 가치를 갖고 있다고 말한다. 쉐퍼 박사의 말에 동의하는가? 왜 그런가 혹은 왜 그렇지 않은가?

3. 당신은 그동안 어떻게 개인적 평안과 풍요라는 가치들을 추구해왔는가?

4. 당신은 당신의 부모보다 재정적으로 성공했는가? 당신의 개인적 삶의 질이 당신의 부모의 것보다 성공적이라고 보는가? 왜 그런가 혹은 왜 그렇지 않은가?

5. 당신은 문화적 기독교를 어떻게 정의하는가?

6. 당신은 이번 장의 내용에 비추어 자신을 성경적 그리스도인이라고 부르겠는가, 아니면 문화적 그리스도인이라고 부르겠는가?

7. 만약 문화적 그리스도인이라면, 왜 그렇게 되었다고 보는가? 당신의 세계관에 영향을 준 요소들은 무엇인가?

8. 만약 성경적 그리스도인이라면, 당신은 문화적 그리스도인이 올바른 길로 돌아서게 하기 위해 그에게 어떤 조언을 하겠는가?

9. 당신의 삶에서 "붉은색 염료"는 무엇인가? 그것을 제거하기 위해 무엇을 해야 하는가?

4장   의미와 목적을 찾는 삶

대부분의 사람은 조용한 절망의 삶을 살고 있다.
헨리 데이비드 소로

내가 온 것은 양으로 생명을 얻게 하고
더 풍성히 얻게 하려는 것이라
요한복음 10:10

바하마 군도의 프리포트. 세계에서 가장 부유했던 하워드 휴즈(Howard Hughes, 1905~1976, 미국의 투자가, 비행사, 공학자, 영화 제작자, 감독, 자선가 ─ 옮긴이 주). 바다 위에 떠 있는 10층짜리 콘도미니엄 자나두(Xanadu).

이 부유하고 유명한 사람의 삶에 매혹되지 않을 사람이 있을까? 아마도 부유한 사람 중에서 가장 기이한 사람일 하워드 휴즈는 바하마 군도로 은신했다.

지난 20여 년 동안 대중과의 접촉을 피해온 휴즈는 상원 소위원회에 출두하기를 거부하고 대신 자나두에 있는 자신의 콘도미니엄 꼭대기 층 펜트하우스에서 그들과 통화로 이야기했다. 성실함 때문에 고용된 몰몬교인 경호원들은 휴즈가 난공불락의 요새에서 안전하게 있을 수 있도록 접촉해오는 외부인을 막았다.

내가 그 펜트하우스의 인상적인 현관을 향해 걸어갔을 때, 나는 몇 겹의 3M 반사 필름으로 덮인 작고 둥근 창 하나를 보았다. 세계에서 가장 부유한 사람에게 이르는 문턱에서 그런 임시변통의 창이 방문객들을 맞이하는 것은 이상해보였다.

하워드 휴즈가 죽은 지 2년이 지나고서도 그의 부동산 관리인은 여전히 그가 자신을 위한 요새로 개조한 네 채의 펜트하우스 콘도미니엄을 관리하고 있었다.

나는 고양이처럼 긴장하며 그 필름으로 덮인 창문을 들여다보았다. 하지만 필름 가장자리가 낡아서 떨어져 나가고 있었음에도 그것을 통해서는 아무것도 볼 수가 없었다. 바로 그때 엘리베이터의 차임벨 소리가 들렸다. 깜짝 놀라 눈을 들어보니 엘리베이터에서 가정부 하나가 걸어 나왔다.

그녀가 나를 흘겨보았다. 나는 만면에 미소를 지으며 내가 휴즈 씨를 얼마나 존경하는지에 대해 말했다. 그리고 그녀에게 "그분이 이미 돌아가셨으니 저를 안으로 들여 내부를 돌아보게 하셔도 되지 않을까요?" 하고 물었다.

그녀는 여전히 의심스러운 표정으로 머뭇거렸다. 하지만 나는 그녀가 나의 어리석은 요청에 살짝 웃음을 보이는 것을 알아차렸다. 그래서 나는 그녀와 약간의 수다를 떨었다. 마침내 그녀가 마치 "왜 안 되겠어요"라는 표정으로 어깨를 으쓱하더니 나를 안으로 들였다.

당시 나는 내가 무엇을 기대했었는지 기억하지 못한다. 하지만 내가 본 것은 충격적이었다! 나는 세상에서 가장 부유한 사람은 호화로운 샹들리에와 값비싸고 진귀한 미술품들을 수입할 것이라고 상상했다. 실내

에 있는 장식품에서 유럽의 어느 유명한 디자이너의 지문을 발견하리라
고 생각했다.

몇 개 안 되는 소박한 가구들은 집안을 시골 산장처럼 보이게 했다.
낡고 올이 다 드러난 황록색 격자무늬 천이 씌워진 쿠션들이 헐값에 구
매한 나무 소파 위에 놓여 있었다. 욕실의 붙박이 세간들은 싸구려 모텔
에서나 볼 만한 것들이었다.

휴즈의 은밀한 세계 안으로 더 깊이 들어갈수록 내 마음은 더 크게 두
근거렸다. 나의 다리는 아드레날린이 부족한 것처럼 후들거렸다. 그것은
고속도로에서 일촉즉발의 위기 상황을 겪은 후에 갖는 것과 동일한 감
정이었다. 기숙사의 그것과 비슷한 방들 안으로 들어가면서 나는 휴즈가
그곳에서 먹고, 자고, 중요한 국제전화를 하며, 케이블 TV를 시청하는
모습을 상상했다. 그가 책상에 앉아 자기 밑에 있는 사람들에게 그 유명
한 손으로 메모들을 휘갈기는 모습도 상상해보았다.

그의 부와 권력과 명성은 그 시절 누구도 필적할 수 없었다. 하지만
그가 자신을 현실로부터 격리시켰던 이 마지막 은신처는 돈이 죽을 수
밖에 없는 신이라는 사실을 엄중하게 상기해주었다. 하워드 휴즈는 권
력의 성채에서 수감자 신세가 되어 죽었으며 그 자신의 명성에 배반당
했다. 그의 영향력은 육신이 식어버린 순간 역사의 먼지 긴 뒤편으로 희
미하게 사라지기 시작했다.

문제

당신은 인간의 가장 큰 욕구가 무엇이라고 보는가? 최근에 어떤 이가,
사람들은 묘비에 "그는 변화를 이끌어냈다"라고 적히기를 바란다고 말
했다. 그것이 우리의 완전한 잠재력을 성취하는 것에 관한 것이든 아니

면 간신히 살아나가는 것에 관한 것이든, 사람들은 한결같이 중요한 존재가 되고 싶은 욕구에 대해 말한다. 사람의 가장 내밀한 욕구는 중요한 사람이 되는 것이다. 즉 목적과 의미를 찾는 것이다.

"나는 차이를 만들기 원한다."

"나는 나의 삶이 가치 있는 것이 되기를 원한다."

"나는 나의 삶이 의미가 있길 원한다."

"나는 영향력을 갖기를 원한다."

"나는 공헌하기를 원한다."

"나는 나의 삶을 통해 중요한 무언가를 하기를 원한다."

"나는 정복하고, 성취하며, 능가하고, 내 자신을 입증하기를 원한다."

"나는 굉장한 사람이 되기를 원한다."

"나는 나의 삶이 중요한 것이 되기를 원한다."

차이는 중요한 인물이 되고자 하는 욕구를 어떻게 충족시키느냐에 달려 있다. 이생의 전리품에 열중하는 이들은 오직 자신의 야망을 충족시키는 식으로 중요성을 추구한다. 그러나 성경으로 훈련을 받은 다른 이들은 하나님께 순종함으로써 그것을 발견한다.

각자가 **"나는 누구인가?"** 그리고 **"나는 왜 존재하는가?"**라는 질문에 답하는 방식이 의미를 추구하는 방식을 결정한다. 우리의 답은 우리를 분명하게 두 그룹으로 나눈다. 적절한 방식으로 의미를 추구하는 이들과 적절하지 않은 방식으로 그것을 추구하는 이들로. 이 욕구를 충족시키려는 갈망은 우리를 하나님의 일 가까이 이끌어갈 수도 있고 멀어지게 할 수도 있다.

지속적으로 신뢰할 수 있는 의미는 그리스도 안에 숨어 있다. 예수께서는 이렇게 말씀하셨다. "나는 포도나무요 너희는 가지라. 그가 내 안에, 내가 그 안에 거하면 사람이 열매를 많이 맺나니, **나를 떠나서는 너희가 아무것도 할 수 없음이라**"(요 15:5. 굵은 글씨는 저자가 덧붙인 것임). 다시 말해 사람은 그리스도를 떠나서 그 어떤 지속적인 방식으로도 의미를 발견하지 못한다. 따라서 어떤 이가 그리스도 안에 있고 하나님의 계획과 목적에 순복한다면, 그는 지속적으로 가장 큰 욕구를 충족시킬 수 있다. 반면, 자신의 노력으로 그렇게 하고자 한다면, 하워드 휴즈처럼 그가 죽고 나서 얼마 안 되어 모든 것이 원점으로 돌아가고 말 것이다.

최고의 소망

테드는 매력적인 사람이다. 그의 환한 미소에는 전염성이 있다. 그는 사회적 지위를 얻고 경제적 독립을 이뤘다. 큰 회사의 회장인 그는 힘과 영향력을 갖고 있다. 그리고 그에게는 많은 친구가 있다.

그는 몇 채의 집을 갖고 있고 우리 공동체의 안녕에 참된 기여를 했다. 테드를 좋아하지 않기는 어렵다. 그는 자신의 법칙을 따라 의미를 추구했고 그것을 얻었다. 그런데 정말 그러했을까? 답은 당신이 그 용어를 정의하는 방식에 달려 있다.

그리스도를 모시고 있지 않은 사람의 최고의 소망은 무엇일까? 대부분은 신문에 자기 이름이 등장하는 것을 결코 경험하지 못할 것이다. 당신이 실제로 위대한 사람, 즉 국가적 명성을 지닌 사람이라면, 당신이 역사로부터 가장 기대하는 것은 무엇일까? 당신이 당대의 거인이라면, 기껏해야 당신이 바랄 수 있는 최상의 일은 위키피디아에 당신에 관한 글이 몇 쪽 올라가는 것이리라. 위키피디아에서 하워드 휴즈를 찾아보라.

인간의 궁극적 갈망은 불멸이다. "사람들에게는 영원을 사모하는 마음을 주셨느니라"(전 3:11). 바로 그것이 우리가 중요한 인물이 되고자 한다고 말할 때 의미하는 것의 일부다. 우리는 우리를 넘어서는 "무언가"를 원한다. 불멸을 모색하는 과정에서 우리는 어떻게 살아가야 하는가? 무언가를 성취해야 하는가, 자녀들에게 유산을 물려주어야 하는가, 아니면 위키피디아에 몇 문단의 글을 올려놓아야 하는가? 어떤 부유한 자들은 불멸을 이루기 위해 자신의 이름을 딴 병원이나 대학 건물을 세우는 데 돈을 기부한다.

"나는 누구인가?" 그리고 "나는 왜 존재하는가?"라는 질문에 답하기로 결정하는 방식은 두 개의 연대표 중 하나를 선택하는 것이다. 하나는 80년짜리이고 다른 하나는 영원히 지속된다.

우리가 궁극적으로 그리스도 안에서 존재의 의미를 찾지 못한다면, 다음 세상으로 가는 문지방을 넘긴 힘들 것이다. 최고의 소망은 날카로운 소리를 내며 멈춰버릴 것이고, 심지어는 아예 태어나지 않는 편이 나았을지도 모른다.

의미를 찾는 부적절한 방식

많은 이들이 다람쥐 쳇바퀴 경주에 빠져 있다는 것에 대해 의문을 갖는 이들은 없다. 그 경주는 애초에 지음 받은 대로 되는 것과 유혹받는 대로 되는 것 사이의 갈등이다. 많은 이들이 그리스도 없이 중요하게 되고자 하는 욕구를 충족시키려 한다. 그러나 그 의미가 지니는 질(quality)과 지속성(durability) 사이의 차이가 중요하다. 어째서 당신은 잔치에 참여할 수 있는데도 식탁 밑에 떨어진 음식물 부스러기를 찾고 있는가? 많은 이들이 부적절한 방식으로 의미를 찾고 있다. 세상이 의미를 정의하는 몇 가지 일반적인 방식을 살펴보자.

명성: 짧은 기억

언젠가 나는 딸과 함께 U. S. 오픈 테니스 대회에 간 적이 있다. 여자부 결승전이 시작되기 직전에 가장 옛날부터 최근까지 왕년의 위대한 여자부 우승자들이 소개되었다.

다른 관중들에게는 어떤지 모르겠으나 열렬한 뉴요커들에게는 의미 있는 시간이었다! 그러나 나이 많은 한 여자가 최초로 소개되어 센터 코트로 안내되었을 때, 관중석에서는 단지 예의 차원의 박수 소리만 들려왔다. 이어서 아나운서가 다음 사람을 소개했을 때 박수 소리는 조금 커졌다. 그런 식으로 계속되었다. 왕년의 스타들은 최근으로 올수록 조금씩 더 박수를 받았다.

드디어 나도 아는 이름을 가진 사람이 소개되었을 때, 나 역시 박수에 동참했다. 아나운서가 빌리 진 킹(Billie Jean King, 1943년생의 은퇴한 미국의 프로 테니스 선수─옮긴이 주)의 이름을 불렀을 때 갈채는 예의 차원을 벗어나 진심에서 우러나온 갈채로 바뀌었다. 아나운서가 위대한 여자 테니스 스타 크리스 에버트(Christ Evert, 1954년생의 전 WTA 세계 랭킹 1위였던 미국의 여자 프로 테니스 선수─옮긴이 주)의 이름을 불렀을 때는 스탠드 전체가 우레와 같은 환호와 갈채로 들썩였다!

스탠드에 앉아 이 광경을 지켜보면서, 첫 번째로 소개된 쇠약해진 여인도 그녀가 살던 시대에서는 크리스 에버트였을 거라고 생각했다. 그러나 50년 후에 그녀는 고작 얼마 안 되는 팬들로부터 예의 차원의 박수를 받았을 뿐이다. 나는 당시에 그녀가 자신의 중요성이 지속될 것으로 생각했을지 궁금했다. 또한 나는 크리스 에버트가 몇몇 예의 바른 팬들로부터 예의 차원의 박수를 받을 시간이 얼마나 남았을지, 곧 그녀가 사람들의 기억에서 잊히는 시간이 얼마나 남았는지 궁금했다.

기억은 짧다. 우리가 "나는 누구인가"라는 질문에 우리의 명성과 세상적 성취의 측면에서 답하려고 할 때, 우리는 햇볕에 빛이 바랜 가구처럼 희미해질 정체성을 선택하는 셈이다.

소유: 만족을 모르는 눈

몇 해 전 크리스마스 때 아내를 위한 선물로 고가의 튼튼한 스위스제 금시계 하나를 구입했다. 고백하건대, 아내를 높여주려는 갈망 때문에 관대하게 선물을 산 것은 아니었다. 실제 동기는 썩 좋지 않았다.

당시 나는 고가의 튼튼한 금시계를 차고 싶었다. 하지만 무턱대고 나가서 그런 시계를 사고 싶지는 않았다. 한 가지 문제가 있었기 때문이다. 팻시와 나는 결혼 선물로 시계를 주고받았다. 내 손목에 있는 시계가 바로 그 시계였고, 거기에는 결혼 날짜가 새겨져 있었다.

나로서는 이미 차고 있는 시계를 처분할 그럴 듯한 명분이 필요했다. 그리고 마침내 명분이 생겼다. 아내의 13년 된 시계가 고장 난 것이었다. 즉시 계획이 수립되었다. 만약 팻시에게 고가의 새 시계를 사준다면, 얼마간의 시간이 지난 후 그것과 어울릴 만한 내 시계도 살 수 있으리라 생각했다.

나는 왜 새 시계를 원했을까? 나에게 그것이 필요했을까? 아니다. 나는 단지 사람들이 내가 성공했음을 알게 해줄 만한 상징을 원했다. 우리는 자신의 소유를 사용해 사람들에게 우리가 중요하다는 ─ 우리가 "대단한 사람"이라는 ─ 신호를 보낸다. 우리의 물건을 슬쩍 드러내 보이는 일의 이점은 우리가 조잡하게 자기 자랑을 하지 않아도 된다는 것이다.

그러나 물건을 통해 나오는 의미가 가장 덧없다. 언젠가 호화로운 새 차를 한 대 구입한 적이 있었다. 그리고 나서 한동안 태양 빛 아래에서 멋지게 반짝거리는 차의 메탈블루색과 그 차의 흰색 가죽 시트에서 나오는 달콤한 향기를 즐겼다.

그러나 그 차를 구입하고서 3주쯤 지났을 때 그 새로움은 점차 사라져 없어지기 시작했다. 그리고 그 차가 그저 색깔만 다른 차에 불과했다는 것을 알아차렸다. 나는 다른 차를 샀더라면 좋았을걸, 하고 생각했다!

소유와 돈이 우리의 참된 정체성을 대신하는 것이 될 때, 우리의 본질은 녹슬고 삭아 없어지는 것에 묶인다.

권력: 이름이 뭐였더라?

전 내무부 장관 도널드 호들(Donald Hodell)이 전임 내각이 잊히는 것에 관해 말한 적이 있다. 레이건 대통령 내각의 일원이었던 그는 내무부의 부처장들에게 그들의 직책에 지나치게 얽매이지 말라고 당부했다. 그는 아무도 전직 장관들을 기억하지 않는다는 점을 지적하면서 그러니 부처장들은 말할 것도 없다고 했다. 그는 빈정거리며 말했다. "이 부서에서 일하는 사람들조차 전임 장관들이 누구인지 기억하지 못할 겁니다!"

이생에서 책임과 권위를 지닌 중요한 지위에 오른 사람들은 늘 가장 큰 위험 중 하나를 안고 살아간다. **그 위험은 한 인간으로서 자신의 본질을 그 지위와 동일시하는 것이다.** 더 이상 그 지위를 누리지 못하게 될 때 마음의 고통을 겪는다. 그리고 사람들이 자신에게 관심을 보였던 것은 자신 때문이 아니라 자신이 갖고 있었던 지위 때문이라는 점을 알게 된다. 사람들은 그의 지위가 어떤 식으로든 자기들에게 이익이 될 수 있다고 믿었기에 그에게 관심을 보였던 것이다.

"나는 누구인가?"라는 질문에 우리가 가진 지위의 측면에서 답하는 것은 의미에 대한 잘못된 정의를 드러낸다.

사람들을 통제하는 능력, 커다란 결정에 영향을 끼치는 능력, 역사의 과정을 바꾸는 능력—이런 것들이 역사의 가장 이른 시기부터 지속되어온 중요한 존재가 되고자 하는 인간의 욕구를 충족시키는 값싼 방법들이었다.

사람들이 권력을 추구하는 분야 중 가장 눈에 띄는 것은 누가 뭐래도 정치다. 또한 그들이 선출직을 통해 강력하게 권력을 추구하는 것만큼이나 사업, 노동, 군사 그리고 종교계의 지도자들 역시 동일하게 권력을 통해 의미를 추구한다.

큰 거래를 성사시킬 때 느끼는 희열, 어느 프로젝트에 막대한 자원을 할당하는 힘, 잠재 고객에게 당신의 제품을 경쟁자들보다 비싼 가격에 구매하도록 설득하는 능력—이런 성취에는 중독성이 있으며 당신에게 권력의 아우라를 제공한다. 그런 경우 우리는 자신이 단순한 인간들은 부여받지 못한 특별한 능력을 갖고 있다고 믿기 시작할 수 있다!

어느 은퇴자가 이런 말을 했다. "우리는 갓난아기로 이 세상 안으로 들어왔다. 그리고 우리가 세상 밖으로 나가는 방식도 동일하다. 나는 내가 원하는 누군가에게든 전화를 걸어 말할 수 있었다. 할 수 있을 때 당신의 권력을 즐겨라. 은퇴하고 나면 그들은 더 이상 당신의 전화에 응답하지 않을 것이다."

10의 게임

만약 인간이 명성, 소유 혹은 권력을 추구함으로써 지속적인 의미를 발견할 수 있다고 여긴다면, 아래의 퀴즈를 사용해 당신의 "의미 지수"(significance IQ)를 헤아려보라.

1. 세상에서 가장 부유한 10사람의 이름을 댈 수 있는가?

2. 우리나라에서 가장 존경받는 10사람의 이름을 댈 수 있는가?

3. 우리나라에서 가장 탁월한 경영자 10사람의 이름을 댈 수 있는가?

4. 우리나라의 가장 최근의 대통령 10사람의 이름을 댈 수 있는가?

5. 최근에 노벨 평화상을 받은 10사람의 이름을 댈 수 있는가?

6. 현재 행정부 각료 10사람의 이름을 댈 수 있는가?

10의 게임은 부질없어 보이지만 예수 그리스도를 떠나 의미를 추구하는 일의 어리석음을 객관적으로 예시해준다. 당신은 다른 종류의 10의 게임도 생각해볼 수 있다. 우리 사회에서 가장 큰일을 이룬 자들조차, 사도 야고보가 썼듯이 잠시 나타났다가 사라지는 안개와 같다(약 4:14).

한 걸음 더 나아가 10의 게임을 이런 식으로 해보자.

1. 당신의 가장 좋은 친구 10사람의 이름을 대보라.

2. 당신을 사랑하는 가족 10사람의 이름을 대보라.

3. 당신의 삶에서 가장 기억에 남는 경험 10개를 꼽아보라.

4. 당신의 장례식에 올 것 같은 사람 10사람을 꼽아보라.

5. 하나님께 묻고 싶은 10가지 질문을 꼽아보라.

자기만족과 지속적인 의미의 분별

저울눈이 개인의 권리 쪽으로 기울어지고 유대-기독교적 가치로부터 멀어지고 있는 우리 사회는 자기만족을 추구하는 행위에 몰입해왔다. 개인적 평안과 풍요에 대한 관심이, 인간의 상황에 유익을 주며 깊은 뿌리를 갖고 있는 자기희생적 확신들(과 그로 인한 공동체를 세우는 대의들)을 대체했다. 그러나 의미에 이르는 길은 개인적인 것보다 훨씬 더 크다.

종종 우리는 다른 이들을 섬기기보다 그저 우리 자신을 만족시키기 위해 에너지를 소비한다. **우리가 하는 일이 다른 이들의 안녕에 공헌하지 않는다면 의미를 찾는 것은 불가능하다.** 만약 내가 하는 일이 오직 나의 만족과 쾌락만을 위한 것이라면, 그때 나는 그것을 통해 그 어떤 지속적인 목적과 의미도 이끌어내지 못할 것이다. 그러나 내가 다른 이들에게 유익을 끼치는 시험을 통과할 만한 일을 시작하는 경우에는 내가 하는 일이 중요하다는 의식이 성장한다. 그리고 만약 내가 다른 이들을 돕는 것을 습관으로 만든다면, 의미는 점점 더 커진다.

어느 날 나는 차를 몰고 건축 완공이 가까워지고 있던 우리 교회의 새 예배당 곁을 지나고 있었다. 건축위원회의 멤버였던 나는 다음 세대의 아이들이 그 시설을 어린 시절의 활동 거점으로 기억하게 될 것을 상상하며 내가 의미 있는 일을 했다는 생각으로 잔뜩 부풀어 올랐다.

그 위원회에서 일한 것은 나 자신에 대해 좀 더 좋은 느낌을 갖기 위함이나 내 이미지를 향상하기 위함이 아니었다. 나는 다른 이들에게 기여하기 위해 그곳에서 일했다. 그리고 어느 의미에서는 그 일에 시간을 바치느라 내 자신을 부인해야 했다. 그로 인해 내가 의미 있는 삶을 살고 있다는 깨달음을 얻었다.

그리스도께서는 이렇게 말씀하셨다. "이에 예수께서 제자들에게 이르시되 누구든지 나를 따라오려거든 자기를 부인하고 자기 십자가를 지고 나를 따를 것이니라. 누구든지 제 목숨을 구원하고자 하면 잃을 것이요 누구든지 나를 위하여 제 목숨을 잃으면 찾으리라. 사람이 만일 온 천하를 얻고도 제 목숨을 잃으면 무엇이 유익하리요 사람이 무엇을 주고 제

목숨과 바꾸겠느냐"(마 16:24-26).

자기만족과 의미의 차이는 **무슨 일**을 하느냐가 아니라 **어떤 동기와 태도**를 갖고 있느냐에서 나타난다. 한 사무실에 두 사람이 나란히 앉아 동일한 일을 하면서도 각자 다른 이들에게 판이하게 다른 영향을 줄 수 있다.

한 친구는 빠른 길 위에서 달린다. 그것은 위를 향해 오르는 경주다. 그 친구는 늘 사다리의 다음 가로장을 붙잡고, 더 높이 기어오르며 영광을 취한다. 다른 친구는 젊은 부하 직원들을 돕는 것에서 큰 보람을 찾는다. 그는 조언하고, 권면하며, 격려한다. 모든 사람이 그가 그리스도인이라는 것을 알고 있다. 하지만 그는 성경 지식을 무기 삼아 자기의 동료들을 공격하지 않는다.

이 두 사람은 사실상 동일한 일을 수행한다. 그러나 그들의 태도와 동기는 서로 다르다. 한 사람은 자기성취와 자기만족만 추구한다. 다른 사람은 사랑과 믿음으로 다른 이들을 도우면서 의미 있고 풍요로운 삶을 살아간다.

여기서 **의미 테스트**(significance test)를 해볼 수 있다. "내가 하려는 일이 그리스도에 대한 믿음, 사랑, 순종 그리고 섬김을 드러내면서 다른 이들의 안녕에 기여하는가?" 이런 질문을 던지는 것은 우리 자신을 부인하고, 우리의 십자가를 지며, 예수를 따르는 일을 추진하기 위함이다. 성경의 메시지가 갖고 있는 아이러니는 우리가 이런 식으로 삶을 희생시킬 때 결국 그것이 우리에게 생명을 가져다준다는 것이다. 부, 권력, 영향력 그리고 위신을 쌓는 것은 자기만족이다. 그러나 그중 그 어느 것도 지속적인 방식으로 의미 있게 되고자 하는 인간의 욕구를 충족시켜주지 않는다.

행하는 자 되기

가을이 무르익어가고 있었다. 독일의 비텐베르크라는 작은 성읍은 이제 막 겨울을 위한 준비를 시작하고 있었다. 그 성읍의 대학에서 한 젊고 겸손한 학자가 스스로에게 이렇게 묻고 있었다. "인간이 어떻게 하나님의 호의를 얻을 수 있을까?"

이 질문을 깊이 파고들수록, 사랑하는 교회에 대한 좌절감과 분노가 커져갔다. 이 젊은 수도사는 반역자가 되기를 원치 않았다. 그러나 교회에서 목격한 잘못된 일들이 그가 본 불의에 대해 기록하도록 그를 내몰았다.

교회의 수입을 늘리기 위한 한 가지 치욕스러운 관습이 있었는데, 죄를 용서하는 대가로 비용을 받는 것이었다. 다시 말해, 사람들은 죄를 짓고 나서 교회에 돈을 지불함으로써—회개하지 않고서도—그 죄에 대해 용서를 얻을 수 있었다.

처음에 법학을 공부했던 이 젊은이는 1508년부터 비텐베르크 대학에서 자신이 믿는 것을 가르치기 시작했고, 결국 독일 전역에서 온 학생들을 매료시켰다. 1517년에 교황 대리인인 요한 테첼(John Tetzel)이 독일에 와서 그것을 구입할 능력이 있는 누구에게나 교황이 사전에 서명한 면죄부를 팔기 시작했을 때 교회에 대한 그의 혐오는 극에 달했다. 심지어 사람들은 자기의 친척들을 위해서도 면죄부를 살 수가 있었다!

여러 해에 걸쳐 그 젊은이를 위한 하나님의 계획이 드러났다. 1517년 10월 31일에 마르틴 루터(Martin Luther)는 두려움에 떨며 비텐베르크 성 내에 있는 교회의 현관을 향해 나아갔다. 그리고는 머지않아 세계 전역에서 유명해질 95개조의 반박문을 그 문에 붙였다.

그것은 모든 기독교 역사의 전환점이었다. 그것은 한 남자가 거울 속의 남자를 보았을 때 가졌던 불만족의 결과였다. "너희는 말씀을 행하는 자가 되고 듣기만 하여 자신을 속이는 자가 되지 말라. 누구든지 말씀을 듣고 행하지 아니하면 그는 거울로 자기의 생긴 얼굴을 보는 사람과 같아서 제 자신을 보고 가서 그 모습이 어떠했는지를 곧 잊어버리거니와"(약 1:22-24).

그는 단지 하나님의 말씀을 듣기만 하지 않고 행하는 자가 되었다. 이후 40여 년 동안 유럽의 교회 중 절반이 프로테스탄트가 되면서 프로테스탄트 종교개혁이 시작되었다. 사회적·정치적·경제적 구조가 개혁되었고 로마 가톨릭교회마저 변화되었다.

분명히 청년 마르틴 루터는 자기의 삶이 영향력 — 의미 — 을 갖게 되리라는 생각을 하지 않았다. 그러나 그는 하나님이 자기에게 말씀하시게 하기 위해 그리고 스스로 말씀을 행하는 자가 되기 위해 성경을 열심히 공부했고, 하나님에 의해 사용될 수 있었다. 그는 하나님을 믿었기에 삶의 **의미**를 발견했고, 하나님은 청년 루터에게 그의 삶의 **목적**을 부여하셨다.

그동안 당신은 성경을 연구함으로써 당신의 삶의 목적을 찾았는가? 의미 있는 존재가 되고자 하는 욕구를 충족시키기 바란다면, 성경을 연구하고 하나님이 자신에게 자신의 삶을 향한 그분의 목적을 보여주시기를 간구해야 한다. 그 후에 하나님이 그에게 말씀하시는 것을 충실하게 행하는 자가 되어야 한다.

충실함

오늘날 유럽은 탈 기독교 대륙이 되었다. 주요 도시의 크고 화려하게 장식된 많은 교회가 박물관과 여행 명소가 되었다. 만약에 각 세대에서 소수의 사람들만이라도 청년 마르틴 루터처럼 말씀을 행하는 자가 되기 위해 동일한 용기를 내었더라면 어떤 일이 벌어졌을까? 하나님의 질서가 계속해서 재확립되었을 것이다. 어째서 그런 일이 벌어지지 않았을까? 답은—적어도 부분적으로는—충분할 만큼 충실한 사람들이 없었기 때문이다.

많은 이들이 미국이—비록 아직까지는 그 상태에 있지 않으나—유럽과 같은 방향으로 향해 가고 있다고 여긴다. 그 간격 사이에 서서 그런 일이 벌어지지 않도록 일할 소수의 충실한 사람들이 있는가? 당신은 그런 사람 중 하나가 될 의향이 있는가?

어느 날 점심시간에 열심 있는 신앙인 한 사람이 나에게 직업에 대한 불만을 털어놓았다. 그러면서 그는 하나님께서 자기가 전임 사역을 하기를 바라시는 것 같다는 자신의 믿음에 대해 말했다. 당시에 그는 성경 공부 모임 하나를 이끌고 있었고 여섯 명의 남자를 제자화하는 책임을 맡고 있었다. 그런데 대화 도중에 그는 자신이 그 사람들을 돌보는 책임을 완전히 충실하게 이행하지 않는다는 사실을 깨닫고 깜짝 놀랐다.

그는 스스로 이런 결론을 내렸다. "하나님이 이미 나에게 맡기신 일을 충실하게 행하지 않는 상황에서 어째서 그분이 나에게 더 큰일을 맡기셔야 하는가?" 우리 또한 이미 맡고 있는 일을 충실하게 행하지 않는 사람을 승진시키려고는 하지 않을 것이다!

삶이 무기력하게 느껴지는가? 지금 당신의 잠재력을 온전하게 발휘하고 있는가? 혹은 무의미라는 수렁에 빠져 허우적거리고 있는가? 만약 일상이 무의미하게 느껴진다면, 다음과 같은 질문을 통해 당신의 삶을 진단해보라.

1. 지금 나는 다람쥐 쳇바퀴 경주에 빠져 있진 않은가?

2. 나는 하나님이 무엇을 중요하게 여기시는지를 온전하게 이해하고 있는가?

3. 지금 나는 믿음, 사랑, 순종 그리고 섬김의 삶을 살고 있는가?

4. 나의 최고의 소망은 무엇인가?

5. 10의 게임에서 몇 점을 얻고 있는가?

6. 나는 의미를 추구하고 있는가 아니면 자기만족을 추구하고 있는가?

7. 물질주의에 대해 환멸을 느끼고 있는가?

8. 나의 수동적 무관심이 국가의 부패에 일조하고 있지는 않은가?

9. 부적절한 방식으로 의미를 추구해오지 않았는가?

10. 만약 세상 속에서 그리스도인이 되기 위한 비용이 올라간다면 나는 기꺼이 그 값을 치를 것인가?

11. 나는 말쟁이인가 아니면 행동하는 사람인가?

12. 나는 하나님이 맡기신 일에 충실해왔는가?

13. 나는 정기적으로 하나님의 말씀을 공부함으로써 나의 삶을 향한 하나님의 계획을 보고 있는가?

14. 지금 나는 하나님의 일에 기여하고 있는가? 나는 그분의 일이 무엇인지 알고 있기는 한가?

15. 나는 문화적 그리스도인인가 아니면 성경적 그리스도인인가?

만약 자신의 답에 만족하지 못한다면, 잠시 멈추기를 권한다. 자신이 죄를 지었음을 하나님께 인정하고, 또한 그분께서 예수의 희생적 죽음과 부활을 통해 당신의 죄를 용서해주신 것에 감사하라. 만약 그동안 당신이 "패배한" 신앙을 지닌 문화적 그리스도인으로 살아왔다면, 그리스도께서 당신의 삶을 주관해주시기를 간구하라. 다시 그분에게 헌신하라. 만약 그동안 당신이 하나님과 게임을 벌여왔다면, 그분께 그 잘못을 고백하라. 만약 그동안 당신이 이것저것 다 취하려고 하면서 그분께 부분적으로만 항복하는 죄를 지었다면, 이제 당신 자신을 온전하게 그분께 굴복시키라. 그분께서 성령으로 당신을 이끌고 지속적인 의미를 부여하게 될 삶의 목적을 알려주시기를 간구하라. 그리고 충실할 수 있는 능력을 주시기를 간구하라. 바로 지금 잠시 시간을 내서 그렇게 하라.

만약 당신이 예수 그리스도를 믿은 적이 없었다면, 혹은 "가짜" 신앙을 지닌 문화적 그리스도인이었다면, 지금보다 그리스도를 영접할 더 좋은 시간은 결코 없을 것이다. 오직 그리스도만이 당신에게 영원한 의미를 제공하신다. 그분은 우리에게 희미해지거나, 녹슬거나, 썩어 없어지지 않는 정체성을 부여하신다. 그분이 말씀하신 것처럼, "너희가 나를 떠나서는 아무것도 할 수 없다."

사는 동안 우리는 실제로 얼마나 여러 번 큰 결단을 내리는가? 그리스도인이 될 것이냐 말 것이냐는 그중에서도 가장 큰 결단이다. 그리스도에 관해 잘못된 결정을 하는 것보다 더 나쁜 것을 생각할 수 있는가?

만약 진심으로 그리스도인이 되기를 바란다면, 그분을 당신의 마음과 삶 속으로 초대하라. 우리는 믿음과 회개를 통해 그리스도를 받아들인다. 기도는 믿음을 표현하는 탁월한 방법이다. 여기에 제안하고 싶은 기도가 있다.

주 예수님, 저는 그동안 제가 부적절한 방식으로 의미를 찾으려 해왔음을 인정합니다. 그 결과 저는 당신께 죄를 지었습니다. 저를 위해 그리고 저의 죄를 용서하시기 위해 당신께서 십자가에서 죽으신 것에 감사드립니다. 믿음으로, 당신이 저의 삶 속으로 들어오셔서 저를 이끌어주시기를 청합니다. 저의 삶을 주관해주시고, 제가 당신이 바라는 그런 사람이 되게 해주십시오. 아멘.

만약 이 기도가 당신의 갈망을 표현하고 있다면, 지금 당신이 어디에 있든지 그곳에서 즉시 무릎을 꿇고 살아 계신 하나님을 당신의 삶 속으로 모셔라. 참된 의미는 그리스도와 함께 숨어 있다. 그분을 떠나서 우리는 아무것도 할 수 없다.

만약 당신이 그렇게 기도하고 그리스도를 당신의 삶 속으로 모셨다면, 당신은 삶에서 가장 중요한 결단을 한 셈이라고 할 수 있다. 이 책을 계속 읽어나갈 때 다음으로 무엇을 해야 할지 더 많이 알게 될 것이다.

토론 문제

1. 인간의 가장 큰 욕구는 의미 있는 존재가 되려는 욕구다.
   □ 동의한다. □ 동의하지 않는다.
   당신의 답의 이유를 설명하라.

2. 사람들의 차이는 그들이 의미 있는 존재가 되고자 하는 욕구를 충족시키는 방식에서 나타난다.
   □ 동의한다. □ 동의하지 않는다.
   사람들이 이런 욕구를 충족시키기 위해 사용하는 방법에는 어떤 것이 있는가?

3. 당신은 어떻게 점수를 매기는가? 하루가 끝날 때, 그날이 성공적이었는지 아니었는지를 어떻게 헤아리는가? 당신의 방법은 하나님이 점수를 매기시는 방법과 어떻게 비교되는가?

4. 10의 게임에서 몇 점이나 얻었는가? 이 게임은 어떤 진리를 강조하는가?

5. 자기만족과 의미는 어떻게 다른가?

6. 마르틴 루터가 한 일은 단지 자신의 양심을 따라 사는 것이었다. 더 많은 사람들이 그와 같은 방식으로 살지 않는 이유가 무엇이라고 보는가?

7. 만약 당신이 또 다른 마르틴 루터, 즉 이 시대의 소수의 충실한 사람 중 하나가 되기로 결단한다면 무엇을 달리 해야 할 것인가?

8. 당신은 그리스도를 받아들였는가, 혹은 삶을 그분께 다시 내어드렸는가? 만약 그렇다면, 그 결과 당신이 취해야 할 다음 단계는 무엇인가?

5장 나는 왜 존재하는가?

인간의 제일 되는 목적은 하나님을 영화롭게 하고
영원토록 그를 즐거워하는 것이다.
웨스트민스터 소요리문답

여호와께서 나라들의 계획을 폐하시며
민족들의 사상을 무효하게 하시도다.
여호와의 계획은 영원히 서고
그의 생각은 대대에 이르리로다.
시편 33:10-11

톰과의 전화 통화에서 놀랐던 게 그가 울고 있어서는 아니었다. 그가
58살이나 먹고서 울어서도 아니었다. 오히려 그의 솔직함이 나의 관심
을 끌었다. 톰은 플로리다에서 가장 유력한 변호사 중 하나였다.

그는 "내 인생에는 아무런 의미가 없어요. 목적도 없고요"라는 말로
시작했다. "나는 지금껏 바람을 쫓아왔던 것 같아요."

그는 우리가 매년 추수감사절에 주최하는 조찬기도회에 참석했다. 그
날부터 6개월 동안 그는 조찬기도회에서 들은 말을 떨쳐버릴 수가 없었
다. 톰은 예수의 메시지에 흥미를 느꼈고 나에게 전화해 그 이야기 전체
에 관심이 있다고 말했다. 우리는 그것에 대해 대화를 나누기 위해 만날
약속을 정했다.

톰이 자신의 삶에 관한 이야기를 털어놓았을 때 나는 그가 그동안 성취한 일들에 깜짝 놀랐다. 그는 사회적 지위를 가진 사람이었다. 그의 명성은 그의 이름을 법조 분야의 명사인명록에 올려놓았다. 만약 그런 성취를 희석시키는 눈물이 없었더라면, 나는 그가 꽤 만족스러운 삶을 사는 사람이라고 여겼을 것이다.

톰은 직업적 성공의 정점에 이르렀으나 여전히 삶의 목적을 찾지 못해 고통스러워했다. 그는 모든 젊은 변호사들이 오르고 싶어 하는 사다리 위에 올라 서 있었다. 그러나 그는 그 사다리가 단지 환멸이라는 구름 속으로 이어지고 있음을 알았다. 그에게 성공은 답을 주기보다 더 많은 문제들을 제시했다.

톰은 일평생 자기가 원하는 신을 추구하며 살았다. 그러던 어느 날 화들짝 정신이 들었고 자기가 하나님이 참으로 어떤 분이신지에 대한 최소한의 개념도 갖고 있지 않음을 깨달았다. 자기가 아무것도 실현하지 못했음을 깨달았으나 그 이유를 알지 못했던 그는 한 친구를 통해 우리 조찬 기도회에 참석해달라는 초대를 받았다.

그는 "어쩌면 하나님은 답을 갖고 계실지도 몰라"라고 생각했다.

톰에게 가장 흥미로웠던 것은 조찬 기도회에 참석했던 이들에게서 본 평안이었다. 그 후로 6개월 동안 그는 그런 이들이 자신들의 평안과 목적의식을 예수 그리스도를 통한 하나님과의 "인격적 관계" 덕으로 돌리는 것을 보고 놀랐다.

"나는 늘 교회에 참석해왔어요"라고 그가 말했다.

"그것이 중요하기는 하나 지금 우리는 교회에 출석하는 것에 관해 말하고 있는 게 아니에요. 우리가 말하고 있는 것은요, 톰, 살아 계신 인격적 하나님과의 관계에 관한 것이에요."

"우리가 말하는 것은 당신이 하나님의 은혜를 얻기 위해 어떻게 해야하는지가 아니라, 당신의 방법이 쓸모가 없음을 시인하라는 거예요. 하나님의 은혜를 얻는 유일한 방법은 그리스도를 믿음으로써 오는 영생이라는 값없는 선물을 당신의 삶으로 받아들이는 것입니다."

"나는 지난 30년 이상 충실한 교인이었어요"라고 그가 말했다. "지금 당신은 내가 그 모든 시간을 허비했다고 말씀하는 겁니까? 당신이 그런 말씀을 하시려는 것을 믿을 수가 없네요!"

"톰, 만약 교회가 당신의 삶에서 그렇게 중요한 일부였다면, 어째서 지금 공허감과 목적의식의 결여에 대해 말씀하시는 겁니까?"

사실 그런 느낌을 갖는 사람이 톰만은 아니다. 그는 지난 58년 동안 자기가 왜 그렇게 생각하고, 말하며, 행동했는지에 대해 큰 관심을 기울이지 않으며 살아왔다. 그는 마땅히 그래야 했기에 교회에 출석했을 뿐 깊은 확신이 있었던 것은 아니다. 사실 오늘날 많은 이들이 톰처럼 살고 있다. 그들은 아무런 동기 없이 그냥 살아가고 있을 뿐이다.

문제

당신은 목표를 세우고 달성하는 것을 즐기는가? 나는 그렇다. 나는 목표를 달성하는 것에 중독성이 있다는 걸 안다. 몇 년 전에 나는 일정한 수입을 얻는 것을 목표로 정했다. 그리고 마침내 그 목표를 달성했을 때 개인적으로 깊은 만족감을 느꼈다. 그러나 몇 주 후, 그것이 주었던 신선함은 사라졌고, 나는 더 많은 것을 원했다.

남자들이 마주하는 가장 당혹스러운 일 중 하나는 성취된 목표들이 서로 아무런 관련 없이 그저 일단의 무의미한 성공 사례가 되고, 그것이 점점 많아질수록 좌절감은 더욱 커진다는 것이다. 이는 목표와 관련된 문제다. 당신은 계속해서 새로운 목표를 정해야 한다. 목표를 달성하는 것이 당신에게 어떤 지속적인 만족감도 제공해주지 않기 때문이다.

목표를 이루는 것에 따르는 덧없는 만족감은 다음과 같은 질문을 제시하도록 만든다. "나의 삶에는 목표를 세우고 달성하는 반복적인 일보다 큰 무언가가 있는가?"

목표를 정하기 전에 다음 질문에 답하는 게 좋다. "나는 왜 존재하는가? 나의 삶의 목적은 무엇인가?" 이 질문에 대한 만족스러운 답을 얻기 위해서는 우리의 목표가 보다 큰 의미를 반영할 필요가 있다. 대부분의 사람이 자신들의 삶의 목적을 알지 못하거나 그 목적이 너무 작다는 것은 아주 명백한 사실이다. 자신의 삶의 목적과 씨름하는 것보다 더 중요한 일은 없다.

정체성 vs 목적

의미를 찾는 것에는 두 가지 측면이 있다. 첫 번째 측면은 "나는 누구인가?"라는 근본적인 질문에 답한다. 이에 대해서는 우리가 앞 장에서 살펴보았다. 우리는 그리스도 안에서 **우리가 누구인가**에 대한 이해를 통해 의미와 정체성을 이끌어낸다. 그것은 우리가 점유하고 있는 **위치**다. 또한 그것은 **관계**이지 명성, 재물 그리고 권력을 통해서 얻을 수 있는 무언가가 아니다.

다른 측면은 "나는 왜 존재하는가?"라는 두 번째 큰 질문에 답한다. 하나님은 우리 삶의 목적, 즉 우리의 사명 혹은 운명을 손에 쥐고 계신데, 바로 그것이 **우리가 존재하는 이유**다. 이는 의미를 찾는 두 가지 측면 중 나머지 절반이다. 일단 자신의 정체성에 관한 문제를 해결했다면, 당신이 다음으로 질문할 것은 이것이다. "하나님은 내가 삶에서 무엇을 하기를 원하시는가?"

사라지지 않고 남을 유일한 목적은 하나님과 연결된 것들이다. "사람의 마음에는 많은 계획이 있어도 오직 여호와의 뜻만이 완전히 서리라"(잠 19:21). 일단 우리가 그분이 바라는 방향, 곧 우리의 목적을 이해하고 나면, 그 방향으로 나아갈 목표를 정할 수 있다.

목표 vs 목적

목표와 목적은 어떻게 다른가? **목표**는 우리가 성취하고자 하는 특별한 대상을 가리킨다. 집을 사거나 은퇴를 위해 얼마간의 돈을 은행에 예치할 때처럼 우리가 무엇인가를 성취했을 때 알 수 있는 것이 목표다. 어떤 이들은 목표가 "분명하다"(hard)고, 즉 측량할 수 있고 특정한 기간을 요구한다고 주장한다. 반면에 다른 이들은 목표가 더 "유연할"(soft) 수 있다고, 즉 단순히 양적인 것이 아니라 질적인 것이라고 믿는다.

예컨대 당신이 보다 사랑스러운 사람이 되고자 하는 경우, 당신이 보다 사랑스러운 정신을 획득했는지 그렇지 않았는지를 헤아리는 것은 주관적이다. 그럼에도 보다 사랑스럽게 되는 것은 가치 있는 목표다. 따라서 나는 그것을 달성했는지 혹은 달성하지 못했는지를 판단할 수 있어야 한다고 말하는 것을 제외하고는 목표에 대한 엄격한 정의를 포기할 것을 제안한다.

반면에 **목적**은 삶의 더 큰 문제들, 즉 "오늘 나는 무엇을 할 것인가?"가 아니라 "나는 왜 존재하는가?" 그리고 "삶에서 나의 역할은 무엇인가?"와 같은 문제들에 답한다. 목적은 삶의 더 큰 의미에 대한 우리의 성찰을 반영한다. 우리는 하나님이 바라시는 곳에 우리의 목적을 두어야 한다. 일단 이 목적을 알고 나면, 우리는 이 질문의 답을 향해 나아갈 목표들을 세울 수 있다.

목적은 삶에 대한 장기적인 관점을 엮어내는 긴 실이다. 목표는 나타났다 사라지지만, 목적은 계속해서 남아 있다. 목적은 우리가 존재하는 이유와 관련이 있다. 그것은 우리가 **삶에 관한 이론**을 인식하는 방법과 상관이 있다.

목적은 시작점이다. 그것은 우리가 삶에 집중하고 방향을 제시하도록 도움으로써 우리의 목표가 일단의 무의미한 성공 사례가 되지 않게 해준다.

목표와 목적의 구분

어느 해 봄에 우리는 딸을 오는 가을 어느 기독교 초등학교에 입학시키기로 결정했다. 그것은 우리의 목표, 즉 우리가 하기로 결정한 것이었다. 우리가 물어야 할 큰 질문은 이것이었다. "왜 우리는 이런 목표를 추구하는가?" 우리는 우리의 삶에 대한 하나님의 목적 중 하나가 아이들에게 하나님을 향한 마음을 심어주는 것이라고 믿었다. 그것은 단순한 목표 이상이었다. 그것은 아이들과 함께하는 모든 일을 통해 엮어나가는 긴 실이었다. 우리는 그것이 우리가 존재하는 중요한 이유 중 하나, 그리스도인 부모로서 우리의 역할 중 하나라고 믿었다.

삶에 관한 이론을 살펴보았을 때 우리는 기독교 교육의 목표가 우리가 삶을 위해 분별해온 목적─방향─과 맞아 떨어진다고 믿었다. 우리가 부모로서 존재하는 이유를 살펴보았을 때 우리는 아이들에게 "영적 예민함"을 제공하는 것이 가치 있는 일이라고 느꼈다. 우리의 **목표**(what)는 딸을 학교에 등록시키는 것이었다. 우리의 **목적**(why)은 아이들에게 하나님을 향한 마음을 심어주는 것이었다.

목표는 **우리가 하는 일**이다. 목적은 **그 일을 하는 이유**다. 어떤 목표를 세울 때 자신에게 이런 질문을 던진 적이 있는가? "왜 나는 이 목표를 추구하는가?" 이 질문에 대한 답이 당신의 목적을 밝혀준다. 우리가 하는 일과 그 일을 하는 이유에 대한 이런 구분은 중요하다. 만약 우리가 정한 각각의 목표를 분명한 이유에 비추어 살펴볼 수 있다면, 그때 우리는 우리 자신의 동기를 위해서가 아니라 우리의 삶을 향한 하나님의 목적을 이해하기 위해서 목표를 정할 수 있을 것이다.

영원한 목적 vs 이 세상에서의 목적

웨스트민스터 신앙고백(The Westminster Confession of Faith)은 기독교 신앙에 대한 가장 포괄적인 진술 중 하나이다. 1643년 6월 12일에 영국 의회령에 의해 처음으로 소집된 웨스트민스터 총회는 성경에 대한 신중한 검토를 통해 기독교 신앙의 교리를 분명하게 밝히는 것을 그 목적으로 삼았다. 영국 왕 찰스 1세(Charles I)는 영국의 시민권과 종교의 자유를 심각한 위기 상황으로 몰아넣었다. 그리고 의회는 총회를 소집함으로써 그 절대 군주와 맞서 싸웠다.

그 총회의 중요한 결과물인 웨스트민스터 소요리문답(The Westminster Shorter Catechism)은 기독교 신앙의 기본 조항을 이루는 107개의 핵심 질문을 제시하고 그 질문들에 답한다. 의미심장하게도 그 문답에서 제시된 첫 번째 질문은 이러하다. "사람의 제일 되는 목적은 무엇인가?" 우리는 그것을 이렇게 풀어 쓸 수 있다. "사람의 목적은 무엇인가?" 혹은 "사람은 왜 존재하는가?"

그 질문에 대한 답은 우아하면서도 단순하다. "사람의 제일 되는 목적은 하나님을 영화롭게 하고 영원토록 그를 즐거워하는 것이다."

우리는 우리를 위한 하나님의 **영원한** 목적과 **이 세상에서의** 목적을 구분할 수 있다. 마태복음 6:31-33에서 예수께서는 우리를 향해 이렇게 말씀하신다. "그러므로 염려하여 이르기를 무엇을 먹을까 무엇을 마실까 무엇을 입을까 하지 말라. 이는 다 이방인들이 구하는 것이라. 너희 하늘 아버지께서 이 모든 것이 너희에게 있어야 할 줄을 아시느니라. 그런즉 너희는 먼저 그의 나라와 그의 의를 구하라. 그리하면 이 모든 것을 너희에게 더하시리라."

하나님 **나라**는 **보이지 않는** 영역이다. 반면에 하나님의 **의**는 **보이는** 영역이다. 우리는 보이는 것과 보이지 않는 것 둘 모두를 구하라는 가르침을 받는다. 하나님은 이 세상에서 우리를 위한 목적을 갖고 계시는데, 그것은 보이지 않는 하나님 나라의 일부다. 그분은 또한 우리가 만질 수 있고 볼 수 있는 세상에서 살아갈 때 우리를 위한 이 세상에서의 목적을 갖고 계신다.

우리는 소요리문답의 답에서 우리를 위한 하나님의 영원한 목적—우리가 그분을 영원토록 즐거워하는 것—과 이 세상에서의 목적—그분을 영화롭게 하는 것—모두를 발견한다. 우리를 위한 하나님의 영원한 목적은 우리가 그분의 나라를 구하는 것이고, 그렇게 함으로써 우리가 그분을 영원토록 즐거워하는 것이다. 그리고 그분이 이 세상에서 우리를 위해 갖고 계신 목적은 우리가 그분의 의를 구하는 것이고, 그렇게 함으로써 우리가 그분을 영화롭게 하는 것이다. 사람의 제일 되는 목적으로서 이것은 우리가 다른 무엇보다도 우리를 위한 하나님의 영원한 목적과 이 세상에서의 목적을 알고 그 앎을 따라 행동하는 것에 우선권을 두어야 한다는 것을 의미한다.

영원한 목적

예수께서 우리에게 그분의 나라를 구하라고 말씀하실 때, 그분은 우리에게 영원한 생명을 찾으라고 말씀하고 계신 것이다. 하나님 나라는 보이지 않는 나라다. 예수께서는 이렇게 말씀하셨다. "내 나라는 이 세상에 속한 것이 아니니라. 만일 내 나라가 이 세상에 속한 것이었더라면 내 종들이 싸워 나로 유대인들에게 넘겨지지 않게 하였으리라. 이제 내 나라는 여기에 속한 것이 아니니라"(요 18:36).

보이지 않는 나라는 자원하는 자들이 들어가는 나라다. 예수께서는 우리에게 자신을 강요하지 않으신다. 오히려 우리는 예수를 통해 새로운 탄생을 제공받는다. 이 새로운 탄생은 영원히 지속되는 영역으로의 탄생이다.

우리를 위한 하나님의 영원한 목적은 우리가 그분을 영원토록 즐거워하는 것이다. 이것은 우리와 그분의 관계 중 가장 중요한 일부다. 만약 하나님이 (우리가 영원토록 그분을 즐거워하도록 하기 위해) 우리에게 영생을 주시는 것을 목적으로 갖고 계시지 않다면, 우리의 믿음은 헛된 것이다. 우리의 믿음은 우리를 죽음의 문턱 너머로 데려가기에 충분하지 않은 것이 될 것이다.

우리가 존재하는 이유를 생각할 때 가장 중요한 것은 마치 나비가 고치를 찢고 나오듯 새로운 생명으로 나아가기 위해 그분의 보이지 않는 나라 안에 계신 하나님을 찾는 것이다(요 6:38-40; 엡 19-11; 3:11을 보라).

이 세상에서의 목적

하나님이 이 세상에서 우리를 위해 갖고 계신 목적은 "영원한" 존재인 우리가 이곳에서 계속해서 존재해야 할 이유다. 기독교인들이 진실로 답을 얻고자 하는 질문은 이것이다. **하나님, 제가 왜 여기에 있는 것입니까? 당신은 제가 저의 삶으로 무엇을 하기를 원하십니까?** 우리 모두는 우리가 이 세상에 존재하는 목적에 대해 알기를 갈망한다.

이 세상에서 우리를 향한 하나님의 보편적 목적은 우리가 그분을 영화롭게 하는 것이다. 그리고 예수께서는 우리에게 하나님의 의를 추구함으로써 그 일을 하라고 말씀하신다. 하나님의 의란 무엇인가? 그분의 의는 그분의 도덕적 특성이다. 그분은 옳은 일을 하시는 데 완전하시다. 그리고 우리가 존재하는 이유는 그리스도가 사신 완전한 삶을 모방하는 것이다. 그렇게 함으로써 우리는 사람의 제일 되는 목적인 하나님을 영화롭게 하는 일의 처음 절반을 이룬다.

어떻게 이 일을 완수할 수 있을까? 진리를 통해서? 그럴 수 없다. 그러나 우리가 예수 안에 거하면, 그분이 그분의 모범을 따르고자 하는 갈망과 능력을 주실 것이다. 빌립보서 2:13은 이렇게 표현한다. "너희 안에서 행하시는 이는 하나님이시니 자기의 기쁘신 뜻을 위하여 너희에게 소원을 두고 행하게 하신다." 그러면 우리 쪽에서는 무엇을 하는가? 빌립보서 2:12이 그 답을 제공한다. "항상 복종하여 두렵고 떨림으로 너희 구원을 이루라." 우리가 구원을 이뤄야 한다. 하지만 아버지가 아이에게 일을 어떻게 해야 하는지 알려주기 위해 자기 손으로 그 아이의 손을 감싸듯이 하나님의 도움을 받아가며 그렇게 해야 한다. 그러므로 찾으라, 노력하라, 열망하라 그리고 이해하기를 사모하라. 그리고 하나님이 당신의 발걸음을 인도해 당신의 삶을 향한 그분의 "선하신 뜻"을 알게 해주시리라는 사실을 전심으로 믿으라.

이 세상에서의 목적에는 몇 가지 단계가 존재한다. 이해를 위한 틀을 세우는 데 도움을 줄 세 단계를 살펴보자.

▶ 보편적 목적 — 제1단계 (이 세상에서의 목적 아래 단계)

어떤 의미에서 모든 사람은 비슷하다. 그리고 하나님은 모든 사람에게 동일하게 이 세상에서의 **보편적인** 목적을 부여하신다. 우리는 이 목적을 다음 두 가지로 나눌 수 있다.

1. 하나님이 우리에게 바라시는 존재가 **되는 것**
2. 하나님이 우리가 행하기를 바라시는 것을 **하는 것**

우리가 이 세상에 존재하는 목적의 보편적인 일부는 **성품**(존재)과 **행위**(행함)에서 특정한 형태의 사람이 되는 것이다. "하나님이 우리를 구원하사 거룩하신 소명으로 부르심은 우리의 행위대로 하심이 아니요, 오직 자기의 뜻과 영원 전부터 그리스도 예수 안에서 우리에게 주신 은혜대로 하심이라"(딤후 1:9). 그분의 영원한 목적은 우리를 구원하시는 것이다. 그리고 이 세상에서 그분의 목적은 우리가 믿음, 사랑, 순종 그리고 섬김이라는 특징을 지닌 거룩한 삶을 통해 그분을 영화롭게 하는 것이다. 이 보편적 목적과 관련해서는 우리의 몫이 달리 없다. 이는 모든 사람에게 주어졌다.

▶ 개인적 목적 — 제2단계 (이 세상에서의 목적 아래 단계)

어떤 의미에서 우리 각자는 독특하다. 그리고 하나님은 각자에게 삶에 대한 특별한 소명을 주신다. 다시 말해, 하나님은 당신의 삶을 위한 개인적이고 독특하고 특별한 목적을 갖고 계시며 그것이 당신에 의해 발견되기를 기다리신다. 이보다 더 흥미진진한 일이 있을 수 있을까?

그렇다면 어떻게 우리의 삶을 향한 하나님의 개인적 목적을 발견할 수 있을까?

나는 모든 사람이 자신의 삶에 대한 하나님의 개인적이고 세상적인 목적을 포괄하는 **인생 목적 진술서**(Written Life Purpose Statement)를 준비해야 한다고 믿는다. 이 진술서는 매우 개인적이며, 그것이 다른 이들에게도 의미가 있는지 없는지는 중요하지 않다. 당신의 인생 목적 진술서는 어느 사업체의 강령과 같은데, 이 경우에는 당신의 삶이 사업이 된다.

하나님의 말씀은 그분의 알려진 뜻을 계시한다. 가능하다면, 당신의 목적은 성경으로부터 솟아 나와야 한다. 그래야 그것이 하나님의 뜻에 부합한다고 확신할 수 있다.

내가 작성한 첫 번째 인생 목적 진술서는 빌립보서 3:10에서 나왔다. "내가 그리스도와 그 부활의 권능과 그 고난에 참여함을 알고자 한다." 내가 그리스도를 좀 더 친밀하게 그리고 개인적으로 알게 되기를 간절히 바라던 때 나는 이 구절을 선택했다.

단지 그분에 **관해** 아는 것이 아니라 실제로 **그분을** 알고 그것이 의미하는 **모든 것**을 알길 원했다. 나는 그분의 능력을 파악하고 싶었다. 사실 나는 그분의 부활의 의미를 이해하고 싶었다. 또한 그분의 고난에 참여함으로써 그분과 나누는 교제에 관해 알고 싶었다. 단순히 그분의 고난에 관해 읽는 것이 아니라 기꺼이 그분을 위해 고난을 당함으로써 살아 계신 하나님과 달콤한 교제를 나누고 싶었다.

1986년 2월 1일, 나는 인생 목적 진술서를 바꿨다. 성년이 된 후로 줄곧 나는 편두통 때문에 고통을 당했다. 생각할 수 있는 모든 현대적, 중세적 치료법들을 시도해본 후에 내가 모든 음식에 대해 알레르기 반응을 보인다는 것을 알게 되었다. 나는 알레르기 항원을 섞어 넣었던 글리세린을 제외하고는 그동안 시도했던 모든 음식에 대해 알레르기를 일으켰다.

나는 몇 년에 걸쳐 식단에서 어떤 음식들을 뺐고 다른 이들의 섭취량을 측정했다. 그리고 시도와 실패를 거듭한 끝에 매일 겪던 편두통을 일주일에 몇 차례 겪는 것으로 줄일 수 있었는데, 그 정도의 고통은 약물로 관리할 수 있었다.

여러 해에 걸쳐 계속된 이 눈물 어린 고통을 이겨내도록 도왔던 성경 구절은 베드로전서 4:1-2이었다. 그 구절이 없었더라면 미쳐버렸을 것이다! 그 구절은 나를 격려해주었다. "그리스도께서 이미 육체의 고난을 받으셨으니 너희도 같은 마음으로 갑옷을 삼으라. 이는 육체의 고난을 받은 자는 죄를 그쳤음이니 그 후로는 다시 사람의 정욕을 따르지 않고 하나님의 뜻을 따라 육체의 남은 때를 살게 하려 함이라."

육체의 고난을 견디면서 나 역시 죄를 이겨내고 이 세상에서의 남은 생을 하나님의 뜻을 따라 살아갈 수 있을 것이라는 전망을 얻었다. 이는 영혼의 고통스러운 침묵의 방 안 깊숙이 처박혀 있던 나에게 큰 도움이 되었다. 나는 소망 가운데 앞으로 나아갈 새로운 용기와 힘을 발견했다.

절망적인 상태로 15년을 보낸 후 조금씩 상태가 나아지기 시작했을 때 나는 내 삶에 새로운 목적이 형성되고 있음을 느꼈다. 처음에는 그것이 구체적이지 않았고 그래서 말로 그것을 표현하기가 어려웠다. 그러나 시간이 흐르고, 성경을 묵상하며, 하나님께서 내 안에 삶을 위한 새로운 목적을 다시 형성해주시기를 간구했을 때, 나는 반복해서 베드로전서 4:1-2로 이끌렸다. 여러 해 동안 깊고 말할 수 없는 탄식의 시간을 보낸 어느 날 아침, 나는 펜을 들어 성경책 맨 앞 장에 마음에서 우러나오는 말을 적었다. **나는 이 세상에서의 남은 삶을 하나님의 뜻을 따라 살기 원**

한다. 나는 진실로 그렇게 하기를 원했고 지금도 그러하다.

내가 인생 목적 진술서를 작성하는 것에 대해 이야기하는 이유는 당신이 그것의 단순함을 보게 하고 그것이 태어나기 위해 치러야 하는 큰 비용에 대한 이해도 얻게 하기 위해서다. 인생 목적 진술서를 만들어내는 것은 우리를 힘겹게 하고 고갈시키는 아주 어려운 작업이다. 하지만 그럼에도 그런 노력을 기울일 만한 가치가 있는 일이다. 그것은 일단 작성되고 나면 지속적으로 당신이 존재하는 이유를 상기해준다. 당신의 삶이 무엇에 관련되어 있는지를 일반적이고 포괄적인 방식으로 묘사하고, 우리 모두가 갈망하는 의미에 이르는 길을 보여준다. 그것은 자이로스코프처럼 당신이 균형을 잃고 쓰러질 때마다 당신을 일으켜 세워준다. 나침반처럼 길을 일러주고, "나는 왜 존재하는가"와 "나는 나의 삶으로 무엇을 할 것인가?"와 같은 질문에 답을 제시해준다.

이번 장 끝에 인생 목적 진술서를 작성하는 데 지침으로 사용할 수 있는 참고 자료가 실려 있다. 때로는 그것을 작성하는 과정이 결과물보다 중요하다. 나는 그것이 서로 다른 개념, 성경 구절 그리고 생각들로 살을 붙여나가는 과정에서, 이 세상에서 당신의 삶을 위한 하나님의 목적이 추상적인 것에서 개인적인 것으로 나아가게 될 것이라고 믿는다. 그 참고 자료를 사용해 당신의 인생 목적 진술서를 만들어보길 바란다.

▶ 또 다른 인생 목적들 ─ 제3단계

이 세상에서 당신의 삶에 대한 포괄적 목적을 일러주는 인생 목적 진술서에 더하여, 한 단계 밑으로 내려가 삶의 중요한 분야들을 위한 목적 진술서를 작성할 수도 있다.

당신이 존재하는 이유에 대해 생각해보라. 서로 다른 분야에 관한 가치 있는 지혜들을 발견할 때 그것들을 적어놓으라. 또한 하나님이 당신의 삶의 **존재의 이유**와 관련해 당신에게 말씀하시는 것을 기록해놓으라. 책상이나 컴퓨터에 당신이 기록한 아이디어들을 쌓아둘 수 있는 파일을 마련해두라. 만약 당신이 이 책의 나머지 부분을 읽는 동안 무언가 아이디어가 떠오르거든, 그것을 기록하고 보관해두라. 여기에 당신이 고려해보아야 할 몇 가지 특별한 분야의 목록이 있다.

- 하나님과의 관계
- 가족(아내, 자녀, 손자녀, 부모)과의 관계
- 다른 관계들
- 은사의 사용(다른 이들을 섬기는 일, 증언, 격려 등)
- 직장 생활

목표와 활동은 우리가 목적을 위해 특별한 행동을 취하는 방식이다. 이는 신중하게 검토된 삶의 자연스러운 결과다. 우리가 우리의 삶을 위한 하나님의 목적을 확인할 때, 그것이 제1단계의 것이든, 제2단계의 것이든 혹은 제3단계의 것이든, 우리의 목표와 활동은 하나님의 알려진 뜻―그분의 선하고, 기쁘고, 완전한 뜻―을 행하는 것에 모든 초점을 맞춘다.

예   목적: 격려자가 되기
　　목표: 매주 한 사람을 점심 식사에 초대하기
　　활동: 메모를 하고, 상처받은 사람에게 전화하기

예　목적: 나의 아이들에게 하나님을 향한 마음 심어주기

　　목표: 제니퍼를 기독교 학교에 등록시키기

　　활동: 매일 기도하기, 성경 이야기 읽어주기

우리의 목적은 시간이 흐름에 따라 변할 것이다. 목표처럼 빠르게 변하지는 않으나, 보다 긴 지평 위에서 결국 변할 것이다. 자녀들이 성장하고, 우리가 은퇴하고 나면, 새로운 영적 은사들이 개발될 것이다. 따라서 어느 정도 유연해질 필요가 있다. 또한 정기적으로 하나님이 주권적 의지로 우리를 이끄시는 곳을 살펴볼 필요가 있다.

사도 바울: 목적을 지닌 삶

사도 바울은 베냐민 지파 출신의 귀족이자 순수한 혈통의 유대인, 로마 시민, 그리스인 그리고 존경받는 종교 지도자였다. 그는 21세기에 태어났더라도 위대한 지도자가 되었을 것이 분명하다.

그러나 예수 이후에 살았던 가장 위대한 사람처럼 보이는 사도 바울도 처음에는 초기 그리스도인들에게 마치 1930년대에 하인리히 히믈러(Heinrich Himmler)가 독일의 유대인들에게 의미했던 것과 같은 존재였다. 나치 게슈타포의 우두머리였던 히믈러는 나치 치하의 독일에서 수많은 유대인의 학살을 직접 지휘했다.

성경은 회심 이전에 바울이 그리스도인들의 집으로 들어가 (여자들을 포함해) 사람들을 끌어내 감옥에 가뒀다고 전한다. 그는 회당에서 사람들을 매질하고 그들이 신성을 모독하도록 만들기 위해 고문을 가했다.

그는 스데반이 투석형을 당할 때 그 자리에 있었고, 그 자신의 고백에 따르면, 알려지지 않은 수많은 그리스도인에 대한 사형 선고에 찬성

표를 던졌다. 그는 악명 높은 사람이었다. 언젠가 블레즈 파스칼(Blaise Pascal)은 이렇게 썼다. "인간은 종교적 신념을 가지고 행할 때일수록 기쁨에 넘쳐 철저하게 악을 행한다." 바울이 바로 그런 사람이었다!

하나님의 은혜와 자비가 없었더라면, 젊은 바울은 히틀러의 방식으로 세상에서 기독교를 멸절시켰을 수도 있다. 나는 하나님이 바울을 회심시켜 그리스도에 대한 믿음을 갖게 하신 일과 관련해 이것이 어떤 역할을 했을지 궁금하다.

역사상 가장 감사한 전환점이었던 다메섹 도상에서의 바울의 회심 이후, 유대인들은 다메섹에서 그를 죽이기로 모의했다. 헬라파 유대인들은 예루살렘에서 그를 죽이려고 했다. 그는 매를 맞고, 채찍질을 당하며, 조롱을 당하고, 박해를 받았다. 그는 종종 감옥에 갇혔다. 루스드라라고 불리는 성읍에서는 사람들이 실제로 그에게 돌을 던지고 죽도록 방치하기도 했었다!

그 자신의 말이 그가 살면서 겪었던 일들에 대해 알려준다.

> 유대인들에게 사십에서 하나 감한 매를 다섯 번 맞았으며, 세 번 태장으로 맞고 한 번 돌로 맞고 세 번 파선하고 일 주야를 깊은 바다에서 지냈으며, 여러 번 여행하면서 강의 위험과 강도의 위험과 동족의 위험과 이방인의 위험과 시내의 위험과 광야의 위험과 바다의 위험과 거짓 형제 중의 위험을 당하고, 또 수고하며 애쓰고 여러 번 자지 못하고 주리며 목마르고 여러 번 굶고 춥고 헐벗었노라(고후 11:24-27).

바울은 자기가 그리스도인들을 박해했던 것처럼 동료 유대인들로부터 박해를 당했다. 바울에게 그리스도와 자신의 삶을 위한 하나님의 목적을 따르는 일은 하나의 선택 사항이나 손쉬운 책상머리의 일이 아니라 그 값이 얼마이든 간에 하나님이 정하신 방식으로 **존재하고** 또한 **기능해야** 하는 의무였다.

바울은 골로새서 1:28-29에서 이렇게 말한다. "우리가 그를 전파하여 각 사람을 권하고 모든 지혜로 각 사람을 가르침은 각 사람을 그리스도 안에서 완전한 자로 세우려 함이니, 이를 위하여 나도 내 속에서 능력으로 역사하시는 이의 역사를 따라 힘을 다하여 수고하노라."

당신은 이보다 더 분명하게 당신의 목적을 진술할 수 있는가? 내가 알기로, 바울은 인생 목적 진술서를 갖고 있지 않았다. 하지만 만약 가졌더라면, 아마도 이것이 그것이었을 것이다! 이 세상에서 바울의 목적은, 즉 그가 하나님을 영화롭게 했던 방법은 모든 사람을 그리스도 안에서 충분하게 성숙하도록 돕는 것이었다(행 9:15을 보라).

바울은 왜 포기하지 않았을까? 어째서 그런 반대를 견뎌냈을까? 그것은 그가 하나님 나라와 그분의 의를 맛보았기 때문인데, 그것들은 그가 하나님의 성령을 받고 자신의 세상 속 삶에 대한 그분의 목적에 대해 알았던 것으로부터 나왔다. 그는 자신의 약하고 부패하고 죽을 수밖에 없는 육체로부터 흘러나오는 그리스도의 권능이 지니고 있는 활기에 대해 알았다. 그리고 그에 비해 다른 모든 것은 무의미하고 공허하며 하찮아 보였다.

바울의 이야기는 나를 흥분시킨다! 이 이야기는 당신에게 당신의 삶을 향한 하나님의 목적을 찾도록 고무하지 않는가? 그것은 당신의 내분비선이 당신의 혈관 속으로 아드레날린을 과다하게 보내도록 만들지 않는가? 하나님, 저는 저의 삶이 그렇게 되기를 바랍니다. 하나님, 이것이 저의 삶을 위한 목적입니다! 하나님, 저로 하여금 이런 운명을 맛보게 해주십시오. 이런 강렬함과 이런 헌신을 경험하게 해주십시오! 하나님, 제가 왜 이곳에 존재하는지를 알려주십시오.

우리는 하나님이 우리의 삶을 위한 특별한 목적을 갖고 계신다는 것을 알아야 한다. 그 목적은 지금 당신이 추구하는 것과는 다를 수도 있다. 만약 지금껏 당신의 삶을 위한 하나님의 목적에 대해 알지 못했다면, 혹은 만약 그동안 게임을 하면서 하나님의 길에서 벗어나 있었다면, 혹은 하나님이 당신을 그분에 대한 보다 깊은 헌신과 새로운 목적을 향해 부르고 계신다고 느낀다면, 나는 당신에게 기도하며 하나님 앞으로 나아가 당신이 의미 있는 목적을 결여한 채 살아왔음을 고백하기를 권한다. 또 당신의 삶을 위한 그분의 영원한 목적과 이 세상에서의 목적에 대한 이해를 얻게 해주시기를 간구하라. 여기에 그런 목적을 위해 드리는 기도의 예가 있다.

> 주 하나님, 저는 당신이 세상을 다스리시는 하나님이심을 시인합니다. 제가 당신을 찬양하는 것은 당신이 저를 위해 영원한 목적과 이 세상에서의 목적을 명령하셨기 때문입니다. 저는 그동안 제가 저의 삶을 위한 당신의 목적을 구하지 않고 행하지도 않았음을 고백합니다. 또한 제가 한때 알았고 느꼈던 저의 운명과 목적을 잊고 살았음을 고백합니다. 제가 당신의 목적을 구하지 않고 저의 목표들을 추구했던 것을 용서해주십시오. 제가 존재하는 이유를 알려주십시오. 성경 공부와 기도를 통해 저의 삶을 위한 당신의 목적을 깨닫도록 도와주십시오. 그리고 이제부터 정기적으로 그 목적을 따라 행하며 살아가도록 도와주십시오. 아멘.

인생 목적 진술서 작성하기

이 워크시트를 지침으로 사용해 당신의 삶을 위한 하나님의 개인적 목적을 발견해보라. 그에 대한 보답으로 당신은 자신의 삶의 목적에 대한 인식을 얻게 될 것이다. 이 참고 자료를 복사하거나 잘라내 당신의 성경책 안쪽에 보관해두라. 다음의 단계를 밟아나가라.

1. 하나님께서 당신에게 이 세상에서 당신의 개인적 목적을 계시해주시기를 간구하라. 시편 32:8을 읽고 그것을 그분이 응답하시리라는 약속으로 주장하라.

2. 성경에서 당신의 삶을 위한 하나님의 목적을 제시하는 구절을 찾아내라. 당신에게 특별한 의미와 목적을 부여하는 구절을 기록하라. 일생 동안 지속되기에 충분할 만큼 의미 있는 구절을 가려내라. 여기에 당신이 시작점으로 삼을 수 있는 몇 가지 구절이 있다. 여호수아 24:15; 잠언 3:5-6; 30:7-9; 전도서 12:13; 미가 6:8; 마태복음 6:33; 22:37-40; 28:19-20; 요한복음 4:34; 15:1-9; 17:4; 사도행전 1:8; 20:24; 고린도전서 10:31; 에베소서 2:10; 빌립보서 3:10 등등.

3. 서두르지 말고 하나님께서 그분 자신을 계시해주시기를 기다리라. 인내하라. 얼마간 시간이 걸릴 수도 있을 것이다.

_____

_____

_____

_____

4. 일단 당신이 믿기에 이 세상에서 당신을 향한 하나님의 목적을 표현하는 구절을 발견했다면, 그것을 당신 자신의 말로 풀어보라. 아래에 인생 목적 진술서의 초안을 적어보라.

_____

_____

_____

_____

_____

_____

당신이 쓴 내용에 만족한다면, 그것을 성경 맨 앞장에 기록하고 날짜를 적으라.

5. 하나님께서 당신에게 삶에 대한 열정을 주시기를 간구하면서 이 모든 일을 하라. 당신이 하나님을 온전하게 맛보는 것이 무엇과 같은지를 결코 알지 못하는 소심한 영혼들 가운데 속하지 않게 해주시기를 바라며 그렇게 하라. 당신이 살아가야 할 날들로 위대한 무언가를 행하기로 결단하라!

토론 문제

1. 목표를 이루는 일의 가장 좋은 부분은 무엇인가? 목표를 이루는 일의 절망적인 부분은 무엇인가?

2. 당신은 자신의 삶의 목적을 분명하게 이해하고 있는가? 무엇인가? 그것에 만족하는가? 인생 목적 진술서를 작성하는 것이 당신에게 어떻게 도움이 될 수 있는가?

3. 시편 32:8과 빌립보서 2:13을 읽으라. 하나님이 우리의 삶을 위한 그분의 목적을 계시해주시리라고 여기는가? 그분이 어떤 방식으로 그렇게 하시겠는가?

4. 시편 16:9, 19:21 그리고 21:30을 읽으라. 이 구절들에 따르면, 우리의 목표와 계획의 결과는 어떻게 결정되는가? 이것이 우리의 사고에 어떻게 영향을 주어야 하는가?

5. 자신의 목표에 도달하지 못한 것 때문에 하나님께 화가 나는가? 달성하지 못한 중요한 목표 하나를 꼽아보라. 하나님이 왜 당신의 요청을 들어주지 않으셨다고 생각하는가?

6. 사도 바울은 놀랄 만한 삶의 목적을 갖고 있었다. 당신의 삶에서 그와 동일한 사명, 목적 그리고 운명을 가질 수 있다고 보는가? 왜 그런가, 혹은 왜 그렇지 않은가?

6장   일을 통해 만족을 얻는 비결

동양 문명의 가장 두드러지는 특징은 만족을 안다는 것이고,
반면에 서양 문명의 특징은 만족을 모른다는 것이다.

후스(胡適)

나는 비천에 처할 줄도 알고 풍부에 처할 줄도 알아
모든 일 곧 배부름과 배고픔과 풍부와 궁핍에도 처할 줄 아는
일체의 비결을 배웠노라.

빌립보서 4:12

실화를 바탕으로 만들어져 오스카상을 수상한 영화《불의 전차》(*Chariots of Fire*)는 해럴드 아브라함스(Harold Abrahams)와 에릭 리델(Eric Liddell)이 1924년 올림픽에서 금메달을 얻기 위해 다투는 모습을 그려낸다. 그 두 사람 모두 금메달을 따는 위대한 업적을 이뤘다.

하지만 아브라함스와 리델의 차이는 분명하다. 아브라함스가 이룬 모든 것은 자기를 위한 것이었던 반면, 리델이 이룬 모든 것은 하나님의 영광을 위한 것이었다.

에릭의 여동생 제니는 달리기에 대한 오빠의 열정을 하나님께 대한 반역으로 오해하고 그에게 자기들이 태어나고 부모님이 살고 계신 중국에 있는 선교지로 돌아가자고 종용했다. 어느 날 제니는 오빠가 선교사들의 모임에 참석하지 않은 것 때문에 기분이 상했고, 에릭은 그녀와 대

화를 하기로 마음먹었다. 그들은 스코틀랜드의 고원을 내려다보면서 푸른 벌판을 거닐었다.

에릭은 여동생의 팔짱을 낀 채 달리기에 대한 자신의 소명에 대해 설명하려 했다. "제니, 제니. 네가 이해해야 해, 나는 하나님께서 어떤 목적 때문에 나를 지으셨다고 믿어. 그건 바로 중국을 위해서야. 그러나 그분은 또한 나를 빨리 달리게 하셨어! 나는 달리기를 할 때마다 그분이 그걸 기뻐하신다고 느껴!"

이것은 그 영화의 나중 장면, 즉 해럴드 아브라함스가 결승전을 치르기 한 시간 전에 있었던 장면과 날카롭게 대조된다. 아브라함스의 트레이너가 그에게 마사지를 하는 동안, 그는 자신의 가장 친한 친구에게 이렇게 한탄했다. "지금 나는 스물네 살인데 지금껏 한 번도 만족해본 적이 없어. 나는 늘 뭔가를 추구하고 있는데 지금은 도대체 내가 뭘 좇고 있는 건지도 모르겠어."

그 두 사람은 모두 금메달을 땄다. 그러나 그들 중 오직 한 사람만 그 것을 즐겼다. 당신은 일에서 하나님의 기쁨을 느끼는가? 혹은 아브라함스의 경우처럼 만족하지 못하는가?

문제

지금 당신은 당신의 직업을 통해 원하는 것을 얻고 있는가? 당신의 일은 당신에게 보상을 해주고 있는가? 2013년에 갤럽이 시행한 "미국 일터의 상황"이라는 조사에 따르면, 일하는 미국인 중 70%나 되는 이들이 일이 자기들에게 보상을 해주지 않는다고 여기고 있다.[12] 유감스럽게도, 지난 수십 년간 발표된 연구 보고서들은 미국인 중 겨우 20-30%만이 일이 자기들에게 생기를 부여한다고 여기고 있음을 보여주었다.

멋진 삶을 추구하는 대부분의 사람이 하나님의 기쁨을 발견하지 못하고 오히려 설명하기 힘들고 애매한 만족감을 느낀다. 그들은 자주 "~했더라면"(if only)이라고 말하는데, 그것은 그들의 삶에 만족이 없다는 것을 보여준다. "승진만 했더라면", "그 큰 거래가 성사만 되었더라면", "다른 사람과 결혼만 했더라면", "다른 기회만 얻을 수 있었더라면." "~했더라면, ~했더라면, ~했더라면….".

다람쥐 쳇바퀴 경주에서는 아무도 승자가 되지 못한다. 그것은 이길 수 없는 경주다. 다람쥐 쳇바퀴 경주가 이루어지는 주된 분야는 일터다. 일하기 위해 지음 받은 남자들은 일에서 성취와 만족을 얻어야 한다. 그렇지 않으면, 만족은 늘 그들을 비켜갈 것이다. 자신이 하는 일에서 행복하지 않은 남자는 다른 곳에서도 행복하지 않다.

많은 남자가 일이 제공하는 만족을 누리지 못하고, 자신들의 일에서 방향을 잡지 못하거나 그 일에 대한 하나님의 뜻을 이해하지 못한다. 자기들이 정말로 하고 싶어 하는 일을 하는 게 아니라 그저 생활을 유지하기 위해, 다른 이들에게 좋은 인상을 주기 위해, 다람쥐 쳇바퀴 경주에서 이기기 위해, 가족을 기쁘게 하기 위해, 제국을 건설하기 위해, 원하는 것을 얻기 위해, 혹은 환상을 실현하기 위해 계속해서 일을 해나가고 있을 뿐이다.

하나님의 뜻을 이루고자 근심하는 남자들 역시 하나님이 우리의 직업(vocation)을 어떻게 보시는지 이해하지 못한 채 직업은 거룩하지 않은 추구일 뿐이라고 믿어왔다.

일은 저주인가?

일이 타락의 결과가 아니라는 사실을 배우게 되면 당신은 놀랄 수도 있을 것이다. 그렇다, 하나님이 땅을 저주하신 것은 아담과 하와의 죄 때문이었다. 하지만 하나님은 그들이 죄를 짓기 이전에 이미 일을 인간이 추구해야 할 거룩한 것으로 삼으셨다. "여호와 하나님이 그 사람을 이끌어 에덴동산에 두어 그것을 경작하며 지키게 하셨다"(창 2:15).

나중에, 즉 사탄이 아담과 하와를 유혹하고 그들이 그 유혹에 굴복했을 때, 하나님은 땅을 저주하셨고 아담에게 "네 평생에 수고하여야 그 소산을 먹으리라"(창 3:17)고 말씀하셨다. 따라서 저주를 받은 것은 땅이지 일이 아니다. 일은 거룩한 직업이다. 그것은 하나님께서 우리가 그분의 창조 계획의 완성을 위해 우리의 시간을 사용하기를 바라시는 방식이다. 직업의 거룩함과 기독교 구조의 관계는 염료와 옷감의 관계만큼이나 가깝다.

일을 통해 만족을 얻는 비결

얼마 전에 나는 어떤 사람과 꽤 큰 규모의 거래 조건에 대해 협상을 벌였고, 우리 마을 밖에 거주하는 사업 파트너와 전화로 그 이야기를 나누었다. 한 시간 넘게 계약 조건들을 검토하던 중에 내 파트너가 갑자기 이렇게 말했다. "이거 참 좋네요!"

"뭐가 좋다는 거죠?" 내가 물었다.

"아드레날린이요, 나는 아드레날린이 좋아요! 그게 사업의 묘미 아니겠어요! 이건 전쟁이에요, 진짜 전쟁이요! 당신과 함께 협상 테이블에 앉아 있을 수 있다면 좋겠어요. 서두르고 싶군요!"

나는 그에게 기꺼이 자리를 양보하겠노라고 말했다. 상대방이 아주 다루기 힘든 고객이었기 때문이다.

자신의 일을 좋아하는 대부분의 남자는 대개 협상할 때 느끼는 긴장이나 어떤 프로젝트를 시작하고 마칠 때의 만족감을 즐긴다. 우리는 긴장을 즐기도록, 즉 우리의 일에서 하나님의 기쁨을 느끼도록 지음 받았다.

그러나 유감스럽게도 그것이 일이 지닌 목적의 전부는 아니다. 많은 이들은 "거래 중독자"가 되려는 유혹에 빠진다. 즉 해럴드 아브라함스처럼 자신을 즐겁게 하기 위해 살면서, 하나의 거래를 성사시키고 나면 또다른 만족을 얻기 위해 다른 거래를 찾아 나선다. 그러나 우리가 하나님의 영광을 위해 일할 때 그 긴장은 새로운 의미를 지닌다. 일을 통해 만족을 얻는 것에는 아드레날린이 급증하는 것 이상의 무언가가 있다.

일을 통해 만족을 얻는 비결은 무엇인가? 몇 문단 앞에서 나는 한 가지 질문을 제기한 바 있다. "지금 당신은 직업을 통해 원하는 것을 얻고 있는가?" 종종 그러하듯이, 답은 질문 안에 숨어 있다.

일을 통해 만족을 얻는 비결은 당신이 원하는 것을 얻는 것이 아니라 당신에게 필요한 것을 재정의하는 데 있다. 원하는 것과 필요한 것의 구분은 늘 기독교적 사고의 핵심적 일부였다. 대부분의 남자가 해럴드 아브라함스처럼 오직 자기들이 원하는 것에 대해서만 생각하며 다른 것에 대해서는 불만족스러워 한다. 다른 이들은 에릭 리델처럼 자기들의 필요를 재정의하고, 하나님을 기쁘게 하는 삶을 살며, "그분의 기쁨을 느낀다."

당신은 당신에게 필요한 것을 기꺼이 재정의하겠는가? 일을 통해 만족을 얻기 위해 필요한 것을 재정의하려 할 때 우리는 성경에서 세 가지 원리를 찾아낼 수 있다.

야망에 대한 재정의

당신이 직업을 통해 추구하는 야망은 무엇인가? 당신의 분야에서 중요한 인물이 되는 것인가? 권위 있는 인물이 되는 것인가? 많은 돈을 버는 것인가? 명성을 얻는 것인가? 존경을 얻는 것인가? "대단한 사람"이 되는 것인가?

이런 바람을 갖는 것은 죄가 아니다. 그리고 확실히 하나님께서는 우리가 직업에서 위엄과 힘을 갖게 되기를 바라신다. 그러나 우리가 원하는 것을 얻을 때가 아니라 우리에게 필요한 것을 재정의할 때, 일을 통해 만족을 얻을 수 있다. 즉 아브라함스처럼 오직 우리 자신이 아니라 리델처럼 하나님을 기쁘게 해드리는 것이다. 그렇다면 우리의 직업에 대한 하나님의 야망은 무엇일까?

> 너희가 마땅히 어떻게 행하며 하나님을 기쁘시게 할 수 있는지를 우리에게 배웠으니…또 너희에게 명한 것 같이 조용히 자기 일을 하고 너희 손으로 일하기를 힘쓰라. 이는 외인에 대하여 단정히 행하고 또한 아무 궁핍함이 없게 하려 함이라(살전 4:1, 11-12).

나는 언제나 야망이 매우 컸고, 온전히 내 자신의 야망을 위해 일하며 살았다. 그리스도인이 되고 나서 나는 내 자신을 그리스도께 바쳤지만 그분께서 나의 야망에 복을 내려주시기를 청했다. 하지만 그런 야망은 여전히 나의 삶을 위한 **나의** 계획이었을 뿐 하나님의 것이 아니었다.

그분은 내가 실패하는 것을 허락하셨다. 목표를 이룰 수 없게 되었을 때조차 나는 하나님이 나에게 "아니다"라고 말씀하고 계신다는 생각을 하지 못했다. 대신 나는 장애물을 피해 다른 방향으로 도망치듯 뛰어갔다.

1986년에 조세개혁 법안이 통과되었을 때 나의 야망은 부동산 분야 증권 시장의 냉엄한 현실에, 혹은 내가 그렇게 말할 수 있다면, 부동산 분야 증권 시장의 실종이라는 현실에 부닥쳤다. 하룻밤 사이에, **글자 그대로** 하룻밤 사이에 부동산 시장이 죽어버렸다. 아무도, 그야말로 아무도 나에게 말을 걸지 않았다. 수많은 굵직한 개발 계획들이 무산되었을 때 나는 내가 원하는 일이 결코 일어나지 않으리라는 것을 갑자기 깨닫게 되었다.

그로 인한 결과는? 나의 야망이 나의 삶을 향한 하나님의 계획과 충돌했다. 그리고 영광의 날들은 문제를 해결하기 위해 여러 달 고민하는 것으로 대체되었다. 나는 직원들을 해고해야 했고, 경비를 절감해야 했으며, 채무자들을 만나야 했다. 모든 것이 수치스러운 경험이었다. 나는 돈을 빌리러 다니느라 7년을 허비했고, 결국 그 모든 빚을 갚는 데 또다시 7년을 써야 했다.

일을 통해 만족을 얻는 비결은 내가 원하는 것을 얻는 것이 아니라 **나에게 필요한 것을 재정의하는 것**이다. 내가 원하는 것은 계속해서 사업을 확장하는 것이다. 하지만 나에게 필요한 것은 나의 야망을 십자가에 못 박는 것이었다. 그때 이후 나는 아주 조용한 사람이 되었고, 사업에 마음을 썼으며, 하나님께서 그분의 야망을 이해하도록 도우셨을 때에야 사업에―그리고 이제는 사역에―뛰어들었다.

그 7년간의 광야 생활의 결과, 더 이상 나 자신을 위한 계획을 세우지 않기로 결심했다. 따라서 만약 하나님께서 내가 어떤 계획을 세우도록 허락하신다면, 그때 그분은 그것이 나의 야망이 아니라 나의 삶을 향한 그분의 야망이라는 것을 분명하게 보여주셔야 했다. 나는 이제 나에게 무엇이 필요한지 안다. 나는 나의 야망을 재정의할 필요가 있다. 이제 나의 야망은 하나님께서 원하시는 것을 하는 것이다.

어려운 시기에 만족하기

이것은 우리를 다른 주제로 안내한다. 당신 주변에서 모든 것이 무너지고 있는데 여전히 만족을 경험하는 것이 가능한가?

전에는 그럴 수 있다고 생각해본 적이 없다. 하지만 나는 우리가 고통—단순한 불편함이 아니라 극심한 고통—의 심연 속에서도 만족할 수 있음을 배우고서 깜짝 놀랐다. 다시 말해, 우리의 만족을 결정하는 것은 우리의 환경이 아니라 우리의 믿음과 하나님에 대한 신뢰라는 점을 알게 되었다. 바울은 이렇게 쓴다. "나는 비천에 처할 줄도 알고 풍부에 처할 줄도 알아 모든 일 곧 배부름과 배고픔과 풍부와 궁핍에도 처할 줄 아는 일체의 비결을 배웠노라. 내게 능력 주시는 자 안에서 내가 모든 것을 할 수 있느니라"(빌 4:12-13). 어려운 시기에 쾌활해질 수는 없다. 하지만 그렇다고 그때 꼭 우리가 불만족에 빠져야 하는 것도 아니다.

나는 가장 어두운 시기에도, 즉 적들이 온 힘으로 나를 압박하는 것 같고 죄가 나를 완전하게 짓누를 것처럼 보이는 때에도, 내가 나의 삶을 향한 하나님의 뜻 한가운데 있음을 알고 평안을 누릴 수 있었다. 처음부터 그랬던 것은 아니지만, 내가 내 자신을 낮추고, 나의 죄를 고백하며, 나의 야망을 재정의했을 때 그런 순간이 찾아왔다. 그리고 그 평안은 내가 여전히 그분의 무거운 징계를 받고 있을 때 찾아왔다.

만약 우리가 우리의 삶을 위한 하나님의 뜻 한가운데 있다면, 우리는 그 어떤 시련도 이겨낼 수 있다. 그러나 우리가 하나님의 뜻 바깥에 있다면, 그때는 성공 가도를 달리는 것조차 씁쓸하고 비통한 것이 될 수 있다.

성령께서는 우리에게 모든 것을 가르쳐주시고 그리스도께서 우리에게 하신 모든 말씀을 생각나게 하신다(요 14:26을 보라). 그분은 우리가 그분의 뜻 안에 있을 때—우리의 감정이 슬픔에 압도당하고 있을 때조차—신비롭고 설명하기 어려운 방식으로 우리에게 말씀하신다.

당신은 "달콤한" 슬픔에 대해 들어본 적이 있는가? 성령은 달콤한 슬픔을 지으시는 분이다. 우리의 재앙, 괴로움, 고뇌 그리고 고통의 한가운데서 그리스도의 성령이 우리를 위해 일하시며 지금 우리가 겪고 있는 일이 사실은 우리의 삶을 위한 하나님의 계획—악이 아닌 선을 위한 계획(렘 29:11; 롬 8:28을 보라)—의 일부라는 사실을 알려주신다.

그동안 인간이 했던 가장 놀라운 진술 중 하나는 사도 바울의 것이다. 그는 이렇게 썼다. "그러므로 내가 그리스도를 위하여 약한 것들과 능욕과 궁핍과 박해와 곤고를 **기뻐하노니** 이는 내가 약한 그때에 강함이라"(고후 12:10, 굵은 글씨는 저자가 덧붙인 것임).

우리가 터널 끝의 빛을 볼 수 없는 어려움에 처했을 때 그리고 우리의 모든 감정이 소진되는 어려움에 처했을 때도 성령의 미세한 음성을 통해 만족을 경험할 수 있다. "다만 이뿐 아니라 우리가 환난 중에도 즐거워하나니 … 우리에게 주신 성령으로 말미암아 하나님의 사랑이 우리 마음에 부은 바 됨이니"(롬 5:3, 5). 우리는 그리스도의 고난에 참여하는 것을 통해 오는 교제 안에서 기뻐할 수 있다. 이처럼 은혜로우신 하나님이 계시는데 어떻게 우리가 그분을 우리의 삶의 주인으로 모시지 않을 수 있겠는가?

우리의 주인 재정의하기

당신의 주인(boss)은 누구인가? 당신은 자영업자인가 아니면 다른 누군가에게 고용되어 있는가? 당신이 자영업자이든 크거나 작은 회사에 고용되어 있든, 아마도 당신은 "당신 자신의 주인이 되고자" 애쓰고 있을 것이다.

모든 사람이 그들 자신의 주인이 되기를, 즉 독립해서 자신의 사업을 하기를 원하는 것처럼 보인다. 고용은 독립하려는 우리의 갈망이 우리의 삶을 위한 하나님의 계획과 충돌하는 또 하나의 분야다. 직업을 통한 만족은 우리가 원하는 것, 즉 우리 자신의 주인이 되는 것을 얻는 것으로부터가 아니라 우리에게 필요한 것을 재정의하는 것에서 온다.

바울은 이렇게 쓴다.

> 종들[고용된 자들]아 모든 일에 육신의 상전들[고용주]에게 순종하되 사람을 기쁘게 하는 자와 같이 눈가림만 하지 말고 오직 주를 두려워하여 성실한 마음으로 하라. 무슨 일을 하든지 마음을 다하여 주께 하듯 하고 사람에게 하듯 하지 말라. 이는 기업의 상을 주께 받을 줄 아나니 너희는 주 그리스도를 섬기느니라(골 3:22-24).

만족을 얻기 위해서는 우리의 주인을 재정의하는 것이 필요하다. 우리가 섬기는 분은 주님이시다. 물론 우리에게는 여전히 세상의 주인이 있다. 그 주인은 우리의 고용주일 수도 있고 고객일 수도 있다. 그러나 우리의 궁극적 주인은 하나님이시다. 우리는 세상의 주인을 섬겨야 하는데, 그것은 그가 우리의 고용주로서 하나님의 위임장을 갖고 있기 때문이다. 그러나 그 회사의 소유주는 여전히 하나님이시다. 하나님이 만물을 갖고 계신다. 그분은 모든 것에 대한 최종적 이해관계를 갖고 계신다.

나는 사업에 뛰어든 직후 파트너와 함께 우리의 회사를 하나님께 바쳤다. 나는 스탠리 탬(Stanley Tam)이 쓴 『하나님이 나의 기업을 소유하시다』(규장, 2016)를 읽은 후 그것을 파트너에게 주었다. 그 역시 그 책을 읽고 나만큼이나 흥분했다. 그래서 우리는 이사회를 소집하고 버거킹(당시 우리가 식비를 지출할 수 있었던 유일한 곳이었다)에서 점심을 먹으며 이야기를 나눴다. 우리는 하나님을 우리 회사의 사장으로 모셨다. 그리고 우리는 그분의 부하 직원이 되었다. 그 후에 우리는 하나님의 뜻에 따라 결정을 내리고자 했다. 완벽하지는 않으나, 그렇게 하려고 노력했다. 5년 후 나의 파트너가 나에게 회사의 지분을 넘겼을 때 나는 하나님이 계속 우리 회사의 키를 잡으시게 했다. 그것은 그분의 회사였다. 그분이 사장이셨다. 그리고 나는 그분이 우리의 모든 필요를 채워주실 것이라고 믿었다. 그리고 아주 열심히 일했다.

일에서 만족을 얻고자 한다면, 우리의 주인이 누구인지를 재정의해야 한다. 대개 우리가 바라는 주인은 나다. 그러나 우리에게 필요한 주인은 하나님이시다. 우리에게는 새로운 주인이 필요할 뿐 아니라 우리 자신의 역할도 바꿀 필요가 있다.

우리의 역할 재정의하기

스티브는 직원 80명 규모의 회사를 어느 큰 회사에 팔았다. 그 거래 과정에서 그는 — 꼭 그렇게 해야 했던 것은 아니지만 — 전문경영인 사장으로 남기로 결정했다. 대부분의 사람은 그 회사의 소유주가 바뀌었다는 사실조차 알지 못했다. 겉보기에 그 어떤 **가시적** 변화도 없었기 때문이다. 그러나 결제 구조, 보고 체계 그리고 사업 목표는 총체적이고 완전할 정도로 바뀌었다. 스티브의 역할도 크게 바뀌었다. 그가 했던 일의 핵심적 개념은 예수님의 비유 중 하나에서 발견할 수 있다.

예수님은 이렇게 말씀하셨다.

> 또 어떤 임금이 다른 임금과 싸우러 갈 때에 먼저 앉아 일만 명으로써 저 이만 명을 거느리고 오는 자를 대적할 수 있을까 헤아리지 아니하겠느냐. 만일 못할 터이면 그가 아직 멀리 있을 때에 사신을 보내어 화친을 청할지니라. 이와 같이 너희 중의 누구든지 자기의 모든 소유를 버리지 아니하면 능히 내 제자가 되지 못하리라(눅 14:31-33).

고대의 왕이 전쟁을 하기로 결정할 때 그는 만약 자기가 전쟁에서 지면 죽으리라는 것을 알아야 했다. 그러나 왕이 항복할 때 상대편 왕이 그를 살려줄 수도 있다. 그럴 경우, 스티브의 경우처럼, 가시적인 변화는 없으나 권위 구조는 완전히 달라진다.

예수께서 "이와 같이 너희 중의 누구든지 자기의 모든 소유를 버리지 아니하면 능히 내 제자가 되지 못하리라"고 말씀하셨을 때 그분은 무엇을 의미하셨던 것일까? 이것은 어려운 가르침처럼 보인다. 실제로 그것은 어려운 가르침이다! 하지만 그것이 우리의 모든 소유를 팔고 중국으로 가야 한다는 것을 의미하지 않는다. 오히려 그것은 우리의 모든 것을 그리스도께 넘겨드려야 한다는 것을 의미한다. 그분은 마치 승리한 왕이 항복한 왕을 살려주듯 우리를 살려주실 것이고, 전에는 우리의 것이었으나 기꺼이 그분께 넘겨드린 것을 다스리게 하실 것이다. 우리는 우리의 것을 예수께 팔아넘겼으나 지점장으로 남아 있게 될 것이다. 그분이 최종 결정권자가 되시고, 정책을 세우시며, 목표를 정하신다. 그리고 우리는 그분께 보고한다.

직업에서 만족을 얻는 비결은 우리가 원하는 것을 얻는 것이 아니라 우리에게 필요한 것을 재정의하는 것이다. 즉 우리의 역할을 소유주에서 청지기로 재정의하는 것이다. 그분이 소유주가 되신다. 비록 그분이 우리에게 계속 지점장으로 남아 자신의 일을 돌보기를 요구하실지라도 말이다.

매일 항복하기

사업 컨설팅 전문가로서 명성을 얻기 위해 15년간 노력한 끝에 나는 어떤 놀라운 깨달음을 얻게 되었다. 나는 하나님께서 한 번에 하루 이상을 우리에게 주기를 원치 않으신다고 확신한다. 성경의 개념이 그러하다.

> 들으라, 너희 중에 말하기를 오늘이나 내일이나 우리가 어떤 도시에 가서 거기서 일 년을 머물며 장사하여 이익을 보리라 하는 자들아, 내일 일을 너희가 알지 못하는도다. 너희 생명이 무엇이냐 너희는 잠깐 보이다가 없어지는 안개니라. 너희가 도리어 말하기를 주의 뜻이면 우리가 살기도 하고 이것이나 저것을 하리라 할 것이거늘(약 4:13-15).

자신의 계획으로 미래를 통제하려고 할 때, 결국 우리는 우리의 미래를 위한 하나님의 계획을 막는다.

한 번에 하루다. 하나님은 우리가 우리의 야망, 우리의 주인 그리고 우리의 역할을 재정의하고 매일 자신에게 완전히 항복하기를 원하신다. "그러므로 내일 일을 위하여 염려하지 말라. 내일 일은 내일이 염려할 것이요, 한 날의 괴로움은 그날로 족하니라"(마 6:34).

특별히 잘 끝난 미팅 때문에, 성공적으로 마무리된 프로젝트 때문에, 큰 계약이 성사된 것 때문에 혹은 하루가 끝날 즈음에 아주 좋은 기분을 느꼈기 때문에 아드레날린이 우리의 동맥을 타고 흘러갈 때, 그런 기쁨의 근원이 무엇인지를 기억하라. 일은 거룩한 소명이다. 여기서 논의된 원칙들을 따르는 것이야말로 우리 모두가 자신이 하는 일에서 만족을 얻게 해주는 가장 확실한 길이다.

토론 문제

1. 당신은 무엇을 할 때 실제로 "하나님의 기쁨을" 느끼는가? 어떤 일이 당신에게 깊은 개인적 만족을 제공하는가?

2. 창세기 2:15을 읽은 후 이어서 창세기 3:17을 읽으라. 당신은 일이 인간의 타락 때문에 나타났다고 생각하는가? 저주받은 것은 땅이지 일이 아니라는 사실은 당신의 노동관에 어떤 영향을 주는가?

3. 누가복음 14:33을 읽으라. 당신은 예수께서 우리가 이 명령을 우리의 삶에서 어떻게 이행하기를 바라신다고 생각하는가?

4. 당신의 야망은 무엇인가? 그것은 당신이 죽은 후에도 계속될 수 있는가? 그것은 누가복음 14:33의 시험을 통과할 수 있는가?

5. 데살로니가전서 4:1, 7, 9-12을 읽으라. 참된 그리스도인이 "더욱 많이" 힘써 이뤄야 할 야망은 무엇이 되어야 하는가?(또한 골 3:22-24을 읽으라)

6. 당신은 당신의 삶의 어느 분야를 아직 그리스도께 굴복시키지 않았는가? 당신은 당신의 삶의 소유주인가 아니면 지점장인가?

2부

관계

7장 깨어진 관계

행복한 가정은 모두 같으나
불행한 가정은 저마다의 이유로 불행하다.
레프 톨스토이

네 집 안방에 있는 네 아내는 결실한 포도나무 같으며
네 식탁에 둘러앉은 자식들은 어린 감람나무 같으리로다.
여호와를 경외하는 자는 이같이 복을 얻으리로다.
시편 128:3-4

그때 우리 아이들은 어렸다. 하나는 취학 전이었고 다른 하나는 초등학생이었다. 나의 사업이 마침내 번창하기 시작할 때였다.

전에는 도무지 시간을 내주지 않던 이들이 갑자기 나에게 친절해졌다. 막 사업을 시작했을 무렵에 나는 상공회의소 행사에서 어느 은행장을 만난 적이 있다. 그는 그 방에 나 말고 다른 중요한 인물이 있는지부터 살폈다. 달리 중요한 사람이 없음을 알고 난 후에야 그는 마지못해 나와 대화를 나누기 시작했다. 내가 어느 정도 성공을 거두기 시작한 후 그 은행장은 우리가 아주 오랜 친구라도 된 것처럼 행동했다.

이런저런 모임과 행사들—마을 기금 모금 행사, 사교 모임, 디너파티, 봉사 단체 행사 등등—에 참석해 달라는 초청장들이 쇄도하기 시작했다. 그리고 그런 것들에는 늘 돈이 결부되어 있었다. 전에 나는 그런 모임에 참석해달라는 압박이 그렇게 강하리라고는 생각하지도 못했다. 그런 상황에서 어떻게 해야 하는 걸까? 어떤 기준으로 참석과 불참을 결정해야 하는 걸까? 한동안 나는 거의 모든 초대에 응했다. 그러면서 내가 무언가 대단한 인물이나 된 듯한 느낌이 들기 시작했다.

그때 우리는 오직 상업적 이익이라는 기초 위에 세워진 얕은 관계망을 사들이고 있었을 뿐이다. 그러는 동안 당시 우리를 가장 필요로 했던 그리고 가장 사랑하는 아이들과 함께해야 하는 시간이 산사태와도 같은 탐욕 아래에 묻혔다. 그리고 우리의 시간을 얻기를 원하는 이들은 오직 우리가 성공하고 있을 때만 그런 관계를 유지하고 싶어 했다.

우리에게 무슨 일이 일어나고 있는지를 먼저 알아차린 것은 직관력이 뛰어난 팻시였다. 그러나 당시에 나는 박쥐처럼 눈이 멀어 있었다. 그래서 그녀에게 말했다. "마침내 우리가 해냈어!"

"그래요." 팻시가 덧붙였다. "그런데 엉뚱한 일을 해낸 거죠."

어느 날 저녁 우리가 달력을 보면서 우리의 삶을 소진하는듯한 스케줄을 살피고 있을 때 불현듯 그런 생각이 들었다. **우리가 해야 할 모든 일을 과연 누가 우리의 장례식에 와서 울어줄까를 기준으로 정하면 어떨까?** 그리고 우리는 실제로 그렇게 했다. 그리고 바로 그것이 우리 가정을 살려냈다.

이 간단한 질문—누가 나의 장례식에 와서 울어줄까?—이 레이저 장비의 정밀함처럼 우리가 낭비하는 시간을 줄여줄 수 있다. 어째서 우리를 사랑하지 않는 이들에게 우리를 사랑하는 이들을 희생시켜가면서 자신을 내어주어야 하는가? 이런 식으로 우선순위를 정하는 것은 우리가 성경적 우선순위에 집중하도록 해준다.

문제

솔직해지자. 우리는 일에 중독될 수 있다. 사무실에서 우리는 예측할 수 없는 배우자의 감정이나 아이들의 짜증과 씨름할 필요가 없다. 일은 두 가지 매력을 갖고 있다. 그것은 우리에게 피할 곳을 제공해주며 또한 거래의 긴장을 느끼게 해준다.

그러나 일에서의 성공이 아무리 크더라도, 그것이 가정에서의 실패를 보상해주지 못한다. 많은 남자가 일에서 성공하고 삶에서 실패한다. 많은 이들이 배우자, 아이들, 부모, 사업 동료들 그리고 친구들과의 관계에서 다른 이들에게 은밀하게 상처를 입힌다. 많은 경우에 우리는 우리가 가장 사랑하는 이들에게 상처를 입힌다. 그리고 자신의 영혼도 상처를 받는다. 하지만 우리는 그런 피 흘림을 멈추는 법을 알지 못한다. 그리스도인이라도 예외는 아니다.

대부분의 남자가 멋진 삶을 추구하는 과정에서 깨어진 관계라는 흔적을 남긴다. 우리의 세속 문화는 명성과 부를 추구하는 남자들의 자연스럽고 이기적인 성향을 자극해 그들을 낯설고 불안정한 야망의 도가니 속으로 밀어 넣는다. 그렇게 해서 만들어진 혼합물은 너무나 자주 그들의 면전에서 폭발해 그들에게 가장 소중한 것들―관계들―을 산산조각 낸다. 그래서 그것들은 마치 값진 화병―세대와 세대를 이어주면서 미래 세대에게 기쁨이 되어야 할 소중한 재산―이 돌이킬 수 없을 만큼 깨져버린 것과 같은 상태가 된다. 그 깨진 파편들은 험프티 덤프티(Humpty Dumpty, 영국 전래 동요 nursery rhyme에 나오는 주인공으로 담벼락에서 떨어져 깨져버린 달걀을 의인화한 것―편집자 주)처럼 다시 조합될 수 없다.

우리에게 가장 필요한 것은 깨어진 관계의 부서진 조각들을 붙이기 위한 강력한 접착제가 아니라 공중제비를 하고 있는 그 화병이 땅에 떨어져 산산조각 나기 전에 붙잡으려 하는 단호한 결단이다.

젊은 사업가 시절에 나에게는 나이 많은 이들을 만나면 그들에게 가장 후회가 되는 것이 무엇인지 묻는 습관이 있었다. 그들에게서 나의 삶에 도움이 될 만한 현명한 조언을 얻을 수 있을까 해서였다.

그들의 후회는 각자가 처한 상황에 따라 아주 다양했으나 사실상 모든 사람의 리스트에 빠짐없이 등장했던 두 가지 내용이 있었다. 첫째, 그들은 이렇게 말했다. "나는 회사 일을 하느라 너무 바빠서 내 가정의 문제들에 대해 무관심했어요. 지금 나는 55살인데, 내가 40대에 해야 했던 일을 10년이 넘은 이제야 하고 있습니다."

이어서 그들은 이런 말을 덧붙였다. "나는 가족의 삶의 수준을 개선하느라 너무 바빴어요. 그래서 그 사실을 알기도 전에 아이들이 자라서 내 곁을 떠나갔지요. 나는 그 아이들을 알지 못했어요. 이제는 그 아이들이 너무 바빠서 나를 위해 시간을 내주지 못하네요."

당신의 후회는 무엇이 될 것 같은가? 당신은 소중한 것을 기꺼이 희생시키며 다람쥐 쳇바퀴 경주를 할 것인가? **일에서 거둔 성공이 아무리 클지라도 그것이 집에서의 실패를 보상해주지는 못한다.**

왜 남자들은 관계 문제에서 그렇게 낮은 점수밖에 얻지 못하는가?

그동안 많은 이들이 여자들이 대체로 관계 중심적인 반면 남자들은 대체로 일 중심적이라고 주장해왔다. 나는 내 자신의 경험을 통해 이것이 사실이라는 것을 분명히 확인했다. 어떤 이가 나에게 점심을 먹자고 하면, 내가 그에게 던지는 첫 번째 질문은 이것이다. "무슨 일이시죠?" 나는 대개 이렇게 생각한다. 우리가 논할 문제가 무엇인지 알 수 있다면, 아마도 나는 점심을 먹느라 한 시간씩 들이지 않고 5분 정도 통화만 하고

서도 그 문제를 해결할 수 있을 거야.

반면에, 내 아내의 친구 중 하나가 아내에게 점심을 먹자고 하면, 아내는 아무런 질문도 하지 않는다. 여자들은 단지 함께 있기 위해 함께 모인다. 남자들에게 그런 것은 상상조차 할 수 없다. 우리는 일을 해결하기 위해 만난다.

하나님은 남자들에게 일 중심적인 생래적 성향을 주셨다. 이것은 대개 **창조 명령** 혹은 **문화 명령**이라고 불린다—생육하고 번성하여 땅에 충만하라는 명령이다(창 1:28). 우리는 직무와 관계 사이에서 올바른 균형을 잡을 때 평안을 얻는다. 그러나 관계의 균형이 깨질 때 우리의 내면은 고통을 당한다.

대부분의 남자가 분명한 생각과 순수한 동기로 멋진 삶을 추구하기 시작한다. 우리의 목표는 무엇인가? 우리 가족의 삶의 수준을 향상시키는 것이다. 일은 목적을 위한 수단이다. 그러나 종종 우리는 너무 일에 몰두하느라—그리고 그것은 흥미진진할 수 있다—도대체 우리가 왜 그렇게 열심히 일하는지를 헤아리지 못한다. 우리는 혼란에 빠진다. 그리고 애초에 목적을 위한 수단이었던 것이 목적 자체가 된다.

예컨대, 브라이언은 자기 가족의 수입을 늘리기 위해 트럭 운송업을 시작했다. 트럭 한 대로 주로 시내에서 단거리 운송을 하는 사업이었다. 사업은 잘 풀렸다. 결국 그는 해가 뜨기 전에 집을 나서고 어두워진 후에야 집으로 돌아왔다. 어느 날 밤, 그의 아내가 그에게 아침에 그들의 다섯 살 난 아들 션이 자기에게 이렇게 물었다는 말을 했다. "엄마, 아빠는 어디서 살아요?" 처음에 그는 껄껄거리며 웃었다. 하지만 그 후에 그는 그동안 자기가 목적과 수단을 뒤섞어왔음을 깨달았다. 보다 나은 삶을 위한 수단이 되어야 할 것이 목적이 되었던 것이다. 칭찬할 만하게도,

브라이언은, 비록 자신의 스케줄을 정상적인 1주일 노동일수에 맞추는 데 2년 여의 시간이 걸리기는 했으나 결국 상황을 바꿨다.

우리가 살고 있는 문화는 사람과 맺는 관계보다 소유와 성취에 더 큰 가치를 부여한다. 우리 사회는 혼란에 빠지도록 우리를 내몬다. 우리의 문화는 가족 관계의 가치를 고무하고 증진하기는커녕 직업적 성취와 경제적 성공을 사람의 가치를 가늠하는 척도로 여긴다. 당신은 언제 마지막으로 자녀들과 맺는 관계가 가장 중요하다고 말하는 사람을 만났는가? 남자들과 일하는 것을 소명으로 삼고 있는 사람으로서 나는 당신에게 그런 사람이 많지 않다는 것을 분명하게 말할 수 있다. 비록 요즘에는 일보다 가정을 우선시하는 이들을 점점 더 많이 보고 있기는 하지만 말이다.

대부분의 남자가 일과 경제적 성취의 측면에서 스스로를 묘사한다. 그것이 그들이 가장 중요하게 여기는 것이기 때문이다. 우리의 문화는 대부분의 남자에게 자녀들을 가르치고 아내를 아끼는 것보다는 경제적 능력이나 간판이 더 중요하다고 가르친다.

불행하게도 우리는 모두 자기중심적이다. 다른 이의 안녕에 대한 관심을 발전시키는 것은 그야말로 계발해서 얻어야 하는 특별한 기술이다. 예수 그리스도의 능력이 아니라면, 다른 이들에게 관심을 가질 이들은 소수에 불과할 것이다. "그들이 다 자기 일을 구하고 그리스도 예수의 일을 구하지 아니한다"(빌 2:21). 그러나 우리는 이런 권면을 받는다. "아무 일에든지 다툼이나 허영으로 하지 말고 오직 겸손한 마음으로 각각 자기보다 남을 낫게 여기고 각각 자기 일을 돌볼뿐더러 또한 각각 다른 사람들의 일을 돌보아 나의 기쁨을 충만하게 하라. 너희 안에 이 마음을 품으라 곧 그리스도 예수의 마음이니"(빌 2:3-5).

만약 우리가 자신의 이익을 구하지 않는다면, 미쳤다고도 할 수 있다! 다른 그 누구도 우리의 삶에 대해 책임을 지려 하지 않을 것이다! 그러나 우리가 우리의 육신—우리의 악한 본성—을 따라 살아갈 때 그리고 이것이 오직 첫째 목적이 될 때 문제가 발생한다. 그리고 이것은 악순환을 가져올 수 있다. 만약 다른 그 누구도 나의 이익을 구하지 않는다면, 내가 구해야 한다. 그리고 만약 나의 모든 시간을 오직 나의 이익을 구하는 데 쓴다면, 다른 이들을 돕기 위한 시간을 갖지 못할 것이다.

만약 모든 사람이 이와 동일한 관점을 갖고 살아간다면, 이 세상은 엉망진창이 되지 않겠는가? 모두가 자기 이익이라는 섬에 갇힐 것이다. 수많은 그리스도인이 자기 자신이 아니라 다른 이들의 이익에 관심을 갖게 하신 하나님께 감사하라. 더 많은 이들이 그럴 필요가 있다.

우리는 예수 그리스도와 같은 태도를 가짐으로써 세상에 대한 이기적이고 세속적인 견해와 절연할 수 있다. 그럴 때 우리의 관계 점수는 우등생 명단에 들어갈 만큼 향상될 것이다.

심술궂은 남자들

자신의 성(城)의 닫힌 문 뒤에서 살아가는 모습이 곧 우리의 **실제** 모습이다. 그것이 **실제** 당신이고 **실제** 나다. 우리는 일터의 동료와 친구들에게 우리의 모습을 꾸며서 보일 수 있다. 그러나 땅거미가 내려앉으면, 그 어둠 속에서 우리의 실제 모습이 드러난다.

우리는 아내와 자녀들에게 불평을 쏟아내고 그들을 학대해도 괜찮다고 생각하는 덫에 빠져 있다. 우리는 그들이 우리를 이해하지 못한다고 여긴다. "만약 그들이 우리가 하루 종일 일하면서 얼마나 많은 것을 견뎌야 하는지 안다면, 그들은 우리의 삶을 견딜 만한 것으로 만들기 위해 더욱 노력하게 될 거야!" 그러나 그들은 우리를 이해하지 못한다. 따라서 우리는 그들의 삶도 견딜 만하지 않은 것으로 만드는 수밖에 없다.

기독교 상담가 헨리 브랜트(Henry Brandt)는 이렇게 말한다. "다른 이들이 당신의 정신을 만드는 게 아니다. 그들은 단지 그것을 드러낼 뿐이다." 아내가 우리를 심술 사납게 만드는 게 아니다. 바로 우리 자신이 심술부릴 대상을 찾고 있는 심술궂은 사람이다! 이제는 가족에 대한 비난을 멈추고 그들은 우리가 아직 스스로 해결하지 못한 성격상의 문제 때문에 고통을 당하는 희생양이라는 사실을 고백해야 할 때다.

아내가 나의 분노와 좌절의 원인이 아니었음을 인식했을 때, 그녀와의 우정을 위한 문이 열렸다. 내가 나의 좌절감을 그녀의 탓으로 떠넘기는 대신 나의 가장 속 깊은 생각과 상처들을 그녀와 나눔으로써 그녀를 나의 삶에 포함시키기 시작하자 나는 매일 집으로 돌아올 때마다 새로운 친구가 나를 반갑게 맞이해주는 경험을 하게 되었다.

우리의 관계를 푸는 열쇠는 이것이다. **사람들은 당신이 그들을 위하는지 그렇지 않은지 안다.** 우리는 무엇이든 우리가 원하는 대로 말할 수 있다. 그러나 사람들은 때가 되면 진실을 파악한다. 만약 내가 아내에게 사랑한다고 말하면서 월요일 밤에 야구장에서 시간을 보내고, 수요일 밤은 교회에서 보내며, 토요일에는 골프장에 가 있고, 나머지 시간은 TV를 시청한다면, 아내는 내가 자신을 위하는지 그렇지 않은지를 확실하게 알아차린다. 시간을 들이는 것이야말로 관계의 **모든 것**이다. 우리의 삶의 방식을 바꾸자. 그리고 시간을 써야 할 이들에게 시간을 쓰자.

결론

왜 남자들은 관계 안에 있는 문제들에 대해 그토록 눈이 멀어 있는가? 우리는 종종 자기 앞에 있는 일들을 처리하는 데 너무 몰두하느라 눈을 들어 과연 자신이 올바른 방향으로 가고 있는지 살피는 일을 잊는다.

삶에서 관계만큼이나 개선의 가능성을 지닌 분야는 달리 없다. 멋진 삶을 추구하는 대부분의 남자들은 깨어진 관계라는 흔적을 남긴다. 우리는 누군가에게 상처를 준다. 우리는 일에 중독되었고 우리의 경솔함 때문에 사랑하는 이들을 학대한다.

일에서 아무리 성공할지라도, 그것이 가정에서의 실패를 보상해주지는 못한다. 우리 모두는 근본적인 점검을 통해 다음과 같은 질문에 답할 필요가 있다. "나의 아내와 아이들은 내가 시간을 사용하는 방식을 통해 그들을 위한다는 것을 알고 있는가?" 시간을 사용하는 방식은 의지의 행위, 즉 결단의 문제다. 우리는 결단의 총합이다. 우리는 삶에서 누가 첫 번째인지, 두 번째인지 그리고 세 번째인지를 스스로 결정한다. 만약 이 분야에서 실패한다면, 우리는 완전히 실패하는 것이다.

이번 장을 위한 결론은 이러하다. **당신이 가족과 충분한 시간을 보내지 않는다면, 당신의 삶을 향한 하나님의 뜻을 완전히 따르지 않는 것이다.** 이제 아내와 아이들과의 관계를 좀 더 구체적으로 살펴보도록 하자.

토론 문제

1. 대부분의 남자들이 관계의 문제에서 남모르게 다른 이들에게 상처를 주고 있다.
   ☐ 동의한다. ☐ 동의하지 않는다.
   당신의 답에 대해 설명해보라.

2. 관계가 깨어지는 일차적 이유는 우리가 보다 수준 높은 삶을 추구하기 때문이다.
   ☐ 동의한다. ☐ 동의하지 않는다.
   당신의 답에 대해 설명해 보라.

3. 어째서 남자들은 그토록 자기의 일에 몰두하느라 좋은 남편과 부모가 되는 일을 잊는가?

4. 높은 생활 수준을 추구하느라 지나친 값을 치르는 경우를 본 적이 있는가? 있다면 예를 들어보라.

5. "일에서 거둔 성공이 아무리 클지라도 그것이 집에서의 실패를 보상해주지는 못한다"는 진술에 대한 당신의 생각을 말해보라.

6. 왜 남자들이 관계의 문제에게 그렇게 낮은 점수를 얻는가?

7. 성의 닫힌 문 뒤에서 살아가는 모습이 곧 우리의 실제 모습이다. 그 문 뒤에서 당신은 어떻게 살고 있는가? 어떻게 해야 가족의 삶에 도움이 될 것인가?

8. 자신이 일터에서 소통을 잘 하고 있다고 생각하는가? 당신의 일터에서의 소통 능력을 당신이 당신의 아내와 아이들과 소통하는 방식과 비교해보라.

8장 자녀와의 관계에서 후회를 피하는 법

얼마 전에 내 아이가 태어났다네.
그 아이는 평범한 방식으로 세상에 왔다네.
그러나 내 앞에는 처리해야 할 일들과 지불해야 할 청구서들이 있었다네.
그 아이는 내가 집을 떠나 있을 때 걸음마를 배웠다네.[13]

샌디와 해리 채핀, 〈요람 속의 고양이〉(Cat's in the Cradle)

아비들아 너희 자녀를 노엽게 하지 말고
오직 주의 교훈과 훈계로 양육하라.

에베소서 6:4

연어가 거의 낚싯바늘까지 튀어 올랐다. 어제와는 상황이 크게 달랐다. 어제 네 명의 낚시꾼들은 바늘이 바위에 걸려 낚싯줄을 잡아채는 것조차 못했다.

그들은 실망했지만 낙심하지 않고 조그만 수상 비행기에 올라타 알래스카의 산들을 건넜다. 그리고 틀림없이 연어가 미끼를 물 만한 오염되지 않은 한적한 만(灣)으로 날아갔다.

그들은 비행기를 정박하고 연어들이 우글거리는 상류 쪽으로 걸어갔다. 그리고 그날 오후 늦게 캠프로 돌아와서는 자신들의 비행기가 마른 땅 높은 곳에 놓여 있음을 발견하고 깜짝 놀랐다. 그 특별한 만은 밀물과 썰물의 차가 7m나 되었다. 물 위에 있던 비행기가 이제는 자갈밭 위에 놓여 있었다. 다음 날 아침까지는 비행기가 이륙을 할 수 없었기에 그들은 그곳에서 밤을 지새울 준비를 하고 잡은 물고기로 저녁 식사를 즐겼다. 그리고 비행기 안에서 잠에 빠졌다.

아침에 비행기가 물 위로 떠올랐다. 그들은 즉시 엔진을 가동시키고 이륙했다. 그러나 곧 비행기의 한쪽 플로트가 깨졌고 그곳에 물이 들어차 있음을 알게 되었다. 너무 늦었다. 비행기는 빙글빙글 돌면서 바닷속으로 곤두박질쳐 전복되었다.

내 친구 필 리틀포드 박사는 자기의 열두 살 난 아들 마크를 포함해 모두가 살아 있음을 확인했다. 그는 그들에게 함께 기도하자고 제안했고, 다른 두 명의 남자가 그 제안에 응했다. 그러나 비행기 안에는 그 어떤 안전 장비도 없었다. 구명조끼도, 불꽃 신호기도, 아무것도 없었다. 비행기는 꾸르륵 소리를 내면서 차가운 아침 바다의 검은 물속으로 빨려 들어갔다. 다행히도 그들 모두는 방수 바지를 입고 있었다. 그들은 그것에 바람을 불어넣어 부풀렸다. 차가운 알래스카 바닷물이 그들의 숨을 하얗게 냉각시켰다.

모두 해변을 향해 헤엄을 치기 시작했다. 하지만 역류 때문에 쉽지 않았다. 필과 마크를 제외한 두 사람은 수영을 잘 하는 이들이었기에 모두 해변에 닿았다. 한 사람이 땅에 닿을 즈음에 바닷물이 필과 마크를 잡아당겨 넓은 바다 쪽으로 끌어갔다.

그 두 명의 동료는 필과 마크가 수평선 위에 점들처럼 떠 있다가 서로 팔짱을 낀 채 더 먼 바다 쪽으로 사라지는 것을 보았다.

해안경비대원들은 아마도 그 두 사람이 그 차가운 바닷물 속에서 한 시간 이상 버티지 못했을 거라고 말했다. 저체온증이 그들의 몸의 기능을 정지시키고 그들은 잠에 빠져들었을 것이다. 아마도 작은 몸집을 가졌던 마크가 먼저 아빠의 팔에서 잠들었을 것이다. 수영을 잘했던 필은 충분히 해변까지 헤엄쳐 나올 수 있었다. 하지만 그것은 곧 자기 아들을 포기하는 것을 의미했다. 그들의 시신은 발견되지 않았다.

아들을 위해 죽는 것을 마다할 아버지가 있을까? 만약 우리가 자녀를 위해 죽기를 마다하지 않는다면, 어째서 종종 우리는 그들을 위해 살지 않는 것처럼 보이는 걸까?

문제

내가 소년이었던 때로부터 수십 년 사이에 가정의 삶은 참으로 많이 변했다. 1950년대에 미국 가정의 평균 자녀수는 3.7명이었다. 오늘날에는 2.0명이다.[14] 그러나 가족 규모의 변화보다 더 주목할 만한 것은 가족이 추구하는 가치에서의 변화다.

현실을 직시해보자. 경건한 남성, 남편 그리고 아버지가 되는 것이 지금보다 더 큰 도전거리가 된 적은 결코 없었다. 오늘날 우리 아이들은 마약, 술, 섹스 그리고 온갖 위험한 행위에 도전해보라는 굉장한 압력을 받으며 살아가고 있다. 그나마 긍정적인 것은 점점 더 많은 10대들이 금욕이 반향을 불러일으키는 메시지라고 확언하면서 성관계를 맺는 일을 그치고 있다는 점이다.[15]

아빠들은 개인적 평안, 풍요 그리고 문화적 기독교라는 세 가지의 빈곤한 가치를 택하면서 너무 많은 일을 벌리고 있다. 그로 인해 젊은이들이 겪는 정서적 고통은 압도적이다. 존경받는 기독교 상담가 제임스 돕슨(James Dobson) 박사는 유리 브로펜브레너(Urie Bronfenbrenner)가 수행한 연구 결과를 인용한다. 조사원들은 중산층 아빠들이 매일 그들의 한 살배기 아이들과 어느 정도의 시간을 함께 보내는지 알아보았다. 응답자들이 답한 평균 시간은 15분에서 20분이었다.

그러나 대개 사람들은 좋은 일을 과장해서 보고하는 경향이 있다. 그래서 조사원들은 아이들의 셔츠에 소형 마이크를 부착해 그들이 실제로 부모와 함께 있는 시간을 기록했다. 조사 결과는 충격적이었다. 매일 아빠들이 아이들과 함께 보내는 시간은 평균 37초였다. 그들은 하루에 2.7회 아이들과 접촉하고 그때마다 15초 정도 대화를 했다![16]

불행하게도 이런 장면이 오늘날 매일 미국 전역의 가정에서 반복되고 있다. 기독교 가정들 역시 이런 질병에 쉽게 영향을 받고 있다. 이 37초의 만남을 같은 아이들이 매일 4시간씩 TV─그 내용 중 많은 부분은 도덕적으로 올바르지 않다─를 시청하는 것[17]과 비교해보라. 아마도 우리는 놀랍고 암담한 미래를 예견할 수 있을 것이다.

부모 모두가 직업적인 성취를 추구하는 경우에 자녀들을 돌보지 않은 채 내버려두는 것을 정당화하는 데 자주 이용되는 한 가지 유행하는 견해가 있다. 중요한 것은 시간의 **양**이 아니라 **질**이라는 것이다. 그러나 미국의 비즈니스 잡지 『포춘』(Fortune)에 실린 "돈이 중심이 된 사회"(The Money Society)라는 기사는 다른 주장을 한다.

> 심리분석가들은 돈에 중독된 많은 이들의 부모가 무언가에 과도하게 몰두했고, 격무에 시달렸으며, 갓난아기의 미소와 재롱에 적절하게 반응하지 않았던 사람들이라는 것을 발견했다. 그런데 아이들은 부모가 보여주지 않았던 찬사와 기쁨에 찬 반응을 구하는 일을 결코 그치지 않는다. 돈이 그런 것들을 얻도록 돕고 심지어 그런 것들을 대체한다.
>
> 그러나, 시카고 대학의 심리분석가 아놀드 골드버그(Arnold Goldberg)가 말하듯이, "그런 필요는 결코 만족되지 않기에 그들이 내기에 거는 돈의 액수는

계속해서 올라간다. 아이들은 인간적인 반응을 원한다. 돈은 비인간적인 반응이다." 이런 이들 중 어떤 이들은 골드버그의 사무실에서 자신들의 삶에 아무런 목적이 없다고 불평하면서 말을 끝낸다.[18]

우리가 앞 장에서 보았듯이, 50대 남자들의 두 가지 가장 큰 후회 중 하나가 자기아이들을 결코 알지 못했다는 것이었다면, 우리는 그 법칙의 예외가 되기 위해 어떤 실제적 단계를 취할 수 있을까? 어떻게 해야 어린 자식들에게 우리가 그들을 위해 살려고 "노력하고" 있음을 보일 수 있을까?

어린아이가 될 자유

세월이 흐르면서 느슨해지기는 했으나, 나는 천성적으로 완벽주의자다. 나는 모든 것이 정돈되어 있기를 바란다. 하지만 눈에 보이는 모든 것에 군침을 흘리는 작은 아이들에게는 어려운 일이다.

우리의 두 아이 모두가 아장아장 걸을 때의 일이다. 나는 늘 커피 테이블에 새로운 흠집이 생기지 않을까 긴장하고 있었다. 이것은 내가 그런 문제에는 그다지 신경을 쓰지 않았던 아내와 다투는 이유가 되었다. 나는 윤기가 흐르는 나무 표면에 새로운 흠이 나면 피가 끓어올랐다.

결국 팻시가 더 이상 견디지 못하고 나를 향해 말했다. "제발 내 아이들을 그냥 좀 내버려둬요! 나는 당신이 고작 삼백 달러짜리 테이블 때문에 백만 달러짜리 우리 아이들을 망치도록 내버려 두지 않을 거예요!"

와우! 나는 정신이 번쩍 들었다. 나는 백만 달러짜리 아이들의 정서적 안녕보다 고작 삼백 달러짜리 테이블에 더 신경을 쓰고 있었다. 나는 팻시에게 용서를 구하며 말했다. "아이들이 집에서 하고 싶어 하는 것은 무엇이든 하도록 내버려둡시다. 아이들이 성장하면 그때 가서 새 가구들을 구입하도록 합시다."

우리는 아이들에게 어린아이가 될 자유를 줄 필요가 있다. 어느 날 나의 딸이 이웃집 아이와 다투고서 울고 있었다. 나는 아이의 울음을 그치게 하려고 조목조목 설명을 했다. 내가 보기에는 그게 문제를 푸는 쉬운 방법이었다. 사무실에서는 이 방법이 잘 먹혔다. 하지만 그것은 아이가 더 크게 울도록 만들었을 뿐이었다.

"아빠," 아이가 훌쩍거렸다. "앞으로는요 [훌쩍], 내가 울고 있을 때는요 [훌쩍, 훌쩍], 그렇게 논리적인 말은 하지 말아주세요."

성장은 어른들보다 아이들에게 더 힘든 일이다. 그들에게 어린아이가 될 자유를 주자. 돕슨 박사에 말에 의하면, 우리는 그저 아이들이 그 과정을 통과하도록 돕는 선에서 멈춰야 한다.

세상으로부터의 보호

우리가 아이들이 세속적인 세계관에 무차별적으로 노출되도록 허락할 때, 그 부서지기 쉽고 감수성 강한 마음을 세속적 가치들에 넘겨주는 모험을 감행하는 셈이 될 것이다. 이런 식으로 부모 노릇에 접근하는 것은 아이들이 옳은 것과 그른 것, 선한 것과 악한 것을 구별할 수 있다고 전제하는 셈인데, 이는 옳지 않다.

내가 처음으로 이 책을 쓰고 있었을 때 가수 조지 마이클(George Michael)은 자신의 싱글 앨범 "나는 너와 섹스하고 싶다"(I Want Your Sex)에서 이렇게 노래하고 있었다. "섹스는 자연스러워, 섹스는 재미있어, 섹스는 일대일로 할 때 최고야." 하룻밤 사이에 그 노래는 각종 차트에서 1위를 차지했다. 마이클이 올랜도 콘서트를 마친 후에 언론은 이런 보도를 냈다. "그는 자신의 히트곡을 연주하는 동안 엉덩이를 흔들며 앞줄에 앉아 있는 소녀들을 은근하게 바라보았다. 대부분 13살에서 19살의 소녀들이었다." 아이들은 자동적으로 올바른 선택을 하지 않는다!

1980년대에 조지 마이클의 노래는 검열의 대상이었다. 오늘날 그것은 황금 시간대에 방송되고 있다. 우리 시대의 도덕적 타락 속에서 여성 스타들이 그 대열에 합류했다.

마일리 사이러스(Miley Cyrus)는 수많은 부모가 명예로운 소년들과 자기를 존중하는 소녀들을 길러내기 위해 애쓰는 동안 낮은 자세로 엉덩이를 들이밀고 선정적인 춤을 추고 있다. 지금은 우리 아이들의 마음과 정신을 빼앗기 위한 전투가 벌어지고 있는 중이다.

내가 페이스북에 올린 글 중 가장 많은 반응을 얻은 것은 비욘세(Beyonce)가 슈퍼볼 경기장에서 했던 공연 후에 올린 글이었다. 나는 다음과 같이 썼다.

오늘 나는 슬프다

아내와 함께 비욘세의 공연을 관람했다. 하프타임에 있었던 쇼를 보던 중에 팻시가 말했다. "그녀의 미소는 참 아름다워요." 나는 팻시에게 세상에서 그녀의 미소에 넘어가지 않을 남자는 없다고 말했다. 당신이 마가복음 6:23에서 헤롯이 헤로디아에게 "내 왕국의 절반이라도" 주겠다고 약속한 이유가 궁금했다면, 이제 당신은 그 이유를 알 것이다. 영부인은 자기가 비욘세를 숭배한다고 말했다.

이해한다. 비욘세는 멋진 사람이다. 그러나 그녀와 그녀를 숭배하는 모든 이들은 혼란에 빠져 있다. 비욘세는 그저 굉장한 목소리와 아름다운 미소를 지닌 이국적인 댄서일 뿐이다. 그녀는 젊은이들에게 보내는 무서운 메시지다. 지난밤에 나는 고루한 사람이 되었다. 그게 나를 슬프게 한다. 하지만 나는 성욕을 미화하기 위해 정치적으로 공정한 편에 서기보다는 고루한 사람이 되고자 한다.

적극적 측면에서, 아내와 나는 그렇게 성적으로 솔직한 노래와 퍼포먼스들을, 성에 관한 우리의 견해에 대해 아이들과 솔직하게 토론하기 위한, 우리의 견해와 세속적 견해를 비교하기 위한 발판으로 삼았다. 실제로 우리 부부는 우리 자녀들과 온갖 문제들에 대해 솔직하게 이야기했다. 왜냐하면 우리는 그들이 이미 모든 문제에 대해 어떻게든 알고 있다는 것을 알았기 때문이다. 우리의 목표는 우리 자녀들을 그 모든 것으로부터 **절연시키는 것**(insulation)이 아니라 **보호하는 것**(protection)이었다.

인터넷으로 인해 당신의 아이들 역시 당신이 생각하는 것보다 훨씬 더 많이 그리고 아마도 아주 많이 이미 모든 것에 대해 알고 있다. 예컨대, 한때 포르노 중독자였다가 회복한 기독교 작가이자 연설가인 앤 마리 밀러(Anne Marie Miller)는 점점 더 많은 학생이 어린 나이에 더 자주 포르노를 접하고 있음을 발견했다. 그리고 아이들이 어디에서 포르노를 접하는지 알아봤다. 밀러는 이렇게 설명한다.

부모인 당신이 어떻게 처음으로 포르노를 접했는지를 기억하는가? 아마도 그것은 어느 친구의 부모가 갖고 있던 더러운 잡지를 통해서였을 것이다. 혹은 누군가가 학교로 가져온 무언가를 통해서였을 것이다. 지금 학생들은 자기들이 이해하지 못하는 단어나 표현을 접하면, 당신에게 그것이 무슨 뜻이냐고 묻지 않는다(그렇게 물으면 곤란한 일에 휘말릴 것을 걱정하기 때문이다). 자신의 친구들에게도 묻지 않는다(그것도 모르냐는 조롱을 받는 게 수치스럽게 느껴지기 때문이다). … 그들은 곧장 구글 이미지를 찾아본다. 내가 들은 거의 모든 이야기에서 학생들이 처음으로 포르노를 접하는 것은 바로 이런 방식이었다—구글 이미지 찾기.[19]

현명하다기보다 어리석은 아이들은 자기들을 기분 좋게 해주는 것과 기분 나쁘게 만드는 것을 아주 잘 식별한다. 유감스럽게도, 이 해방된 시대의 아이들에게 죄는 좋게 느껴진다. 아빠의 의무와 역할에는 아이들에게 의를 가르치는 것뿐 아니라 그들을 악으로부터 보호하는 것도 포함되어 있다.

우리 아이들은 우리에게서 부모의 역할에 대한 자유방임적 접근 이상의 무언가를 받을 권리가 있다. 아버지가 자기 집에서 영적 지도력의 고삐를 쥐어야 한다. 자녀들은 그들을 위한 원하는 가치 체계 안으로 인도되어야 할 필요가 있다.

아이들의 가치 체계(value system)와 믿음 체계(belief system)는 주로 부모, 교사, 코치, 교수, 목사, 동료, 음악, 영화 그리고 TV 등을 통해 영향을 받는다. 우리는 아이들이 우리가 원하는 가치와 믿음을 옹호하는 사람들과 미디어에 노출되게 할 필요가 있다. 그렇지 않다면, 우리는 변화를 시도해야 한다. 젊은이들의 부서지기 쉬운 마음은 자기들에게 제시된 가치와 믿음의 장점을 구별하지 못한다. 그리고 그들은 자기들이 노출된 것은 무엇이든 그것을 잡으려 할 것이다.

아이들이 하루에 아빠와 37초간 대화를 하는 반면 TV는 4시간씩이나 시청한다는 것이야말로 우리가 숙고해보아야 할 엄중한 사실이다.

우리는 가능한 한 일찍 우리 아이들에게 영향을 줄 필요가 있다. 왜냐하면 일단 그 아이들이 10대가 되고 나면, 그 아이들의 친구들(동료들)이 그들에 대해 그 어떤 다른 요소보다 더 큰 영향을 주기 때문이다. 우리 아이들에게 친구에게서 무엇을 찾아야 하는지를 가르치는 것과 그들을 그런 친구를 발견할 수 있는 곳으로 이끄는 것은 그들의 믿음과 가치의 안정성에 크게 기여할 것이다. 이에 대해 생각해보라. 순결한 상태로 남아 있는 젊은이들은 그들과 다른 가치를 지닌 시대를 어떻게 살아갈까? 우리는 어떻게 해야 우리 아이들에게 그런 삶을 살아가도록 격려할 수 있을까?

우리 쪽에 목적도 없고 계획도 없다면, 우리 아이들은 지혜롭지 못하게 자기들이 좋아하는 가치들을 스스로 택하게 될 것이다. 처음에는 좋게 느껴지던 많은 것들―마약, 술, 중독으로 이어지는 섹스, 성병, 그리고 계획되지 않은 임신 등―이 매년 수많은 젊은이들의 삶에 깊은 상처를 남기는 것은 애석한 일이다.

우리는 아이들을 재앙으로부터 보호해야 하는데, 그것은 오직 우리만이 할 수 있는 일이다. 그것은 마치 우리의 아버지이신 하나님이 우리를 보호해주시는 것과도 같다. 무분별한 허용은 어린아이의 마음과 얽혀 있는 미련함에나 호소할 뿐이다(잠 22:15을 보라). 오늘날 우리는 잘못 판단하고 있다. 우리는 우리 아이들을 과보호가 아니라 미보호하는 경향이 있다.

격려하고 노엽게 하지 마라

엄마들은 아이들을 사랑하고 토닥거린다. 화가 난 아빠들은 자녀들을 질책한다. 이런 이미지는 공정하지 않은 것일 수도 있다. 하지만 종종 우리는 실수로 이 잘못된 길에 빠진다. 골로새서 3:21은 이것이 문젯거리임을 확인해준다. "아비들아 너희 자녀를 노엽게 하지 말지니 낙심할까 함이라."

화가 난 아빠들은 어디에나 있다. 언젠가 나는 어느 아빠가 초등학교에 다니는 자기 아들을 향해 이렇게 말하는 소리를 들었다. "어째서 넌 네 나이답게 행동하지 않는 거냐!"

사실 바로 그것이 그 아이가 하고 있는 일이었다. 그 아이는 자기 나이답게 행동하고 있었다. 그의 아빠가 실제로 하고 있는 말은 이것이었다. "어째서 넌 어른처럼 행동하지 않는 거냐!"

고든 맥도널드(Gordon McDonald)가 새뮤얼 존슨(Samuel Johnson)의 전기작가인 제임스 보스웰(James Boswell)에 관한 이야기를 한 적이 있다. 보스웰은 종종 자기 아버지와 낚시를 갔던 어린 시절의 특별한 기억에 대해 말했다. 분명히 보스웰의 삶에는 이 특별한 날에 대한 좋은 기억이 깊게 새겨져 있었다. 왜냐하면 그가 계속해서 자기 아버지가 그날 자기에게 가르쳐주었던 여러 가지 것들에 대해 언급했기 때문이었다.

오랜 세월이 흐른 후 어떤 이가 그의 아버지의 일기에서 다음과 같은 내용을 발견했다. 보스웰의 아버지가 쓴 말은 이러했다. "아들과 낚시를 가느라 하루를 허비했다."[20]

나는 이것이 보스웰의 아버지에 관한 긍정적인 이야기라고 믿는다. 그가 그날 개인적으로 어떤 생각을 했든 간에, 그는 자기 아들이 그날의 경험을 통해 많은 유익을 얻었을 것이기에 자신의 감정을 효과적으로

억눌렀음에 틀림없다. 슬프게도, 종종 우리는 우리의 이기적인 불쾌감을 드러내고 모두에게 그날을 좋지 않은 날로 기억하게 만든다.

하지만 보스웰은 그 평범한 일을 통해 큰 격려를 받았다. 그리고 그날의 기억은 그의 삶 전체를 위한 초석이 되었다. 우리 아이들에게 영향을 주기 위해 세상에서 가장 멋진 남자가 될 필요는 없다. 지루한 시간 낭비처럼 보이는 것이 그들에게 큰 영감이 될 수 있다. 그들에게는 단지 우리의 시간과 관심이 필요할 뿐이다.

만약 우리가 우리의 이기적인 갈망을 통제하고, 너무 자주 성내지 않으며, 우리 아이들을 격려하는 법을 배울 수 있다면, 그 아이들은 우리로부터 위대한 유산을 물려받게 될 것이다.

시간을 대체할 수 있는 것은 없다

어느 날 저녁, 내가 좋아하는 노래 중 하나인 〈요람 속의 고양이〉(Cat's in the Cradle)가 특별한 의미로 내 마음을 울렸다. 팻시와 나는 네 명의 자녀를 아주 성공적으로 키워낸 라일과 마지 넬슨 부부가 이끄는 부모 교실에 등록했다. 수업이 시작되기 전, 그들 부부가 우리 모두를 가족 소풍에 초대했다. 그날 "사진 매니아"인 우리의 리더는 여러 장의 스냅 사진을 찍었다.

수업 첫날, 라일과 마지는 프로젝터를 설치하고 화면에 나의 아이들이 반짝거리며 뛰노는 모습을 보여주며 백 뮤직으로 〈요람 속의 고양이〉를 틀어주었다. 그리고 영향력에 관한 말을 했다.

어느 날 나는 12살 난 딸이 대학생이 되었을 때에 관해 생각해보았다. 어느덧 아빠, 엄마와 함께 지내는 시간의 2/3가 흘러가 버린 셈이었다. 그리고 그때 12살 먹은 그 아이는 이미 가족보다 친구들과 더 많은 시간을 보내고 있었다.

그 문제에 관해 생각을 하면 할수록, 나는 우리가 함께 보낼 시간의 85% 내지 90%가 이미 흘러가 버렸다는 것을 알게 되었다. 당신에게 어린아이들이 있다면 지금 그들에게 시간을 쓰는 것이 가장 좋다. 왜냐하면 그런 몇 주의 시간들은 총알보다 빠르게 몇 년의 시간으로 변할 것이고, 그때 그 아이들에게는 친구들이 당신보다 훨씬 더 중요하게 될 것이기 때문이다.

만약 당신의 아이들이 잘 자란다면, 당신의 다른 모든 문제들은 잘 해결될 것이다. 그러나 만약 당신이 아이들에게 주지 못한 시간 때문에 후회가 쌓여간다면, 당신에게 그것은 아래의 글이 보여주듯이 결코 사라지지 않는 고통이 될 것이다. 이 글은 어느 아빠가 어느 매체의 상담란에 기고한 글에서 발췌한 것이다.

세월들은 어디로 갔을까?

여러 해 전에 내 친구에게 나의 아이들에 관해 말했던 기억이 난다. 당시 우리 아이들은 5살과 7살이었는데, 아빠가 그들에게 모든 것을 의미하던 나이였다. 나는 아이들과 더 많은 시간을 보내기를 바랐으나 일이 너무 바빴다. 어쨌거나 나는 그 아이들에게 내가 자랄 때는 결코 가질 수 없었던 것들을 주고 싶었다.

나는 집에 와서 아이들을 무릎에 앉히고 자기들이 그날 뭘 했는지 재잘거리게 하는 것을 좋아했다. 유감스럽게도 대부분 나는 밤

늦게 집으로 돌아왔고 겨우 잠에 빠진 아이들에게 굿나잇 키스를 할 수 있을 뿐이었다.

아이들은 놀라울 정도로 빨리 자란다. 내가 알아차리기도 전에 그들은 9살과 11살이 되었다. 나는 그 아이들이 학교에서 노는 모습을 보고 싶었다. 모두가 나에게 그 아이들이 아주 훌륭하다고 말했다. 하지만 나는 내가 출장을 가고 특별한 회의에 묶여 있을 때도 그 아이들의 놀이는 계속될 것처럼 여겼다. 아이들은 결코 불평하지 않았다. 그러나 나는 아이들이 실망의 눈빛을 보이는 것을 보았다.

나는 계속해서 아이들에게 "내년에는" 좀 더 많은 시간을 낼 수 있을 거라고 약속했다. 그러나 회사에서 직책이 올라갈수록 시간을 내기는 더 어려워졌다.

아이들은 더 이상 9살과 11살이 아니었다. 그들은 이제 14살과 16살이 되었다. 나는 어느 날 저녁에 내 딸이 첫 번째 데이트에 나가던 모습을, 내 아들이 농구 경기에 출전하는 모습을 보지 못했다. 아이들의 엄마는 용서를 구했고 나는 그 아이들이 집을 나서기 전에 겨우 전화를 걸어 아이들과 통화를 했다. 나는 그들의 음성에서 실망을 느꼈으나 내가 할 수 있는 한 사정을 설명했을 뿐이다.

그 세월이 어디로 갔느냐고 묻지 마라. 그 작은 아이들은 이제 19살과 21살이 되어 대학에 다니고 있다. 나는 그 사실을 믿을 수가 없다. 지금 나의 일은 전처럼 힘들지 않고 나는 마침내 그 아이들을 위해 시간을 낼 수 있게 되었다. 하지만 이제 그 아이들은 그들 나름의 관심사가 있고 나를 위해 내줄 시간이 없게 되었다. 아주 정직하게 말하자면, 나는 조금 상처를 받았다.

그 아이들이 5살과 7살이었던 때가 어제 같다. 나는 그 시절로 돌아가 살 수 있다면 무엇이든 할 것이다. 틀림없이 지금껏 살았던 것과 달리 살 것이다. 그러나 지금 그 아이들은 내 곁을 떠났고, 내가 진짜 아빠가 될 기회도 사라져버렸다.[21]

속담이 말하듯, 아무도 죽을 때 "더 많이 일을 했어야 했어"라고 말하지 않는다.

기도를 통한 보호

모두 그리스도인들이었던 몇 커플이 기도회로 모이기 시작했다. 그들의 기도의 결과는 너무나 극적이어서 나는 그들의 이야기를 세 가지의 서로 다른 출처를 통해 검증해보았다.

이 순수한 새 신자들은 성경의 한 구절을 찾아냈고 그것을 하나님의 약속이라고 여겼다. 그 구절의 내용은 이렇다. "주 예수를 믿으라 그리하면 너와 **네 집**이 구원을 받으리라"(행 16:31, 굵은 글씨는 저자가 덧붙인 것임).

그 일곱 쌍의 부부에게는 모두 23명의 자녀가 있었다. 그 아이들은 모두 그리스도인이 아니었다. 매주 그 부부들은 사랑하는 자녀의 구원을 위해 신실하게 기도를 드렸다. 그리고 그들이 그렇게 하는 2년여 동안에 그 23명의 자녀 모두가 예수 그리스도께 헌신하기에 이르렀다.

덴버에서 있었던 집회에서 빌리 그레이엄(Billy Graham) 박사는 이 성경 구절에 대해 말한 적이 있다. 그는 어느 가정에서 아이가 먼저 그리스도를 믿게 된 경우 그 가정 전체가 그리스도께 돌아오는 경우는 25%였다고 지적했다. 아내가 먼저 그리스도를 믿게 된 경우, 그 가정 전체가 그리스도께 돌아오는 경우는 40-50%였다. 가장인 아버지가 먼저 그리스도를 믿게 된 경우, 그 가정 전체가 그리스도께 돌아오는 경우는 60%였다.

사도행전 16:31의 원리는 나를 한없이 흥분시킨다! 우리 아이들이 의미 있는 삶을 살아가도록 준비시키는 일에서 그들의 영원한 구원을 위해 기도하는 것보다 더 나은 방법이 무엇이겠는가? **단 한 번의 기도로 우리 아이들의 구원을 돕는 일을 다했다고 여기지 마라.**

당신은 자신을 위해 기도한다, 그렇지 않은가? 당신은 당신이 유혹으로부터 보호받아야 할 필요가 있음을 안다. 또한 용서, 지혜, 은혜, 자비, 용기 그리고 희망이 필요하다는 것도 안다. 당신은 주님을 향해 찬양, 명예, 영광 그리고 감사를 표현하는 일이 중요하다는 것도 안다.

그렇다면 당신의 아이들을 위해서는 누가 기도하는가? 우리의 연약한 아이들에게 우리 자신보다 더 필요한 것이 무엇인가? **우리가 매일의 기도로 우리의 아이들을 위해 중보하는 것보다 그들의 안녕에 더 크게 기여할 방법은 달리 없다.**

여러 해 동안 나는 나의 아이들을 위한 기도 제목들을 적어왔다. 그 제목들은 여러 원천에서 절충해서 뽑아낸 것이다. 한 가지 원천은 앞서 언급했던 부모 학교였다. 다른 것은 고든 맥도널드가 녹음한 테이프였다. 성경은 나에게 아이들을 위한 몇 가지 기도 제목을 제시해주었다.

여기에 내가 모아놓은 기도 제목들의 목록이 있다. 이 목록 중 일부가 당신에게도 도움이 될 것이다.

- 구원하는 믿음(이미 그리스도인이라면 감사)
- 성장하는 믿음
- 독립적인 믿음(아이들이 성장했을 때)
- 마음과 몸과 정신의 강건함
- 운명(목적)에 대한 의식
- 고결함에 대한 갈망
- 탁월함에 대한 요구
- 하나님이 그들을 위해 갖고 계신 계획에 대한 이해
- 내 자신이 그 아이들과 함께 시간을 보내는 것
- 지혜에 대한 갈증
- 마약, 술 그리고 혼전 섹스로부터의 보호
- 하나님이 그들을 위해 마련해놓으신 배우자
- 모든 일에서 주님께 영광을 돌리고자 하는 열정

이 세상에 당신의 자녀들이 예수 그리스도에 대한 믿음을 갖고 그들의 삶의 향한 하나님의 놀라운 계획을 경험하는 것보다 더 중요한 것이 있다고 생각하는가? 당신은 기도와 삶의 모범을 통해 그들이 하나님의 은혜로 그렇게 되리라는 것을 확신할 수 있다.

자기 아이들을 위해서 죽지 않으려 할 부모는 없다. 그렇다면, 그들을 위해 사는 것은 얼마나 더 중요한 일이겠는가.

토론 문제

1. 오늘날 아이들이 성장하면서 접하는 문제들은 내가 자랄 때 접했던 문제들과 크게 다르지 않다.
   □ 동의한다. □ 동의하지 않는다.
   왜인가?

2. 당신은 자녀들에게 어린아이가 될 자유를 주고 있는가, 아니면 그들이 실제 그들보다 나이든 것처럼 행동하도록 만들고 있는가? 당신이 당신의 아이들로부터 마땅한 것 이상을 기대했던 경우를 예로 들어보라.

3. 당신은 너무 자주 당신의 아이들에게 화를 내고 있지 않은가? 화를 내는 빈도를 낮추려면 아이들에 대한 당신의 태도와 기대에서 무엇이 바뀌어야 하겠는가?

4. "중요한 것은 시간의 양이 아니라 질이다"라는 말에 대한 당신의 의견을 말해보라. "아무도 죽을 때 '더 많이 일을 했어야 했어'라고 말하지 않는다"는 말에 대해서도 말해보라.

5. 대부분의 아빠가 자녀들을 위해 정기적으로 기도하지 않는다.
   □ 동의한다. □ 동의하지 않는다.
   당신은 당신의 자녀들을 위해 정기적으로 기도하는가? 하지 않는다면, 왜인가? 정기적으로 기도하는 습관을 가질 의향이 있는가?

6. 우리의 아이들의 가치 체계와 믿음 체계는 우리, 교사, 코치, 교수, 목사, 동료, 음악, 영화 그리고 TV를 통해 영향을 받는다. 당신은 이런 영향들을 모니터링하는 데 얼마나 적극적이었는가? 당신은 어떤 변화를 시도해야 하겠는가?

7. 우리의 아이들이 10대가 되면, 친구들이 그들의 삶에서 가장 중요한 영향을 끼친다. 아이들이 10대를 잘 보내도록 준비시키기 위해 지금 우리가 무엇을 할 수 있는가? 아이들이 10대일 때 그들이 그 세월을 잘 헤쳐나가게 하기 위해 우리가 무엇을 할 수 있는가?

9장   행복한 결혼 생활을 위한 아내와의 관계

아내는 남편이 집으로 돌아오는 것을 기뻐하도록 만들라.
남편은 자신이 집을 떠나는 것을 아내가 섭섭해하도록 만들라.
마르틴 루터

남편들아 이와 같이 지식을 따라 너희 아내와 동거하고
그를 더 연약한 그릇이요
또 생명의 은혜를 함께 이어받을 자로 알아 귀히 여기라.
이는 너희 기도가 막히지 아니하게 하려 함이라.
베드로전서 3:7

그들은 식당에서 식사를 하고 있었다. 살짝 이상한 방식으로 서로 닮아
보였다. 남편의 눈은 먼 곳을 응시했고 아내는 음식에서 눈을 떼지 않았
다. 저녁 식사를 마칠 때까지 그들이 입 밖에 낸 유일한 말은 웨이터에
게 한 말뿐이었다.

그들은 30년 이상 결혼 생활을 해오고 있으나 서로에 대해 아는 것이
거의 없다. 그들은 아이들을 키우는 동안 정신없이 살았다. 그리고 이제
그들은 자신들을 위한 시간을 얻게 되었으나 서로 인격적 관계를 맺지
못하고 있다. 그들은 서로 이야기하는 법을 알지 못한다.

문제

대부분의 남자가 결혼 생활에 만족하지 못한다. 그들은 자기 아내와 진정으로 즐기는 법을 배운 적이 없다. 그들은 사랑을 표현하고 느끼는 일에서 문제를 겪고 있다. 언젠가 나는 내가 직접 진행했던 설문 조사를 통해 남자들이 사랑하는 능력과 관련해 심각한 문제에 빠져 있음을 알게 되었다. 남자들에게 결혼은 힘든 일이다. 그것은 모든 사소한 잘못도 그대로 드러나는 아주 엄격한 일이다.

여자들은 이해하기 힘든 존재다. 심리 분석의 아버지로 불리는 지그문트 프로이트(Sigmund Freud)는 언젠가 이런 흥미로운 질문을 던졌다. "30년간 여성의 마음을 연구했음에도, 나는 아직도 그 큰 질문에 답할 수가 없다. 여자는 무엇을 원하는가?"

어째서 프로이트는 이것이 답하기 어려운 질문이라고 여겼던 것일까? 어째서 우리는 그것이 답하기 어려운 질문이라고 여기는 것일까? 대부분의 남자에게는 그것보다 자신의 일에 빠져드는 것이 훨씬 더 쉽다. 우리는 우리의 일 뒤에 숨을 수 있다. 그럴 때 우리는 아내에 대해 생각할 필요가 없거나 그녀가 우리의 약점과 두려움을 헤아리도록 만들 수 있다.

많은 부부가 파트너가 아니라 그저 룸메이트로서 함께 살아간다. 그들의 사회적이고 성적인 필요는 충족되지만 친구로서의 친밀함은 결코 발전하지 않는다. 그러나 우리에게는 터놓고 이야기할 만한 친구, 즉 우리가 참으로 신뢰할 수 있는 친구가 필요하다. 그러나 유감스럽게도 그런 친구를 갖고 있는 남자는 거의 없다.

아내의 역할

샘은 자기 아내가 자기를 하찮게 여긴다는 것을 직관적으로 알았다. 그는 장인이 가졌던 것과 동일한 지위를 얻지 못했고 자기 아내가 겉으로 말은 하지 않으나 자기를 경멸하며 동정하고 있음을 알았다.

남자의 가장 깊은 필요 중 하나는 존경을 받는 것이다. 어쩌면 당신은 첫 번째 데이트 키스를 했던 소녀가 당신을 향해 "당신은 나를 존중하지 않는군요!"라고 말했던 것을 기억할지도 모른다. 물론 여자들도 존중받아야 할 필요가 있다. 하지만 존중받고자 하는 남자의 욕망은 여자보다 훨씬 더 크다.

존경의 중요성은 아내들이 남편들을 대하는 법을 알려주는 성경 구절을 통해 강조된다. "아내도 자기 남편을 존경하라"(엡 5:33).

여자는 어떻게 자기 남편에게 존경을 보일 수 있을까? 기독교 가정에 관한 에베소서의 구절은 하나님께서 아내들에게 주시는 기본적인 가르침으로 시작한다. "아내들이여 자기 남편에게 복종하기를 주께 하듯 하라"(엡 5:22). 아내의 의무는 남편에게 복종하는 것인데, 복종은 존경의 궁극적 표현이다.

만약 당신이 누군가를 존경하지 않는다면 그에게 복종하는 것은 불가능하다. 당신은 누군가에게 **복종하도록** 강요당할 수는 있으나 그를 **존경하도록** 강요당할 수는 없다. 남자들이 자존감을 얻기 위해서는 아내들로부터 존경을 받을 필요가 있다. 따라서 아내들은 남편들에게 복종해야 한다. 이는 아내들이 남편들을 존경하지 않는다면 불가능하다. 몇 가지 조사 결과들은 배우자들 사이의 권력 다툼이 이혼의 주된 이유임을 알려준다.

아내가 남편에게 복종하는 것은 그녀가 그리스도께 복종하는 것과 같은 방식으로 혹은 그것과 동일한 수준으로 이루어져야 한다. 당신은 그것이 남편으로서 당신에게 아주 큰 책임감을 부여한다고 생각하지 않는가? 만약 아내가 남편이 그리스도인 것처럼 그에게 복종한다면, 남편은 그리스도가 그녀를 대하시는 것보다 못하게 그녀를 대할 수 있겠는가?

여자들은 이 복종이라는 개념에 예외를 두려고 한다. 많은 여자에게 복종은 낡은 개념처럼 보인다. 현대적 사고는 그런 개념을 골동품처럼 여기며 비웃는다. 오늘날 여자들은 남자들만큼이나 활동적으로 살아간다. "복종하다"로 번역된 그리스어는 "종속되다, 준수하다 혹은 자신을 내어주다"라는 개념을 갖고 있다. 이 교훈의 목적은 여자들을 종과 하녀로 만들려는 것이 아니라 결혼 생활에 권위 구조(authority structure)를 제공하려는 것이다.

복종하다의 반대말은 **저항하다**이다. 복종의 가치를 알기 위해서는 저항의 결과를 살펴볼 필요가 있다.

어느 회사에서든 높은 생산성과 좋은 사기(士氣)는 분명하게 정의된 권위 구조와 좋은 관계로부터 나온다. 고용인들이 권위 구조에 복종할 때 그 회사는 번창한다. 고용인들이 권위 구조에 대해 알지 못하거나 그것을 따르지 않을 때 생산성은 감소되며 때로는 노동자들이 아무런 반응도 하지 않는 경영진과 다투기도 한다.

우리의 결혼 생활이 하나님이 정하신 권위 구조를 따라 이루어지지 않을 때, 그 원인이 아내의 잘못 때문이든 남편의 잘못 때문이든 간에, "사기"와 "생산성"은 내려간다.

그림 9.1은 복종과 저항 사이의 연속선을 보여준다. 당신의 아내는 이 연속선상의 어디쯤에 위치해 있는가? 만약 그녀가 복종하는 아내가 아니라면, 당신의 "경영 스타일"이 아내의 사기에 어떻게 영향을 주었다고

복종 ├────────────────┼────────────────┤ 저항

그림 **9.1** 아내의 역할

보는가? 당신은 집에서 "좋은 관계"를 증진시켰던 적이 있는가?

만약 아내의 역할이 복종하고 권위 구조 아래에서 움직이는 것이라면, 남편의 책임은 좋은 관계를 위한 환경을 만들어내는 것이다. 이제 남편의 역할에 대한 성경의 가르침에 대해 살펴보자.

남편의 역할

도널드는 자기 아내에게 깊은 죄책감을 느끼고 있었다. 그는 아내에게 사랑한다는 말을 하지 못했다. 자신이 그녀에게 사랑을 **느끼지** 못하기 때문이었다. 지나치게 정직한 탓에 그렇게 중요한 무언가에 대해 거짓말을 할 수도 없었다. 그래서 그는 결국 아무 말도 하지 않았다.

남편에게 제공된 성경의 가르침은 자기 아내를 사랑하라는 것이다. "남편들아 아내 사랑하기를 그리스도께서 교회를 사랑하시고 그 교회를 위하여 자신을 주심같이 하라. 이는 곧 물로 씻어 말씀으로 깨끗하게 하사 거룩하게 하시고 … **이와 같이** 남편들도 자기 아내 사랑하기를 자기 자신과 같이 할지니 자기 아내를 사랑하는 자는 자기를 사랑하는 것이라"(엡 5:25-28, 굵은 글씨는 저자가 덧붙인 것임).

대부분의 남자가 아직도 그리스도께서 교회(하나님의 백성)를 어떻게 사랑하셨는지 이해하지 못한다. 그래서 그들은 자기 아내를 자기들이 이해하지 못하는 방식으로 사랑하는 데 이중의 어려움을 겪고 있다.

남자들이 자기들의 아내를 어떻게 사랑해야 하는지를 가르치는 데 사용된 그리스어는 성경에서 하나님이 세상을 어떻게 사랑하셨는지를 가리키는 데 사용된 단어와 같다. "하나님이 세상을 이처럼 **사랑하사** 독생자를 주셨으니"(요 3:16, 굵은 글씨는 저자가 덧붙인 것임). 그것은 또한 우리가 하나님께 가져야 하는 것과 동일한 사랑이다. "네 마음을 다하고 목숨을 다하고 뜻을 다하여 주 너의 하나님을 **사랑하라**"(마 22:37, 굵은 글씨는 저자가 덧붙인 것임).

그렇다면 이것은 어떤 종류의 사랑인가? 성경이 우리에게 가르치는 사랑은 **감정적** 사랑이라기보다는 **의지적** 사랑이다. 성경의 사랑은 **아가페** 사랑이다. 이것은 도덕적 의미에서의 사랑을 가리킨다. 그것은 원칙, 의무 그리고 우선성의 문제로서 의도적인 **의지**의 행위이다.

영어 단어 "마음"(heart)은 추가적인 설명이 없이는 그것이 의미하고자 의도하는 것의 온전한 무게를 전해주지 못한다. 내적 자아인 마음은 그림 9.2가 보여주듯이 세 부분으로 이루어져 있다.

그림 **9.2** 마음

지성은 **이성적 인간**이다. 의지는 **의지적 인간**이다. 그리고 **감정**은 **정서적 인간**이다. 남편은 아내를 의지적으로 사랑해야 한다. 그것은 선택을 통한 의지의 행위다. 남편이 아내와 감정적으로 사랑하라는 가르침을 받지 않은 것은 다행일 수 있다.

"사랑하는 감정"은 있을 수도 있고 없을 수도 있다. 그러나 사랑은 감정이 아니다. 그리고 남편은 아내를 먼저 의지의 행위로 사랑해야 한다. 그 후에 감정이 따라올 것이다. 하지만 그것은 오고 갈 것이다. 사실 그것은 주기적으로 왔다가 갈 것이다. 그러나 남편이 드러내 보여야 하는 사랑은 의도적인 의지의 행위로 이루어지는 결단이다. **성경적 사랑은 감정이 아니라 결단이다.**

그림 9.3은 또 다른 연속선을 보여주는데, 이것은 남자들을 위한 것이다. 한쪽에는 사랑이 있고, 반대편에는 미움이 있다. 가장 나쁜 형태의 미움은 **무관심**이라는 형태로 나타난다. 지금 당신은 이 선상의 어디쯤에 있는가?

지금까지 남편과 아내의 역할에 대해 살펴보았으므로, 이제 우리가 남자와 여자가 함께 살 때 나타날 수 있는 결혼 생활의 네 가지 형태에 관해 살펴보도록 하자.

사랑 ├──────────────────┼──────────────────┤ 미움

그림 **9.3** 남편의 역할

결혼 생활의 네 가지 형태

여자가 복종하거나 저항할 수 있고 남자가 사랑하거나 미워할 수 있다면, 우리는 얼마나 많은 결혼 유형과 만날 수 있을까? 답은 네 가지다. 그림 9.4는 어떻게 결혼이 다음 네 가지 범주에 속할 수 있는지를 보여준다.

- 미움과 저항
- 미움과 복종
- 사랑과 저항
- 사랑과 복종

이런 일반화는 결혼에 대한 이해를 돕기 위해 만들어졌다. 배우자가 연속선상에서 "X"를 어떻게 넣느냐에 따라 가능성은 무한대로 있겠지

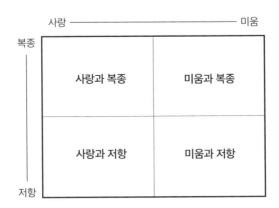

그림 **9.4** 결혼의 네 가지 유형(에베소서 5:22-23)

만, 대부분의 결혼 생활은 이 네 가지 범주 중 하나에 속하게 된다. 각 범주를 하나씩 살펴보도록 하자.

1. 미움과 저항 형태

최악의 결혼 형태는 배우자들 모두가 불행한 상태로, 양쪽이 자신의 이기적인 방식만을 주장하는 형태다. 비록 결혼을 했던 것은 아니지만, 영화《스타 워즈》(*Star Wars*)의 한 솔로(Han Solo)와 레이아(Leia) 공주를, 혹은 소설 『바람과 함께 사라지다』(*Gone with the Wind*)의 스칼렛(Scarlett)과 레트(Rhett)를 생각해보라. 미움과 저항 형태의 결혼의 배후에 있는 개념은 바가지를 긁는 아내와 결혼한 화가 난 남편이다.

미움과 저항 형태의 결혼에서 아내는 남편에게 잔소리를 해대고, 하루를 빈둥거리며 지내며, 남편의 권위에 맞서 싸운다. 남편에 대한 그녀의 경멸은 그녀가 모임에서 자기 남편에 대해 빈정대는 말을 하는 것을 통해 드러난다. 남편은 처음으로 아내의 경멸을 듣는다.

반면에 남편은 자기 아내를 거칠게 대하고 가정의 문제에 대한 결정을 내릴 때 그녀의 감정을 고려하지 않는다. 비록 교회나 다른 모임에 참석할 때는 자기가 아내를 좋아하는 것처럼 꾸미지만, 둘이 있을 때 그가 아내를 대하는 태도에는 적의와 경멸이 가득 차 있다.

만약 당신의 결혼 생활이 기대에 미치지 못함에도 여전히 배우자와 함께 살고 있다면, 그것은 참된 미움과 저항 형태의 결혼이 아니다. 어째서인가? 만약 그것이 참된 미움과 저항 형태의 결혼이라면, 아마도 당신은 벌써 이혼을 했을 것이다. 만약 둘 중 그 누구도 결혼 생활을 지속시키기 위해 노력하지 않는다면, 이혼은 불가피하다. 여전히 지속되고는 있으나 제대로 작동하지는 않고 있는 대부분의 결혼 생활은 미움과 복종 형태 혹은 사랑과 저항 형태를 갖고 있다. 왜냐하면 그런 경우에는 배우자 중 이쪽이든 저쪽이든 그들의 결혼 생활을 유지하기로 결심하고 어떻게든 잘 해보려고 애쓰고 있기 때문이다.

2. 미움과 복종 형태

내 아내가 나와 결혼한 것은 그녀에게 내가 그리스도인이라는 확신을 주었기 때문이었다. 아내는 아주 어린 시절부터 늘 하나님의 뜻을 따라 결혼할 수 있게 해달라고 기도해왔다. 우리가 결혼식을 올리고 나서 불과 몇 주 후에 그리스도인이 된다는 것에 대한 우리의 정의가 서로 다르다는 사실이 아주 분명하게 드러났다.

비록 나는 내 자신이 그리스도인이라고 떠벌리기는 했으나, 그런 떠벌림은 나의 사고, 말 혹은 행동과는 아무런 상관이 없었다. 나는 어떤 식으로도 팻시에게 좋은 영향을 주거나 그녀를 배려하지 않았다. 오히려 나는 그녀가 나의 모든 변덕을 이해하고 받아주기를 바랐다.

팻시는 내가 어떤 반응을 보이든 상관없이 계속해서 나에게 복종했다. 성경은 아내가 경건한 행동을 통해서 자기 남편을 얻을 수 있다고 가르치는데, 바로 그 일이 우리의 결혼 생활에서 이루어졌다. 팻시는 계속해서 나를 존중하고, 살림을 꾸려나가며, 나를 위해 기도했다. 6개월 만에 나는 나의 삶을 주님께 바치기로 했다.

만약 당신이 아키(Archie Bunker)와 이디스 벙커(Edith Bunker) 부부의 이야기를 다루는 《올 인 더 패밀리》(All in the Family, 1971년 1월 12일부터 1979년 4월 8일까지 CBS에서 방영된 시트콤 — 옮긴이 주)를 보았다면, 당신은 이런 형태의 결혼에 대한 풍자를 본 셈이다. 아키는 연립주택 안에서 독단적이고 오만한 황제처럼 살아간다. 반면에 이디스는 아키의 호전적인 요구에 밤낮없이 치이면서 순종적인 쥐처럼 살아간다.

만약 당신이 이런 결혼 생활을 꾸려가는 남편이라면(그것은 제대로 작동하지 않는 결혼 생활의 가장 일반적인 형태다), 당신은 성경의 명령을 따름으로써 상황을 바꿀 수 있다("가정의 예언자, 제사장 그리고 왕으로서 사랑하라"의 단락을 보라). 삶 속에서 이 분야는 적에게 너무 유린되어 있다. 여기에서 나는 그것과 관련된 가르침을 다시 진술하고 당신에게 이 페이지를 오리거나 복사해 당신의 차의 대시보드에 붙여놓거나 아래의 성경 구절들을 암송하라고 도전하고 싶다.

남편들아 아내를 사랑하며 괴롭게 하지 마라(골 3:19).

남편들아 이와 같이 지식을 따라 너희 아내와 동거하고 그를 더 연약한 그릇이요 또 생명의 은혜를 함께 이어받을 자로 알아 귀히 여기라(벧전 3:7).

누구든지 자기 친족 특히 자기 가족을 돌보지 아니하면 믿음을 배반한 자요 불신자보다 더 악한 자니라(딤전 5:8).

이와 같이 남편들도 자기 아내 사랑하기를 자기 자신과 같이 할지니 자기 아내를 사랑하는 자는 자기를 사랑하는 것이라. 누구든지 언제나 자기 육체를 미워하지 않고 오직 양육하여 보호하기를 그리스도께서 교회에게 함과 같이 하나니(엡 5:28-29).

3. 사랑과 저항 형태

처음으로 사랑과 저항 형태의 결혼 생활 신드롬을 불러일으킨 것은 페미니즘 운동이었다. 과거라면 이런 형태의 결혼 생활을 어느 허약한 사내가 째지는 목소리를 지닌 싸움소 같은 아내에게 잔뜩 주눅 들어 살아가는 모습으로 그렸을 것이다.

그러나 오늘날에는 자신의 경력 쌓기에 과도하게 몰입하고 있는 전문직 여성이 저항적인 아내에 대한 보다 나은 예가 될 것이다. 맞벌이 부부 가정은 결혼 생활에서 또 다른 긴장 요인을 갖고 있다. 오늘날 남편은 설령 집안일에 대한 아내의 자세가 잘못되어 있다고 할지라도 아내를 위해 그 문제와 관련해 추가적인 배려를 해야만 한다.

전업 주부라고 페미니즘 운동에서 제외되어 있지 않다. 주부는 게으름을 피우고 집안을 제대로 돌보지 않는 식으로 저항할 수 있다.

몇 해 전 내 아내는 자기가 "**단지 주부와 엄마**"로서 살아가는 것이 옳지 않다고 느끼기 시작했다. 얼마간의 논의 끝에 우리는 그녀가 몇 가지 여성 잡지의 편집 기조에 영향을 받고 있음을 알게 되었다. 그녀는 즉시 그 잡지들의 구독을 중단했다.

사랑과 저항 형태의 결혼 생활을 하고 있는 남편은 자기 아내의 반응이 어떠하든 상관없이 계속해서 그녀를 사랑해야 한다. 남편의 사랑은 결단이지 감정이 아니므로 그는 자기훈련을 통해서 계속해서 자기 아내를 지지하고, 아끼며, 배려하고, 존중할 수 있다. 하지만 그건 쉬운 일이 아니다.

저항하는 아내를 둔 남자의 삶은 힘겨운 것이 될 수 있다. 하지만 하나님은 그분의 말씀에 대한 그의 충성으로 인해 영광을 받으실 것이다. "남편도 아내를 버리지 말라. … 오직 하나님의 계명을 지킬 따름이니라.

각 사람은 부르심을 받은 그 부르심 그대로 지내라"(고전 7:11, 19-20).

4. 사랑과 복종 형태

나는 결혼 생활이 실제로 잘 이루어지고 있는 소수의 부부들을 알고 있다. 남들에게 그럴 듯한 삶을 살고 있는 것처럼 보이고 싶어 하는 시기를 벗어나면, 대부분의 사람들이 자기들의 결혼 생활이 의도했던 것만큼 잘 이루어지지 않고 있음을 고백할 것이다. 그것이 우리가 사역에서 마주하는 첫 번째 문제다. 그것은 그것과 결합된 다른 모든 문제보다 더 큰 문제다. 성경은 올바르게 작동하는 결혼 생활에 관한 예를 거의 제시하지 않는다. 주목할 만한 예는 아브라함과 사라 그리고 요셉과 마리아의 경우인데, 그 두 탁월한 예는 사랑과 순종이라는 특징을 지니고 있다.

우리가 어떻게 해야 좋은 결혼 생활을 할 수 있을까? 여기에 사랑과 복종 형태의 결혼 생활을 하도록 도와주는 몇 가지 개념과 주의할 점들이 있다.

▶ 4-1. 가정의 예언자, 제사장 그리고 왕으로서 사랑하라

에베소서는 결혼한 남자들에게 중요한 가르침을 제공한다. "남편들아 아내 사랑하기를 그리스도께서 교회를 사랑하시고 그 교회를 위하여 자신을 주심 같이 하라"(엡 5:25). 따라서 당신이 성경적인 결혼 생활을 하고자 한다면, 당신은 그리스도께서 어떻게 교회를 사랑하셨는지를 이해할 필요가 있다.

어떤 사람들은 그리스도(Christ)가 예수의 성(last name)이라고 생각한다. 물론 그리스도는 이름이 아니라 "메시아" 혹은 "기름 부음을 받은 자"를 의미하는 예수를 위한 칭호다. 예수님은 교회—그분의 가정—를 그 가정의 "그리스도 혹은 기름 부음을 자"로서 사랑하셨다. 남편들은 그들의 아내를 (그리고 확대해서 그들의 결합의 열매인 자녀들을) "기름 부음을 받은 자"께서 그분의 가정을 사랑하는 것과 **동일한 방식으로** 사랑해야 하므로, 그들은 예수께서 정확히 무엇을 위해 기름 부음을 받으셨는지 알 필요가 있다.

신학적으로 보면, 그리스도의 역할을 하시는 예수님은 고전적인 삼중직, 즉 **예언자, 제사장** 그리고 **왕**이라는 지위를 갖고 계신다. 에베소서 5:24로 인해 남편은 가정의 예언자, 제사장 그리고 왕으로 임명되었다. 이제 이 세 가지 역할에 대해 살펴보자.

① **예언자의 역할**. 예언자는 백성들에게 하나님을 대표한다. 구약성경에서 예언자는 백성들과 마주해 말한다. 예수님은 하나님의 백성에게 하나님의 말씀을 전하셨던 예언자이시며 사실상 성육하신 말씀이시다. 예언자는 하나님을 대변해 말한다.

남편은 가정의 예언자로 임명되었다. 남편은 아내(그리고 확대해서 당신의 가족)에게 하나님을 대표한다. 아내가 감정적으로 반응할 때, 하나님의 지혜로 그녀를 진정시켜야 한다. 남편은 가족에게 믿음의 복음을 선포해야 한다. 남편은 아내와 자녀들에게 율법적이지 않으면서 성경적인 교훈과 훈련을 제공해야 한다. 남편은 가족의 경건을 위해 준비하고 개인적 경건을 고무해야 한다. 남편은 가족의 가치를 중재하는 사람이다. 남편은 가족에게 정기적으로 교회에 출석할 것을 요구해야 한다. 남편은 하나님께서 당신의 가족에게 보내신 **메신저**다.

② **제사장의 역할**. 만약 예언자가 백성에게 하나님을 대표한다면, 제사장은 하나님께 백성을 대표한다. 구약성경에서 제사장은 백성에게 등을

돌리고 하나님 앞에서 그들을 위해 중재한다. 예수님은 자신의 생명을 희생제물로 삼아 하나님과 그분의 백성 사이를 중재했던 대제사장이시다. 제사장은 하나님 앞에서 중재한다.

남편은 가정의 제사장으로 임명되었다. 남편은 하나님께 아내와 자녀들을 대표한다. 남편은 매일 일정한 시간을 아내의 필요와 관심사를 기억하며 기도하며 보내야 한다. 남편은 자녀들의 구원을 위해 기도해야 한다. 욥처럼 주님께서 그들의 자녀들의 죄를 용서해주시기를 간구해야 한다. 남편은 가정의 영적 분위기를 조성해야 한다. 남편은 가족을 위해 자신을 희생해야 한다. 남편은 가족을 위해 하나님께 **중재**해야 한다.

③ 왕의 역할. 왕은 자기 백성의 안녕에 대한 책임을 진다. 그는 백성이 정의와 긍휼 모두를 얻게 해야 한다. 예수님은 다윗 계보의 왕이시다. 왕은 자기 백성을 이끌고, 보호하며, 부양한다.

남편은 가정의 왕으로 임명되었다. 남편은 가족에게 필요한 것을 공급해야 한다. 남편은 가족에게 음식과 집을 제공하기에 충분할 만큼 벌기 위해 부지런히 일해야 한다. 남편은 자녀들을 공정하게 훈육해야 한다. 남편은 그들의 잘못을 빨리 용서하고 간과해야 한다. 남편은 존경을 받을 만한 방식으로 행동해야 한다. 남편은 아내의 상황을 살피고 존중해야 한다. 그녀를 거칠게 대하지 않도록 조심해야 한다. 남편은 가족을 **부양하는 자**다.

▶ 4-2. 함께 시간을 보내라

오래전에 아내와 나는 저녁 식사 후에 20분 정도 식탁에 머무는 전통(tradition)을 만들어가기로 했다. 저녁 식사를 마치면 아이들은 기타 연습과 숙제를 하러 서둘러 자리를 떴다. 그리고 우리 부부는 잠시 그 자리에 앉은 채 서로 그날 있었던 일에 대해 이야기를 나눴다. 우리는 지난 수십 년간 이렇게 해오고 있다. 최근 몇 년간 우리는 식사 후에 소파로 자리를 옮겼다. 그곳에서 나는 로션을 사용해 아내의 발을 마사지한다. 그것은 우리가 반드시 지켜야 하는 법은 아니며, 때로 우리는 그렇게 하지 않기도 한다. 그러나 대개는 그렇게 함께 시간을 보낸다. 이런 시간은 내가 그녀에게 마음을 쓰고 있음을 알려준다. 그 시간에 우리는 다른 그 누구와도 함께 이야기하지 않을―아무리 오랜 시간이 지나도 그렇게 하지 않을―일들에 관해 이야기를 나눌 수 있다.

모든 결혼 생활에는 말하기와 듣기의 균형이 필요하다. 부부가 아침에 커피를 마시는 자리에서든 밤에 저녁 식사 자리에서든 하루에 20분을 할애해 대화에 사용하는 것은 부부간의 **인격적** 관계를 발전시켜줄 것이다. 가정의 목표와 문제에 관한 조화로운 의견은 부부가 함께 시간을 보내면서 그것들에 대한 견해 차이를 덜어낼 때 나타난다. 부부가 서로 만나지 않는다면 그들의 마음의 만남도 있을 수 없다!

당신은 이렇게 생각할지도 모르겠다. **하지만 당신은 내 아내를 모른다! 우리는 좋은 친구가 될 가능성이 결코 없다. 우리 사이에는 공통점이 거의 없다.** 삶에서 당신이 맡고 있는 성경적 역할에 대해서 생각해보라. 또한 당신이 그녀를 처음 만났을 때 그가 어떻게 보였는지를 떠올려보라. 당신이 그에게 끌렸던 이유는 무엇인가? 당신은 가정의 영적 지도자다. 어떤 방법으로든 당신들 부부가 서로에게서 멀어졌다면 당신은 어떤 책임을 져야 하겠는가? 어쩌면 당신 자신이야말로 세상에서 함께 살기에 가장 어려운 사람일 수도 있다! 유리하게 해석할 기회를 자신이 아니라 그녀에게 주라.

30분간의 실험을 해보면 어떻게겠는가? 매일 아내와 20분씩 대화를 나뒤보라. 당신은 아내에게 그 실험에 관해 말할 수도 있고, 혹은 먼저 그렇게 한 후에 나중에 그것에 대해 설명할 수도 있을 것이다!

책임의 공유

대학 시절에 나의 룸메이트와 나는 살림을 나눠서 했다. 함께 지낸 지 몇 달이 지났을 때 나는 말 그대로 열이 뻗쳤다. 살림을 거의 내가 도맡아 하고 룸메이트는 꾀를 부리고 있다고 느꼈기 때문이었다. 마침내 나는 더 이상 참을 수가 없었다.

"스티브!" 내가 폭발했다. "너는 우리의 관계를 이용하고 있어. 매번 나만 화장실의 휴지를 갈아 끼우고 있어. 나는 늘 진공청소기를 돌려야 하는데, 너는 접시 한 번 닦는 일이 없어."

"내가?" 그가 놀라워하며 소리를 질렀다. "일을 공평하게 나눠하지 않는 쪽은 바로 너야. 나는 늘 부엌 마루를 대걸레로 닦는데 너는 쓰레기 한 번 내다버린 적이 없어!"

우리는 놀라서 서로를 바라보았다. 그리고 갑자기 동시에 깨달음을 얻었다. 우리는 각자 자기가 한 좋은 일만 기억하고 다른 모든 일은 잊고 있었던 것이다. 둘 다 상대방의 약점과 자기 자신의 강점의 목록을 만들고 있었던 것이다. 얼마나 중요한 교훈이었던가!

우리는 만약 우리가 성공적인 룸메이트가 되려면 90/10 **쌍방향** 관계를 맺어야 할 필요가 있다고 판단했다. 다시 말해, 만약 우리 모두가 좋은 기분을 느끼려면, 우리 각자가 서로에게 90%를 주고 10%만 받으려 해야 하며, 아마도 그러면 결국 양쪽 모두가 50%를 주고 50%를 받았다고 느끼는 것으로 끝나게 될 것이라고 여겼다.

가정의 허드렛일과 의무들을 수행하는 의무를 게을리하는 것은 우리의 결혼 생활을 삐걱거리게 만들 수 있다. 협력이 없으면 결혼 생활은 무너진다. 한 아내가 자기 남편에게 말했다. "사람들이 거리에 당신 이름을 붙였다더군요."

"오, 그래, 거리 이름이 뭐래?" 남편이 물었다.

"일방통행."

만약 우리가 아내와 상호합의 아래에 90/10 **쌍방향**이라는 원칙을 세워 적용한다면, 우리의 결혼 생활은 훨씬 더 나아질 것이다. 어째서인가? 우리 인간에게는 자기가 배우자에게 해준 좋은 일들은 모두 기억하고 배우자가 자신에게 해준 일들은 까맣게 잊어버리는 성향이 있기 때문이다.

왜 결혼 생활이 문제에 빠지는가?

때때로 사람들은 잘못된 이유로 결혼을 한다. 한 친구가 말했다. "우리는 두 마리의 진드기들이었어. 둘 다 서로를 개처럼 여겼지." 그러나 더 자주 우리는 최상의 의도를 갖고서 결혼을 한다. 그러나 즉시 시험이 닥쳐오기 시작한다.

내 아내는 배우자들이 서로에게 **비판적**인 태도를 취하기 때문에 대부분의 결혼이 깨지기 시작하는 것을 알아차렸다. 당신이 배우자에게 비판적인 태도를 취하게 될 때 자연스럽게 당신은 마음으로 당신 자신을 옹호한다. 당신은 자신이 만든 이미지 주변에 방호벽을 세우기 시작한다. 그리고 그것은 당신을 배우자로부터 분리시키는 결과를 낳는다.

자신의 권리를 포기하지 않으려는 강력한 투쟁은 결혼 생활을 파국으로 몰아갈 수 있다. 자신에게 배우자가 해야 할 일을 말해 줄 권리가 있다고 여기는 것은 그 배우자에 대한 존경과 감각이 결여되어 있음을 드러내는 것이다. 종종 우리는 자신의 가족을 우리가 친구나 심지어 전혀 모르는 사람들을 대할 때와는 전혀 다른 방식으로 아주 무례하게 대한다. 우리는 아내를 소유하고 있는 것이 아니다. 따라서 적어도 그녀에게 우리가 낯선 이에게 보이는 정도의 예의와 존경을 보여야 한다.

또 다른 문제는 우리가 일을 선호한다는 사실이다. 남자들은 관계를 세우는 것 같은 탁한 물을 헤쳐나가는 싸움을 하는 것보다 어떤 의제나 목표를 세우고 일하는 것을 좋아한다. 밤늦게까지 앉아서 자기의 감정을 표현하려고 애쓰는 것보다 어떤 중요한 프로젝트를 두고 같은 생각을 지닌 남자들과 함께 일하는 것이 훨씬 더 나아 보인다!

우리의 자기중심성이야말로 근본적인 문제다. 결혼 초기에 나는 결혼이 어떠해야 하는지에 대해 나름의 이미지를 갖고 있었다. 그 당시에 나는 아내가 맹목적인 애정을 지니고 나의 다양한 관심사를 위해 봉사하는 모습을 그리고 있었다. 나의 모든 바람은 그녀에게 명령을 내리는 것이었다. 그러다가 그녀가 나의 노예가 아니라 동료가 되기를 원한다는 것을 알게 되었을 때, 나는 화가 났다. 그녀가 나에게 순종하지 않는 것에 그리고 내가 그렇게 어리석었던 것에 대해 화가 났다.

섹스!

남자들에게 섹스보다 더 큰 유혹은 없다. 그것이 충분하지 못해서든, 아내 외에 다른 누군가와 섹스를 하고 싶어서든, 포르노에 빠져 있어서든, 혹은 말할 수 없는 어떤 비밀 때문이든, 남자들에게 성적 충동은 아킬레스건이다. 우리가 자신의 욕망을 통제하고 있다고 생각하는 바로 그 순간 유혹이 다시 우리의 욕정의 문을 두드리기 시작한다.

어느 날 나는 어떤 문제에 관해 브리핑을 하기 위해 백악관으로 들어

가려고 줄을 서 있었다. 좀 더 정확하게 말하자면, 그 건물은 실제 백악관은 아니고 백악관 별관이었는데 사람들은 그것을 그냥 백악관이라고 불렀다. 나는 내 친구와 함께 줄을 선 채 여러 가지 문제에 관해 이야기를 나눴다. 어쩌다 우리는 욕정에 대한 이야기를 하기 시작했다. 그리고 나는 자랑스럽게 말했다. "주님께서는 내가 그 문제로부터 빠져나오게 해주셨어. 이제 나는 더 이상 그 문제로 갈등을 겪지 않아."

브리핑을 마치고 나오면서 우리는 다른 이들과 택시에 합승하기로 결정했다. 비좁은 택시 안으로 들어갔을 때 내 옆에 아주 아름다운 여자한 사람이 앉아 있었다. 우리의 몸은 마치 젖은 옷이 맨살에 닿듯 밀착되었다. 내 몸의 모든 부분이 그녀의 몸과 닿아 있었다. 나는 어깨에서 시작해 허리, 허벅지, 장딴지 그리고 복사뼈까지 몸 전체를 통해 그녀를 느꼈다. 그것은 내 생애에서 가장 길었던 20분간의 택시 승차였다! 내가 어떤 상태에 이르렀다고 생각하고 나서 불과 몇 분 지나지 않아서 주님께서는 나에게 내가 얼마나 약한 존재인지를 일깨워주셨던 것이다.

남편은 오직 아내만을 사랑해야 한다. 오늘날 우리의 문화는 배우자에 대한 성적 충실성을 가치 있는 것으로 여기지 않는다. 성적으로 순결한 척이라도 하도록 강요하는 문화적 압력조차 더 이상 존재하지 않는다.

오늘날 결혼 생활이 존속할 수 있으려면, 적어도 남자와 여자 모두가 동등하게 서로에게 헌신하면서 결혼 제도에 충실해야 한다. 결혼 제도 자체가 높이 존중되지 않는다면 어떤 일이 벌어질까? 조만간 배우자 중 한쪽이 더 이상 자신의 배우자를 사랑하지 않는다는 생각에 빠지고 그 상황에서 빠져나가기를 원하게 될 것이고, 그럴 때는 그들을 함께 묶어둘 그 어떤 도덕적 접착제—그들이 문제를 함께 풀어나가게 하는 틀—도 없어지게 될 것이다.

돈

섹스가 결혼 생활에 대한 충동적인 암살자라면, 돈은 결혼 생활을 천천히 질식시키는 킬러라고 할 수 있다. 돈은 이 책의 다음 부분의 주제이기에 여기서 우리는 그것에 대해 상세하게 논하지 않을 것이다. 다만 여기서는 다른 모든 문제보다도 재정 문제를 다루는 방법을 이해하는 것이 우리의 관계를 치유하는 힘을 갖고 있다는 점만 지적해두고자 한다. 오늘날 부부들과 가정들에 대한 압력 중 경제적 압박만한 것은 없다. 여론 조사는 정기적으로 오늘날 가정들이 경제적 문제를 그들이 마주하고 있는 가장 큰 문제로 여기고 있음을 보여준다. 돈은 중요하지 않다. 당신에게 돈이 한 푼도 없어질 때까지는 말이다! 종종 바로 그때가 우리의 참모습이 드러나는 때다.

소통

남자와 여자는 많은 점에서 인지적으로 다르기 때문에, 배우자들 사이의 말은 종종 서로에게 서로 다른 방식으로 전달된다. 그런 소통은 오해라는 불가피한 결과를 낳는다. 우리가 말을 할 때, 우리는 서로를 오해한다. 그렇다면 우리가 전혀 말을 하지 않는다면, 그 오해는 얼마나 더 커지겠는가!

어린 시절에 했던 게임을 기억하는가? 여러 사람이 원을 그리며 둘러앉는다. 어떤 이가 자기 옆 사람 귀에 한 문장을 속삭인다. 그 사람은 그 구절을 자기 옆 사람에게 속삭인다. 그런 식으로 원을 그리고 앉은 모든 이들이 속삭인다. 그리고 마지막 사람이 그 문장을 큰소리로 말한다. 그때 그 문장이 애초의 것과 얼마나 달랐는지 기억하는가? 그것이 우리가 말을 할 때 나타나는 오해다.

UCLA의 심리학 교수였던 앨버트 메러비언(Albert Mehrabian)은 인간의 소통 중 오직 7%만이 실제 말을 통해 이루어진다고 주장한 바 있다. 놀랍게도 우리의 메시지의 38%는 어조를 통해, 그리고 55%는 몸짓을 통해 전달된다.[22] 만약 당신이 내가 처음에 그랬던 것처럼 이것에 대해 의문을 갖는다면, 다음 예에 대해 생각해보라.

우리가 "당신이 원하는 게 뭐야?"(What do you want?)라는 네 단어로 얼마나 많은 메시지를 전달할 수 있을 것 같은가? 당신이 사무실에서 힘든 하루를 보냈다고 가정해보자. 당신은 지쳐 있고 좌절감을 느끼고 있다. 그런데 집으로 오는 도중에 어떤 이가 새치기를 했다. 당신은 차도에서 멈춰야 했고, 차에서 내려야 했으며, 당신의 아들의 자전거와 스케이트 보드를 옮겨 실어야 했다. 그 장면을 그릴 수 있는가? 당신이 세상에서 가장 원하는 것은 30분만이라도 평화롭게 그리고 조용하게 앉아서 쉬는 것이다.

그래서 집으로 돌아와 가족들과 인사를 나누고 즉시 서재로 들어가 좋아하는 의자에 앉아 신문을 펼쳐든다. 몇 분 후 아내가 들어오더니 뭔가를 묻는다. 그럴 때 당신의 반응은 어떠할까? 당신은 자연스럽게 신문을 내려놓고 사랑스러운 표정으로 아내의 눈을 바라보며 "아, 여보, 뭘 해줄까?"(Hi, darling, what do you want?)라고 말하겠는가? 아니면 신문에 코를 박은 채 그녀에게 귀찮다는 신호를 보내면서 단조롭고 무뚝뚝하게 "응, 여보, 뭐라고?"(Yes, dear, what do you want?)라고 답하겠는가? 그것도 아니면 보다 퉁명스럽게 — 어쩌면 심지어 신문을 구기면서 — 이렇게 소리를 치겠는가? "원하는 게 뭐야?"(What do you want?)

동일한 네 단어를 사용하고 있음에도, 그 말들이 전하는 세 가지 메시지는 완전히 다르다. 어째서 그런가? 우리가 든 예에서 드러나는 어조와 몸짓의 차이를 마음속에 그려보라.

소통의 불가피한 결과는 오해다. 우리는 우리의 말을 듣는 이가 우리가 전하는 바로 그 내용을 얻을 것이라 여긴다. 그러나 우리의 말을 듣는 이는 언제나 자기 나름의 문제와 세상에 대한 나름의 독특한 견해를 갖고 있다. 우리는 오직 대화를 통해서만 우리가 이해되고 있다는 확신을 얻을 수 있다.

결론

많은 남자가 행복하지 않은 결혼 생활을 하고 있다. 그들은 자신들이 사랑에 빠져 있다고 느끼지 못하며 사랑에 대한 성경적 정의를 이해하지 못한다. 그러나 상황이 그렇게 끝나서는 안 된다. 성경은 남편과 아내 모두의 역할을 분명하게 정의하고 있다.

네 가지 형태의 결혼 생활은 자신들의 역할에 대한 남편의 반응과 아내의 반응을 결합시킴으로써 나타난다. 남편은 아내를 사랑하거나 미워할 수 있고, 아내는 남편에게 복종하거나 저항할 수 있다.

사랑과 복종 형태의 결혼 생활은 계약에 의해서 나타나지 않는다. 오히려 그것은 아내를 사랑하고, 아끼며, 양육하고, 존중하며, 부양하라는 그리고 그녀에 대해 깊이 생각하고 거칠게 대하지 말라는 성경의 명령을 매일 신중하게 이행해나갈 때 나타난다.

지금 당신의 결혼 생활이 행복하지 않은가? 어쩌면 당신은 행복하지 않은 것은 아니지만 결혼 생활이 제공할 수 있는 최상의 것을 놓치고 있다는 느낌을 받고 있을 수도 있다. 당신의 아내와 이번 장을 함께 읽고 함께 아래에 있는 16개의 질문에 답하는 시간을 가져보라. 문제가 될 만한 문제들에 관해 함께 이야기하는 습관을 만들어보라.

아내와 함께 논의할 문제들

30일 동안 매일 20분씩 함께 시간을 보내며 다음의 문제들을 논하는 습관을 만들라.

1. 나의 행동 중에 당신이 진심으로 좋아하는 것을 세 개 내지 다섯 개 정도 꼽아보라.

2. 나의 행동 중에 내가 그만두거나 변화시키기를 바라는 것 두 가지를 꼽아보라.

3. 당신은 지금 영적 여행을 하는 동안 상태가 어떤가?

4. 당신은 자신의 삶의 목적이 무엇이라고 보는가?

5. 우리가 여가 시간에 함께할 수 있는 것이 무엇이라고 보는가?

6. 당신이 늘 꿈꿔왔던 여행은 어떤 것인가?

7. 당신의 삶에서 가장 후회되는 것은 무엇인가?

8. 당신이 경험한 가장 큰 실망은 무엇인가?

9. 아이들이 변하는 (혹은 변한) 것을 보면서 어떤 느낌이 드는가?

10. 만약 당신이 당신의 삶에서 무언가를 변화시킬 수 있다면, 무엇이 되겠는가?

11. 답해줄 사람이 없을 경우(배우자가 사망했거나 이혼했을 경우), 다음 5년 내에 당신이 하고 싶은 일은 무엇인가? 10년 내에는? 그리고 은퇴 후에는?

12. 당신에 대한 나의 사랑을 더 잘 표현할 수 있는 확실한 방법은 무엇인가?

13. 당신은 아래의 연속선에서 당신이 어디에 있다고 보는가? 그리고 나는 어디에 있다고보는가?

당신의 답들이 어째서 서로 다른지에 대해 논해보라. 서로 변화할 의지가 있는지에 대해 논해보라.

14. 당신은 이 네 가지 중 어느 형태의 결혼 생활을 하고 있는가?

15. 사랑과 복종 형태의 결혼 생활을 하기 위해서 우리 각자가 취해야 할 실제적 단계는 무엇인가?

16. 남편은 아내에게 고린도전서 13장을 큰소리로 읽어주라. 그녀에게 당신이 실패했던 부분들에 대해 고백하고 용서를 빌라. 아내도 동일하게 하라.

토론 문제

1. 지난 세월 동안 여자들의 역할이 어떻게 변했는가? 이런 변화들은 더 좋은 방향으로 변한 것인가? 나쁘게 변했다면, 어떻게 변한 것인가?

2. 에베소서 5:22-23을 읽으라. 아내의 성경적 역할은 무엇인가? 만약 아내들이 복종한다면, 남편에게는 어떤 책임이 따르는가?

3. 남편의 성경적 역할은 무엇인가? 남편이 자기 아내를 사랑하고 있다고 "느끼는 것"이 중요하다고 여기는가? 왜인가?

4. 성경이 남편에게 아내에 대해 가지라고 명하는 사랑은 어떤 종류의 사랑인가? 이것은 우리가 TV와 영화에서 보는 사랑과 어떻게 다른가?

5. 그림 9.4를 참고하라. 만약 지금 당신의 결혼 생활이 사랑과 복종 형태가 아니라면, 그것은 다른 세 가지 형태 중 어느 것에 가까운가? 결혼 생활의 네 가지 범주 중 어느 것이 당신의 결혼 생활을 가장 잘 보여주는가? 당신의 결혼 생활을 개선하기 위해 당신이 실제적으로 밟아나갈 수 있는 단계들은 무엇인가?

6. 매일 아내와 어느 정도의 시간을 함께 보내는가? 매일 함께 이야기를 나누며 20분을 보낸다는 아이디어에 대해 어떻게 생각하는가? 그 일을 시도해볼 의향이 있는가?

7. 남편과 아내가 모두 90%를 주고 10%를 되돌려 받기를 기대한다면, 그들의 결혼 생활은 50대 50으로 끝나게 될 것이다. 이 개념에 대한 당신의 의견을 말해보라. 당신의 아내에게 **90/10 쌍방향**이라는 개념을 함께 시도해보자고 제안할 생각이 있는가?

10장 위험하지만 의미 있는 보상, 친구

지금으로부터 5년 후에 당신은 두 가지를 제외하고는
지금의 당신과 거의 같을 것이다.
하나는 당신이 읽는 책이고
다른 하나는 당신이 가까이 하는 사람이다.

찰스 존스

요나단이 다윗에게 이르되
네 마음의 소원이 무엇이든지
내가 너를 위하여 그것을 이루리라

사무엘상 20:4

제정신을 가진 사람이라면 아무도 로버트가 나에게 그런 도움을 줬을 것이라고는 꿈조차 꾸지 못할 것이다. 사실 나는 그의 제안을 듣고 무척 당황했다.

불경기로 인해 자금의 흐름에 문제가 생겼다. 재정적 압박을 받는 것보다 더 우울한 느낌을 상상할 수 있는가? 로버트와 나는 여러 해 동안 친구로 지내고 있었다. 우리는 만나자마자 마음이 통했다. 사업에 대한 우리 두 사람의 관심이 하나의 요인이 되기는 했으나 그것보다도 서로의 성격이 아주 잘 맞았다.

그러니 사업상의 문제가 내가 감당할 수 있는 것 이상으로 커졌을 때 로버트를 찾아간 것은 당연한 일이었다. 그는 오랜 시간 참을성 있게 내 말을 들었다. 나로서는 생각을 정리해서 말할 기회를 얻은 것이 좋았다.

내 말을 듣고 나서 로버트는 놀라운 말을 했다. 나는 그가 나에게 사업을 마법처럼 회생시켜줄 만한 조언을 해주리라고 생각했다. 사실 나는 그에게서 얼마간의 격려를 얻기를 기대하고 있었다. 하지만 그가 한 말은 나를 낙담시켰다.

그가 말했다. "나로서는 답이 없네. 하지만 만약 최악의 상황이 온다면, 내게는 우리 둘이 먹고 살 만한 충분한 돈이 있다네. 내가 가진 것은 모두 자네 것이네."

나는 로버트가 한 말이 그저 단순한 농담이 아니라는 것을 알 수 있었다. 그는 그 말을 진심으로 했다. 물론 나는 로버트가 제안한 것을 받아들일 수 없었다. 하지만 그가 보여준 참된 우정은 나로 하여금 수많은 들판에서 소 떼를 먹이시는 하나님을 떠올리게 해주었다.

갑자기 내가 가진 모든 문제가 별 것 아닌 것으로 보였다. 나는 하나님이 나를 부양해주시리라는 것을 알았다. 로버트는 나의 친구가 됨으로써 하나님이 얼마나 나를 사랑하시는지를 보여주었다. 그리고 나는 나의 모든 일이 잘 풀리리라는 것을 알았다.

문제

당신에게 절친한 친구가 있는가? 내가 말하는 것은 전화를 해서 함께 점심을 먹자고 말할 만한 누군가가 아니다. 내가 말하는 것은 참으로 가까운 친구, 즉 당신이 대학이나 고등학교 때 가졌던 것과 같은 친구다. 무엇이든 혹은 모든 것에 관해 이야기를 나눌 수 있는 친구, 당신이 진짜 멍청한 소리를 할 때도 껄껄껄 웃어주는 친구, 마음을 터놓고 이야기를 나눌 수 있는 친구, 당신에게 누군가 말할 사람이 필요할 때, 당신이 심각한 문제에 빠졌을 때 혹은 당신이 괴로울 때 당신 곁에 있어 줄 친구.

도대체 이런 친구들은 다 어디로 간 것일까? 어째서 성인 남자들은 젊은 시절의 친구들처럼 투명하고 섬세한 특성을 지닌 우정을 발전시키지 못하는 것일까?

학창 시절을 마감하면서부터 우리는 경력을 쌓고, 삶의 동반자를 택하며, 가정을 이루고, 삶을 살아나가며, 물질을 축적하는 일에 몰입한다. 이렇게 삶을 "세워나가는" 단계에서는 친구를 위해 낼 만한 시간이 많지 않다. 또한 그래야 할 필요도 크지 않다. 결국 가족들이 관계에서 느끼는 필요의 대부분을 충족시켜준다.

그러나 시간이 흐르면서 남자들에게는 오직 다른 남자들―같은 구두를 신고 걷는, 같은 문제를 공유하고 있는 그리고 비슷한 삶의 경험을 지닌 남자들―과 다른 그리스도인 남자들을 통해서만 충족될 수 있는 필요들이 나타나기 시작한다. 어느 지점에서 남자들은 자기들에게 진정한 친구들이 필요하다는 것을 깨닫는다. 하지만 성인들 사이의 우정은 시작하기도 어렵고 지속하기는 더 어렵다.

대부분의 성인 남자에게 가장 가까운 관계는 사업과 관련해 맺어진 관계다. 그들은 하루 종일 같은 일을 함께한다. 그리고 그런 공통의 목표―그것이 조립식 건물에 석고판(石膏板)을 거는 것이든 부동산을 판매하는 것이든 간에―는 어느 정도의 우정과 동료 의식을 만들어낸다. 그러나 일을 통한 관계가 인격적 관계, 특히 깊이 있는 관계로 발전하는 경우는 거의 없다.

대부분이 "부족한" 우정을 경험하고 있다. 그들의 대차대조표의 참된 우정이라는 항목은 빈칸으로 남아 있다. 대부분 참된 친구를 얻는 방법에 대해 혹은 그런 친구가 되는 방법에 대해 알지 못한다.

우리는 많은 지인에게 둘러싸여 있으면서도 진심어린 대화를 나눌 수 있는 누군가를 갈망할 수 있다. 우리에게는 우리의 가장 내밀한 꿈과 두려움에 대해 함께 이야기를 나눌 사람이 없을 수 있다. 우리에게는 기꺼이 우리의 말을 들어주는, 즉 신속한 해결책을 제시하지 않으면서 그저 친구가 되어 우리의 말에 귀를 기울여줄 이가 없을 수도 있다.

친구는 위험을 초래한다. 거부, 배신, 당혹스러움, 상처 난 감정을 초래한다. 하지만 친구는, 우리가 친구를 얻는 법을 배울 수만 있다면, 그런 위험을 무릅쓸 만한 가치가 있다.

친구 vs 지인

어느 성공한 사업가가 이렇게 말했다. "당신이 삶에서 필요한 모든 것은 50명의 친구들이다. 그러면 1년에 매주 한 사람씩 만나 파티를 즐길 수 있다!"

물론 그가 말하고 있었던 것은 50명의 **친구**가 아니라 50명의 **지인**이다. 그 어떤 사람도 50명과 친구 관계를 유지할 수 없다. 참된 친구를 얻기 위해서는 시간과 에너지를 들여야 한다. 아무도 여러 명의 참된 친구를 둘 수 없다.

언젠가 나는 한 지인에게 내가 아주 많은 친구를 두고 있다고 자랑한 적이 있다. 그러자 그가 즉각 이렇게 말했다. "아니요, 그럴 수 없어요. 당신은 수많은 사람을 만났을 수 있어요. 그러나 당신은 소수의 사람들 외에는 그들에 대해 진정으로 알 수 없을 거예요. 만약 당신에게 세 명의 참된 친구가 있다면, 당신은 운이 좋은 겁니다."

처음에 나는 그가 자기가 나의 상황에 대해 많은 것을 알고 있는 것처럼 말한 것에 기분이 상했다. 하지만 나중에 그가 한 말에 대해 생각해보았을 때 나는 내가 정말로 많은 사람을 알고 있으나 그와 동시에 참된 친구를 세 사람도 갖고 있지 않다는 사실을 깨닫게 되었다. 그 후로 나는 내 삶에서 그 문제를 해결하기 위해 노력해왔고 지금은 나의 아내를 포함해 다섯 명의 참된 친구를 갖고 있다고 믿는다.

우리 모두는 "한 무리의 친구"를 갖고 있다. 우리는 그들과 함께 골프를 치고, 교회에 다니며, 저녁 식사를 하고, 낚시나 소프트볼 같은 공통의 관심사를 나눈다. 그러나 종종 이런 이들은 "좋은 시절의" 친구들이다. 즉 그들은 우리의 형편이 좋을 때 우리 곁에 있는 친구들이다.

우리가 이번 장에서 말하고자 하는 것은 "나쁜 시절의" 친구들, 즉 우리가 직업을 잃었을 때, 배우자와 헤어졌을 때, 우리의 딸이 마약을 하고 있음을 알게 되었을 때 혹은 삶에서 어떤 좌절을 겪고 있을 때 우리 곁에 있어 줄 친구들이다.

우리의 친구들은 단순한 지인 이상일 수도 있다. 하지만 그들은 여전히 "참된 나"를 알지 못한다.

당신이 친구라고 여기는 이들이 진정으로 당신의 친구들인가? 그들은 당신이 문제에 빠지거나 큰 실수를 했을 때 찾아갈 수 있는 친구들인가? 혹은 그 성공한 사업가의 경우처럼 파티를 즐기기 위해서만 당신 곁에 머무는 친구들인가? 나는 대부분의 남자가 자신의 관을 들어줄 사람 6명 정도는 얻을 수 있다고 생각한다. 하지만 새벽 2시에 전화를 걸 수 있는 한 사람의 친구를 얻기는 어려울 것이다.

찾기 어려운 친구

도널드는 친구가 많은 유명인이었다. 그의 집 앞에 차들이 늘어서 있는 것은 특별한 일도 아니었다. 그는 자신의 수영장 주변에 몰려 있는 이들을 바라보며 말했다. "내가 다음 주에 자동차 사고를 당하면 이들 중 몇 사람이나 꽃을 보내줄까?"

"재물은 많은 친구를 더하게 하나 가난한즉 친구가 끊어지느니라"(잠 19:4). 우리의 친구가 진짜인지, 혹은 만약 문제가 생기면 우리를 외면할 사람인지를 어떻게 알 수 있겠는가? 우리가 뉴스, 스포츠, 날씨에 관해서나 대화를 나누는 상태를 벗어나지 못한다면, 결코 그것을 알 수 없을 것이다.

솔직히 말해, 대부분의 남자가 누군가와 삶의 보다 깊은 부분을 논의할 준비가 되어 있지 않거나 그의 기분을 상하게 할까 두려워 그런 문제를 꺼내놓는 것 자체를 꺼린다. 이 책의 각 장 끝에 있는 토론 문제들은 사소한 대화라는 얕은 물에서 벗어나는 데 도움을 줄 것이다. 여기서 먼저 깜짝 퀴즈를 통해 당신이 어떤 친구 관계를 맺고 있는지 알아보도록 하자.

깜짝 퀴즈

당신에게는 몇 명의 절친한 친구들이 있을 수도 있고 전혀 없을 수도 있다. 혹은 사실은 이럴 가능성이 큰데, 여러 사람을 알고 있으나 그들과 당신의 관계가 얼마나 깊은지 확신하지 못할 수도 있다. 아래의 질문을 숙고해보라. 당신이 그동안 사람들과 참된 친구 관계를 발전시킬 만큼 충분히 그들과 교제해왔는지 알 수 있을 것이다.

---

1. 일이 안 풀리고 힘든 상황에 있을 때 함께 이야기를 나눌 친구가 있는가?

　　　□ 그렇다.　　　□ 아니다.

2. 어리석게 보일 것을 두려워하지 않고 솔직한 생각을 털어놓을 수 있는 친구가 있는가?

　　　□ 그렇다.　　　□ 아니다.

3. 어쭙잖은 조언을 하지 않으면서 당신이 문제를 끝까지 말하도록 내버려두는 친구가 있는가?

　　　□ 그렇다.　　　□ 아니다.

4. 당신에게 무시당할 각오를 하고서 당신이 적절한 궤도에서 이탈하고 있음을 지적해줄 친구가 있는가?

　　　□ 그렇다.　　　□ 아니다.

5. 당신이 죄를 짓고 있다고 혹은 판단을 잘못하고 있다고 지적해줄 친구가 있는가?

　　　□ 그렇다.　　　□ 아니다.

6. 만약 당신이 도덕적으로 실패하고 있다면, 당신의 친구는 당신의 편을 들어줄 것인가?

　　　□ 그렇다.　　　□ 아니다.

7. 함께 삶을 마주하고 있다고 느끼는 친구가 있는가? 그들과 남자들
   만의 독특한 삶의 문제를 함께 논할 수 있는가?
   　　□ 그렇다.　　　　□ 아니다.

8. 믿을 수 있는 친구, 끝까지 비밀을 지켜줄 수 있는 친구가 있는가?
   　　□ 그렇다.　　　　□ 아니다.

9. 당신이 솔직하게 약점을 다 보여줄 때, 그는 당신을 얕잡아보지
   않을 친구인가?
   　　□ 그렇다.　　　　□ 아니다.

10. 매주 혹은 격주로 만나 교제하고 기도하는 친구가 있는가?
    　　□ 그렇다.　　　　□ 아니다.

만약 대부분의 질문에 "그렇다"라고 답하지 못한다면, 이번 장에서 제
시된 원리들을 깊이 생각해보고 절친한 친구 몇몇을 만드는 모험을 해
볼 필요가 있다. 1년 후 이 퀴즈를 다시 풀어보고 모든 질문에 "그렇다"
라고 답할 수 있다면 그것은 아주 큰 보상이 되지 않겠는가? 그런데 어
째서 이런 참된 우정을 발전시키기 위해 애써야 할까?

편안함을 느끼기엔 너무 가까운 친구

존은 생각을 숨기며 살았다. 그 삶은 그가 겉으로 드러내 보이는 이미
지와는 많이 달랐다. 그는 친구 빌과 점심을 먹으면서야 그것을 깨달았

다. 빌이 요즘 어떠냐고 물었을 때, 존은 빌이 자신의 마음을 꿰뚫고 있다고 느꼈다. 교제가 길어질수록 그는 자신의 생각이 점점 더 "발가벗겨지고" 있다고 느꼈다.

실제로 존은 자신을 완전하게 위장하고 빌을 철저히 속이고 있었다. 시간이 흐르면서 존은 빌과의 점심 약속을 취소하기 시작했고 결국 더 이상 약속을 잡지 않기에 이르렀다. 빌은 존이 편안함을 느끼기엔 너무 가까워지고 있었다.

남자들은 패러독스 속에서 살아간다. 절친한 친구를 갖기를 진심으로 원하지만 누군가가 우리에게 **지나치게** 가까워지는 것을 두려워한다. 만약 어떤 이가 **정말로** 우리를 알고 나면 우리를 좋아하지 않게 될 것이라고 걱정한다. 그래서 어떤 이가 우리와 지나치게 가까워지기 시작하면 슬그머니 그에게서 물러서며, 대화의 주제를 바꾸거나 어떻게 그와 헤어질까 고민하기 시작한다.

우리에게는 인정, 즉 다른 사람에 의한 용납이 필요하다. 다른 이들에 의해 거부되는 것을 두려워한다. 따라서 우리는 사람들과 거리를 유지하려 한다. 누군가에게 우리의 약점을 드러내 보이지 않으면, 누군가에게 거부되는 위험을 안전하게 피할 수 있다.

남자 중 자기의 참 모습을 아는 친구를 갖고 있는 이들은 거의 없다. 그들은 거리를 유지함으로써—뉴스, 스포츠, 날씨 같은 피상적 수준의 대화를 유지함으로써—서로의 약점을 다루지 않는다.

바로 이것이 남자들의 교제가 갖고 있는 문제 중 하나다. 누군가와 가까워질 때 우리는 그와 비밀을 공유하고 싶어진다. 우리는 **알려지기를**, 우리가 상처를 받고 있을 때 누군가가 우리에게 **마음을 쓰고 도와주기를** 바란다. 그러나 또한 우리는 우리 안에서 작동하는 또 다른 힘 하나를 발견한다. 그것은 우리가 그 가까움으로 상처 입지 않기 위해 그와 **거리를 두도록** 촉구한다. 우리는 어떻게 상처를 받을까?

배신!

율리우스 카이사르(Julius Caesar)는 마르쿠스 유니우스 브루투스(Marcus Junius Brutus)를 철저하게 믿었고, 큰 꿈과 비밀을 공유했다.

기원전 44년 3월 15일, 카이사르는 여느 때처럼 로마 원로원 건물 안으로 들어갔다. 그러나 이미 암살자들이 그곳에서 그를 기다리고 있었다. 그는 암살자들과 맞서 싸우면서 그곳을 탈출하려 했다. 바로 그때, 자신에게 일격을 가하기 위해 단검을 뽑아들고 다가오는 브루투스를 보았다.

배신에 허를 찔린 카이사르는 저항을 포기하고 겉옷으로 자신의 얼굴을 가렸다. 그리고 그 유명한 말을 남겼다. "브루투스, 너마저?"(Et tu, Brute?) 그는 더 이상 저항하지 않고 죽음을 맞이했다.

카이사르처럼 쓰라린 배신을 겪는 이들은 많지 않겠지만, 친구들이 우리의 믿음에 "칼을 찔러넣어" 우리를 죽음에 이르게 할 수는 있다.

프레드는 언제나 흥분한 고슴도치처럼 나를 맞이한다. 그래서 나는 늘 상처를 줄이기 위해 조금 뒤로 물러섰다! 나는 다른 친구 짐에게 내가 프레드를 좋아하기 위해 얼마나 애쓰고 있는지에 대해 말했다. 나는 그저 누군가와 그 문제에 대해 이야기를 나누고 싶었을 뿐이었다.

두 주 후에 또 다른 친구가 나에게 말했다. "자네가 프레드를 어떻게 생각하는지 알아. 나 역시 같은 씨름을 하고 있다네."

배신이었다! 심각한 일은 아니었지만 짐에 대한 나의 신뢰를 회복하기는 어려웠다.

모든 사람은 적어도 한 명의 믿을 만한 사람, 비밀을 편안하게 털어놓을 수 있는 다른 사람을 갖고 있는 것처럼 보인다. 문제는, 당신도 알겠지만, 만약 모든 사람이 비밀을 터놓고 말할 수 있는 단 한 명의 친구를 갖고 있다면, 곧 온 세상이 그 비밀을 알게 된다! 그리고 그리스도인들의 모임에서 이런 현상은 두드러진다. 저급한 가십거리가 종종 기독교적 관심사인 양 위장하고 나타난다. "우리는 [이런저런 것을 위해] 기도할 필요가 있어요." 벤저민 프랭클린(Benjamin Franklin)이 그 개념을 잘 포착해냈다. "세 사람이라도 비밀은 지킬 수 있다. 그중 둘이 죽기만 한다면."

모든 사람이—정말로 **모든 사람**—비밀을 터놓고 말할 수 있는 친구가 적어도 한 명은 있다. 따라서 친구에게 배신당하는 일을 피하는 유일한 방법은 기본적인 룰을 세우는 것이다. 만약 친구가 당신의 신뢰를 저버렸음을 알게 된다면, 그때 당신은 사랑 어린 직면으로 우정을 구하기 위해 노력해야 한다. 만약 친구가 유감을 표명한다면(아마도 그는 분명히 그럴 것이다), 당신은 한 친구를 구한 셈이다. 그러나 설령 그렇지 않더라도, 큰 손해가 아닐 것이다.

언젠가 낙담한 다윗 왕이 적들에게 중상을 당했다. 그들은 다윗의 죽음을 바랐고, 그의 명성을 헐뜯었으며, 거짓 소문을 퍼뜨렸다. 그러나 그를 정말로 괴롭힌 것은 친구의 배반이었다. 다윗은 당시의 상황을 이렇게 썼다.

나를 책망하는 자는 원수가 아니라
원수일진대 내가 참았으리라.
나를 대하여 자기를 높이는 자는
나를 미워하는 자가 아니라

미워하는 자일진대 내가 그를 피하여 숨었으리라.

그는 곧 너로다 나의 동료,

나의 친구요 나의 가까운 친우로다.

우리가 같이 재미있게 의논하며

무리와 함께하여

하나님의 집 안에서 다녔도다(시 55:12-14).

친구에게 배반당하는 것보다 더 깊은 감정적 고통이나 잔혹한 상처는 존재하지 않는다.

신뢰, 솔직함 그리고 자신의 약함을 드러내 보이는 것은 참된 우정을 이루는 요소들이다. 종종 배반에 대한 두려움이, 온 마음으로 누군가를 믿는 위험을 감수하려는 의지를 능가한다. 그래서 우리는 약함을 드러내 보이지 않기로 결심한다. 한 노래의 가사처럼 "바위는 고통을 느끼지 않고, 섬은 울지 않는다."[23]

물론 우리는 그럼에도 고통을 느끼고 부르짖는다. 그것이 우리에게 친구가 필요한 이유다.

내가 성인이 되어 처음으로 사귄 친구

모든 가치 있는 일이 그러하듯, 우정을 발전시키기 위해서도 많은 활동과 생각과 노력이 필요하다. 그리스도인이 되고 나서 얼마 안 되었을 때 남자들을 대상으로 한 수련회에 참석한 적이 있다. 주강사들 가운데 한 사람인 톰 스키너(Tom Skinner)는 사람 사이의 관계, 즉 서로의 온전한 영적 성숙을 돕기 위해 서로 가까워지는 관계에 관해 말했다.

이를 통해 내가 서로를 영적으로 돕고 우리가 사는 도시를 그리스도를 위해 변화시킬 방법에 관해 함께 고민할 그 어떤 사람과도 교제하고 있지 않다는 사실을 깨달았다.

다음 주일에 나는 서른 살이나 많은 한 남자에게 혹시 매주 만나서 교제하고 기도할 의향이 있는지 물었다. 그는 조금도 주저하지 않고 열정적으로 "좋지요!"라고 말했다. 그 후로 우리는 그가 세상을 떠날 때까지 32년간 매주 수요일에 만나 교제를 나눴다.

많은 남자가 일대일 교제에 이 정도의 관심이 있다. 만약 당신이 참된 친구를 원한다면, 스스로 그 첫 단계를 시작하는 사람이 되자.

위험 감수하기

개인적으로 나는 절친한 친구들을 원하는 성향이다. 그리고 여러 해 동안 주도적으로 동시에 몇 사람과 긴밀한 우정을 나누었다. 그러나 성공보다 실패가 많았음을 고백하지 않을 수 없다.

우정이 실패했다는 뜻은 아니다. 오히려 나는 꽤 많은 친구와 교제를 즐기고 있다. 그러나 온전히 나를 드러낼 만큼 깊은 관계는 많지 않다. 개인적으로 상처받기 쉬운 부분들은 드러내지 못했고 그것이 드러나면, 관계는 편안함을 느끼기에는 너무 가까운 것이 되었다.

편안함을 느끼기에는 너무 가까워지고 있다고 느낄 때, 갑자기 그와의 약속이 설명하기 어려운 방식으로 다른 미팅 시간과 겹치거나 그와 만나지 못할 이유들이 나타나기 시작한다. 내게 이런 관계가 있다면 나에게 그 책임이 있다고 확신한다. 그런 위험을 기꺼이 감수하려고 했음에도 불구하고 말이다.

우정을 얻기 위해서는 상처라는 비용을 지불해야 한다. 누군가 너무 가까이 다가오기 시작할 때 우리가 그에게 다가오지 말라고 팔을 내뻗는다면, 그가 특별히 정서적으로 안정되어 있거나 그 우정을 만드는 일에 몰두하고 있지 않는 한 아마도 그는 우리가 던지는 메시지를 이해하고 뒤로 물러설 것이다.

만약 친구가 우정을 만드는 일에 몰두하고 있다면, 그는 우리에게 솔직함을 요구할 것이다. 그다음은 우리의 차례. 우리는 가면을 벗어던질 수도 있고 계속 팔을 뻗어 그를 밀어낼 수도 있다. 물론 어떤 이들은 관계를 세우는 과정을 어기고 너무 빨리 너무 강력하게 다가올 수도 있다. 그러나 우정이 작동하려면, 결국 솔직해져야 한다. 어떤 이가 너무 가까이 다가와서 편안함이 사라질 때, 우리는 두 가지 선택을 할 수 있다. 그와 참된 관계를 맺거나, 그와 만날 수 없을 정도로 너무 바빠지는 것이다.

친구를 가져야 할 네 가지 이유

솔직히, 많은 남자가 기꺼이 위험을 감수하지 않는다. 이 모험은 간단해 보이지만 실제로는 아주 복잡하다. 부서지기 쉬운 자아는 참된 친구를 만드는 것을 어렵게 한다. 그런 위험은 감수할 만한 것인가? 물론이다. 친구를 갖는 것에는 다음 네 가지 유익이 따른다.

▶ 첫째, 당신이 필요로 할 때 그곳에 있다

친구의 목적은 무엇인가? 세상에 살았던 가장 지혜로운 사람인 솔로몬은 이렇게 썼다. "두 사람이 한 사람보다 나음은 그들이 수고함으로 좋은 상을 얻을 것임이라. 혹시 그들이 넘어지면 하나가 그 동무를 붙들어 일으키려니와 홀로 있어 넘어지고 붙들어 일으킬 자가 없는 자에게는 화가 있으리라"(전 4:9-10).

도덕적 실패, 영적 방황, 깨어진 결혼, 자아의 붕괴, 실직, 죄—이렇게든 저렇게든 **누구나** 넘어진다! 그럴 때 누가 우리가 일어서도록 도울 것인가? 우리에게 친구가 있다면 그가 도울 것이다. "붙들어 일으킬 자가 없는 자에게는 화가 있으리라"(전 4:10).

친구는 우리가 머릿속에 진리를 새겨넣도록 도울 수 있다. 우리의 마음을 차지하기 위한 전투는 우리가 영적으로 성숙할수록 강화된다. 그것은 절대로 멈추지 않는다. 친구는 우리가 볼 수 있거나 볼 수 없는 적들에 맞서 우리 자신을 보호하도록 돕는다. "한 사람이면 패하겠거니와 두 사람이면 맞설 수 있나니 세 겹줄은 쉽게 끊어지지 아니하느니라"(전 4:12). 서로 등을 맞대고 싸우는 두 사람에게는 아무도 몰래 다가갈 수 없다. 서로 등을 맞대고 싸우는 두 사람은 모든 방향에서 다가오는 공격을 막아낼 수 있다.

▶ 둘째. 우리가 궤도에 머물도록 돕는다

은행이 나의 대출 신청을 거부했다. 내가 처음으로 신청한 대출이었다. 나는 그들과 이미 3년이나 거래를 해오던 상태였다. 화가 치밀었고, 만나는 모든 이들에게 그 은행이 나에게 저지른 끔찍한 일에 대해 투덜거렸다.

한 친구가 나를 잡아끌더니 이렇게 말했다. "팻, 자네가 겪은 것이 좋은 일이라면 친구들에게 말해도 되지만 좋지 않은 일이라면 은행에 직접 말하게나." 나는 그 일을 해결할 수 있는 사람들은 빼놓고 엉뚱한 이들에게 투덜거린 내가 얼마나 어리석었는지 깨달았다.

은행의 부행장이 나를 만나주기로 했다. 나는 친구가 해준 말을 부행장에게 이야기하고 일을 바로잡아달라고 요구했다. 부행장은 대출을 허락해주었다. 그 후에 나는 빌린 돈을 갚기 위해 노력하며 힘을 쏟았다.

그 일은 내가 얼마나 빨리 옆길로 샐 수 있는지를 알려주었다. 우리 대부분은 자신의 이론과 개념이 늘 옳다고 합리화한다. 그러나 우리의 말이 반드시 옳은 것은 아니다. 이기심과 오만함은 늘 우리의 마음이 흔들리는 때를 기다린다. 그럴 때 친구가 우리를 궤도에 머물도록 도울 수 있다. "친구의 아픈 책망은 충직으로 말미암는 것이나 원수의 잦은 입맞춤은 거짓에서 난 것이니라. … 기름과 향이 사람의 마음을 즐겁게 하나니 친구의 충성된 권고가 이와 같이 아름다우니라"(잠 27:6, 9). 우리 모두에게는 자신을 정당화하지 않도록 때때로 현실을 확인해줄 누군가가 필요하다.

▶ 셋째. 명료한 사고를 하도록 돕는다

"내 말 좀 들어주겠나?" 그가 말했다.

"어서 오게." 내가 답했다.

한 시간 반 동안 그는 계속 혼자 떠들어댔다. 그러고는 이렇게 말했다. "고맙네. 아마도 자넨 이 시간이 나에게 얼마나 소중했는지 모를 거야." 그러고는 훌쩍 떠났다. 내가 한 일이라고는 그에게 "어서 오게"와 "잘 가게"라고 말한 것뿐이었다.

깊은 고민에 빠졌던 때를 떠올려보라. 어쩌면 바로 지금이 그런 때일 수도 있다. 문제를 제대로 생각할 수 있는가? 정신은 혼란스럽고, 머릿속을 정리해보려 할수록 근심만 생길 뿐이다. 당신은 **이럴 때 누군가와 이야기를 할 수 있으면 좋으련만** 하고 생각한다. 바로 그게 친구가 존재하는 이유다!

우리의 마음은 종종 농간을 부리지만 친구는 공명판 노릇을 함으로써 우리를 도울 수 있다. 친구에게 이야기할 때 우리는 생각을 일관성 있는 문장으로 만들어낸다. 어떤 문제를 상세하게 말하는 것은 어떤 추론 방식보다 사고를 명료하게 만들어준다. 말하기(talking)에는 생각하기(thinking)에는 존재하지 않는 **훈련 과정**이 들어 있다. "철이 철을 날카롭게 하는 것 같이 사람이 그의 친구의 얼굴을 빛나게 하느니라"(잠 27:17). 대개 옳은 답은 우리가 "그것을 말할 때" 저절로 알려진다.

▶ 넷째. 친구는 듣는다

때로 우리에게는 해결책이 필요하지 않다. 우리에게 필요한 것은 고통에 공감해주는 그 누군가다.

수화기 너머에서 시드의 음성이 들려왔을 때 손이 떨리기 시작했다. 그의 목소리를 듣자마자 나는 거래가 무산되었음을 알아차렸다. 그를 설득하는 것이 소용없음을 알았고, 나는 거지가 되기 직전이었다.

그는 단조로운 어투로 말을 이어나갔으나 나의 생각은 질주하기 시작했다. **지금 압박, 일시적 휴업, 그동안 허비한 시간, 그로 인한 충격. 이제 내 회사는 어떻게 해야 하나? 팻시는 벌써 집에서 출발했을까?**

전화 신호음이 네 번 울렸고 손에서는 땀이 나기 시작했다. 팻시는 월요일마다 자기 언니와 점심을 먹었고 나는 그녀가 이미 집에서 출발했을 거라고 여겼다. 즉각 나의 가장 친한 친구이자 아내인 팻시와 이야기를 나눌 수 없을 거라는 생각이 나를 고뇌의 바닷속으로 밀어 넣었다. 바로 그때 팻시가 전화를 받았다. 구원이 밀려왔다.

팻시는 나와 함께 있기 위해 자신의 계획을 취소했다. 어느 레스토랑 주차장에서 만난 그녀는 마치 비가 질척거리는 날 나의 지친 영혼을 위로하기 위해 하늘로부터 비춰오는 따스한 한 줄기 빛처럼 보였다. 그녀는 내 이야기를 들었다. 그거면 충분했다.

당시 내가 무엇보다도 바랐던 것은 단지 내 이야기를 들어줄—나에게 조언하려고 하지 않으면서 그저 내 이야기를 공감해줄—누군가였다. 종종 우리에게 필요한 것은 현명한 조언이 아니라 현명한 공감이다. 말이 아니라 연민이다.

나쁘거나 슬픈 일이 생길 때 당신은 누구에게 전화를 하는가? 당신을 위해 근심해줄 누군가가 있는가? 그런 친구를 갖고 있는가? "친구는 사랑이 끊어지지 아니하고 형제는 위급한 때를 위하여 났느니라"(잠 17:17). "많은 친구를 얻는 자는 해를 당하게 되거니와 어떤 친구는 형제보다 친밀하니라"(잠 18:24).

*　　*　　*

이번 장에서 우리는 참된 우정을 매력적인 것으로 소개했다. 실제로 그러하다. 그러나 모든 가치 있는 것이 그러하듯이 우정에도 노력이 필요하다. 참된 우정은 계발되어야 한다.

겉도는 수준의 교제를 넘어서려면 시간, 신뢰 그리고 솔직함이라는 투자가 필요하다. 그에 대한 보상은 참된 친구, 즉 당신이 우리가 앞서 살펴본 깜짝 퀴즈에 "그렇다"라고 답할 수 있는 친구를 얻는 것이다.

토론 문제

1. 대부분의 남자가 정기적으로 만나는 절친한 친구를 갖고 있지 않다.
   □ 그렇다. □ 아니다.

2. 당신은 첫 번째 질문에서 언급된 것과 같은 친구를 갖고 있는 남자들을 얼마나 알고 있는가? 당신은 우리가 그런 친밀한 우정을 세우고 유지하기가 어째서 그렇게 어렵다고 생각하는가?

3. **지인**과 **친구**의 차이를 설명해보라. 당신은 젊은 시절의 친구와 같은 친구를 다시 얻을 가능성이 있다고 보는가?

4. 절친한 친구에게 배신당하는 쓰라린 경험을 해본 적이 있는가? 그런 경험은 당신의 다른 관계에 어떤 영향을 주었는가?

5. 당신은 솔직하게 자신을 드러낼 수 있는 친구를 갖고 있는가? 친구에게 솔직해지기 위해서는 무엇이 필요한가?

6. 때로 우리는 우리에게 충고해줄 친구가 필요하다. 누가 당신에게 충고해주는가?

7. 때로 우리는 공명판 역할을 해줄 친구가 필요하다. 누가 당신의 삶에서 공명판 역할을 해주는가?

8. 때로는 그저 우리의 말을 들어주는 친구가 필요하다. 당신은 아무런 충고도 하지 않으면서 공감해주는 친구를 갖고 있는가?

3부

돈

11장 돈에 관한 성경적 관점

돈의 문제는
그것이 당신이 원하지 않는 일을 하도록 만든다는 것이다.
영화《월스트리트》중에서

충성된 자는 복이 많아도…
잠언 28:20

지난 몇 달간 토드는 빚으로 압박을 느껴왔다. 그는 멋진 삶을 사랑했고 잡지와 TV 광고가 하는 조언을 따르며 살아왔다. 그러나 이런 생활방식은 가정에 긴장을 초래했고 그의 마음을 짓눌렀다.

아내 자넬은 인내하면서 그에게 정서적 안정감을 주려고 애썼지만 그녀 역시 속수무책이었다. 불쑥불쑥 이혼에 대한 생각이 떠올랐으나, 그때마다 그녀는 그런 생각을 떨쳐버렸다. 그럼에도 여전히 그녀는 과연 토드가 무지개를 좇는 일을 그칠 수 있을지 답답해하고 있다.

유난히 더웠던 어느 날, 토드는 이웃집 뒷마당에 있는 수영장을 오랫동안 살펴보았다. 그러고는 수영장 설치업자에게 전화를 걸었다. 업자는 저녁 식사 후에 그 문제를 논의하기 위해 토드의 집을 찾아오겠노라고 했다. 토드는 자신에게 새 수영장을 만들 만한 여유가 있는지 궁금했다. 그러면서 그는 허공에 대고 "도대체 사람들은 중요한 재정적 결정을 어떻게 하는 걸까?" 하고 물었다.

문제

최근에 나는 150명의 남자들에게 재정상의 문제를 겪고 있는지 물었다. 60%가 "그렇다"라고 답했다. 한 사람은 이렇게 말했다. "돈으로 해결할 수 없는 문제는 없어요."

돈에 관한 당신의 성경 IQ는 얼마나 되는가? 솔직히 말해, 성경은 돈에 대해 매우 혼란스러운 입장을 보인다. 왜인가? 성경은 돈과 소유를 다루는 법에 대해 아주 많은 말을 하고 있기 때문에 여러 가지 오해를 불러일으킬 수 있다. 재정 관련 분야의 저자이자 재정 훈련 사역 단체인 컴파스(Compass—finances God's way, 부동산 관련 자문회사)의 설립자인 하워드 데이턴(Howard Dayton)에 따르면, 기도에 관한 성경 구절은 500여 개인 데 비해 돈과 소유를 다루는 법에 관한 성경 구절은 2,350개가 넘는다. 따라서 성경이 돈에 관해 말하는 것을 온전하게 이해하려면 성경 전체를 읽어볼 필요가 있다.

우리는 좋아하는 성경 구절에는 눈을 크게 뜨고 좋아하지 않는 구절에는 눈을 감으면서 하나님과 돈에 관한 나름대로 잘 정돈된 신학을 만들어낸다. 그럼으로써 탐구를 통해 신중하게 검토된 견해가 아니라 종종 우리의 사적인 욕망에 부응하는 견해를 얻게 된다.

돈의 문제는 예수님께서 하신 말씀으로 잘 요약된다. "한 사람이 두 주인을 **섬기지** 못할 것이니 혹 이를 미워하고 저를 사랑하거나 혹 이를 중히 여기고 저를 경히 여김이라. 너희가 하나님과 재물을 겸하여 섬기지 **못하느니라**"(마 6:24). 섬기다(serve)라는 단어는 "문자적으로든 비유적으로든, 자발적으로든 비자발적으로든, 누군가의 종이 되는 것"을 의미한다.

그것은 **적부**(適否)의 문제가 아니다. "너희가 하나님과 재물을 겸하여 **섬기지 말라**(should not)." 적부의 문제라면 그것은 **우선순위**를 정하는 문제가 될 것이다.

그것은 **의무**의 문제가 아니다. "너희가 하나님과 재물을 겸하여 섬겨서는 **안 된다**(must not)." 책임의 문제라면 그것은 **도덕적** 선택의 문제가 될 것이다.

오히려 그것은 **불가능성**의 문제다. "너희가 하나님과 재물을 겸하여 섬기지 못하느니라(cannot)." 선택은 없다. 우리 모두는 오직 한 주인만을 섬긴다. 우리는 하나님의 종이거나 돈의 종이거나 둘 중 하나일 뿐이다. 왜 예수님은 우리가 두 주인을 섬길 수 없다고 말씀하셨을까?

솔직히 이런 가르침은 이해하고 받아들이기가 쉽지 않다. 그동안 나는 이렇게 생각하곤 했다. '확실히 이 원칙은 약한 사람들에게나 적용되어야 한다. 자기훈련이 덜되고 지적 능력이 떨어지는 이들에게는 이 원칙이 적용될 수 있지만 나는 다르다. 나는 하나님을 아주 잘 섬기면서도 여전히 부를 얻기 위한 나의 계획을 추구할 수 있다.' 그랬던 내가 이 주제에 관해 쓸 수 있는 자격이 있다면, 아마도 그것은 돈을 성경적으로 다루는 데 실패했던 경험 때문일 것이다.

솔로몬은 다음과 같이 씀으로써 자신이 얼마나 심오한 사고를 하고 있었는지를 입증했다. "은을 사랑하는 자는 은으로 만족하지 못하고 풍요를 사랑하는 자는 소득으로 만족하지 아니하나니 이것도 헛되도다"(전 5:10). 예수님은 우리가 겪고 있는 돈의 필요를 알고 계셨다. 그분은 우리가 돈을 벌기 위해 겪어야 하는 압력을 알고 계셨다. 그분은 우리를 자신에게서 떼어놓는 돈의 매력을 알고 계셨다.

돈에는 중독성이 있다. 돈은 강한 악력을 지닌 술이나 마약만큼이나 우리를 쉽고 완벽하게 중독에 빠뜨리는 일종의 아편이다. 우리를 나쁘게 변화시키는 돈의 위력은 우리를 선하게 변화시키는 예수 그리스도의 능력과 흡사하다. 돈은 우리의 삶을 그리스도께서 하시듯 좋고 영원한 방식이 아니라 불길이 나방을 유혹해 자기 가까이 끌어들여 결국 태워 없애는 방식으로 지배한다.

돈은 사람들을 노예로 삼고 죽을 때까지 부려먹는다. 그러다 당신의 가련한 영혼을 정복하고 나면, 당신은 지옥의 방에서 좀처럼 잊기 어려운 웃음소리가 메아리치는 것을 듣게 될 것이다. 그 후에 그것은 가련하고 조심성 없는 또 다른 희생자를, 즉 좀 더 큰 규모로 멋진 삶을 즐기고자 하는 야심에 찬 사람을 찾아 나선다.

돈의 위력

플로리다 해안에 있는 부유한 마을 하나가 미국 전역에서 상류층 은퇴자들을 끌어들였다. 샌디에게 그 마을은 대학생선교회(CCC)의 "나는 찾았네"(I Found It) 캠페인을 위한 최적의 장소처럼 보였다. 어쩌면 당신은 그 프로그램이 매스컴의 보도를 통해 전국의 공동체들에게 알려졌던 것을 기억할지도 모른다. 사실 그 무렵에는 "나는 찾았네"라는 문구가 적힌 범퍼 스티커들이 어디에서나 보였다! 무엇을 찾았다는 것이냐고 묻는 이들에게 주어진 답은 이것이었다. "예수 그리스도 안에 있는 새 생명!"

CCC의 지역 간사였던 샌디는 복음의 메시지에 대한 관심과 사람들이 바다로부터 얼마나 떨어진 곳에서 사는지가 서로 연관이 있다는 흥미로운 사실을 발견했다. 해안 가까이에 사는 이들은 복음에 대한 관심이 덜했다. 반면에 해안에서 멀리 떨어져 사는 이들은 복음에 대한 관심이 컸다.

부유한 이들은 해안에서 가까운 콘도에 살았다. 반면에 해안을 따라 늘어선 호텔에서 일하는 이들은 해안에서 멀리 떨어진, 이동식 주택들이 모여 있는 동네에 살았다.

예수님이 돈에 대해 많은 말씀을 하신 것은 그것이 사람들에게 가장 교활하고 매력적이며 설득력 있는 유혹거리가 되었기 때문이다. 돈은 단순히 육체적 쾌락을 위한 도구가 아니라, 무감각하고 무정한 주인이 되어 우리를 정복한다. 하지만 우리를 죄로부터 구원하거나 참된 평화, 의미, 목적에 대한 우리 영혼의 깊은 굶주림을 만족시켜주지는 않는다.

예수님께서는 이렇게 말씀하셨다. "[그 말씀이] 가시떨기에 뿌려졌다는 것은 말씀을 들으나 세상의 염려와 재물의 유혹에 말씀이 막혀 결실하지 못하는 자요"(마 13:22). 바로 그런 일이 플로리다의 해안가에서 일어났다.

진짜 인격에 대한 테스트

어떤 이의 진짜 인격을 알아보기 위한 테스트 중에 시간과 돈을 어떻게 쓰는지를 살피는 것보다 더 결정적인 방법은 없다. 당신은 그에게 직접 무엇을 중요한 가치로 여기는지 물어볼 수도 있다. 하지만 그의 답이 늘 맞지는 않는다. 그는 자신이 가난한 아이들을 돕기 위해 늘 모금함에 잔돈을 넣기 때문에 자신이 관대하다고 여길지도 모른다. 하지만 과연 진짜 큰돈은 어디에 쓰고 있을까?

우리에게 정말로 중요한 것이 무엇인지 알고 싶다면, 우리의 달력과 카드 이용 내역을 가져다가 과연 우리가 시간과 돈을 어디에 쓰고 있는지를 살펴보면 된다. 그러면 우리에게 정말로 중요한 것이 무엇인지 알게 될 것이다.

통제 불능

나는 1장 "다람쥐 쳇바퀴 경주"에서 우리 세대가 의미 있는 삶을 사는 것보다 돈을 버는 데 더 큰 가치를 둔다고 언급했다. 우리는 화려한 것에 매혹되었다.

한 가지 예를 들어 보자. 나의 친구이자 동료 사업가―그를 잭이라고 부르자―는 수입과 주택시장이 절정이던 때에 꿈에 그리던 집을 지었다. 어느 날 점심 식사를 마친 후 그가 나에게 자신의 수입이 그동안 벌어왔던 것의 10% 수준으로 곤두박질했다고 고백했다. 저축의 대부분은 이미 써버렸고, 빚이 그의 삶을 갉아먹고 있었다. 자신이 지은 꿈의 집을 팔아야 할 상황이었다. 그의 눈에 눈물이 가득했다.

그러나 이어서 잭은 한 가지 놀라운 이야기를 했다. 자기와 아내가 갈 곳 없는 10대 소녀 둘을 집으로 데려왔다고 말했다. 그 두 자매의 어머니는 암으로 죽었고 그 소녀들과 함께 살던 언니의 남편은 그들을 집에서 내쫓았다. 아버지는 이미 오래전에 그들을 내버린 상태였다. 갈 곳이 없었던 그들은 잭의 아내에게 전화를 걸었다. 잭의 아내는 일주일 전에 그 소녀들에게 만약 무슨 일이 생기면 자기가 도와주겠노라고 약속을 했었다.

잭과 아내는 자기들이 어떤 상황 속으로 들어가고 있는지 알지 못했다. 노숙자들과 함께 일하는 모든 이들의 첫 번째 규칙은 "절대로 그들을 집으로 초대하지 말라"이다. 그러나 내 친구 잭에게 그런 말은 소용이 없었다. 그들은 그 소녀들을 열 달이나 돌보았다. 열 달이 끝나갈 무렵에 한 소녀는 어느 큰 대학에 생활비를 포함한 전액 장학금을 받고 진학했고, 다른 소녀는 세 명의 그리스도인 여성과 함께 살게 되었다.

잭과 아내는 모든 그리스도인들이 바라는 모습의 전형이다. 그렇지 않은가? 이어서 그는 나에게 이렇게 말했다. "팻, 만약 내가 여전히 잘나가고 있었다면, 그 소녀들을 결코 돕지 못했을 거네. 나는 통제 불능 상황이었고 겸손해질 필요가 있었어. 나에게 일어나고 있는 일이 상처를 주었지만, 나에게는 그런 일이 필요했다네."

2007년과 2008년 사이에 꺼지기 시작한 주택 버블이 문제를 더욱 잘 드러냈다. 모두에게 책임이 있었다. 은행, 건축업자들, 채무자들 모두에게. 그들 모두가 탐욕에 휘둘려 자기들이 감당할 수 있는 것보다 많은 것을 원했다. 더 많은 대출, 더 큰 이익 그리고 더 큰 집. 어딘가에는 무고한 이들이 있겠지만 자기들이 감당할 수 없는 집을 산 대부분의 사람과 그런 집을 짓고, 팔며, 돈을 빌려준 사람들은 자기가 무슨 일을 하고 있는지를 정확하게 알았다.

그러나 돈은 성경이 추천하는 번영의 수단이 아니다. 우리는 하나님이 우리의 필요를 채워주실지 그렇게 하지 않으실지 애태울 필요가 없다. 모든 것을 갖고 계시는 하나님께서 충성하는 자들의 모든 필요를 채워주신다. "나의 하나님이 그리스도 예수 안에서 영광 가운데 그 풍성한 대로 너희 모든 쓸 것을 채우시리라"(빌 4:19). 그렇다면 우리는 어떻게 해야 하는가? "그리고 맡은 자들에게 구할 것은 충성이니라"(고전 4:2).

하나님은 우리가 그분께 충성하고 순종하면 우리의 모든 필요(그것은 우리가 아니라 그분이 판단하신다)를 채워주시겠다고 약속하셨다. 따라서 우리는 통제 불능 상태가 스스로 자초한 고통이라고 결론을 내릴 수 있다. 그것은 우리가 하나님 대신 돈을 섬겼기에 생긴 결과일 뿐이다.

돈이 문제인가, 내가 문제인가?

돈이란 무엇인가? 돈은 권총이나 모르핀처럼 도덕적으로 중립적이다. 경찰관의 손에 들린 권총은 정의의 도구이지만, 범죄자의 손에 들린 권총은 악의 도구다. 모르핀은 군인의 상처에 처방되면 그의 생명을 구하지만, 마약 중독자의 팔뚝에 들어가면 치명적인 것이 된다.

돈은 단순한 물품, 즉 교환의 매개, 목적을 위한 수단일 뿐이다. 우리는 다음 네 가지 방식으로 돈을 번다.

1. 우리의 노동과 교환한다.
2. 다른 이들에게 빌려주고 대가를 얻는다.
3. 돈으로 다른 이들을 고용해 이익을 얻는다.
4. 돈을 벌기 위해 계산된 모험을 한다.

돈 그 자체는 복잡하지 않다. 문제는 사람에게 있다. 예수께서 돈에 관해 그렇게 많은 말씀을 하신 것은 우리가 그것 때문에 얼마나 많은 갈등을 하는지 아시기 때문이었다. 돈은 우리의 관심을 얻는 일에서 그분의 주요한 경쟁자다.

가족의 필요를 충족시키기 위해서는 돈이 필요하다. 그것도 많은 돈이 필요하다. 돈은 어떤 천상적인 필요가 아니다. 그것은 실제적 필요다. 돈을 빌리고 나서 첫 번째 달이 끝나가는데 할부금이 마련되지 않으면 스트레스가 쌓이기 시작한다. 할부 금융 회사는 예수를 찾지 않는다! 그들은 현찰을 원한다! 그렇게 열 달이 흐르고 스무 달이 흐르는 동안 우리에게는 근심으로 인한 위장병이 생긴다.

부자든 가난한 사람이든 모든 사람에게는 돈이 필요하다. 많은 돈을 가질수록 더 많은 돈이 필요해진다. 솔로몬은 이렇게 썼다. "재산이 많아지면 먹는 자들도 많아지나니 그 소유주들은 눈으로 보는 것 외에 무엇이 유익하랴"(전 5:11). 많은 돈은 더 많은 책임을 가져올 뿐이다. 때로는 가난한 이들이 부자보다 유리하다. 여전히 돈이 자기들을 행복하게 해 줄 것이라는 환상에 집착할 수 있기 때문이다. 좋은 의도를 가진 그리스도인들이 왜 돈을 다루는 방법과 관련해 그렇게 다양한 의견을 갖고 있을까?

번영에 관한 세 가지 견해

성경은 돈과 소유에 관한 가르침들로 가득 차 있다. 그러나 우리는 오직 부분적으로만 이해할 뿐이다.

그림 11.1은 돈과 관련된 일반적인 **신학적 견해**의 범위를 보여준다. 그런 견해는 하나의 연속선상에서 나타나는데, 한없이 많은 견해가 이 범위 안에서 발견되기 때문이다. 사실 모든 사람이 각자 고유한 의견을 갖고 있으며, 대부분의 견해가 성경의 특정 구절에 근거한다.

세 가지 지배적인 견해는 **가난의 신학, 번영 신학**(때때로 번영 복음이라고도 불린다), **청지기 신학**이다.

이 각각의 견해 모두 근거가 있다. 그러나 하나님께서는 개인의 취향과 선호에 따라 선택할 수 있는 메뉴판을 제공하신 게 아니다. 그분은 오직 하나의 신학만을 원하셨다. 그렇다면 왜 이렇게 서로 다른 견해들이 나타났을까?

우리는 먼저 원하는 것을 정하고 나서 그 결정을 뒷받침해줄 증거를 찾는다. 그것은 객관적이지 않다! 우리는 그것을 "선택적 성경 읽기", 즉 우리가 좋아하는 구절은 강조하고 원치 않는 구절은 무시하는 읽기라고 부를 수 있다.

성경을 선택적으로 읽을 때 우리는 자신을 조롱하고, 속이며, 바보로 만든다. 다시 말해, 성경을 읽고 이해하지만, 우리의 강력한 자아가 진리를 무시하도록 이끈다.

하나님의 견해에 도달하기 위해 우리는 선입견을 버리고 그분의 경륜 전체―성경 전체―를 살펴보아야 한다. 그림 11.2는 가난의 신학, 번영 신학 그리고 청지기 신학을 비교해 설명한다.

1. 가난의 신학

가난의 신학(poverty theology) 신봉자는 돈에 집착하는 세속성을 혐오한다. 소유는 저주라고 믿으며 모든 형태의 물질주의를 거부한다. 그는 가난한 이들을 돕는 것에 강력한 편향을 보이지만 가진 것이 거의 없어

가난의 신학   청지기 신학   번영 신학

그림 **11.1** 번영에 관한 신학적 견해들

서 실제로는 그들을 돕지 못한다. 부유한 그리스도인 중 죄책감을 지닌 소수의 사람들이, 특히 그들이 유산으로 돈을 물려받은 경우에 이런 범주에 속할 수도 있다. 그림 11.2에서 볼 수 있듯이, 이런 견해는 굉장한 장점을 갖고 있다.

2. 번영 신학

번영 신학(prosperity theology) 신봉자는 우리가 부를 누리지 못하는 것은 구하지 않기 때문이라고 믿는다. 그들은 십일조를 배웠고 십일조 원리를 따름으로써 얻을 수 있는 물질적 축복을 경험했다. 그리고 이 축복으로 인해 점점 돈에 집착한다.

번영을 신봉하는 자는 하나님의 물질적 축복을 경험하지 못하는 이들이 겪는 결핍을 믿음의 결핍으로 설명하려 한다. 그로 인해 하나님과 맺는 관계의 다른 측면들은 덜 중요해진다. 경제적으로 잘 살지 못하는 사람은 "그들을 위한 축복에 이르지도 못하고 그것을 주장하지도 못하는" 것으로 보인다. 하나님이 어떤 이를 가난한 자가 되도록 부르실 가능성은 허용되지 않는다. 번영 신학의 많은 신봉자가 소비지향적 생활방식을 지니고 살아간다.

3. 청지기 신학

청지기 신학(stewardship theology) 신봉자는 하나님이 모든 것을 소유하시고 통제하신다고 믿는다. 소유는 영광일 뿐 권리가 아니다. 청지기는 사실상 그의 권리를 포기한다. 그는 성경을 하나의 가르침, 즉 모든 소유는 어떤 사람이 선천적으로 갖고 있는 하나님이 주신 능력과 그가 성경의 원리를 따르는 일에서 보이는 충성과 순종에 따라 다양한 비율로 제공되는 신탁(信託)이라는 가르침으로 해석한다. 청지기는 번영이 하나님께서 재량을 따라 제공하신 달란트를 충성스럽게 관리함으로써 나타나는 결과라고 믿는다.

그의 관심사는 부를 축적하거나 거부하는 것이 아니라 자신의 일을 함에 있어서 현명해지는 것이다. 그의 목표는 시편 112편에 묘사된 사람처럼 되는 것이다. "은혜를 베풀며 꾸어주는 자는 잘 되나니 그 일을 정의로 행하리로다. … 그가 재물을 흩어 빈궁한 자들에게 주었으니 그의 의가 영구히 있고 그의 뿔이 영광 중에 들리리로다"(시 112:5, 9).

*   *   *

어느 것이 옳은 선택일까? 우리가 살펴본 이 세 가지 설명을 통해 왜 당신에게 혼동이 일어나는지를 알 수 있다. 성장 배경, 삶에 대한 영향력, 성경을 어떻게 해석하고 싶어 하는지에 따라 당신에게는 이 세 가지 견해 중 어느 하나가 의심할 여지없이 논리적인 것으로 보일 수 있다. 그러나 이것이 곧 그 세 가지 견해 모두가 옳다는 것을 의미하는 것일까? 아니다. **하나님은 오직 하나의 견해만 갖고 계신다.** 그리고 그것은 바로 **청지기 신학**이라는 견해다. 우리는 가난의 신학과 번영 신학이 가진 흠을 면밀하게 검토할 것이다.

구멍 뚫린 제방

번영 복음은 물을 담아내지 못한다. 그것은 당신이 **바치면 얻을 수 있다**고 가르친다. 그 이론은 당신이 하나님과 거래를 할 수 있고, 그분이

	가난의 신학	번영 신학	청지기 신학
번영에 대한 견해	비물질주의적, 소유에 대한 경멸	번영은 의인에 대한 보상이다.	소유물은 사람들마다 다양하게 맡겨진 책임이다.
한마디로 번영은	저주다.	권리다.	특권이다.
성경에서의 언급	누가복음 18:18-22 팔아서 가난한 자들에게 주라(젊은 부자 관원).	마태복음 7:7-8 구하라, 찾으라, 두드리라.	마태복음 25:14-30 달란트 비유
부드러운 표현	잠언 21:20 "지혜 있는 자의 집에는 귀한 보배와 기름이 있으나 미련한 자는 이것을 다 삼켜 버리느니라."	잠언 23:4 "부자 되기에 애쓰지 말라."	없음
필요 충족을 위한 수단	근심 없는 태도: 염려하지 말고 하나님의 나라를 구하라 (마 6:25-34).	거래: 복을 얻기 위한 십일조(말 3:10)	신실한 운용: (마 25:21, 23; 고전 4:2)
개념	거부자	소유자	청지기
가난한 자들에 대한 태도	우리가 가난한 자다.	우리는 가난한 이들에게 빚을 지고 있다.	우리는 가난한 이들을 돌본다.
가장 우선적인 것	매일의 필요	돈	지혜
재물에 대한 태도	염려하지 않음 (잠 3:5-6)	추구함 (잠 10:17)	신실함 (눅 16:10-11)

그림 **11.2** 물질적 번영에 대한 세 가지 견해의 비교

당신을 **축복하셔야 할** 의무를 갖는다고 주장한다. 이런 관점은 당신의 동기와, 죄 가운데 있는 당신의 위치와 당신의 삶을 향한 하나님의 계획을 모두 무시한다.

내가 젊은 사업가였을 때, 나는 어떤 이에게서 우리가 하나님께 일정한 액수의 십일조를 서약한 후에 믿음으로 그 액수에 상응하는 수입을 요구할 수 있다는 소리를 들은 적이 있다. 그래서 나는 내가 은밀하게 바라는 여섯 자리의 수입(몇십만 불―옮긴이 주)을 생각하고 하나님께 그 액수의 10%를 바치겠노라고 서약했었다.

그런데 갑자기 나의 수입이 곤두박질치기 시작했다. 그해에 나는 상상조차 어려운 최악의 해를 보냈다. **나는 하나님을 구매하려 했다.** 그러자 그분은 나를 심하게 징계하셨고 나에게 결코 잊지 못할 교훈을 가르쳐주셨다. "여호와께서 주시는 복은 사람을 부하게 하고 근심을 겸하여 주지 아니하시느니라"(잠 10:22). 만약 당신이 부에 대한 갈망 때문에 문제를 겪고 있다면, 주님께서 당신에게 무언가를 가르치고자 하신다고 확신해도 좋다.

가난의 신학 역시 구멍으로 가득 차 있다. 우리가 겸손해지기 위해 가난해져야 한다고 여기는 것은 잘못된 생각이다. 이는 얼마의 능력이 주어졌건 그 능력을 최대한 활용하고 부지런하라는 하나님의 명령을 이해하지 못하고 있는 것이다. 그는 돈을 가져본 적이나 벌어본 적이 없기에 경제적 성공을 거둔 사람들을 의심한다. 그는 참된 그리스도인이라면 자신의 소유를 팔아 가난한 자들에게 주어야 한다고 믿는다.

우리 교회에서 어느 유명한 그리스도인 강연자를 마을로 초청해 리더십 콘퍼런스를 연 적이 있다. 우리는 그 콘퍼런스 전 날 변호사와 판사들을 초청해 오찬을 갖기로 결정했고 주일 예배 때 내가 나서서 그 콘퍼런스와 오찬에 대해 광고를 했다.

예배가 끝난 후 가난의 신학을 신봉하는 어떤 이가 나에게 말을 걸었다. 몇 개의 대학원 학위를 갖고 있던 그 사람은 임시 교사 노릇을 하며 겨우겨우 살아가고 있었다.

"나는 그 콘퍼런스에 참석할 수 없을 것 같습니다." 그가 빈정대는 투로 말했다.

"오, 저런, 유감이네요!" 내가 답했다.

"예, 나는 당신이 주최하는 엘리트들의 오찬에는 환영받지 못할 것 같네요. 그래서 나는 그게 무엇이든 당신들이 하는 말에 관심이 없어요."

우리가 그 "엘리트들의" 오찬과 콘퍼런스 모두를 통해 전하고자 했던 메시지는 가진 자와 못 가진 자, 부자와 가난한 자, 권력을 가진 자와 그 어떤 권력도 갖고 있지 못한 자들 사이에 관계를 맺는 일의 중요성이었다. 그의 속단이 그가 중요한 가르침을 얻는 것을 가로막았던 셈이다. "지식 없는 소원은 선하지 못하고 발이 급한 사람은 잘못 가느니라"(잠 19:2). 하나님은 사회의 모든 계층과 모든 부분에 화해의 메시지가 전파되기를 바라신다. 변호사들은 다른 어느 집단들만큼이나 하나님의 좋은 소식을 들어야 할 권리가 있고 또한 그런 소식이 필요하기도 하다.

청지기 신학: 가장 좋은 견해

청지기 신학은 번영 신학과 가난의 신학을 돈과 소유에 관한 하나님의 나머지 말씀들과 섞어서 장점들을 짜낸다. 다시 말해, 가난의 신학과 번영 신학의 많은 부분은 건전하다. 오류는 우리가 각각의 견해를 완전한 것으로 여길 때 발생한다. 청지기 신학에 하나님의 축복에 대한 아름다운 약속과 가난한 자들을 돌보라는 권면이 빠진다면, 그것은 무능한 견해가 될 것이다.

우리는 청지기 신학을 예시하는 수많은 성경 구절을 열거할 수 있지만, 그것들은 결국 길고 긴 법칙과 규칙의 목록을 남길 뿐이다. 청지기가 되는 것은 그런 것보다는 오히려 태도, 즉 돌보는 자의 입장에서 삶을 바라보는 태도이다. 청지기 신학은 믿음에 접근하는 하나의 방법이다. 청지기적 삶은 우리 자신의 이익이 아니라 다른 이들의 이익을 구한다.

가난의 신학과 번영 신학은 충분히 멀리 나아가지 않는다. 우리가 디너파티를 열 때 음식을 준비하고 청소를 하는 것은 친구들과 함께 음식을 먹는 것만큼이나 중요하다. 우리는 **일**과 **보상** 모두를 고려해야 한다.

가난의 신학은 희생을 강조하는 반면, 번영 신학은 경제적 보상을 지나치게 강조한다. 청지기는 하나님의 부요하심을 즐기면서도 다른 이들을 사랑으로 돌보면서 균형 잡힌 삶을 이어나간다.

앞서 언급했던 토드와 자넬 부부는 운이 좋았다. 토드는 수영장을 설치하는 문제를 놓고 한 친구에게 조언을 구했다. 그리고 그 친구의 말을 듣고는 자신의 어리석음을 깨달았다. 그는 토드의 물질적 탐욕을 지적하고 도전했다. 토드는 수긍했다. 그는 승자 없이 수많은 패자만 양산해 내는 다람쥐 쳇바퀴 경주에서 빠져나오기로 결정했다.

토드는 잠언을 읽기 시작했고 곧 그 얇은 책 안에 돈에 관한 조언들이 얼마나 많이 포함되어 있는지 알고 깜짝 놀랐다. 잠언은 31개의 장으로, 그는 한 달에 걸쳐 ─ 하루에 한 장씩 ─ 그 책 전체를 읽기로 결정했다.

무엇보다도 중요한 것은 토드가 하나님과의 게임을 중단하고 돈보다 먼저 하나님을 찾기로 했다는 점이다. 그는 십일조를 바치기 시작했고 교회에 특별한 일이 있을 때는 십일조 이상을 바쳤다. 그는 밀렸던 신용카드 대금을 결제한 후에 저축을 시작했다.

마침내 그의 머릿속에 **청지기**라는 단어의 의미가 형성되기 시작했다. 돈을 경멸하는 그리스도인들은 그에게 흥미를 잃었다. 하지만 이제 그는 자신이 그동안 돈을 움켜쥐고 살아왔음을 알게 되었다. 그는 어떤 이유에선가 하나님께서 자신에게 그것을 맡기셨음을 의식하면서 손을 움켜쥐어 돈을 굳게 붙잡는 것이 아니라 손바닥을 활짝 그리고 부드럽게 펴고서 그것을 관리하려는 마음을 가졌다. 자신이 물질을 충실하게 관리하지 못했다는 자책이 토드를 겸손하게 만들었다. 그리고 그는 주님께 새로운 출발을 할 수 있게 해달라는 것과 어떻게 해야 그분에게 충성할 수 있는지를 보여달라고 간구했다.

하나님과 돈을 동시에 섬기려 했던 적이 있는가? 성경이 돈에 관해 말하는 내용을 취사선택하거나 모른 척하지는 않았는가? 하나님께서 당신의 생각을 따라 살았던 것을 용서해주시고 또한 당신이 돈에 관해 올바른 견해를 얻도록 이끌어주시기를 간구하라. 그분께서 돈에 관한 당신의 성경 IQ를 높여주시기를 간구하라. 당신이 신실한 청지기가 될 때, 하나님은 당신을 풍성한 삶으로 이끌어주실 것이다. 그것이 복음의 진리다.

토론 문제

1. 돈은 만족으로 이어지는 길이다.
   □ 동의한다. □ 동의하지 않는다.
   이유를 설명하라.

2. 당신이 돈을 원하는 이유는 무엇인가(가령, 성취의 상징, 삶의 성적표, 자기 가치의 척도, 생활 수준의 향상, 가족 부양, 탐욕, 야망, 두려움, 혹은 경제적 독립)?

3. 부자가 되고 싶은가? "부"가 당신을 위해, 당신의 가족을 위해, 하나님을 위해 무엇을 해줄 것이라 여기는가?

4. 마태복음 6:24을 읽으라. 돈을 우선시할 때 생기는 가장 큰 위험은 무엇인가?

5. 우리 모두는 종종 다른 이들에게는 밝히지 않는 소유나 순자산의 목표가 있다. 당신의 목표는 무엇인가? 당신은 하나님께 "이 목표/야망과 관련해 당신의 뜻이 이루어지이다"라고 기꺼이 말하겠는가?

6. 무엇이 당신으로 하여금 돈을 벌고 쓰도록 압박하는가? 에베소서 6:10-18을 읽으라. 이런 압박을 어떻게 극복할 수 있는가?

7. 하나님은 그리스도인들이 돈을 갖기를 원하시는가? 그리스도인들에게 번영은 용납될 수 있는 목표인가?

8. 돈에 대한 당신의 견해는 무엇인가? 그것은 당신이 가진 권리인가, 필요악인가, 당신이 책임을 맡은 신탁인가, 혹은 어떤 다른 것인가? 고린도전서 4:2을 읽으라.

12장 재정 관리의 네 가지 기둥

사업가의 신조. 1달러를 빌리는 것은 1달러를 버는 것이다.
1달러를 차환하는 것은 1달러를 저축하는 것이다.
1달러를 갚는 것은 그것을 영원히 잃어버리는 것이다!

테드 밀러

망령되이 얻은 재물은 줄어가고
손으로 모은 것은 늘어가느니라.

잠언 13:11

토드와 자넬은 재정적으로 책임 있는 삶을 살아가는 방법을 찾기 시작했다. 이번 장에서 우리는 잘 실천하기만 하면 우리의 삶을 혁명적으로 변화시키고 신실한 청지기가 되도록 도와줄 네 가지 개념을 살펴볼 것이다.

1. 수입: 조금씩 조금씩

데본은 자신의 성경 공부 모임 회원들에게 자신의 사업을 위해 기도해달라고 부탁했다. 비수기가 봄까지 이어지고 있었고, 그는 보트 몇 대를 팔지 못하면 사업을 접어야 할 상황이었다. 그의 얼굴에 나타난 긴장과 음성은 그의 간청이 심각한 것임을 알려주었다.

"어떻게 해야 상황이 나아질 수 있나요?" 참석자 중 하나가 물었다.

"이달에 보트 다섯 척을 팔아야 해요. 그렇지 않으면 견디기가 힘들어요." 모임 참석자들은 그를 위해 간절히 기도했다. 그달 말에 데본이 모임에 나와 자신의 상황을 보고했다. "여러분은 나에게 무슨 일이 일어났는지 모르실 거예요!" 그가 외쳤다. "우리는 이번 달에 보트를 한 척도 팔지 못했어요. 그러나 꽤 많은 배터리, 스키, 로프, 닻 그리고 다른 장비들을 팔았는데 그게 이번 달을 넘기게 해주었어요. 그리고 지금은 보트를 사려는 자들이 우리 회사 전시장으로 찾아오고 있어요. 하나님은 내가 알 수 없는 방식으로 역사하셨어요! 그분은 우리의 기도에 응답하셨는데, 내가 기대했던 것과는 완전히 다른 방식으로 응답하셨어요. 그분은 조금씩 조금씩 응답하셨어요!"

한편, 브라이언의 목표는 안락한 연간 수입을 제공해주기에 충분할 만큼의 임대용 부동산을 소유하는 것이었다. 그는 매달 50달러에서 200달러의 할부금을 지불해야 하는 몇 채의 집들을 사들일 계획이었다.

그가 세운 계획은 야심과는 거리가 멀어 보였다. 나의 야심은 아주 큰 부동산들을 팔아서 큰돈을 버는 것이었는데, 내가 그렇게 해서 얻게 될 막대한 수수료는 그가 기대하는 임대료를 푼돈처럼 보이게 했다. 5년 후, 나는 여전히 성사되지 않은 거래를 종결지으려 애쓰고 있었던 반면, 브라이언은 아무 일도 하지 않으면서도 수입을 올리고 있었다.

데본과 브라이언은 알지도 못하는 상태에서 성경의 원리를 이행하고 있었다. "망령되이 얻은 재물은 줄어가고 손으로 모은 것은 늘어가느니라"(잠 13:11).

이 원리는 반문화적이다. 다람쥐 쳇바퀴 경주에서는 돈을 빨리 모으는 것이 성공의 길처럼 보인다. 그러나 거북이와 토끼의 경주가 보여주듯이, 결국에는 천천히 그러나 꾸준하게 돈을 모으는 이가 이긴다. 그리고 그것이 훨씬 더 안정적이기도 하다.

2. 저축: 역시 조금씩 조금씩

"조금씩 조금씩" 원리는 수입뿐 아니라 저축에도 적용된다. "지혜 있는 자의 집에는 귀한 보배와 기름이 있으나 미련한 자는 이것을 다 삼켜 버리느니라"(잠 21:20). 긴급 상황이나 재정적 안전을 위해 필요한 돈을 저축하지 않는 가정에서 만족은 낯선 일이 될 것이다.

우리가 자신의 수입 전체나 그 이상을 소비한다면, 우리는 차가 고장나거나 난방 시설에서 물이 새거나 카펫이 훼손되는 경우에 아무런 대책이 없게 된다. 성경은 자기 가족을 부양하지 않는 사람은 믿음을 부정하는 사람이요 불신자보다도 나쁜 사람이라고 가르친다(딤전 5:8).

7장에서 지적했듯이, 남자들은 50대에 접어들면서 종종 자신들이 회사 일로 너무 바쁘게 지내다가 가정의 재정 문제를 제대로 관리하지 못했음을 알게 된다. 그 후 그들은 한창 일할 때인 40대에 했어야 했던 일을 10여 년에 걸쳐 해야만 한다. 그 일은 그들에게 심한 압박을 주어 위험도가 아주 높은 투자에 발을 들여놓도록 만든다. 불가피하게 어떤 투자는 실패로 끝나고 은퇴 자금 마련을 위해 애쓰는 스트레스만 더해진다. 은퇴를 위한 자금은 어떻게 마련해야 하는가?

은퇴 자금 원리

당신은 자신이 원하는 연간 퇴직 소득을 정할 수 있다. 그건 옳은 일이다. 당신이 원하는 수입 규모를 정하라. 그리고 다음의 간단한 원리를 따르라. 당신이 일하는 40년 동안 매해 당신이 바라는 연간 퇴직 소득의 10%를 떼어내 적절한 퇴직 연금에 부으라. 그러면 당신이 목표로 삼은 수입을 고정적으로 얻게 될 것이다.

어떻게 해서 그렇게 되는가? 다음의 예를 살펴보라.

바라는 연간 퇴직 소득	$ 40,000
매년 저축할 금액	$ 4,000
요구되는 연간 수익률	6.2%
햇수	40년

그럴 경우 얻게 될 결과는 다음과 같다.

은퇴 자금 (저축한 금액)	$ 651,000
바라는 수입을 얻는 데 필요한 수익률	6.2%
연간 퇴직 소득	$ 40,000

(주. 여기에는 세금과 인플레이션 효과는 고려되어 있지 않다. 세무 계획을 적절하게 세울 경우, 저축한 돈의 일부나 전부에 대한 세금 감면 혜택을 받을 수 있다. 또한 은퇴 수입은 저세율과 면세 소득 수단을 통해 보호될 수 있다).

만약 출발이 늦었다면, 좀 더 많이 저축하고 이자율이 좀 더 높은 저축 상품을 택함으로써, 혹은 그 둘 중 어느 한쪽을 택함으로써 잃어버린 시간을 따라잡을 수 있다. 당신이 보다 짧은 기간에 동일한 소득을 얻기 위해 택해야 할 이자율은 다음과 같다.

기간	30년	20년	10년
필요한 이자율	8.3%	12.8%	27%
저축액	$ 479,000	$ 316,000	$ 147,000

주지하다시피, 저축 기간이 짧아지면, 높은 수익률을 얻기 위한 요구는 불균형하게 높아진다. 그 돈이 여러 해 동안 활용되지 않기 때문이다. 분명히 두 자릿수의 보상을 위한 기회는 높은 위험을 요구하며 얻어내기도 힘들다.

우리가 바라는 그 어떤 수준의 소득도 40년간 6.2%의 이자율로 그 금액의 10%를 저축함으로써 얻을 수 있음을 명심하라. 만약 지금 당신이 뒤처져 있다면, 수입 중 저축의 비율을 늘리라. 내 말이 크게 와닿지 않는다면, 유능한 재정 전문가에게 지금 당신이 어떤 상황에 있으며 성공적으로 은퇴하기 위해 무엇이 필요한지 판단하도록 도와달라고 청하라. 당신이 조금씩 조금씩 은퇴 자금을 모을 수 있는 특별한 프로그램에 가입하도록 도와달라고 부탁하라. 그것이 예측 가능한 퇴직 소득을 확보하도록 해줄 것이다.

지속성 있는 보험 프로그램이 모든 투자 전략의 토대가 되어야 한다. 우수한 뮤추얼 펀드 회사들의 도움을 받는다면 탁월한 수익을 얻을 수 있을 것이다.

은퇴 자금 원리는 젊은이들에게는 고무적인 것이지만, 조금씩 조금씩 돈을 모으는 원리를 실천해오지 않은 나이 든 사람들에게는 낙담할 만한 일이다. 만약 당신이 너무 지체해서 은퇴 자금 원리를 활용할 수 없다면, 자녀나 손자에게 은퇴 자금 원리를 분명하게 가르치라. 용돈의

10%를 저축하게 하는 것으로 시작하라. 그들에게 저축하는 습관을 가르치라. 이것만큼 유용한 재정적 가르침은 없다.

은퇴 자금 원리는 돈에 관한 성경의 핵심을 포착한다. 기독교는 한 가지 삶의 방식, 즉 이 세상의 것과는 다른 삶의 방식이다. 이 원리는 삶의 다른 특징들―안정, 근면, 노력, 신중함, 인내―을 조금씩 조금씩 인격화해나간다.

3. 나눔: 돈을 어디에 쌓아둘 것인가

경제 상황이 좋았던 덕분에 우리 가족은 일상적인 삶을 사는 데 필요한 것보다 많은 돈을 벌기 시작했다. 우리는 즐겁고 안전하며 안정된 곳에서 좋은 이웃들과 더불어 살고 있었다. 내 아내는 우리집의 편리한 위치와 좋은 이웃들을 좋아했다. 두 집 건너에는 딸의 가장 친한 친구 중 한 명이 살고 있었다. 한밤중에 개가 짖어대는 일도 없었고 뒷마당에서 요리하며 대화 나누는 것을 방해하는 고속도로의 소음도 없었다.

그럼에도 불구하고 더 크고 비싼 집에서 살 수 있는 돈을 벌고 있었기에 나는 이사 계획을 세우기 시작했다. 사람들이 충분한 돈을 벌 때 하는 일이 이사 계획이다. 그렇지 않은가? 대개 우리는 사람들의 소득 수준을 그들이 사는 집의 규모로 판단한다. 대부분의 사람은 소득이 허락하는 한 가장 비싼 집을 사려고 하기 때문이다. 2만 5천 불의 소득을 지닌 사람들은 2만 5천 불의 소득으로 살 수 있는 집에서 산다. 5만 불의 소득을 지닌 이들은 5만 불의 소득으로 살 수 있는 집에서 산다. 15만 불의 소득을 지닌 사람들은 15만 불의 소득으로 살 수 있는 집에서 산다. 그런 식이다.

우리는 이웃을 사랑했다. 우리는 사람들과의 관계가 소유보다 훨씬 중요하다는 것을 알았다. 그러나 더 큰 집을 사라는 사회적 압력이 내 마음을 사로잡았다. 내가 돈을 갖고 있음을 다른 이들에게 알려주려는 마음이 기독교 세계관과 줄다리기를 했다.

그러던 어느 날, 우리 가족 중에서 이사에 대한 압박을 느끼는 사람이 나 혼자뿐이라는 것을 알게 되었다. 나는 다시 생각할 수밖에 없었다. 마침내 더 큰 집으로 이사를 가려는 나의 야심을 포기하고 모든 것을 하나님께 맡기기로 했다. 우리는 이사 대신 집을 재단장하기로 했다.

몇 년 간 우리는 하나님께서 우리 삶의 수준을 제한하기를 원하신다는 믿음으로 삶을 영위해나갔다. 그러나 그분은 우리를 그 이상으로 축복해주셨다. 그분은 우리가 그분의 목적을 이루는 것을 도우셨다.

이 결정은 차츰 진화했다. 사실 우리가 앉은 자리에 그런 결정을 논하지는 않았다. 오히려 여러 차례에 걸쳐 행위를 통해 그것을 우리의 가치관으로 만들었다. 그리고 나서 어느 날 그것을 큰 소리로 선언함으로써 그 문제를 종결지었다.

지금 우리는 미리 결정된 삶의 기준을 따라 살아가고 있다. 그리고 하나님이 삶에 필요한 것 이상으로 그리고 은퇴를 위한 비용 이상으로 우리에게 맡기신 모든 것을 그분의 나라를 세우는 데 도움이 되도록 바치고 있다. 우리가 이런 도움이 될 수 있다는 의식은 우리가 참으로 중요하다는 — 자신의 만족을 위해서가 아니라 영원히 지속되는 방식으로 그러하다는 — 깊은 확신을 제공한다.

마태복음 6:19-21에서 예수님은 이렇게 말씀하신다.

> 너희를 위하여 보물을 땅에 쌓아두지 말라. 거기는 좀과 동록이 해하며 도둑이 구멍을 뚫고 도둑질하느니라. 오직 너희를 위하여 보물을 하늘에 쌓

아두라. 거기는 좀이나 동록이 해하지 못하며 도둑이 구멍을 뚫지도 못하고 도둑질도 못하느니라. 네 보물 있는 그곳에는 네 마음도 있느니라.

우리가 더 하나님을 위해 살고자 할 때 할 수 있는 한 가지 방법은 가진 것을 더 많이 하나님께 바치는 것이다. 하나님의 일에 더 많은 돈을 바칠수록 우리의 마음은 더욱더 그분에게 맞춰질 것이다.

하나님께 돈을 바치는 옳은 방법은 무엇일까? 우리는 하나님이 복을 주신 것에 비례해 우리가 번 모든 돈을 주님께 바쳐야 한다. 최소한 10%는 바쳐야 한다. 이 '최소한 10%'는 십일조와 동일하다. 예수님은 십일조를 분명하게 긍정하셨다. 그분은 이렇게 말씀하셨다.

화 있을진저, 외식하는 서기관들과 바리새인들이여, 너희가 박하와 회향과 근채의 십일조는 드리되, 율법의 더 중한 바 정의와 긍휼과 믿음은 버렸도다. 그러나 이것도 행하고 저것도 버리지 말아야 할지니라(마 23:23).

이 돈은 버는 즉시 따로 떼어놓아야 한다. 자신의 사업체를 갖고 있거나 세일즈 분야에서 일하는 이들은 최소한 10%의 금액을 산출하기 전에 통상적인 사업 경비를 제하여도 된다. 나는 급료와 별도로 건강 보험료도 받기 때문에 그것에 대해서도 역시 십일조를 한다.

이 돈은 교회의 사역에 쓰여야 한다. 교회는 당신이 속해 있는 교회일 수도 있고 범세계적인 교회 공동체일 수도 있다. 모든 지역 교회는 그 나름의 권고 사항을 갖고 있다. 그리고 만약 그것들이 당신의 양심에 부합한다면 당신은 그것들을 따라야 한다. 특정한 교회에 속하지 않은 가치 있는 기관들도 많이 있다. 당신이 기도할 때 하나님께서 당신을 이끄신다면, 당신은 그런 기관들에도 도움을 주어야 한다.

헌금은 자랑으로 바뀌지 않기 위해 은밀하게 이루어져야 한다. 만약 10%를 초과하는 헌금을 즐겁게 하지 못하는 경우라면, 하지 마라. 그러나 그렇게 할 수 있다면, 그것은 당신에게 복이 될 것이다. 규칙적으로 헌금하라. 하나님께는 당신의 기부가 필요하지 않다. 체계적인 헌금은 좋은 훈련이다.

헌금은 사람이 아니라 하나님께 바치는 예물로 바쳐야 한다. 사람들의 칭찬이나 인정을 구하지 말고 당신이 그것을 제공하는 특정한 사람들이나 교회들 혹은 기관들로부터 축복을 받으려 하지도 마라. 하나님은 당신이 즐겨 바치는 헌금에 복을 내리실 것이다. 비록 그 복이 물질적이기보다는 영적인 것이라 할지라도 말이다.

헌금의 최고의 형태는 희생적 헌금이다. 당신은 당신에게 상처를 줄 때까지 바치는 헌금에 대해 생각해볼 수 있을 것이다. 대부분의 사람은 부요한 가운데서 바친다. 그들은 그것이 수중에서 없어져도 아까워하지 않는다. 없어져도 괜찮을 만한 금액 이상으로 헌금하는 것이야말로 가장 헌신적인 형태의 헌금이다. 좀과 녹이 슬지 않는 곳으로 미리 그것을 보내는 것이다. 그곳이야말로 우리가 돈을 쌓아놓을 최적의 장소다.

4. 빚지지 않기: 있는 척하기를 그치라

사람들은 어째서 빚을 지는가? 소비주의, 즉 상품을 소비하면 할수록 유익하다는 경제 이론은 물건을 구매하고자 하는 우리의 지속적인 욕망에 의존한다. 목표는 더 많은 소비다. 전략은 우리 앞에 계속 아름답고 구김 없는 삶을 제시하는 것인데, 그것은 무의식적으로 사랑, 인정, 우정, 근심으로부터의 해방에 대한 우리의 숨겨진 필요에 불을 지핀다.

무언가를 얻고 축적하는 두 가지 방법이 있다. 하나는 **소득**이고 다른 하나는 **빚**이다(1장 "다람쥐 쳇바퀴 경주", 그림 1.2를 보라). 매디슨 애비뉴식 생활방식에 대한 유혹이 우리의 소득보다 커지면 번영으로 가는 길을 내기 위해 빚을 내게 된다.

빚은 선원들을 유혹해 바위에 부딪혀 파선하게 만드는 달콤한 세이렌의 노래와 같다. 그녀의 노래는 돈을 빌리는 것이 아름답고 구김살 없는 삶을 이루는 데 도움이 된다고 유혹한다. 재능이나 사회에 대한 공헌보다 소유가 사람을 가늠하는 척도가 될 때 사람들은 빚을 내서라도 중요한 존재가 되려는 압박을 느끼게 된다.

빚은 저축의 반대다. 어째서 빚을 지는가? **우리는 이자를 받거나 이자를 낸다.** 저축이 이자를 벌어오듯이, 빚은 이자를 지불한다. 찰스 램(Charles Lamb)은 이렇게 말했다. "내가 인간에 대해 만들어낼 수 있는 최고의 이론에 따르면, 그들은 두 종류로 구성되어 있다. 빌리는 사람과 빌려주는 사람으로."[24] 당신은 어느 쪽인가?

빚은 언젠가 갚아야 한다! 빚을 내기는 쉽다. 그러나 그것을 갚기 위해 돈을 모으기는 어렵다. 빚은 돈이 아닌 신용으로 얻을 수 있는 소유나 경험을 얻기 위해 빌렸던 돈을 갚기를 요구한다.

빚은 다른 누군가처럼 행세하도록 만들어준다. 잠언 12:9은 이렇게 말씀한다. "비천히 여김을 받을지라도 종을 부리는 자는 스스로 높은 체하고도 음식이 핍절한 자보다 나으니라." 또한 잠언 13:7은 이렇게 말씀한다. "스스로 부한 체하여도 아무 것도 없는 자가 있고 스스로 가난한 체하여도 재물이 많은 자가 있느니라."

빚은 소비주의적 생활방식의 징후다. 늘 그런 것은 아니지만 대체로 그렇다. 빚은 신기루처럼 우리를 속여 갈증을 해소해줄 것이라고 믿게 만든다.

빛은 중독이기도 하다. 일단 우리가 빛으로 물건을 얻는 방법을 발견하고 나면, 마치 그것이 달콤한 포도주라도 되는 양 점점 더 그것을 마시게 된다. 빛으로 구매할 수 있는 것들은 우리의 미각을 자극한다. 그러나 그 빚을 갚을 방법이 없어 좌절할 때 그것은 마치 쇠를 자르는 용접공의 토치처럼 우리의 내장을 갉아먹는 신물을 쏟아낸다.

진짜 문제는, 당신도 알겠지만, 신선함이 사라지고 난 후 오랫동안, 휴가가 끝난 후 오랫동안, 그 돈을 갚아야 한다는 점이다. 빚은 우리를 우리가 아닌 다른 누군가로 보이도록 만들어준다. 적어도 한동안은 그렇다. 그러나 그런 겉모습은 채권자들까지 속이지는 못한다.

성경은 빛을 지는 것을 금지하지 않는다. 그러나 빛과 관련된 성경구절 대부분은 빛을 경계하거나 그것이 만들어내는 문제를 다룬다. 특별한 금지 사항은 없으나 빛은 권해지지 않는다. "부자는 가난한 자를 주관하고 빛진 자는 채주의 종이 되느니라"(잠 22:7). 빛의 반대인 저축은 장려되지만 빛은 장려되지 않는다.

유명한 쿼터백 팀 티보의 아버지인 밥은 다섯 아이를 둔 가정적인 남자다. 밥은 여러 해 전에 필리핀을 방문한 적이 있었다. 그곳에 머무는 동안 그는 하나님께서 자기더러 다시 그곳으로 돌아와 고산 지대에 사는 농부들에게 그리스도를 전하라고 말씀하고 계신다고 느꼈다.

어느 날 그의 친구들은 그에게서 온 편지 한 통을 받았다. 편지의 내용은 이러했다. "하나님께서 나에게 필리핀 사람들에게 그리스도를 전하라고 명하셨습니다. 당신이 이 편지를 받을 즈음에 우리는 시애틀에서 우리의 차를 팔 계획입니다. 우리에게 필요한 물품 목록을 동봉하니 관심을 가져주시기 바랍니다."

4년 후 휴가차 돌아온 밥은 우리의 성경 공부 모임을 방문했다. 4년 동안 그는 1만 명의 사람들을 전도해 구원으로 이끄는 그리스도에 대한 믿음에 이르게 했고 27개의 교회를 개척했다! 그는 수많은 사람에게 좋은 소식을 전했다. 만약 밥이 필리핀으로 가지 못했다면, 만약 빚 때문에 "저런, 나는 가고 싶지만 그럴 수가 없습니다"라고 말했다면, 하나님 나라에 얼마나 큰 손해가 났을지 생각해보라.

　　만약 하나님이 당신을 어떤 사역의 길로 부르신다면, 당신은 그 길로 나아갈 수 있는가? 아니면 당신의 빚이 그 길로 나아가지 못하도록 방해할 것인가? 디모데후서 2:4은 이렇게 말씀한다. "병사로 복무하는 자는 자기 생활에 얽매이는 자가 하나도 없나니 이는 병사로 모집한 자를 기쁘게 하려 함이라." 빚은 이 세상의 일에 대한 얽매임을 전형적으로 보여준다.

　　빚을 피해야 하는 데는 성경적 이유 뿐 아니라 현대적인 이유도 있다. 지난 몇십 년은 격동기였다. 규제 완화, 조세개혁, 거품 경제의 꺼짐, 주식 시장의 붕괴, 월스트리트의 부패, 통제되지 않는 연방 지출, 엄청난 연방 재정 적자, 외채에 대한 의존 그리고 지속적으로 변화하는 경제 상황 등.

　　재정 문제 전문가인 하워드 데이턴(Howard Dayton)은 나에게 미국이 1985년 이전에는 외채를 갖고 있지 않았다는 사실을 처음으로 일깨워 주었다. 그때 이후 미국 재무부는 외국으로부터 3조 달러 이상의 돈을 빌렸다.[25] 미국은 1984년까지는 순 채권국이었다. 하지만 그 후로 우리는 터무니없는 수준까지 지속적으로 외채를 늘렸고 결국 순 채무국이 되었다.

　　신명기에서 우리는 하나님께 순종하는 나라는 여러 나라에게 꾸어줄 것이고 아무에게서도 꾸이지 않을 것이라는 말씀을 듣는다. 그러나 만약 어떤 나라가 하나님께 불순종하면, 그 나라의 시민들 가운데 있는 이방인들이 점점 더 높아지게 되어 그들에게 꾸어줄 것이나, 그 나라는 꾸어줄 수 없게 될 것이다(신 15:4-6; 28:43-46).

내가 1989년에 이 책을 처음 썼을 때 우리는 바로 그런 나라가 되기 시작했다. 지난 25년간 어떤 변화가 일어났을까? 우리는 점점 더 외채 속으로 빠져들고 있다. 이런 의존은 위태롭다. 이 때문에라도 빚은 빨리 청산해야 한다.

이 방법을 따르라. 조금씩 조금씩 벌라. 그중 10%를 저축하고, 10%나 그 이상을 나누라. 그리고 빚을 청산하라. 얼마나 간단한가! 이 방법이 너무 쉬워서 비웃을지도 모른다. 그러나 이런 원리들만 따라도 새로운 직책, 즉 신실한 청지기라는 직책으로 승진할 수 있다.

토론 문제

1. 은퇴 자금 원리는 모든 사람이 재정적으로 안전하게 은퇴하는 방법이 얼마나 간단한지를 보여준다. 그런데도 어째서 은퇴한 사람들 대부분이 재정적으로 어려움을 겪는 것인가?

2. 당신에게 충분한 돈은 얼마인가? 어째서인가? 당신은 삶의 수준을 기꺼이 제한하겠는가? 전도서 5:10-12을 읽으라.

3. 대부분의 사람은 너무 많은 빚을 지고 살아간다.
   □ 동의한다. □ 동의하지 않는다.
   그 이유는?

4. 신명기 28:1-2, 12, 5, 43-46을 읽으라. 잠언은 "빚진 자는 채주의 종이 되느니라"라고 말씀한다. 당신은 하나님의 말씀에 대한 우리의 불순종과 우리가 자꾸 빚을 지게 되는 것 사이에 어떤 관계가 있다고 생각하는가? 우리가 빚을 지게 됨으로써, 어떤 위험을 마주하고 있는가?

5. 개인으로서 당신은 채무자인가 채권자인가? 당신은 앞의 질문에서 언급된 성경 구절이 개인에게도 해당된다고 보는가? 왜 그런가, 혹은 왜 그렇지 않은가? 그렇다고 여긴다면, 어떤 점에서 그러한가?

6. 잠언 12:9과 13:7을 읽으라. 당신은 빚을 내서 개인 소득을 보충하고 당신이 아닌 다른 누군가인 척했던 적이 있는가? 그런 식으로 빚을 내는 것에는 어떤 문제가 있는가?

7. 당신은 소득의 10%를 저축하고, 10%를 나누며, 빚에서 벗어나기 위해서 이번 주에 어떤 실제적 단계를 밟을 것인가?

4부

시간

13장 올바른 결정을 하는 법

아주 오래전 나는 내가 잘못된 선택을 했다고 여겼다.
하지만 결국 내가 옳았다는 것이 밝혀졌다.
내가 잘못하고 있다고 여겼던 것이 잘못이었다.

존 포스터 덜레스

엘리야가 모든 백성에게 가까이 나아가 이르되.
"너희가 어느 때까지 둘 사이에서 머뭇머뭇 하려느냐
여호와가 만일 하나님이면 그를 따르고,
바알이 만일 하나님이면 그를 따를지니라." 하니
백성이 말 한마디도 대답하지 아니하는지라.

열왕기상 18:21

30대 때 나는 저녁 시간을 잘못 보내고 있음을 알게 되었다. 나는 귀한 시간을 TV를 시청하면서—그것이 자극했던 잘못된 생각들에 빠진 것은 말할 것도 없고—허비하고 있었다!

그러나 솔직히 말하자면, 나는 아침형 인간이었기 때문에 저녁에는 피곤해서 다른 일을 할 수 없었다. 그래서 시간을 최소한으로나마 아껴 보기 위해 TV 앞에서 고정된 운동용 자전거를 탔다. 그러나 그것도 곧 지루해졌다. 나는 주님과 더 많은 시간을 보내고자 했으나 실제로는 TV를 끼고 살았다.

나에게 하루 중 가장 좋은 시간은 저녁이 아니라 이른 아침이다. 어느 날 저녁에 마침내 굉장한 생각이 떠올랐다. 한 시간만 일찍 자면 어떨까! 그것은 몇 가지 유익을 가져다준다. 충분히 자고 아침에 운동을 할 수 있을 뿐 아니라 운동 기구 앞에 독서용 스탠드를 가져다 놓으면 운동을 하면서 성경도 읽을 수 있다.

무엇보다 좋은 것은 피곤할 때 잠자리에 들 수 있다는 점이다. 거래가 성사되었다. 나는 TV를 시청했던 한 시간을 주님과 함께하는 시간으로 바꾸기로 했고 그 계획이 마음에 들었다. 하지만 12년의 관성이 나를 가로막았다. 나는 그런 생각을 하고서도 계속 시간을 흘려보냈다. 그러다 마침내 어느 날 어떤 일이 일어났고, 나는 변화를 일으키기로 **결정했다**.

문제

우리는 우리가 하기로 결정한 그대로 행동한다. 우리는 우리가 내린 결정의 총합이다. 결정을 하지 않은 것조차 그 자체로 하나의 결정이다. 만약 오전 11시 30분에 딸의 학예회가 열리는데 당신이 11시 35분까지 여전히 본사와 전화 통화를 하고 있다면, 그때 당신은 이미 선택을 한 셈이다.

의사 결정은 다른 어떤 것보다도 우리가 **누구**이며 **무엇**인지를 알려준다. 이런 결정은 순식간에 내려질 수도 있고, 여러 주, 여러 달, 심지어 몇 년에 걸친 고민 끝에 내려질 수도 있다.

우리의 의사 결정이 중요하고 파급력이 있는 만큼이나 그것이 내려지는 과정은 신비롭고 기묘하다. 『배스와 스토길의 리더십 핸드북』(*Bass & Stodgill's Handbook of Leadership*)은 경영자의 리더십과 의사 결정에 관한 7,500개 이상의 연구 결과와 논문을 인용한다. 그러나 그 책의 편집자는 효과적인 리더십의 특성을 규정하는 일련의 요소나 특성, 과정을 찾아내지 못했다.[26]

전 국가보안처 고문이었던 즈비뉴 브레진스키(Zbigniew Brzezinski)는 언젠가 이렇게 말했다. "밖에서 보면 결정이 분명하고 간결하게 이루어지는 것처럼 보인다. … 그러나 우리는 발생하는 일의 대부분이…혼란스러운 상황과 개인적 투쟁, 모호함이 뒤섞인 결과임을 배우게 된다."[27]

『포춘』이 선정한 500대 기업 중 한 회사의 최고 경영자는 더 분명하게 말한다. "만약 이곳에서 우리가 가장 중요한 결정을 어떻게 내리는지 안다면 깜짝 놀랄 것이다."[28]

가장 고도로 훈련된 의사 결정자들이 좋은 결정을 하는 일에 이런 어려움을 겪고 있다면 우리의 결정이 더 쉽기를 기대할 수 있겠는가? 어떤 상황에나 변함없이 써먹을 수 있는 일련의 의사 결정 원리들이 존재하는가?

많은 사람이 현명한 결정을 할 수 없어서든 혹은 하려고 하지 않아서든, 그들의 삶을 망치면서 두통, 분쟁 그리고 고통으로 가득 찬 삶을 살아간다. 사업, 결혼, 자녀, 우선순위, 도덕, 윤리, 영성, 시간, 스트레스, 건강 그리고 돈 등 그야말로 온갖 문제들이 잘못된 결정, 즉 이해되지 않는 과정을 통해 만들어진 결정 때문에 발생한다.

우선순위의 결정과 도덕적 결정의 구분

일터에서 집으로 갈 때 어느 길을 택할지 같은 사소한 결정들을 제외한다면, 대부분의 결정은 **우선순위**의 결정이거나 **도덕적** 결정이다. 우선순위의 결정은 **옳은 것과 옳은 것** 사이에서의 선택이다. 다시 말해, 두 개나 그 이상의 것들 사이에서 선택이 이루어질 수 있는데, 그런 선택들 각각은 도덕적으로 옳다. 이는 시간과 돈을 어떻게 배분할지에 관한 선택이다.

저녁 때 아내와 함께 식사를 하러 갈 것인가 아니면 운동 경기를 할 것인가는 우선순위의 문제다. 토요일 아침에 일을 할 것인가 가족과 함께 시간을 보낼 것인가 역시 우선순위의 문제다. 주식에 투자할 것인지 유동 자산을 보유하고 있을지는 수용 가능한 두 대안 사이의 선택이다. 우선순위의 결정에서 유일한 기준은 현명해지는 것, 즉 좋은 것, 더 좋은 것 그리고 가장 좋은 것 사이에서 선택하는 것이다. 다음 장에서 우리는 인간을 위한 하나님의 우선순위에 관해 살펴볼 것이다.

반면에 도덕적 결정은 **옳은 것과 잘못된 것** 사이의 선택이다. 도덕적으로 옳은 선택도 있고 도덕적으로 잘못된 선택도 있다. 잘못된 선택을 하는 것은 죄다. 고객에게 바가지를 씌운 것을 보고할 것이냐 말 것이냐는 도덕적 결정이다. 사무실에 있는 젊고 아름다운 여자를 상대로 정신적 간음을 할 것이냐 말 것이냐 역시 도덕적 결정이다.

올바르고 도덕적인 결정을 하는 힘은 온전해지고자 하는 우리의 갈망과 하나님의 능력 주심을 통해 얻어진다. 우리는 이번 장 전체를 온전해지는 문제에 할애할 것이다.

도덕적 의미와 우선순위의 의미를 **모두** 갖고 있는 결정은 단순히 시간과 돈을 쓰는 방식에 관한 것이 아니다. 그런 결정은 하나님의 원리를 포함하고 있다. 당신이 새 차를 구매하는 이유가 교통수단과 관련된 것이라면, 단순한 우선순위의 문제다. 하지만 우리가 탐내는 고급 차를 구매하고자 하는 결정은, 대학 등록금을 위한 저축이나 십일조 같이 더 중요하게 쓰여야 할 돈을 허비하게 만들며, 따라서 도덕적 문제―옳은 것과 잘못된 것 사이의 선택―라는 새로운 차원을 지니게 된다.

잘못된 결정을 하지 않는 방법

효과적인 의사 결정은 쉽지 않고 잘못된 선택으로 인한 결과는 치명적이므로, 잘못된 결정을 하지 않는 것이야말로 옳은 결정을 하는 것만큼이나 중요하다. 사실, **옳은 결정을 하는 가장 좋은 방법은 잘못된 결정을 피하는 것이다.**

피터 드러커(Peter Drucker)는 『하버드 비즈니스 리뷰』(*Harvard Business Review*)에 실린 「완료하기: 인사 결정을 하는 방법」(Getting Things Done: How to Make People Decisions)이라는 글에서 이렇게 말한다.

> 경영자들은 다른 무엇보다도 사람을 다루는 일과 인사 결정에 많은 시간을 사용한다. 그들은 마땅히 그래야만 한다. 다른 어떤 결정도 그로 인한 결과만큼 오래 지속되지 않으며 되돌리기도 힘들지 않다. 그럼에도 대개 경영자들은 잘못된 인사 결정을 내린다. 흔히 하는 말로 그들의 타율은 고작 3할 3푼 3리에도 미치지 못한다. 기껏해야 그런 결정의 1/3정도가 옳은 것으로 판명난다. 1/3은 최소한의 효과를 거둘 뿐이고, 1/3은 완전한 실패다.[29]

나는 박사학위 과정을 공부하면서 공적 조직이든 사적 조직이든, 영리 단체이든 비영리 단체이든, 모든 조직의 변화를 위한 시도 중 거의 2/3가 철저하게 실패로 끝난다는 것을 배웠다. 요점은 이것이다. 대부분의 결정은 실패로 끝난다.

그렇다면 어떻게 의사결정의 타율을 높일 수 있는가? 여러 연구 결과들이 좋은 결정을 하는 것은 어려울 뿐 아니라 신비에 가깝다는 것을 알려주었으므로, 우리는 잘못된 결정을 하지 않는 방법에 집중하자.

역사는 중요한 의사 결정을 내린 자들의 수많은 예를 제공한다. 어떤 이들은 훌륭하고 어떤 이들은 나빴다. 전자에는 마르틴 루터, 사도 바울 그리고 에이브러햄 링컨 같은 이들이 있고, 후자에는 히틀러, 스탈린 그리고 무솔리니 같은 이들이 있다. 보다 최근에는 마틴 루터 킹 주니어와 오사마 빈 라덴 같은 이들이 앞의 분류에 각각 포함된다. 그러나 그 어떤 결정도 예수님이 공생애 사역을 시작하기 직전에 광야에서 사탄의 유혹에 맞서 내렸던 세 가지 결정만큼 중요한 것은 없다. 예수님은 우리에게 잘못된 결정을 내리지 않는 방법의 모범을 제시한다.

예수님이 내린 결정의 중요성

예수님은 40일 동안 금식하셨기에 매우 주린 상태였다. 그때 사탄이 그분을 무너뜨릴 요량으로 접근했다. 만약 그가 예수님을 설득해 자기편을 만들 수 있었더라면, 그는 역사상 가장 위대한 협상에서 승리한 셈이 되었을 것이다.

그로 인한 결과를 상상해보라. 유혹을 받은 예수님이 잘못된 결정을 내리셨다면, 그분은 우리와 같은 또 다른 죄인이 되었을 것이다. 아무도 그분을 하나님이라고 믿지 않았을 것이다. 그분은 우리의 죄를 대신해 죽는 순결한 어린양이 되지 못하셨을 것이다. 그리고 오늘날 우리는 여전히 메시아를 기다리고 있을 것이다.

그러나 예수님은 올바른 결정을 하셨고 우리는 "우리에게 있는 대제사장은 우리의 연약함을 동정하지 못하실 이가 아니요 모든 일에 우리와 똑같이 시험을 받으신 이로되 죄는 없으시니라"(히 4:15)라고 고백할 수 있게 되었다.

예수님의 결정 방법

먼저 예수님은 돌로 떡을 만들지 말지, 즉 자신의 삶에 대한 하나님의 계획에 맞설지 말지를 결정해야 했다(마 4:1-3을 보라).

사탄은 예수님이 잘 속는 사람인지 궁금했을 것이다. 그의 첫 번째 유혹은 이미 아담과 하와에게 써먹었던 검증된 계략이었다. 그는 예수님을 음식으로 유혹하려 했다. 사탄은 이렇게 생각했을 것이다. "왜 안 되겠어? 이 방법은 전에도 먹혔어."

예수님의 반응은 **효과적인 의사 결정의 첫 번째 원리**를 제공한다. 그분은 이렇게 답하셨다. "기록되었으되 사람이 떡으로만 살 것이 아니요 하나님의 입으로부터 나오는 모든 말씀으로 살 것이라 하였느니라"(마 4:4). 좋은 결정을 내리기 위해 우리가 밟아야 할 첫 번째 단계는 **하나님의 말씀을 따라 사는 것**이다.

성전 꼭대기에서 뛰어내리라는 두 번째 시험은 하나님을 시험하는 것이었다. 우리 역시 하나님이 우리를 어리석은 결정에서 구해내야 하는 상황에 처하시지 않도록 해야 한다. 고등학생 시절에 나는 미성년자 마약 복용 혐의로 체포된 적이 있다. 아버지는 나를 위해 교도소로 찾아와 서명을 하셔야 했다. 나는 그분이 나를 구해내야만 하는 상황 속으로 그분을 몰아넣었다. 그 일이 그분을 얼마나 화나게 했는지는 상세하게 말할 필요가 없을 것이다.

같은 방식으로 우리는 스스로를 하나님이 우리를 구해내셔야 할 필요가 있는 상황 속으로 몰아넣음으로써 그분을 시험해서는 안 된다. 사탄은 하나님이 개입하지 않으신다면 성공 가능성이 아주 낮을 수밖에 없는 결정을 하도록 예수님을 유혹했다. 사탄은 그분을 유혹하기 위해 성경을 인용하기까지 했다. 셰익스피어(Shakespeare)가 말했듯이, "사탄도 자신의 목적을 위해 성경을 인용할 수 있다." 그러나 예수님은 사탄에게 이렇게 답하셨다. "**또** 기록되었으되 주 너의 하나님을 시험하지 말라 하였느니라"(마 4:7, 굵은 글씨는 저자가 덧붙인 것임).

같은 방식으로, 사탄은 우리를 유혹해 잘못된 우선순위와 부도덕한 목적을 위해 성경을 취사선택하도록 만든다. **효과적인 의사 결정의 두 번째 원리는 하나님을 시험하지 않는 것이다.** 당신을 기적이 필요한 상황 속으로 몰아넣지 마라!

나는 사탄이 처음 두 번의 유혹을 위해 자신을 믿을 만한 친구로 가장하고 있는 모습을 상상한다. 그러나 두 번의 유혹이 모두 실패하자 그는 노골적인 길을 택했다.

세 번째 결정, 즉 사탄에게 절을 할지 말지는 하나님의 아버지 되심을 포기하고 다른 신들을 섬기라는 유혹이었다. 얼마나 자주 우리는 트랙에서 벗어나 다른 신들—돈, 지위, 권력 등—을 섬기는가! 10대 때 나는 아버지의 지위를 인정하지 않았고, 학교를 그만두었으며, 육군에 입대했다. 나는 가정의 권위 구조를 무시하고 나만의 계획을 추구했다.

예수님이 이런 결정을 내리는 것이 쉬운 일이라고 여길 수도 있지만 그렇지 않다. 속이는 자인 사탄은 너무나 간교하기 때문에 빨간 옷을 입고 삼지창을 들고서 우리의 현관문을 두드리지 않는다. 분명히 그는 어떤 식으로든 자신을 위장하려 한다.

그러나 예수님은 우리를 실망시키지 않으셨다. 이번에 그분은 직접 사탄의 이름을 부르시며 이렇게 말씀하셨다. "사탄아 물러가라. 기록되었으되 주 너의 하나님께 경배하고 다만 그를 섬기라 하였느니라"(마 4:10). **효과적인 의사 결정의 세 번째 원리는 언제나 하나님을 경배하고 오직 그분만을 섬기는 것이다.**

이 세 가지 원리가 늘 올바른 결정을 보장해주지는 않는다. 하지만 우리가 잘못된 결정을 하지 않을 가능성을 최대한 높여준다. 그것들은 **위기관리**(risk management)의 원리들이며 우리의 삶을 위한 하나님의 계획과 목적에 가까이 다가가 머물도록 해주는 개념들이다. 다시 한번 정리해 보자.

1. **하나님의 말씀**을 따라 결정하라. 만약 당신의 결정이 성경과 상충한다면, 그것은 나쁜 결정이다.
2. **하나님을 시험하는** 어리석은 결정을 피하라. 당신을 구해내기 위해 기적이 필요한 상황 속으로 하나님을 몰아넣지 마라.
3. **하나님을 향한 예배와 섬김**을 축소하는 결정을 피하라. 다람쥐 쳇바퀴 경주에 빠지거나 가짜 신들을 좇는 일에 빠지지 마라.

예수님은 어려운 결정을 해야 할 때마다 하나님의 말씀을 언급하셨다. 그분은 인간의 힘만으로는 충분하지 않다는 것을 아셨다. 우리에게는 도덕적 척추 노릇을 해줄 진리의 성채가 필요하다. 하나님의 말씀을 따라 살아가는 사람은 올바른 선택을 하고 모든 일에서 번성할 것이다.

결과

우리가 내리는 모든 결정에는 결과가 따른다. 그 결과에는 언제나 **영적** 차원과 **재정적** 차원이 포함되어 있다. 사람이 "하나님과 돈을 겸하여 섬길 수 없다"는 그리스도의 선언은 우리가 내리는 모든 결정의 영적 측면과 재정적 측면을 고려하고 있다. 우리가 **둘** 모두를 섬길 수는 없지만, 그 둘은 모든 결정에서 **결과**를 만들어낸다.

모든 결정은 아무리 작은 것일지라도 영적인 결정이다. 그리스도인의 삶의 밑바탕에 놓여 있는 전제는 삶의 모든 측면이 영적이며 따라서 모든 결정은 영적인 결과를 낳는다는 것이다.

* * *

한 남자가 지금처럼 주 40시간 근무를 하는 대신 주 50시간 근무를 하는 일자리를 제안받았다. 그는 더 많은 돈이 필요하지 않았으나 그 제안을 받아들였다.

그로 인해 그의 스케줄에서 무언가가 밀려나야 했다. 그는 성경 읽기와 아들이 속해 있는 리틀리그팀의 코치 노릇을 포기했다. 드러난 사실을 감안한다면, 이 경우에 그 남자는 잘못된 선택을 한 것이 분명하다.

그러나 그가 다른 조건에서 (가령, 자신의 아내가 일을 그만두게 하기 위해서) 그 스카우트 제안을 받아들이는 것은 올바른 일이 될 수도 있다. 그러나 이 경우에도 여전히 우리는 이 결정이 그의 영적 삶과 가정생활에 잠재적으로 부정적인 영향을 주리라는 것을 알 수 있다. 우리가 시간과 돈을 사용하는 방식이 우리를 표현하고 우리를 형성한다.

또한 우리는 서슴없이 "**모든 결정은 아무리 작은 것일지라도 재정적인 결정이다**"라고 말할 수 있다. 우리가 내리는 모든 결정에는 재정적인 결과가 따른다.

만약 우리가 영업 분야에서 일하고 있다면, 아들이 속한 리틀리그팀에서 코치 노릇을 하기로 한 결정은 당신이 영업할 시간을 줄일 것이고, 분명히 당신의 수입도 줄 것이다. 당신이 사업을 하고 있으면서도 그리스도를 따르고자 할 때, 당신은 언제나 옳은 일을 하려고 할 것이다. 그리고 옳은 일을 하려면 언제나 그에 필요한 더 많은 값을 지불해야 한다. 그렇지 않은가? 만약 당신이 하나님의 말씀을 따르고자 한다면, 당신의 저축 습관과 기부 행태가 크게 변할 것이고, 결국 그런 결정은 재정적 결과를 낳게 될 것이다.

용서받았으나 여전히 감옥에 있음

우리의 가장 큰 소망과 약속 중 하나는 우리의 죄가 용서받았다는 것이다. 하나님은 우리가 죄를 고백하고 포기하기를 참을성 있게 기다리신다. 그분은 우리에게 그리스도와 함께 공동 상속자가 될 권리를 부여하신다.

그러나 용서(forgiveness)를 받는 것과 사면(pardon)을 받는 것 사이에는 엄청난 차이가 존재한다. 만약 어떤 남자가 편의점을 털었다가 나중에 그리스도인이 되어 자신의 죄를 고백했다면, 그는 여전히 유죄다. 그에 대한 평결은 그의 회개로 달라질 수 있다. 그리고 그는 자기가 하나님께 용서받았다고 확신할 수 있다. 그러나 그는 여전히 그 죄의 결과를 짊어져야 한다. 그는 여전히 감옥으로 가야 한다.

인간의 역사상 가장 안타까운 순간 중 하나는 하나님의 마음에 합한 사람이었던, 그리고 그리스도가 태어난 가계에 속했던 다윗 왕이 밧세바와 간음을 저질렀던 순간이다. 그것만으로 충분하지 않았던지, 그는 계략을 꾸며 그녀의 남편 우리아를 죽이기까지 했다.

밧세바가 임신을 하고 아들을 낳았다. 그러나 다윗의 죄에 분노하신 하나님은 예언자 나단을 통해 다윗과 맞섰다. 다윗은 회개하며 외쳤다. "내가 여호와께 죄를 범하였노라."

나단이 답했다. "여호와께서도 당신의 죄를 사하셨나니 당신이 죽지 아니하려니와 이 일로 말미암아 여호와의 원수가 크게 비방할 거리를 얻게 하였으니 당신이 낳은 아이가 반드시 죽으리이다"(삼하 12:13-14).

다윗은 깊은 슬픔에 잠겨 "그 아이를 위하여 하나님께 간구하되 다윗이 금식하고 안에 들어가서 밤새도록 땅에 엎드렸으니 그 집의 늙은 자들이 그 곁에 서서 다윗을 땅에서 일으키려 하되 왕이 듣지 아니하고 그들과 더불어 먹지도 아니했다"(삼하 12:16-17). 그럼에도 그 아기는 결국 죽었다.

우리는 우리의 길을 선택할 수 있다. 하지만 그로 인한 결과까지 선택할 수는 없다. 용서는 가능하다. 그러나 모든 결정에는 결과가 따른다. 참으로 우리는 우리가 내린 결정들의 총합이다.

추월 차선 위의 삶

짐은 살인죄로 8년간 수감 생활을 했다. 그는 마약 딜러였다. 감옥에서 그는 그리스도 안에 있는 새로운 기회를 발견했다. 이제 목회자가 된 그는 고등학교 학생들에게 마약이 어떤지 자주 들려준다.

"아무도 여러분을 속이지 못하게 하십시오. 마약은 재미있습니다. 마약은 여러분을 기분 좋게 만들어줍니다. 높이 올라가는 것은 재미있습니다. 여러분은 마약의 시작이 어떠한지 알고 있습니다. 그것은 재미있습니다. 그러나 나는 마약의 끝을 알고 있습니다." 그리고 나서 짐은 자신이 어떤 결정으로 삶을 파멸시켰는지 들려준다.

대부분은 결코 짐처럼 자기를 파멸시키지는 않을 것이다. 하지만 우리 모두는 재미있어 보이지만 고통스러운 삶—이혼, 재정적 위기, 질병 그리고 관계의 문제들—과 마주한다. 어째서 우리는 자신이 그런 결과에서 빠져나오거나 얼마간 그런 일들을 조정할 수 있는 능력을 갖췄다고 생각하는 것일까? 간음한 자들은 이혼한다. 마약 복용자들은 중독자가 된다. 부정직한 사람은 직업을 잃는다. 흡연자들은 암에 걸린다. 항상 그런 것은 아니지만, 그것이 일반적인 법칙이다. 그것이 원인과 결과의 관계다.

우리 대부분이 마주하는 큰 문제는 "하나님께서 원하시는 추월 차선 위의 삶이 존재하는가?" 하는 것이다. 우리는 다람쥐 쳇바퀴 경주가 승자 없는 경주라는 것을 인정하는 것으로 시작할 필요가 있다.

21세기에 살아가는 사람들은 탈진하고 지치며 과로 상태에 있다. 당신의 모든 책임을 감당하는 것이 힘들지 않은가? 화려한 이력서를 지닌 사람은 누구나 그런 것을 얻기 위한 값을 치른다. 모든 사람이 일주일에 동일하게 168시간을 갖고 살아간다. 따라서 우리가 윗사람이거나, 사업가이거나, 정치 지도자이거나, 스포츠맨일 경우, 무언가가 희생되어야 한다. 대개 가족들이 그 값을 치른다. 모든 사람은 나름의 우선 사항들을 갖고 있는데 늘 그것들은 삶에서 하나님을 우선시하는 것과 경쟁한다. 당신의 우선 사항은 무엇인가? 우리가 다람쥐 쳇바퀴 경주를 하고 있을 때, 우리에게는 하나님과 가족을 위해 쓸 값진 시간이 거의 남아 있지 않다. 다람쥐 쳇바퀴 경주에서 빠져나오고 싶지 않은가? 하나님께서 당신이 올바른 선택을 하도록 도와주시기를, 당신의 의사 결정 점수가 높아지게 해주시기를 간구하라. 다람쥐 쳇바퀴 경주에 관해 성경에 기록된 말씀(가령, 갈 5:7, 9)을 보라. 추월 차선에서 빠져나오기로 결단하라.

당신이 혼잡한 주간 고속도로의 추월 차선에서 시속 110km로 달리고 있다가 길에서 벗어나기로 결정했다면, 아무런 경고 없이 급하게 차선 변경을 하지는 않을 것이다. 우선 도로가 붐빈다는 사실을 알아차려야 한다. 당신이 있는 추월 차선으로 많은 차가 달리고 있기 때문에 방향 지시등을 켜고 차선에서 벗어나기 시작한다. 그러고 나서도 당신은 출구까지 가기 위해 기다려야 한다.

만약 당신이 추월 차선에서 벗어나기로 했다면, 하나님이 도와주실 것이다. 그분이 올바른 선택을 하도록 예수님을 도우셨던 것처럼 말이다. 그분은 당신의 **상황**보다는 당신의 **태도**에, 그리고 당신이 어디에 **있는지**보다는 당신이 어디로 **가려고 하는지**에 관심을 갖고 계신다. 당신이 추월 차선에서 벗어나기로 결심할 때, 하나님께서 당신이 움직이는 쪽으로 복을 내리실 것이다. 그분은 우리가 그런 조정을 하도록, 그리고 출구를 찾을 수 있도록 우리에게 능력을 주실 것이다. 사실 그것은 문화적 그리스도인이 아니라 성경적 그리스도인이 되기로 한 결정이다.

우리 모두는 자신이 마음으로 결정한 바로 그 일을 한다. 우리는 그런 결정을 하나님의 도우심을 받아서 할 수도 있고 그런 도우심 없이도 할 수 있다. 그러나 만약 우리가 그분을 신뢰한다면 그분은 늘 우리에게 도움을 주시겠노라고 약속하신다. "너희 안에서 행하시는 이는 하나님이시니 자기의 기쁘신 뜻을 위하여 너희에게 소원을 두고 행하게 하시나니"(빌 2:13). 예수님께서 궁극적인 값을 치르셨다. 그분이 자신의 죽음으로 우리의 죄를 짊어지셨다. 그로 인해 하나님께서 자신의 능력으로 우리가 올바른 결정을 하도록 도와주실 것이다.

토론 문제

1. 당신이 중요한 문제에 개인적으로 올바른 결정을 내리는 비율은 얼마나 되는가?

2. 그동안 당신이 내렸던 아주 좋은 결정을 말해보라. 그런 결정이 성공하도록 만든 요소는 무엇이었는가?

3. 그동안 당신이 내렸던 잘못된 결정을 말해보라. 무엇이 그런 결정을 내리도록 만들었는가? 그 결정으로 감당해야 했던 결과는 무엇이었는가? 지금 다시 그런 결정을 내려야 한다면 어떤 결정을 내리겠는가?

4. 사람은 그가 내리는 결정의 총합이다. 사람들이 스스로 내린 결정으로 자신들의 삶을 망치는 것을 본 적이 있는가? 있다면 말해보라.

5. 디모데전서 6:6-10을 읽으라. 사람들이 하나님의 원리를 따라 사는 것을 어려워하는 이유를 말해보라.

6. 우선순위의 결정은 옳은 것과 _____ 사이의 결정이다.
   도덕적 결정은 옳은 것과 _____ 사이의 결정이다.

7. 예수께서 잘못된 결정을 하라는 유혹을 받으셨을 때 적용했던 세 가지 원리는 무엇인가?

8. 모든 결정은 아무리 작더라도 영적인 결정이다.
   ☐ 동의한다. ☐ 동의하지 않는다.
   왜인가?

9. 모든 결정은 아무리 작더라도 재정적인 결정이다.
   ☐ 동의한다. ☐ 동의하지 않는다.
   왜인가?

14장 무엇이 가장 중요한가?

비록 그런 감정을 숨기는 것이 관습이기는 하나,
여전히 더 많은 것을 갖고자 하고
여전히 더 좋은 삶을 살고자 하는 지속적인 갈망과
그것들을 얻기 위한 투쟁이
수많은 서양인들의 얼굴에 근심을
그리고 심지어 낙담을 새겨넣고 있다.

알렉산더 솔제니친

선생님 율법 중에서 어느 계명이 크니이까?
예수께서 이르시되, "네 마음을 다하고 목숨을 다하고 뜻을 다하여
주 너의 하나님을 사랑하라 하셨으니
이것이 크고 첫째 되는 계명이요."

마태복음 22:36-38

그동안 우리는 허기진 상태에서 쇼핑 목록도 없이 식료품점을 찾아가 쇼핑을 해왔다. 맛있어 보이는 모든 것이 특별히 눈길을 끈다. 결국 영양가가 거의 없는 스낵들로 쇼핑 카트를 가득 채운 뒤, 쇼핑을 마친다.

점원이 최종 금액을 계산해서 알려주면, 당신은 계획하지 않은 채 마구잡이로 구매한 식료품의 총액에 깜짝 놀란다. 그러나 가장 나쁜 것은 값이 아니라 그렇게 많은 돈을 쓰고서도 가족에게 필요한 것을 구매하지 않은 것이다!

식료품점에서 쇼핑을 하는 목적은 가족을 위해 영양학적으로 균형 잡힌 음식을 구매하는 것이다. 구매할 식품 목록 없이 쇼핑을 하다가는 시간과 돈을 엉뚱한 음식에 허비할 공산이 크다.

삶 속에서 이루어지는 수많은 선택은 식료품점의 잘 쟁여진 선반에서 식품을 고르는 것과 같다. 삶을 잘 통제하기 위해서는 자신을 어디에 바칠지를 미리 정해두어야 한다.

우선순위를 정하는 목적은 제한된 시간과 돈을 하나님이 바라시는 일에 할당하기 위해서다. 그러나 우리는 너무나 자주 식료품점에서 쇼핑하는 것처럼 우선순위를 정한다. 그리고 대개 우리가 우선권을 부여하는 것들은 우리 가족에게 필요하거나 하나님이 바라시는 것이 아니다.

문제

사전의 정의에 따르면, 우선순위(priority)란 우리가 어느 정도의 긴급성이나 중요성을 부여함으로써 우선권을 제공하는 그 무엇이다.

대부분의 남자가 무엇을 우선순위로 삼을지 결정하지 못한다. 그것을 안다 해도 그 우선순위를 따라 사는 이들은 극히 드물다.

자신이 정확하게 무엇을 찾고 있는지 알지 못하면, 우리는 영양학적으로 균형 잡힌 음식이라는 "우선순위"가 아닌 스낵류 음식들로 카트를 가득 채우게 될 것이다. 우리가 서로 얼마나 다른 우선순위들을 갖고 있는지 알기 위해서는 토요일 아침에 우리의 이웃들을 살펴보기만 하면 된다. 어떤 이는 일찍 일어나고 다른 이는 10시까지 늦잠을 잔다. 한 사람은 매주 골프를 치고 다른 사람은 자기 아들이 참가하는 축구 경기를 보러간다.

한 사람은 정원을 가꾸고 그의 이웃은 밀린 서류 작업을 위해 사무실로 간다. 다른 사람은 세차를 하고 차고를 청소하는 반면, 그의 이웃은 아이들과 함께 농구 경기를 한다. 한 사람은 느긋하게 앉아 신문을 읽고, 다른 사람은 성경을 읽는다. 한 사람은 가족과 함께 아침 식사를 하러

나가고, 다른 사람은 침대에서 아침을 먹는다.

우리가 토요일 아침 시간을 보내는 방법은 우리에 관해 많은 것을 알려준다. 월요일부터 금요일까지는 일을 하고 일요일은 주일로 온전히 섬기지만 토요일은 자신을 위해 사용할 수 있는 날이다.

토요일은 우리가 임의로 사용할 수 있는 월급과 같다. 월급 대부분은 필수적인 것에 사용되지만 나머지 금액은 우리가 원하는 대로 쓸 수 있다. 당신은 토요일을 어떻게 보내는가? 이 임의로 쓸 수 있는 시간을 보내는 방식이 당신의 우선순위를 반영하는가?

중요한 것 결정하기

하나님께 중요한 것은 무엇인가? 그 질문에 대한 답은 무엇이 우리의 우선순위가 되어야 하는지를 밝혀준다. 그리고 우선순위는 우리의 초점을 좁히도록 도와준다. 인간의 삶을 위한 하나님의 우선순위는 무엇인가? 하나님은 우리를 위한 "쇼핑 목록"을 이미 만들어놓으셨는가? 하나님의 우선순위를 살필 때 다음 네 가지 시각에 유념하라.

1. 하나님은 내가 어떤 존재가 되고 무엇을 하기를 바라시는가?
2. 하나님은 내가 시간과 돈을 어떻게 사용하기를 바라시는가?
3. 하나님은 나에게서 어떤 성품과 행위를 보고자 하시는가?
4. 하나님은 내가 어떤 관계와 과제에 집중하기를 바라시는가?

간단하게 말해서, 하나님은 우리가 성경의 우선순위를 따라서 살기를, 즉 성경적 그리스도인이 되기를 바라신다. 좀 더 분명하게 말하자면, 세속적 가치는 세속적 우선순위를 제시하고, 성경적 가치는 성경적 우선순위를 제시한다. 따라서 우리는 우리의 가치 체계가 기독교적 세계관을 따르는지 아닌지를 살필 필요가 있다.

우리가 기독교적 세계관에 "예"라고 말한다면, 그때 우리는 성경적 우선순위를 취해야 한다. 그 우선순위는 우리가 시간과 돈을 어떻게 써야 하는지를 알려주면서 어두운 세상을 밝히는 손전등이 된다. 그것은 우리가 무엇에 우선권을 주어야 하는지 결정하도록 도와준다.

미국의 작가 거트루드 스타인(Gertrude Stein, 1874-1946)은 피카소의 그림 두 점을 소장하고 있었다. 그녀는 늘 자기 친구에게 이렇게 말했다. "만약 집에 불이 나서 그림 하나만 가지고 나갈 수밖에 없는 상황이 된다면, 내가 가지고 나갈 그림은 이거야." 서로 경쟁하는 우선순위 사이에서 하나를 선택하는 것은 쉽지 않지만 바로 그것을 통해 우리 내면의 삶이 진행되는 방식을 분명하게 볼 수 있다.

대부분의 남자가 관계보다는 일 중심적이다. 그들은 관계 맺기보다는 일을 더 잘한다. 먼저 우리가 늘 실패하는 분야인 관계에 대해 살펴보도록 하자.

최고의 우선순위

만약 성경이 무언가에 어떤 분명한 입장을 표명하고 있다면, 분명히 그것은 최고의 우선순위에 관한 것이리라.

어느 날 율법 전문가 한 사람이 다음과 같은 질문으로 그리스도를 시험했다. "선생님 율법 중에서 어느 계명이 크니이까?" 그러자 예수께서 우리가 신명기라고 알고 있는 두루마리의 한 구절을 인용하심으로써 그 질문에 답하셨다. "네 마음을 다하고 목숨을 다하고 뜻을 다하여 주 너의 하나님을 사랑하라"(마 22:36-37).

우리가 이 위대한 계명의 의미를 온전히 파악하고 있다면, 그 중요성을 충분히 이해하고 있다면, 우리의 마음을 하나님의 말씀으로 흠뻑 적신다면, 그리고 온 힘을 다해 하나님을 사랑한다면, 우리의 삶은 새로운 차원으로 나아가게 될 것이다. 그때는 예언자 스바냐가 말하듯이 우리 안에서 부드러운 무언가가 나타나기 시작할 것이다. "그가 너로 말미암아 기쁨을 이기지 못하시며 너를 잠잠히 사랑하시며 너로 말미암아 즐거이 부르며 기뻐하시리라"(습 3:17). 얼어붙었던 우리의 관계가 녹아서 풀리기 시작할 것이다. 매일이 두려움이 아니라 흥분으로 시작될 것이다. 젊은 시절에 그랬던 것처럼 새들이 노래하는 소리를 다시 듣게 될 것이다. 냄새와 소리를 통해 다시 하나님의 임재를 느끼게 될 것이다. 우리의 영혼을 향해 불어오는 성령의 미풍으로 고뇌하느라 뜨거워진 마음을 식히게 될 것이다.

이것이 우리 존재의 핵심이다. 물론 우리가 하루 종일 자리에 앉아 사랑스러운 생각만 하지는 않을 것이다. 오히려 우리는 우리의 손을 펴서 하나님이 우리에게 주셨거나 주실 일을 하게 될 것이다. 그리고 그와 동시에 우리는 그분을 사랑하는 것이 가장 중요한 일임을 기억할 것이다. 그분이 무슨 일을 맡기시든 그 일은 그분을 향한 우리의 사랑과 감사를 가시적으로 드러낼 것이다.

하나님을 아는 것이 곧 그분을 사랑하는 것이다. 하나님이 자신과 인격적 관계를 맺기를 갈망하고 계신다는 것을 아는 이는 그분이 삶의 주도권을 쥐고 계신다는 사실에 압도당한다. 하나님은 우리에게 다음과 같은 가장 위대한 "연애편지"를 쓰신 적이 있다.

하나님이 세상을 이처럼 사랑하사 독생자를 주셨으니 이는 그를 믿는 자마다 멸망하지 않고 영생을 얻게 하려 하심이라(요 3:16).

실행

하나님에 대한 우리의 사랑을 어떻게 드러낼 수 있는가? 가장 실제적인 방법은 그분께 순종하는 것이다. 만약 우리에게 남은 시간이 24시간밖에 없다면, 우리는 가장 사랑하는 이들에게 무슨 말을 해줄 것인가? 물론 우리는 그들과 가장 소중한 것, 가장 은밀한 비밀 그리고 가장 중요한 생각을 나누려 할 것이다. 요한복음 13-17장에서 요한은 예수께서 배신당하신 후 그분에게 남은 마지막 24시간 동안 제자들에게 하셨던 말씀을 기록하고 있다. 확실히 그때 하신 말씀은 그분의 가장 중요한 생각들을 드러낸다.

요한복음 14:15은 이렇게 전한다. "너희가 나를 사랑하면 나의 계명을 지키리라." 14:21은 이렇게 전한다. "나의 계명을 지키는 자라야 나를 사랑하는 자니 나를 사랑하는 자는 내 아버지께 사랑을 받을 것이요 나도 그를 사랑하여 그에게 나를 나타내리라." 또한 14:24은 이렇게 전한다. "사람이 나를 사랑하면 내 말을 지키리니." 그분에게 순종하는 것이 그분을 사랑하는 것이다. 그렇다면 우리는 하나님께 어떻게 순종하는가?

성경 공부. 하나님에 대한 우리의 사랑을 보이는 실제적인 방법은 매일 하나님의 말씀을 공부하라는 가르침에 순종하는 것이다. 하루에 15분 동안 말씀을 공부하는 것부터 시작하라. 고등학교 시절에 숙제를 하기 위해서 그랬던 것처럼 특정한 시간과 장소를 정해놓으라. 나의 경우 하루에 15분부터 시작했는데, 그것은 곧 30분으로, 45분으로, 그리고 1시간으로 바뀌었다. 처음부터 너무 많은 시간을 할애하면 힘들어진다!

기도. 성경은 "쉬지 말고 기도하라"(살전 5:17)라고 말씀한다. 이것은 무엇을 의미하는가? 우리 모두는 매일 쉼 없이 말한다. 당신은 낮에 누구와 대화를 나누는가? 스스로와 대화하는가, 아니면 하나님과 대화하는가? 어떤 문제에 대해 숙고할 때 하나님을 당신의 대화 상대자로 삼으라.

또한 성경 공부 앞뒤로 얼마간의 시간을 기도를 위해 떼어놓으라. 일주일 동안 당신이 매일 성경 공부와 기도를 위해 쓴 시간을 기록해두라. 그럴 경우 나는 당신이 발견한 것에 놀랄 것이라고 믿는다.

예배. 나는 정기적으로 교회에 참석하지 않는 이가 하나님을 사랑하는 것은 불가능하다고 여긴다. 성경은 우리에게 정기적으로 하나님의 집에서 하나님을 예배하라고 가르친다. 아내와 데이트를 하고 있었을 무렵에 그녀가 있는 곳에서 얼마나 서성거렸는지를 기억하는가? 그 무렵에 박격포도 당신을 아내 곁에서 떨어지게 할 수 없었을 것이다! 바로 그것이 사랑이 하는 일이다.

예수님은 교회를 세우셨다. 그분은 그 교회를 사랑하시고 그것을 위해 자신을 주셨다. 건물이 아니라 하나님의 백성이 교회이기는 하나, 제도화된 교회는 하나님의 백성을 한데 모으기 위한 역사적 도구였다. 물리적 교회, 즉 시설은 고대로부터 지금까지 영적 삶의 일부였다. 건물(회당) 이전에는 성막이 있었다. 다윗 왕의 마지막 행위는 하나님의 새 성전을 짓기 위해 기금을 마련한 것이었다. 사람들이 한데 모이는 이유는 서로를 떠받치는 공동체를 세우기 위함이다.

그리스도께 영광을 돌리고 성경이 높임을 받는 교회에 참여하라.

나눔. 모든 일에는 비용이 든다. 이는 우리가 피할 수 없는 삶의 현실 중 하나다. 기독교라는 수레바퀴가 굴러가기 위해서는 아주 많은 비용이 요구된다. 하나님은 우리가 수입의 10%나 그 이상을 그분의 일에 바침으로써 그 비용을 감당하기를 바라셨다.

사람들에게는 주님이 필요하다. 복음을 전하고 제자를 만드는 것이 야말로 교회가 감당해야 할 주된 사역이다. "그런즉 그들이 믿지 아니하는 이를 어찌 부르리요? 듣지도 못한 이를 어찌 믿으리요? 전파하는 자가 없이 어찌 들으리요? 보내심을 받지 아니하였으면 어찌 전파하리요?"(롬 10:14-15). 여기에 우리는 이런 말을 덧붙일 수 있다. "그리고 우리가 비용을 지불하지 않는다면 누가 보내심을 받으리요?"

거울 속의 남자가 가장 잘 할 수 있는 일은 우리에게 자유를 제공하는 하나님의 말씀을 집중적으로 살핌으로써 그것을 통해 제공되는 원리, 명령, 지침을 발견하는 것이다. 하나님의 말씀을 읽고 묵상하라. 쉬지 말고 그분과 대화하라. 그리고 찬양과 시간과 돈으로 그분을 예배하라.

두 번째 우선순위

그리스도께서는 가장 큰 계명을 묻는 율법사의 질문에 답하시면서 레위기에서 발견되는 또 다른 계명 하나를 인용하셨다. 그리고 그분은 그것을 두 번째 계명으로 지목하셨다. "네 이웃을 네 몸과 같이 사랑하라"(마 22:39).

우리의 두 번째 우선순위 역시 관계 — 다른 이들을 사랑하는 것 — 다. 성경은 우리가 상상할 수 있는 모든 관계에 관한 가르침을 제공한다. 배우자는 하나님께로부터 온 선물이다. 하나님이 보시기에 남자와 그의 아내는 하나다(창 2:24을 보라).

자녀들은 우리가 하늘에 계신 우리의 아버지에게 의존하듯이 자신들의 필요를 위해 우리에게 의존한다. 부모와의 관계는 하나님이 너무나 귀하게 여기시는 것으로 그분은 그것을 십계명 중 하나로 삼으셨을 정도다. **네 부모를 공경하라.**

성경은 여기저기에서 우리가 다른 이들과 어떻게 관계를 맺어야 하는지를 다른 어떤 주제보다 많이 이야기한다. 성경은 가족, 친구, 적, 낯선 이, 가난한 자, 고용주 그리고 고용인 등을 위한 지침들을 제공한다. 앞에서 우리는 아내, 자녀 그리고 타인과 우리의 관계에 몇 장을 할애한 바 있다.

관계의 우선순위는 다음 두 가지 큰 진리로 귀결된다. **하나님 사랑과 이웃 사랑.** 만약 우리가 이 두 분야에서 자신을 변화시킬 수 있다면, 앞선 그 어느 세대보다도 세상을 향해 그리스도의 복음을 더 잘 예시할 수 있을 것이다.

우리는 너무나 자주 다른 이의 눈 속에 있는 티는 보면서도 자신이 변화해야 할 필요성에는 충분하게 주의를 기울이지 않는다. 레프 톨스토이(Leo Tolstoy)가 이를 잘 설명했다. "모든 이가 인류의 변화를 생각한다. 하지만 자신을 변화시키는 것에 대해 생각하는 이는 아무도 없다."[30] 관계야말로 우리가 변화를 시작할 가장 좋은 지점이다. 다음으로 바쁘게 돌아가는 우리의 세상 속에서 자주 고아처럼 취급되는 우선순위 하나를 살펴보도록 하자.

휴식

당신은 지쳐 있는가? 지금 나는 단지 육체적으로 지친 것만 의미하는 게 아니다. 감정적으로, 정신적으로 지쳐 있는지 묻는 것이다. 나는 당신의 상황을 잘 모른다. 하지만 요즘 나는 내가 가는 모든 곳에서 지친 사람들을 발견한다. 좀 더 분명히 말하자면, 탈진한 사람들이다.

우리는 사는 동안 두 종류의 피곤함을 경험한다. 때때로 나는 귀가할 때 기분 좋은 피곤함을 느낀다. 당신도 그 느낌을 알 것이다. 하루 종일 어떤 가치 있는 일에 매달렸을 때 당신은 굉장히 기분 좋은 피곤함을 느낄 것이다!

시어도어 루즈벨트(Theodore Roosevelt, 미국의 26대 대통령)는 이런 기분 좋은 피곤함을 다음과 같이 묘사한 바 있다.

> 중요한 것은 비판가가 아니다. 강한 사람이 어떻게 실패했는지, 혹은 어떤 행위를 한 이들이 어디에서 좀 더 잘 할 수 있었을지 지적해주는 사람이 아니다. 칭찬은 실제로 현장에 있는 사람에게 돌아가야 한다. 그의 얼굴은 흙먼지와 땀과 피로 더럽혀져 있다. 그는 용감하게 싸운다. 그는 실수한다. 그는 거듭해서 곤경에 처한다. … 그는 큰 열심과 헌신의 사람이다. 그는 가치 있는 일에 자신을 바친다. 그는 잘하면 결국 큰 성취의 승리감을 맛보지만, 잘못해서 실수를 하더라도 용감하게 실패한다. 따라서 그의 자리는 결코 승리도 패배도 알지 못하는 냉담하고 소심한 사람들의 자리와 같을 수 없다.[31]

이런 말, 멋지지 않은가? 그것은 내 가슴에 불을 붙인다! 그것은 기분 좋은 피곤함이다.

그러나 오늘날 대부분의 사람이 겪는 것은 이런 종류의 피곤함이 아니다. 그들은 그저 탈진해 쓰러져 있을 뿐이다. 그리스도인이 가장 잘못 생각하는 것 중 하나는 자신이 주님을 위해 충분히 일하지 않는다는 것이다. 그동안 우리는 사람들이 이렇게 말하는 소리를 들어왔다. "나는 주님을 위해 좀 더 많은 일을 할 수 있기를 바랍니다." 그러나 문제는 우리가 충분히 일하지 않는 것이 아니다. 오히려 우리는 잘못된 일을 너무 많이 한다.

젊었을 때 나는 나의 삶을 향한 하나님의 우선순위에 관해 아무런 인식도 갖고 있지 않았다. 그때 나는 누군가의 말에 확신을 갖고 "아니오"라고 말하지 못했는데, 정직하게 말하자면 경계가 어디에 있는지 알지 못했기 때문이었다. 그래서 나는 모든 것에 "예"라고 답했고 결국 나 자신을 소진시켰다. 어떤 이들은 죄책감 때문에 너무 많은 일을 한다. 그러나 나의 경우는 성경적 우선순위에 대한 무지 때문에 너무 많은 일을 했다. 그것이 위험하다는 것을 나중에야 알게 되었다.

어느 해 가을, 나는 모든 일에서 잠시 물러나 휴식을 취하려고 남자들을 위한 수련회에 참석했다. 그곳에서 나는 주강사였던 톰 스키너가 성경적 우선순위에 관해 한 말을 듣고 아주 큰 충격을 받았다. 깊은 인상을 받은 나는 톰을 올랜도로 초청해 지치고 탈진한 나의 친구들에게 그 메시지를 전하게 했다. 모임에 참석했던 그리스도인 "일 중독자" 중 몇 사람이 안도의 눈물을 쏟아냈다.

예수께서는 "수고하고 무거운 짐 진 자들아 다 내게로 오라. **내가 너희가 해야 할 더 많은 일을 주리라**"고 말씀하시지 않았다. 오히려 그분은 이렇게 말씀하셨다. "수고하고 무거운 짐 진 자들아 다 내게로 오라 내가 너희를 쉬게 하리라. 나는 마음이 온유하고 겸손하니 나의 멍에를 메고 내게 배우라. **그리하면 너희 마음이 쉼을 얻으리라**"(마 11:28-29, 굵은 글씨는 저자가 덧붙인 것임). 우리의 강조점은 일에 있지만 하나님은 우리의 쉼에 관심을 가지신다. 그것이 그분의 우선순위다. 따라서 우리의 우선순위 역시 그것이어야 한다.

우리 중 어떤 이들은 너무 많은 걱정을 하느라 쉬질 못한다. 심지어 비번인 날에도 그러하다. 예수께서 제공하시는 쉼은 단지 육체적으로 지친 이들만을 위한 것이 아니라 감정적으로 그리고 정신적으로 지친 이들을 위한 것이기도 하다. "노동자는 먹는 것이 많든지 적든지 잠을 달게 자거니와 부자는 그 부요함 때문에 자지 못하느니라"(전 5:12). 이 "근심으로 인한 지침"이야말로 모든 지침 중에서도 가장 심각하다.

우리가 이 우선순위를 상세하게 논한 이유는 그것이 마땅히 우리의 주목을 받아야 함에도 자주 간과되기 때문이다. 이사야는 지치고 상한 사람들에게 특별한 관심을 기울였다.

> 피곤한 자에게는 능력을 주시며
> 무능한 자에게는 힘을 더하시나니
> 소년이라도 피곤하며 곤비하며
> 장정이라도 넘어지며 쓰러지되
> 오직 여호와를 앙망하는 자는 새 힘을 얻으리니
> 독수리가 날개치며 올라감 같을 것이요
> 달음박질하여도 곤비하지 아니하겠고
> 걸어가도 피곤하지 아니하리로다(사 40:29-31).

일

남자들은 자신의 존재의 의미를 발견하고 그것을 위해 무언가 공헌할 장(場)을 필요로 한다. 그 장이 바로 일이다. 일에 대한 우리 집착의 기원은 태초의 창조에서 발견된다. 그때 하나님은 일을 우리가 시간을 쏟아야 하는 것으로 규정하셨다.

일의 목적은 하나님이 우리에게 주신 능력으로 그분께 영광을 돌리는 것이다. 탁월함을 추구하고 최선을 다함으로써 우리는 기독교적 "수다"로 지친 세상을 향해 그리스도께서 지금 여기에서 한 사람의 삶에 변화를 만들어내실 수 있음을 보여야 한다.

바울은 일을 크게 강조하느라 (할 수 있음에도) 일하지 않는 자는 먹지도 말라고 말한다(살전 3:10)! 실제로 바울 자신도 천막을 만드는 일로 돈을 벌었다. 여기서는 그 정도만 말하도록 하자. 우리는 앞서 6장 "일을 통해 만족을 얻는 비결"에서 이 문제를 다룬 바 있기 때문이다.

선한 일

어떤 이가 믿음을 갖고 있다고 주장하면서 그 어떤 선한 일도 하지 않는다면, 그것은 전혀 믿음이 아니다. 선행이 아니라 믿음이 우리를 하나님과의 관계 속으로 들어가게 해주는 것은 사실이지만 선행 또한 중요하다. 바울은 이렇게 말한다. "우리는 그가 만드신 바라. 그리스도 예수 안에서 선한 일을 위하여 지으심을 받은 자니 이 일은 하나님이 **전에** 예비하사 우리로 그 가운데서 행하게 하려 하심이니라"(엡 2:10, 굵은 글씨는 저자가 덧붙인 것임).

다시 말해, 하나님이 우리에게 구원을 허락하신 것은 오직 우리의 유익만을 위함이 아니었다. 오히려 그분은 모든 사람을 위한 뜻, 목적 그리고 계획을 갖고 계셨는데, 거기에는 우리가 그분을 알기도 전부터 그분이 우리를 위해 염두에 두고 계셨던 선한 일이 포함되어 있다.

하나님은 교회(가족)를 세우시는 일, 특히 "제자 만들기"라는 분야에서 우리의 도움을 요구하신다. 제자가 되고 제자를 만드는 일은 그리스도인의 주된 사역이다(마 28:18-20을 보라). 제자가 되는 것에는 다음 세 가지가 포함된다.

1. 제자는 그리스도 안에서 살도록 부름을 받는다. 여기에는 구원, 그

분 안에 거하는 것 그리고 다른 이들을 그분에게 인도하는 것이 포함된다(요 1:12; 8:31-32; 행 1:8을 보라).

2. 제자는 그리스도처럼 살도록 준비된다. 여기에는 영적 성장과 변화 그리고 다른 이들이 그분에 관해 배우고 그분처럼 되도록 돕는 것이 포함된다(딤후 3:16-17).

3. 제자는 그리스도를 위해 살도록 보내심을 받는다. 여기에는 다른 이들을 섬기는 것, 많은 열매를 맺는 것, 다른 이들을 사랑하는 것 그리고 가난하고 곤고한 자를 돌보는 것이 포함된다(마 25:37-40; 요 13:34-35; 15:8; 갈 2:10을 보라).

제자를 삼는 것은 하나님의 주된 관심사다. 종종 우리는 이것을 아주 복잡하게 생각한다. 하지만 하나님이 우리에게 요구하시는 것은 바로 이 세 가지다.

각자 자신들에게 허락된 현실적이고 영적인 은사를 통해 서로 다른 방식으로 이 세 가지 분야에 공헌할 수 있다. 우리 각자는 우리의 지식, 지혜, 습득한 능력 그리고 천부적인 재능 등을 정직하게 살펴보고 평가해야 한다.

우리가 가장 자주 생각하는 영적 은사는 다른 이들을 섬기고, 가르치며, 격려하고, 다른 이들의 필요를 채우며, 이끌고(여기에는 행정력이 포함된다), 자비를 보이며, 설교하는 것 등이다. 성경의 다음 네 구절이 하나님이 우리에게 허락하신 서로 다른 영적 은사들의 목록을 보여준다.

- 로마서 12:4-8
- 고린도전서 12:1-12

- 에베소서 4:11-12
- 베드로전서 4:10-11

이 구절들을 살펴보고 다음 질문에 답해보라. "내가 받은 은사는 무엇인가?"

우리는 하나님께서 우리가 일을 통해 자신과 가족을 부양하기를 원하신다는 것을 안다. 또한 그와 동시에 우리가 그분이 우리에게 주신 서로 다른 현실적이고 영적인 은사를 사용해 그분의 세 가지 관심사(부르심, 준비, 그리고 파송)를 위해 일하기를 원하신다는 것도 알 수 있다.

요약하자면, 삶의 우선순위를 정할 때, 하나님께 중요한 다음 다섯 가지 분야가 그 우선순위의 토대가 되어야 한다.

1. 하나님을 사랑하는 것
2. 다른 이를 사랑하는 것
3. 휴식을 취하는 것
4. 일하는 것
5. 선한 일을 하는 것

당신이 "성경적 그리스도인"이라는 죄목으로 고발되었다고 생각해보자. 당신에게 그런 판결을 내리기에 충분한 증거가 존재하는가? 아니면 배심원들이 "문화적 그리스도인"이라는 판결을 들고 돌아올 것인가? 성경적 그리스도인은 이런 다섯 가지의 우선순위들을 균형 있게 조화시킨다. 간단해 보이지만 우리는 성경적 우선순위와 격렬하게 경쟁하는 것들이 존재한다는 것을 안다.

하나님의 우선순위와 경쟁하는 것들

자신의 모든 책임을 다하려고 하는 것은, 어느 늙은 농부가 말하듯, 1톤짜리 트럭에 2톤 분량의 비료를 싣고자 하는 것과 같다! 하나님의 우선순위를 따라 살고자 할 때 우리를 방해하는 것은 무엇인가?

영적 삶과는 아주 다른 이 세상의 시스템이 성경적 우선순위와 직접 경쟁한다. 이 세상에서 우리는 잠시 이곳을 스쳐 지나가는 이방인, 나그네 그리고 순례자들이다.

> 이 세상이나 세상에 있는 것들을 사랑하지 말라. 누구든지 세상을 사랑하면 아버지의 사랑이 그 안에 있지 아니하니, 이는 세상에 있는 모든 것이 육신의 정욕과 안목의 정욕과 이생의 자랑이니 다 아버지께로부터 온 것이 아니요 세상으로부터 온 것이라. 이 세상도, 그 정욕도 지나가되 오직 하나님의 뜻을 행하는 자는 영원히 거하느니라(요일 2:15-17).

노예의 주인인 "돈"은 우선순위의 문제에서 사람들을 부도에 이르게 한다. 그 어떤 노예의 주인도 돈만큼 잔인하거나 무자비하지 않다. "한 사람이 두 주인을 섬기지 못할 것이니. 혹 이를 미워하고 저를 사랑하거나 혹 이를 중히 여기고 저를 경히 여김이라. 너희가 하나님과 재물을 겸하여 섬기지 못하느니라"(마 6:24).

예컨대, 나의 친구 조에 대해 생각해보자. 그는 그리스도인이 되고자 했다. 그러나 또한 그는 부자가 되기를 바랐다. 성경 공부가 그에게 장사할 시간을 빼앗았다. 그리고 교회에 갈 시간이 주중에 일하느라 지친 몸을 회복하는 데 필요한 시간을 빼앗았다. 결국 부자가 되고자 하는 갈망이 더 컸던 조는 하나님을 떠났다. "돈을 사랑함이 일만 악의 뿌리가 되나니 이것을 탐내는 자들은 미혹을 받아 믿음에서 떠나 많은 근심으로써 자기를 찔렀도다"(딤전 6:10).

세상과 **돈**이라는 이 경쟁 상대는 우리 삶의 일부임이 틀림없다. 그러나 우리는 그것들의 주인이 되어야 하고 그것들은 우리의 종이 되어야 한다.

하나님은 우리가 단순히 시간과 돈보다 훨씬 더 많은 것을 요구하는 선택에 직면하고 있음을 아신다. 바로 그 때문에 그분은 우리에게 자신의 관심사를 그토록 분명하게 알려주시고, 무엇이 우리의 우선순위가 되어야 하는지를 보여주셨다. 남자들은 종종 하나님의 인도하심을 갈망하며 이렇게 말한다. "나의 삶을 향한 하나님의 뜻을 알 수 있다면 좋으련만…." 그러나 우리는 성경 외의 다른 것을 볼 필요가 없다. 성경이야말로 우리를 향한 하나님의 뜻이다. 거기에 답이 있다.

토론 문제

1. 자녀에 대한 당신의 꿈과 소망은 어떻게 당신의 우선순위를 반영하는가? 그것들은 당신의 사고에 내포된 어떤 약점과 맹점을 보여주는가?

2. 마태복음 22:36-38을 읽으라. 이 명령은 우리가 우선순위를 정하는 방식에 어떤 의미를 지니며 또한 지녀야 하는가? 예를 들어보라.

3. 요한복음 14:15, 21, 23을 읽으라. 순종과 하나님을 사랑하는 것의 관계는 무엇인가? 하나님을 사랑하기 때문에 불편한 상황에서 순종했던 경우가 있다면 예를 들어보라.

4. 당신과 하나님의 관계에서 당신이 마땅히 해야 할 것을 하지 않고 있는 분야가 있는가(가령, 성경 공부, 기도, 예배, 나눔 등)? 그분과의 관계를 개선하기 위해 기꺼이 하고자 하는 실제적인 무언가가 있는가?

5. 요한복음 15:12-14을 읽으라. 당신이 기꺼이 다른 사람을 대신해 죽을 수 있다면 그 사람은 누구인가? 어째서인가?

6. 창세기 2:15을 읽으라. 직업은 거룩한 것인가? 우리의 직업은 어떤 방법으로 하나님의 일에 기여할 수 있는가?

7. 하나님께서 내가 하기를 원하시는 "선한 일"은 무엇인가?

8. 당신의 우선순위 목록에 휴식이 있는가 아니면 쉴 때 죄책감을 느끼는가? 마태복음 11:28-30을 읽으라. 휴식에 관한 그리스도의 입장은 무엇인가?

9. "세상"이 어떻게 당신의 삶에서 성경적 우선순위들과 경쟁하는가? 예를 들어보라.

10. "돈"이 어떻게 당신의 삶에서 성경적 우선순위들과 경쟁하는가? 예를 들어보라.

15장 하나님의 뜻을 행하는 시간 관리

> 사람들이 행동하지 못하는 가장 큰 이유 중 하나는
> 그들이 위대한 일을 이루려 하기 때문이다.
> 가장 가치 있는 성취는 한 방향으로
> 수많은 사소한 일을 계속해나간 결과다.
> 니도 퀘빈   ·
>
> 범사에 기한이 있고 천하만사가 다 때가 있나니.
> 전도서 3:1

지각 있는 그리스도인 누구에게든 지난 1백 년 동안 나타난 가장 위대한 기독교 지도자 열 명을 꼽아보게 하라. 그 명단에는 대학생선교회 (CCC)의 설립자 빌 브라이트와 그의 아내 보네트(Vonette)의 이름이 꼭 포함되어 있을 것이다.

어떤 그리스도인 모임에서라도 "CCC 사역이 당신의 삶에 영향을 준 적이 있습니까?"라고 물어보면 그 모임의 20% 내지 80%의 사람들의 손이 번쩍 올라갈 것이다. 어느 신학교에서는 재학생의 75%가 CCC를 통해 그리스도인이 되었다는 통계가 나온 적도 있다.

내 아내 팻시와 나는 CCC 산하에 있는 40여 개의 사역기관 중 하나인 실행 사역(Executive Ministries)의 올랜도 지부 책임자가 되었다. 브라이트 박사를 한 번도 만난 적이 없었던 우리는 우리가 주최하는 콘퍼런스에 그가 참석할 것이라는 소식을 듣고 무척 흥분했다. 나는 그를 진심으로 만나고 싶었다!

개회사에서 브라이트 박사가 잊지 못할 진술을 했다. 나는 그것을 글자 그대로 받아 적었다. "나는 내가 하는 모든 일의 우선순위를 대위임(Great Commission)에 비추어 정하려 하고 있습니다."

나는 그가 수백 명—심지어 수천 명—의 사람들 앞에서 설교하는 모습을 그려보았다. 또한 그가 중요한 인물들에게 복음을 전하는 모습을 상상해보았다. 확실히 그는 사람들을 도전하며 2만5천 명에 이르는 CCC 스태프들의 열정에 불을 지펴왔다.

대학 시절부터 팻시의 친구였던 이가 그 콘퍼런스를 개최한 도시에 살고 있었다. 그녀는 그리스도인이었으나 그녀의 남편 톰은 여러 해 전에 주님을 떠났다. 그리고 당시 그들의 결혼 생활은 위기에 처해 있었다. 우리는 그들에게 콘퍼런스의 폐막 만찬에 참석해달라고 요청했고 그들은 그렇게 하겠다고 약속했다.

만찬이 진행되는 동안 낸시 드모스(Nancy DeMoss, 미시간주 라이프 액션 미니스트리에서 여성사역 목회자로 활동하고 있다—옮긴이 주)가 브라이트 박사에게 톰에 관한 말을 전했지만, 그날 밤에는 부유한 사람들이 두툼한 후원금을 들고 브라이트 박사를 만나기 위해 줄을 서 있었다. 따라서 나는 박사에게 톰을 소개할 기회를 얻지 못할 것이라고 여겼다. 사역에는 언제나 더 많은 돈이 필요하고, 나는 당연히 브라이트 박사가 만찬 후에 그 잠재적 재정 지원자를 만날 거라고 생각했다. 그러나 내가 틀렸다. 브라이트 박사는 즉각 톰에게 다가갔다.

그 후로 무려 1시간 15분 동안 톰과 대화를 나누며 그의 말에 귀를 기울었고 그가 자신의 삶을 그리스도께 바치도록 도왔다. 그들이 대화를 끝낼 무렵, 그날 만찬에 참석했던 이들 중 6명만이 그 방에 남아 있었다. 빌과 보네트, 톰과 그의 아내 그리고 나와 팻시. 그 방에서 나눈 귀중한 교제에 대해 할 이야기가 많지만 이쯤 해두겠다.

빌 브라이트가 자신이 하는 모든 일의 우선순위를 대위임에 비추어 정한다고 말했을 때 나는 그가 한 번에 한 사람을 의미했다는 생각을 하지 못했다. 그 후로 여러 차례 나는 그가 군중을 떠나 어떤 개인을 향해 나아가는 것을 보았다.

한 번에 한 사람. 브라이트 박사는 모든 이들처럼 자신의 시간을 전략적으로 사용했다. 그는 큰일을 함으로써가 아니라 한 방향으로 작은 일들을 계속해나감으로써 위대한 지도자가 되었다. 만약 그가 위대한 인물이 되기 위해 그 사역을 시작했다면, 넘어지고 말았을 것이다. 그는 위대한 인물이 되기 위해 그 사역을 시작한 것이 아니라, 오히려 신실해지기 위해 그 사역을 시작했다.

문제

남자들에게 제일 중요한 일이 무엇인지에 관한 서면조사를 통해 그들의 시간 관리 문제가 드러났다. 다람쥐 쳇바퀴 경주 세상에서 종종 우리는 해야 하고, 하고 싶어 하는 모든 일을 이루기에 충분한 시간이 없다고 느낀다. 우리는 어떻게 모든 일을 이행할 시간을 얻을 것인가?

"다양한 선택"이 가능한 우리 문화 속에서 모든 사람에게 공통적인 한 가지 특징이 있다면, 우리 모두가 동일한 시간을 갖고 있다는 점이다. 빌 브라이트, 릭 워렌, 마르틴 루터, 에이브러햄 링컨, 나 그리고 당신 모두가 매주 동일하게 168시간을 사용한다. 우리들 각자는 동일한 시간을 선물로 받았다. 그렇다면 왜 우리는 서로 다른 결과를 얻을까?

시간 관리의 문제는 **요령과 기술**의 문제라기보다 **전략**의 문제다. 요령과 기술이 어느 정도는 도움이 되겠지만 그 방법을 모두 암기한다고 해서 문제가 해결되지는 않는다. 오히려 우리의 삶을 향한 하나님의 **목적**을 분명하게 이해하고, 성경적 **우선순위**를 따라 살며, 하나님이 우리의 삶에 갖고 계신 뜻을 반영하는 **계획을 세우는 것**이 더 중요하다.

이번 장에서 우리는 시간 관리의 전략적 측면을 살펴보고자 한다. 여기서 우리는 이메일을 두 번씩 점검하지 않거나 방해 요소를 통제하는 것과 같은 요령은 살피지 않을 것이다. 매일의 시간 관리를 도와주는 수많은 책과 세미나들이 있다. 우리가 관심을 갖는 것은 보다 큰 관점, 즉 우리의 시간을 먼저 어디에 써야 하는가, 그리고 우리의 우선순위를 어떻게 행동 계획으로 바꿔나갈 것인가 하는 점이다.

우리는 행동에 앞서 풀어야 할 필요가 있는 몇 가지 문제를 살필 것이다. 우리는 너무나 자주 하나님보다 앞서 나가며 그분에게 묻지 않은 채 결정을 내린다.

목적에서 시간 관리로

빌 브라이트는 대개 자신의 편지를 다음과 같은 말로 맺는다. "이 세대에 대위임을 수행하는 자 올림." 이는 인생 목적 진술서와 비슷하다. 브라이트 박사는 인생의 목적을 알고 있었기 때문에 우선순위들을 걸러 낼 분명한 기준을 갖고 있었다.

어느 커플이 시골을 여행하다 길을 잃었다. 그들이 길가에 앉아 있는 한 노인에게 다가가 물었다. "여기가 어디입니까?"

"어디로 가시는데요?" 노인이 되물었다.

"특별히 정해 놓은 곳은 없습니다."

"그렇다면 여기가 어딘지는 문제가 안 되겠군요."

자신이 어디로 가고 있는지 생각하지 않는 사람에게는 지금 어디에 있는지도 중요하지 않다. 자신의 목적지, 즉 어디로 가고 있는지를 알 때만, 주어진 시간을 사용해 앞으로든 뒤로든 갈 수 있는 것이다.

다음과 같은 과정을 따르라. 목적이 우선순위를 정하는 것을 도와주고, 우선순위가 계획과 목표를 세울 때 딛고 설 견고한 토대가 되어준다. 시간 관리란 목적에서 시작해 계획과 목표를 위한 우선순위를 정하고 전략적으로 "운영하는 것" 이상도 이하도 아니다.

하나님은 늘 우리에게 그분의 계획을 이행하는 데 필요한 만큼의 충분한 시간을 제공하신다. 우리는 그저 그것을 보다 생산적으로 사용하기만 하면 된다. 이때, 원거리 포격을 하기보다는 보다 신뢰할 수 있는 단거리 경주를 할 필요가 있다. 우리는 쓸모없는 일을 그치고 필요한 일에 집중해야 한다. 그렇게 할 때 우리는 중요한 일에 필요한 모든 시간을 얻게 될 것이다. "같은 방향으로 작은 일들을 계속해 나가라." 이것만이 유일한 방법이다.

시간에 대한 관점

그 어떤 시간도 아내의 가슴에서 떼어낸 조직 검사 결과를 기다리는 48시간만큼 길지는 않다. 그 어떤 시간도 무언가를 90일 이내에 갱신하라는 시간만큼 짧지는 않다. 어떤 시간은 너무 느리게 흐르고, 어떤 시간은 너무 빨리 흐른다.

사전은 "시간"(time)을 사건들이 과거에서 현재를 거쳐 미래로 나아가는 명백하게 **불가역적인 순서** 속에서 일어나는 비공간적 연속체라고 정의한다.

다시 말해, 시간은 전진한다. 당신이 비행기를 놓쳤다면, 되돌릴 방법은 없다. 이 불가역성이라는 요소가 우리를 사로잡는다. 만약 우리가 삶을 되풀이하거나 잘못을 바로잡을 수 있다면 얼마나 좋을까? 우리가 내뱉은 분노에 찬 말, 거짓말, 혹은 아이들과 놀아주지 못한 시간을 되돌릴 수 있다면 얼마나 좋을까?

사전은 "관리"(management)를 운영, 감독 혹은 통제의 행위, 방식 혹은 실천으로 정의한다. 소비된 시간은 돌이킬 수 없다. 그렇다면 어떻게 그것을 가장 잘 통제하고 관리할 수 있을까? 시간은 돌이킬 수 없을지 모른다. 그러나 그것이 단순한 연쇄반응이어야 할 필요는 없다. 우리는 시간에 영향을 줄 수 있다. 그러면 어떻게 해야 우리가 하나님이 원하시는 방식으로 우리의 시간을 사용하는 단계로 들어갈 수 있을까?

하나님의 뜻 분별하기

하나님께서 바라시는 것이 무엇인지 헤아리는 당신의 경험이 나의 경험과 유사할지 어떨지 모르겠다. 어쨌거나 나는 하나님의 뜻을 따라 발걸음을 옮기기 전에 보통 다섯 단계를 거친다.

1. 하나님께 내가 하려는 일을 말씀드린다.
2. 하나님이 응답하신다.
3. 내가 원하는 방식으로 그 일을 하게 해달라고 하나님께 **떼를 쓴다.**
4. 결국 내 자신을 낮추고 하나님의 말씀을 듣는다.
5. 하나님께서 나에게 **그분**이 하고자 하시는 일을 알려주신다.

▶ 제1단계: 하나님께 내가 하려는 일을 말씀드린다

마음의 경영은 사람에게 있어도…(잠 16:1a).

나는 당신의 사정이 어떤지 잘 모른다. 하지만 나에게는 굳이 하나님을 괴롭혀드리고 싶지 않은 여러 가지 상황이 있다. 나는 그분이 많은 것에 신경을 쓰셔야 한다는 것을 안다—중동 전쟁, 북미 지역의 가뭄, 아프리카의 기근, 중미 지역의 지진 등등. 그래서 종종 나는 그분의 소중한 시간을 아껴드리기 위해 그분과 상의하지 않고서—나중에 그것들을 알려드릴 생각을 하면서—어떤 계획들을 세운다. 즉 먼저 계획을 세운 후 기도를 드린다.

언젠가 우리는 플로리다주 탬파에 사무실을 열기로 결정했다. 그렇게 결정한 후에야 나는 주님께 그 사실을 말씀드렸다. 그분의 조언을 구하기보다는 그분께 내가 하려는 일을 말씀드렸다. "오, 어쨌거나, 우리는 탬파에 지사를 내기로 했습니다. 우리를 축복하소서."

▶ 제2단계: 하나님이 응답하신다

…말의 응답은 여호와께로부터 나오느니라(잠 16:1b).

몇 달 후, 지구와 달이 충돌하는 것 같은 큰 문제가 발생했다. 우리의 탬파 계획이 깊은 수렁에 빠졌다. 우리 건물의 주요 세입자는 지불 불능 상태가 되었고, 탬파 지사는 돈 먹는 하마가 되어갔다. 그제야 나는 내가 하나님보다 앞서 갔으며 나의 계획이 그분의 승인을 얻지 못했음을 깨닫게 되었다. "사람의 마음에는 많은 계획이 있어도 오직 여호와의 뜻만이 완전히 서리라"(잠 19:21).

▶ 제3단계: 내가 원하는 방식으로 그 일을 하게 해달라고 하나님께 떼를 쓴다

> 사람의 행위가 자기 보기에는 모두 깨끗하여도 여호와는 심령을 감찰하시느니라(잠 16:2).

하나님이 응답하셨고 내가 하나님보다 앞서 달렸음이 아주 명백하게 드러났음에도 불구하고 내가 투자한 재정, 감정 그리고 시간은 아주 어마어마한 양이었다. 그래서 나는 기도하면서 이 문제를 하나님 앞으로 가져갔다. 그리고 그분께서 마음을 바꾸셔서 우리가 탬파에서 성공을 거두게 해달라고 떼를 썼다.

때때로 그분은 그분의 마음을 바꾸시고 (혹은 우리 눈에 그렇게 보이고) 우리가 우리의 길을 가게 하신다. 그럼에도 우리 앞에는 여전히 피해갈 수 없는 큰 교훈이 남아 있다. 때때로 그분은 우리의 삶에 고통스러운 훈련을 가져오시기도 한다. 탬파 지사의 경우처럼 말이다. 그리고 우리는 살아남기 위해 싸워야 한다. 그러나 또 다른 경우에 그분은 바로 그곳에서 우리 계획에 브레이크를 거시고, 그로 인해 문제를 정리하신다.

▶ **제4단계: 결국 내 자신을 낮추고 하나님의 말씀을 듣는다**

> 너의 행사를 여호와께 맡기라. 그리하면 네가 경영하는 것이 이루어지리라
> (잠 16:3).

하나님께 탄원을 했음에도 그 일을 내 방식대로 하도록 허락해주시지 않았음을 깨달았을 때, 나는 한동안 그분을 향해 불퉁거렸다. 그러나 상심한 마음으로는 결코 문제를 바로잡을 수 없음을 깨닫게 되었다.

머지않아 나는 정신을 차렸고 나의 시간을 어떻게 사용해야 하는지 알려주고자 하시는 전능하신 하나님 앞에 잠잠히 무릎을 꿇기에 이르렀다. 그분은 노하기를 더디 하시고 사랑이 많으시다. 그분이 우리를 인내해주시는 것에 우리는 얼마나 감사드려야 하는가!

시편 저자의 격려가 위로가 되었다. "내가 산 자들의 땅에서 여호와의 선하심을 보게 될 줄 확실히 믿었도다. 너는 여호와를 기다릴지어다. 강하고 담대하며 여호와를 기다릴지어다"(시 27:13-14). 우리가 넘어지더라도, 우리가 그분의 말씀을 듣고 그분이 행동해주시기를 인내하며 기다린다면, 그분은 우리를 구원하러 오실 것이다. 견뎌야 할 결과들이 있을 것이다. 그러나 결국 그분은 우리를 구원해주실 것이다.

▶ **제5단계: 하나님께서 나에게 그분이 하고자 하시는 일을 알려주신다**

> 여호와께서 온갖 것을 그 쓰임에 적당하게 지으셨나니 악인도 악한 날에
> 적당하게 하셨느니라(잠언 16:4).

우리가 한동안, 아마도 오랫동안, 하나님의 이끄심에 청종할 경우, 우리의 삶을 향한 그분의 갈망이 우리 마음 안에서 느껴지기 시작한다. 때로 그분은 우리가 그분을, 오직 그분만을 신뢰하게 하시기 위해 한동안, 어쩌면 몇 년 동안, 우리의 생각대로 하도록 내버려두신다. 베드로는 다음과 같이 상기시킨다!

사랑하는 자들아 주께는 하루가 천 년 같고 천 년이 하루 같다는 이 한 가지를 잊지 말라. 주의 약속은 어떤 이들이 더디다고 생각하는 것 같이 더딘 것이 아니라. 오직 주께서는 너희를 대하여 오래 참으사 아무도 멸망하지 아니하고 다 회개하기에 이르기를 원하시느니라(벧전 3:8-9).

우리는 아주 큰 손실을 입은 채 탬파 사무실의 문을 닫아야 했다. 비록 하나님께서 용서해주시기는 했으나, 우리는 여전히 우리의 결정에 따른 결과를 감내해야 했다.

나는 이 경험을 통해 하나님께서 보다 깊고 새로운 방식으로 나의 삶을 책임지시도록 만들었다. 이전에 내가 나의 삶을 위해 세웠던 계획들은 경멸스러운 기억이 되었다. 내가 내 자신의 야망을 가졌다는 사실이 아주 혐오스러웠다. 그래서 나는 이렇게 기도했다. **하나님, 나는 그 계획들을 십자가에 못 박습니다. 그리고 이제 더 이상 어떤 계획도 홀로 세우지 않겠습니다. 대신 오늘 이후로 나의 시간을 오직 당신께서 나를 어떻게 이끄실지에 주목하는 데만 사용하겠습니다. 그러나 한동안은 오직 인내하며 주님의 말씀을 듣기만 하겠습니다. 아멘.**

나는 "계획한 후에 기도하라" 상태에서 벗어나 "기도한 후에 계획하라" 상태로 들어갔다. 하나님의 뜻을 분별하는 것은 우리가 행동의 첫걸음을 떼기 전에 놓아야 할 초석이다.

가장 효과적인 시간 관리 전략

그리스도인이 자신의 독립적인 뜻을 추구하는 것보다 더 큰 시간 낭비는 없다. 우리가 하지 말았어야 할 일을 해놓고 나중에 그것을 되돌리는 것보다 더 큰 시간 낭비도 없다. 우리가 하나님과 무관하게 어떤 계획을 세웠다가 결국 그것을 철회하는 경우, 우리는 많은 것을 잃는다. 우리는 시간, 돈 그리고 관계를 잃는다.

가장 효과적인 시간 관리 전략은 방금 묘사했던 처음 세 가지 단계를 생략하는 것이다. 제한된 시간을 하나님의 지시와 승인이 없는 계획을 세우느라 허비하기보다 먼저 그분의 음성을 들은 후에 계획을 세워야 한다. 그분의 음성을 듣지 못하는 경우에 우리는 그분이 행동하실 때까지 인내하며 기다려야 한다. 그분의 타이밍은 언제나 완벽하다. 이것은 전략적인 시간 관리법이다. 단순한 전술이 아니다.

우리는 하나님께서 우리가 착수한 (그리고 하나님이 오도 가도 못하게 붙들어놓으신) 계획에 복을 내려주시기를 요구할 것이 아니라 무언가를 시작하기에 앞서 겸손하게 그분 앞에 엎드려 그분의 이끄심에 귀를 기울여야 한다.

어떤 목표, 계획 혹은 아이디어가 떠오르기 시작할 때 우리는 하나님과 그런 문제들을 상의해야 한다. 우리는 결정을 내리기 전에 우리의 계획을 놓고 기도해야 한다.

이미 정한 마음을 번복하기는 거의 불가능하다. 따라서 우리는 어떤 행동을 취하기에 앞서 기도해야 하고 경건한 이들의 조언을 얻어야 한다. 이것이야말로 시간을 관리하는 최선의 전략이다.

효율 vs 효과

땅과 바람과 불만큼이나 서로 다른 세 명의 중견 간부가 있었다.

첫 번째 사람은 사장의 의견을 전혀 살피지 않았다. 그는 스스로 일의 우선순위를 정했는데, 종종 일을 다시 해야 했거나 혹은 더 나쁘게도 일이 다 끝난 후에야 아무도 그것에 관심을 갖지 않는다는 사실을 발견하곤 했다. 그의 기술은 느슨했고 종종 계산을 잘못해 다시 해야 했다. 그는 **비효율적**이었고 그가 한 일은 잘못되었으며 또한 **비효과적**이었다. 그는 애초에 잘못된 프로젝트에 매달렸다.

두 번째 사람은 계획가였다. 그는 계획을 세운 후 사장에게 이메일을 통해 그 계획을 알렸다. 그는 자기가 옳은 방향으로 가고 있는지 혹은 사장에게 어떤 의견이 있는지 결코 묻지 않았다. 그러나 적어도 그는 자기 사장에게 자신의 계획을 알리기는 했다. 그는 매우 **효율적**이었다―그는 일을 잘했다. 그러나 그는 **비효과적**이었다. 왜냐하면 그는 종종 옳은 프로젝트에 매달리지 않았기 때문이다.

세 번째 사람은 정말로 현명했다. 그는 자기 마음에 어떤 프로젝트가 떠오르면 먼저 그것을 사장에게 알렸다. 그 후에 사장의 경험이 묻어 있는 목소리에 신중하게 귀를 기울였다. 조정이 이루어졌고, 때로는 프로젝트 계획 자체가 폐기되기도 했다. 그러나 마침내 그가 일을 시작했을 때 그는 마치 훌륭한 스위스제 시계가 움직이듯이 자기의 일을 순조롭게 해냈다. 그는 **효율적**이었고(그는 일을 옳게 했다) 또한 **효과적**이었다(그는 옳은 일을 했다).

효율성은 일을 옳게 하는 것이다. 효과성은 옳은 일을 옳게 하는 것이다. 하고 있는 일 자체가 옳지 않을 경우 그것을 옳게 하는 것은 의미가 없다. 세 번째 사람처럼 대부분의 효과적인 시간 관리자는 자기들이 옳은 일을 하고 있는지 확인하기 위해 사장과 상의하는 자들이다. 잘못된 일을 옳게 하는 이들에게는 보상이 따르지 않는다.

우리는 영적 순례 과정에서 모든 영적 훈련을 효율적으로 수행하고 있을 수도 있다. 가령, 성경 읽기, 기도, 예배 참석, 십일조 같은 것들을. 그러나 만약 우리가 그것들을 매일의 삶을 통해 드러내지 않는다면, 그때 우리는 효과적이지 않은 영적 삶을 영위하는 수밖에 없다. 우리는 계속해서 소크라테스의 금언을 떠올려야 한다. "성찰하지 않는 삶은 살 가치가 없다."

우리는 우리가 하는 모든 일에서 영적 삶을 우선시해야 한다. 우리는 그것을 매일의 삶의 내용과 상관없는 독립적인 활동으로 수행해서는 안 된다. 우리의 시간을 효과적으로 관리하기 위해 우리는 영적 삶을 우리의 가정과 일터에서의 삶과 연결시켜야 하고 또한 우리가 하는 모든 일을 하나의 단일한 삶으로 여겨야 한다.

우리의 모토는 다음과 같아야 한다. "하나의 삶, 하나의 길." 우리가 마치 삶의 모든 것이 영적인 것처럼 살아갈 때—사실 분명히 그러하다—우리는 삶의 사소한 부분에서까지 하나님의 뜻을 드러낸다. 열심히 하는 것이 아니라 지혜(하나님은 지혜를 구하는 모든 이에게 그것을 주시겠노라고 약속하신다)가 효과적인 시간 관리를 위한 전제다.

열심히 일하기

우리의 시간 관리 문제에서 가장 실망스러운 것 중 하나는 열심히 일하면 성공한다는 이론이다. 그 어떤 성공도 게으른 사람에게는 찾아오지 않는다는 것이 확실하지만, 역으로 열심히 일하는 것이 성공을 보장해주지 않는다는 것 역시 사실이다.

삶의 운명을 결정하는 것은 하나님의 축복이다. 각자가 이룬 삶의 상황은 하나님이 그분의 일을 하시고 우리가 우리의 일을 한 결과다. 우리의 일은 신실해지는 것이다. 즉 창의적이고, 부지런하고, 근면해지는 것이다. 하나님의 일은 그분이 보시기에 적합하게 우리에게 필요한 것을 제공하시는 것이며 그것을 증진시키시는 것이다.

우리는 씨를 뿌리고 밭을 간다. 그러나 비와 햇빛을 보내시고 씨앗이 자라게 하시는 분은 하나님이시다. 우리는 우리의 수고가 우리를 부유하게 할지 그렇지 않을지 알지 못한다. 어째서인가? 우리는 지금부터 10분 후에 무슨 일이 일어날지조차 예측할 수 없기 때문이다! 이런 문제는 주권자이신 하나님의 섭리에 속해 있다. 솔로몬은 이렇게 쓴다.

> 너는 아침에 씨를 뿌리고 저녁에도 손을 놓지 말라. 이것이 잘 될는지, 저것
> 이 잘 될는지, 혹 둘이 다 잘 될는지 알지 못함이니라(전 11:6).

하나님은 우리에게 복을 주실 방법을 스스로 택하신다. 어째서 스스로 부자가 되려고 애를 태우는가? 최상의 시간 관리 전략은 우리 자신에 관해 그리고 스스로 성공에 기여하는 것의 중요성에 관해 너무 진지해지지 않는 것이다. 물론 우리는 열심히 일해야 한다. 하지만 "부자 되기에 애쓰지 말고 네 사사로운 지혜를 버릴지어다. 네가 어찌 허무한 것에 주목하겠느냐. 정녕히 재물은 스스로 날개를 내어 하늘을 나는 독수리처럼 날아가리라"(잠 23:4-5).

*　　*　　*

선물 가게 주인은 월요일부터 토요일까지 오전 7시에 그의 가게에 도착해 매일 밤 9시 30분까지 그곳에 있었다. 가게 문을 닫고서도 30분을 더 있었다. 돈을 더 벌기 위해 밤 시간에 일하는 파트타임 종업원도 고용하지 않았다. 그러나 15년이 지난 지금도 그는 겨우겨우 먹고살며 사업이 안 될 때를 대비한 돈도 거의 모아놓지 못했다. 그는 아주 열심히 일했으나 조금도 사정이 나아지지 않는 듯 보여 근심에 빠졌다. 고객들은 그의 얼굴에서 긴장과 적의를 느꼈다. 그로 인해 그의 사업은 조금씩 더 나빠졌다.

보험 대리점의 주인은 밤과 주말에 일하지 않았다. 그의 이론은 이러했다. "만약 저녁 6시 이전에 일을 마칠 수 없다면, 그렇게 해서 번 돈은 나에게 필요 없다." 그의 가정생활은 균형을 이뤘다. 그로 인해 자신의 고객들에게 따뜻하고 섬세할 수 있었다. 그는 늘 스스로를 중요한 인물이라고 느꼈다. 그는 일주일에 한 번 골프를 쳤고, 그 지역의 대학과 연계해 지역 공동체의 삶에 기여했다.

열심히 일하는 것은 미덕이다. 그것은 고결하다. 그러나 그것은 일이 균형 잡힌 삶의 일부일 때 그러하다. 효과적인 시간 관리자는 하나님이 그리스도인들에게 바라시는 모든 우선순위를 위한 시간을 찾아낸다.

영원히 지속되는 것

이 세상과 저 세상을 구분하는 가늘고 섬세한 선이 하나 있다. 육체의 죽음이라는 선이다. 효과적인 시간 관리의 일부는 그 선을 넘는 것의 의미를 이해하는 것이다. 예수 그리스도를 알지 못하는 이들은 그 선 저쪽 편에서 그분을 아는 우리들과는 아주 다른 운명을 맞이하게 될 것이다.

시간 관리에서 중요한 문제는 이것이다. 지금 당신은 영원히 지속될 일을 하고 있는가? 분주한 삶 속에서 영원히 남을 만한 선한 일들에 시간을 쓰고 있는가? 혹은 당신의 삶의 방식을 지속하는 일에 혹은 개인적 야망을 추구하는 일에 지나치게 몰두하느라 당신이 하고 있는 모든 것이 결국 허망하게 남겨지도록 만들고 있는가?

『데일 카네기 인간관계론』(현대지성, 2019)이라는 책에서 데일 카네기(Dale Carnegie)는 이렇게 썼다. "그에게는 수백만 명을 죽이는 중국의 기아보다 자신의 치통이 더 큰 고민거리다. 아프리카에서 발생한 40여 차례의 지진보다 자기 목에 있는 종기가 더 큰 고민거리다."[32]

우리의 삶에서 이 세상과 저 세상 사이의 문지방을 넘어서는 유일한 부분은 인간의 영혼이다. 따라서 만약 우리가 영원에 기여를 하고자 한다면, 우리는 다른 이들에게 좀 더 많은 관심을 기울이고 그들이 영원한 생명을 얻는 "암호를 풀도록" 좀 더 많은 시간을 사용해야 한다. 이것은 가정에서부터 시작해 우리의 삶의 모든 분야로 확대해나가야 한다. 단순히 기계적으로가 아니라 하나님을 향한 우리의 감사로 불이 붙어서 그렇게 해야 한다.

금연을 한 어떤 이가 만나는 모든 이들을 금연가로 만들고자 애쓰는 것을 본 적이 있는가? 어디선가 아주 멋진 저녁 식사를 즐겼던 이가 만나는 모든 이들에게 자신이 찾아낸 음식점을 소개하는 것을 본 적이 있는가? 솔직히 말해, 대부분의 사람은 다른 이들을 영생으로 이끄는 것보다는 금연가로 만드는 것과 좋아하는 음식점을 소개하는 것에 더 많은 관심을 가진다.

종종 우리는 그리스도에 대한 믿음을 다른 이들에게 전하지 않는데, 그것은 우리가 그들의 감정을 상하게 해 그들이 우리를 싫어하게 될까 두려워해서다. 사실은 세상의 절반이 어떤 식으로든 당신을 좋아하지 않는다. 따라서 당신이 아무리 올바른 행동을 하더라도 그들이 당신을 좋아하지 않는 것은 당연한 일일 수 있다! 만약 100명의 사람이 당신을 싫어함에도 단 한 사람이 당신으로 인해 그리스도인이 된다면, 그런 노력은 해볼 만한 것 아니겠는가? 사실 100명의 사람 중 99명은 "지금 당신은 영적 순례길의 어느 지점에 있는가?"라는 질문에 답하고 논하기를 원한다. 내 자신의 경험에 따르면, 결국 모든 이들은 중요한 문제를 논하고 싶어 한다. 당신은 그저 묻기만 해도 충분하다.

당신의 시간을 어떻게 사용할지를 계획할 때 영원히 지속될 일에 쓸 시간을 포함시키는 것을 잊지 마라.

위대함으로 가는 길

간혹 어떤 이들이 이룬 일을 보고 놀라지 않는가? 그들은 주어진 시간 속에서 어떻게 그토록 많은 일을 이룰 수 있었을까? 사도 바울도 누구보다 많은 일을 이룬 사람 중 한명이다.

바울이 위대한 일을 한 것은 아니다. 그는 작은 일에 순종했는데, 그것을 모아놓으니 위대한 일이었음이 밝혀졌다. 그는 자신의 시대에는 위대하다고 생각되지 않았다. 그의 활동이 끝나갈 무렵 로마에 도착했을 때 아무도 그에 관해 많은 말을 듣지 못했다(행 28:21-22). 그가 이룬 수많은 작은 공헌은 되돌아보았을 때만 위대하게 보일 뿐이다.

종종 우리는 위대한 인물들이 그들을 논박하는 이들에게 둘러싸여 있음을 알게 된다. 바울, 마틴 루터 킹 주니어 혹은 예수님이 그러했다. 예수님은 예언자가 자기 고향에서 높임을 받는 일이 없다고 말씀하셨다(마 13:57을 보라). 그럼에도 그런 사람이 말하고 행했던 일을 통해 드러난 지혜는 그들이 떠나고 오랜 후까지도 추종자들을 통해 큰 울림으로 남아 있다.

사도행전은 바울의 여행 기록을 담고 있다. 언젠가 바울은 고린도로 여행했다. 그곳에 처음 도착했을 때 그는 자신의 시간을 천막을 만들기 위해 일하는 시간과 안식일에 회당에서 말하는 시간으로 나누었다. 나중에 몇 사람의 친구가 그에게 합류했고 그는 모든 시간을 설교하는 데 바칠 수 있었다. 유대인들이 그를 핍박하자 그는 이방인들을 대상으로만 설교하기 시작했다. 그는 그저 꾸준히 자신의 일을 했다.

바울은 고린도에 1년 6개월간 머물렀다. 그 후에 그는 에베소, 가이사랴, 안디옥, 갈라디아 그리고 브리기아로 다니며 제자들을 격려했다. 그는 작은 일을 올바로 할 줄 아는 사람이었다. 그의 삶은 화려하지 않았다. 그는 어떤 국제적인 조직도 만들지 않았고 단지 몇 명의 친구들이 그의 곁을 지켰을 뿐이다. 그는 하나님께서 사람들에게 자신의 계획을 이루는 데 필요한 만큼의 충분한 시간을 제공하신다는 것을 이해하고 있었다.

결론

우리의 목적, 우선순위, 계획 그리고 목표 등이 우리가 시간을 사용하는 방법을 결정한다. 이어서 바울이나 빌 브라이트가 그랬던 것처럼, 우리가 시간을 사용하는 방법이 우리가 누구이며 무엇인지를 결정한다. 중요한 것은 무언가를 결정하기에 앞서 듣는 것이다. 왜냐하면 이미 정해진 마음을 바꾸는 것은 거의 불가능하기 때문이다.

일을 옳게 하는 것만으로는 충분하지 않다. 우리에게는 옳은 일을 옳게 하는 것이 필요하다. 바로 거기에서 시간 관리가 전략의 문제가 된다. 열심히 일하는 것만으로는 충분하지 않다. 우리는 모든 우선순위 중에서 삶을 지속시키는 균형을 만들어내야 한다. 그리고 만약 우리가 영원히 지속될 일에 시간을 할애하지 않는다면, 우리는 효과적이고 전략적인 시간 관리자가 될 수 없을 것이다.

우리의 시간을 하나님의 우선순위를 따라 관리하기로 하자. 또한 어떤 것이든 삶의 모든 것이 영적인 것이라는 전제 아래 결정하도록 하자. 우리가 토기장이이신 분의 손에 들려 있는 유연한 진흙 조각이 될 때, 그분은 우리를 효과적인 시간 관리자로 빚으시고 우리의 삶을 향한 당신의 뜻을 보여주실 것이다.

토론 문제

1. "사람들이 행동하지 못하는 가장 큰 이유 중 하나는 그들이 위대한 일을 이루려 하기 때문이다. 가장 가치 있는 성취는 한 방향으로 수많은 사소한 일을 계속해나 간 결과다"(니도 퀘빈). 어떤 큰 프로젝트를 시작했다가 결국 이루지 못했던 적이 있 는가? 어떤 요소들이 당신의 성공을 가로막았는가? 진전을 이루기 위한 최선의 방법은 무엇인가?

2. 전도서 3:1-8을 읽으라. 너무 많은 이들이 늘 쉬지 않고 일한다. 삶이 투쟁처럼 보 인다. 그것은 마치 2톤 분량의 비료를 1톤짜리 트럭에 실으려고 하는 것이나 마찬 가지다. 우리는 이 구절을 통해 주권자이신 하나님이 질서 잡힌 세계를 통치하고 계신다는 것을 알 수 있다. 우리는 하나님이 원하시는 모든 일을 하기에 충분한 시 간을 갖고 있는가, 그렇지 않은가? 만약 하나님이 모든 것을 통제하고 계시다면, 우리는 우리의 매일을 어떻게 살아가야 하는가?

3. 당신이 삶에서 지나치게 열심을 내고 있는 분야는 무엇인가? 당신의 삶을 향한 하 나님의 계획을 인식하고 그것을 더 잘 즐기기 위해서 어떤 변화를 시도할 수 있겠 는가?

4. 잠언 16:2을 읽으라. 당신은 어떤 방식으로 자신을 속이면서 자신이 하나님께 상 의하지 않고 세운 계획에 하나님이 긍정적으로 답하셔야 한다고 생각하는가?

5. 잠언 16:3을 읽으라. "너의 행사를 여호와께 맡기라 그리하면 네가 경영하는 것이 이루어지리라"는 말씀이 무엇을 의미한다고 생각하는가?

5부

성품

16장 교만

나는 가장 위대하다.
나는 상대를 쓰러뜨릴 수 있다.
나는 경기를 지배한다.
무하마드 알리

하나님이 교만한 자를 물리치시고
겸손한 자에게 은혜를 주신다.
야고보서 4:6

당신이 식당 여종업원에 대해 나와 같은 경험을 가지고 있을지 궁금하다. 나는 아침 시간을 참 좋아하고, 아침을 먹으러 나갈 때 대개 기분이 아주 좋다.

그런데 그때 무뚝뚝한 여종업원을 만나면 하루를 다 망쳐버린다. 당신은 내가 무슨 말을 하려는지 알 것이다. 미소라고는 찾아볼 수도 없는 그녀가 커피 잔을 탁 하고 내려놓는다. 덕분에 당신의 깨끗한 흰 셔츠 소맷자락에 커피가 튄다. 조심하세요, 커피 잔입니다! 쿵!

당신은 살짝 익힌 달걀을 주문했다. 그런데 그것들이 완숙이 된 상태로 나타난다. 이쯤 되면 당신은 그 여종업원이 남자에 대해 분개하고 있으며 자신의 삶을 비통해하고 있다는 결론을 내리고서 이렇게 생각한다. "이런 태도로 사니 그렇게 살 수밖에 없지!"

　오랜 세월 나는 여종업원들을 깔보았다. 다음에 외식을 할 경우가 있으면 많은 남자가 여종업원을 어떻게 대하는지 살펴보라. 그런 이들이 자기 동료는 어떻게 대하는지도 지켜보라.

문제

　남자들은 스스로에 대해 좋게 생각하기를 원하고 그럴 필요도 있다. 사실 그것 — 스스로를 좋게 생각하는 것 — 보다 더 자연스럽고 유익한 게 뭐가 있겠는가? 그렇다면 도대체 언제 우리의 지위와 성취를 자랑하는 것이 죄가 되는가? 아들이 야구 경기에서 홈런을 쳤을 때 우쭐해지는 것에 무슨 잘못이 있는 것인가?

　교만은 우리의 강점을 다른 이들의 약점과 비교하는 죄다. 우리는 좋은 느낌을 갖기 위해 다른 이들을 깔본다. 때로는 말로 그리고 때로는 정신적으로 그렇게 한다. 다른 이들을 깔보는 가장 쉬운 길은 지위와 성취가 부족한 이들을 찾아내는 것이다. 그리고 다른 이들의 약점을 우리의 강점과 비교하는 것은 특별히 쉽다.

　교만이라는 교묘한 죄가 모든 그리스도인 남자를 기만하고 있다. 가장 눈에 띄지 않는 죄인 교만은 마치 바닷물이 해변에 세운 모래성 주변의 해자(垓字) 속으로 천천히 흘러들어오듯 그리스도인의 삶에 스며든다. 우리가 교만에 빠지는 것에는 그 어떤 노력도 필요하지 않다. 그저 힘만 빼고 있으면 자연스럽게 그렇게 된다.

두 유형의 교만

성경은 두 유형의 교만을 묘사한다. 첫째, **교만 유형 1**은 갈라디아서 6:4에서 발견되는 올바른 유형의 교만이다. "각각 자기의 행위를 살피라. 그러면 자신을 다른 누구와도 비교하지 않으면서 자기 자신에 대해서만 자랑할 수 있을 것이다"(Each one should test his own actions. Then he can take pride in himself, without comparing himself to somebody else. 여기서 저자는 NIV를 인용하고 있다 — 옮긴이 주). 적절한 교만 유형에 이르는 핵심은 우리 자신을 다른 이들과 비교하지 않는 것이다.

지금 우리는 다른 사람과 비교하면서 자신의 가치를 시험하기보다 자기를 점검해보라는 권고를 받는다. 성경이 그 판단의 잣대 역할을 한다. 그리고 우리가 그 잣대에 비추어 좋은 점수를 받을 때, 우리는 다른 누군가를 희생시키지 않고 자신을 축하할 수 있다.

교만 유형 2는 끈질기게 그리스도인들에게 접근하는 가짜 우월감이다. 하나님과 가까이 동행하는 그리스도인들은 어떤 이들보다 더 의로운 삶을 살아가기 때문에 영성이 덜한 사람들을 깔보기 쉽다. 언젠가 C. S. 루이스가 이렇게 말한 적이 있다. "교만한 사람은 늘 일과 사람들을 내려다본다. 그리고 물론, 당신이 그렇게 내려다보고 있는 동안 당신은 당신 위에 있는 무언가를 보지 못한다."[33]

예수님은 그런 이들, 즉 "자기를 의롭다고 믿고 다른 사람을 멸시하는 자들"(눅 18:9)에게 비유 하나를 말씀하셨다. 어느 종교 지도자가 하나님께 기도하며 자기가 다른 이들 — 강도, 악행하는 자, 간음하는 자 그리고 지금 자기 근처에 있는 세리 같은 — 과 같지 않고 자신이 훌륭한 사람인 것에 대해 그분께 감사를 드렸다. 대개 매춘부, 식탐꾼, 술주정뱅이 등과 사귀는 세리 역시 기도를 드렸다. 그때 그는 고개도 들지 못한 채 하나님께서 자기에게 자비를 베풀어주시기만을 청했다. 자기가 죄인이라는 것을 알았기 때문이다.

예수께서는 그 비유를 다음과 같은 말씀으로 맺으셨다. "내가 너희에게 이르노니 이에 저 바리새인이 아니고 이 사람이 의롭다 하심을 받고 그의 집으로 내려갔느니라. 무릇 자기를 높이는 자는 낮아지고 자기를 낮추는 자는 높아지리라"(눅 18:14). 이 바리새인은 자신을 세리와 비교하면서 다른 사람을 희생하는 대가로 자신을 높였다. 곧 자신을 강하신 하나님이 아니라 약한 인간과 비교함으로써 말이다.

어째서 예수님은 자신을 모세, 아브라함 혹은 다윗 왕과 비교하지 않았을까? 당신과 내가 자긍심으로 가득 차서 자신을 다른 이들과 비교할 때, 어째서 항상 우리는 남편을 사랑하지 않는 사람이나, 우리처럼 많은 여행을 해보지 않은 사람이나, 우리처럼 아이들과 많은 시간을 보내지 않은 이들이나, 우리와 같은 정도의 정신력을 지니지 못한 동료들을 택하는가?

우리가 다른 이들에게 있는 약점을 끄집어내는 것은 교만이 **나의 장점을 다른 이의 약점과 비교하는 죄**이기 때문이다.

두 유형의 겸손

두 유형의 교만이 있는 것처럼 두 유형의 겸손이 있다. 로마서 12:3에서 우리는 올바른 교만―교만 유형 1―의 정의를 발견하며 또한 올바른 겸손―겸손 유형 1―을 어떻게 정의해야 할지 배운다.

    내게 주신 은혜로 말미암아 너희 각 사람에게 말하노니 마땅히 생각할 그
    이상의 생각을 품지 말고 오직 하나님께서 각 사람에게 나누어 주신 믿음

의 분량대로 지혜롭게 생각하라(롬 12:3).

겸손 유형 1은 단순히 자신을 "마땅히 생각할 그 이상으로" 생각하지 않는다. 이것은 "겸손은 자신에 대해 적게 생각하는 것이 아니라 아예 생각하지 않는 것이다"라는 진부한 표현을 긍정한다. 겸손한 사람은 다른 이들을 깔보지 않는다. 그는 교만을 지니면서도 동시에 겸손할 수 있다. 즉 그는 다른 이들과 비교하지 않으면서 자신을 자랑할 수 있고 자신에 대해 마땅히 생각할 것 이상으로 생각하지 않음으로써 겸손할 수 있다.

한편, 많은 남자가 잘못된 종류의 겸손으로 고통을 당한다. **겸손 유형** 2는 교만 유형 2의 정반대다. 만약 내가 나의 약점과 당신의 강점을 비교한다면, 나는 자신에 대해 부정적인 이미지를 갖고 끝나게 될 것이다. 자기경시는 정신과 마음에 아주 험하고 해로운 독이다. 자신을 마땅히 생각할 그 이상으로 생각하는 것이 해로운 것만큼이나 자신을 지나치게 낮게 생각하는 것 역시 당신을 평범한 삶에 국한되도록 형을 선고하는 것이 될 수 있다.

올바른 균형 유지하기

평균대 위에서 연기를 하는 체조 선수는 확신에 차서 평균대를 건너가야 하지만, 그와 동시에 이쪽으로든 저쪽으로든 떨어지지 않게 조심해야 한다.

우리 모두는 교만/겸손이라는 평균대 위를 걷는다. 우리는 교만 유형 1과 겸손 유형 1을 올바르게 조화시키며 확신에 차서 평균대를 건너가야 한다. 여전히 우리는 이쪽으로(교만 유형 2)든 혹은 저쪽으로(겸손 유형

2)든 떨어지지 않기 위해 조심해야 한다.

우리가 자신에 대해 마땅히 생각해야 할 것 이상으로 생각하기 시작할 때, 우리는 평균대 위에서 미끄러져 교만 유형 2쪽으로 떨어진다. 반대로 자신에 대해 너무 가볍게 생각할 때, 우리는 평균대 위에서 미끄러져 겸손 유형 2쪽으로 떨어진다.

그림 16.1은 우리가 교만과 겸손을 적절하게 유지하며 걸어야 하는 평균대의 모습을 보여준다. 교만과 겸손은 상호배타적이지 않다. 오히려, 그림 16.1이 보여주듯이, 우리는 교만 유형 1과 겸손 유형 1을 동시에 갖고 있어야 한다. 우리는 다른 이들을 깔보지 말아야 하지만, 또한 우리 자신을 다른 이들과 비교하지 않으면서 우리의 행동을 시험하고 자랑할 수도 있다. 우리는 자신에 대해 우리가 마땅히 해야 할 것 이상으로 생각해서도 안 되지만, 정당하게 우리의 믿음을 따라 자신을 좋게 생각할 수도 있다.

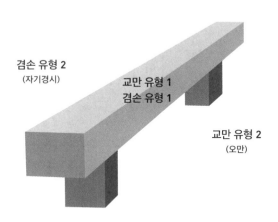

그림 16.1 교만/겸손 평균대

내 자신의 어리석은 교만

대학을 졸업한 첫 해에 사업을 시작하면서 내가 가장 바랐던 것은 아메리칸 익스프레스 카드를 발급받는 것이었다. 당시에 그 작은 초록색 카드는 세상을 향해 내가 대단한 사람이라는 것을 알려주는 성공의 상징처럼 보였다.

그러나 나는 그 카드를 갖고 있지 않았고, 그 카드를 얻기 위해서는 나를 위해 보증을 서줄 사람을 찾아야 했다. 당시에 나는 성공했다는 이미지를 갖는 것에 너무나 갈급해 있었기에 장인에게 나를 위해 보증을 서달라고 부탁드렸다. 그분은 그렇게 해주셨다. 카드 회사는 카드의 표면에 당신이 처음으로 그 회사의 "회원"이 된 해를 새겨넣는다. 해가 지나가면 갈수록 그 숫자의 의미는 그만큼 더 중요해진다. 언젠가 나는 몇 사람의 남자들이 각자의 카드 발행일을 서로 비교하는 것을 보았는데, 가장 오래된 날짜를 가진 이가 우쭐댈 권리를 얻었다.

만약 당신이 아메리칸 익스프레스 카드사의 마케팅 담당자에게 전화를 걸어 그들의 제품을 정의해달라고 요청한다면, 그들로부터 어떤 답을 듣게 될 것 같은가? 그들이 당신에게 "그건 아주 쉽습니다. 우리의 제품은 플라스틱으로 만들어진 카드입니다. 당신은 그것으로 이 세상에서 당신이 원하는 것은 무엇이든 구매할 수 있고, 이 세상에서 당신이 가고 싶은 곳은 어디든 갈 수 있습니다"라고 답할 것이라고 여기는가?

아니다. 당신이 아메리칸 익스프레스 카드사의 마케팅 담당자에게 전화를 걸어 그들의 제품을 정의해달라고 요청한다면, 아마도 그들은 당신에게 그 제품은 **위신**(prestige)이라고 답할 것이다. 아메리칸 익스프레스 카드사가 행하는 모든 일은 그 카드를 소유하는 것이 "위신"을 얻는 것이라는 개념을 증진시키려는 의도를 지니고 있다.

내가 그 작은 초록색 카드를 얻고자 했던 이유는 위신에 대한 강렬한 갈망이었다. 나에게 아메리칸 익스프레스 카드를 얻는 것은 곧 위신을 얻는 것이었다.

아메리칸 익스프레스 골드 카드가 유행했을 때는 그것을 갖고 싶지 않았다. 골드 카드는 5천 달러의 한도액을 쓸 수 있음을 의미했는데, 당시에 나는 그것이 나의 위신을 오히려 후퇴시킬 것이라고 여겼다. 어째서인가? 그 무렵에 나는 이미 은행에 그것보다 훨씬 더 큰 신용 한도를 쌓아두고 있었기 때문이다. 나는 누군가가 내가 고작 5천 달러의 한도액을 갖고 있을 뿐이라고 여기는 것을 바라지 않았다.

그러나 플래티넘 카드가 나왔을 때 그것은 또 다른 이야기가 되었다! 플래티넘 카드를 지닐 자격을 얻으려면, 지난 12개월 동안 기존 카드로 최소한 1만 달러 이상을 사용했어야 했다. 이제는 그것이 위신이 된 셈이었다! 플래티넘 카드를 얻음으로써 당신은 모든 이들에게 당신이 꽤 그럴듯한 사람이라는 메시지를 보낼 수 있었다.

한 가지 작은 문제가 생겼다. 나는 나의 그린 카드로 그 정도의 돈을 쓴 적이 없었다. 그래서 플래티넘 카드가 공식적으로 등장하기 전에 나는 모든 것을 그린 카드로 구매하기 시작했다. 항공기 티켓, 호텔 숙박비, 옷, 구두 그리고 기타 잡다한 모든 것을 그 카드로 구매했다. 나는 아메리칸 익스프레스 카드를 취급하는 곳이 그렇게 많다는 사실에 깜짝 놀랐다. 물론 바로 그것이 아메리칸 익스프레스 카드사가 염두에 두었던 것이기도 했다.

그들의 목표는 카드로 더 많은 것을 구매하도록 만드는 것이다. 그런 목표를 달성하는 한 가지 방법은 더 많은 돈을 쓰는 이들에게 더 많은 위신을 제공하는 것이다. 플래티넘급의 위신을 얻기 위한 비용은 그린 카드를 소유하는 데 따르는 비용의 7배 이상이었다.

어느 날 나는 아메리칸 익스프레스 플래티넘 카드를 얻고자 하는 이유가 추가적인 유익이나 편리 때문이 아니라—물론 그것은 고려해볼 만한 것이었다—내가 그 카드를 갖고 있지 않은 남자들보다 더 중요한 사람이라는 기분을 느끼기 위함임을 알게 되었다.

나는 자주 여행을 하고 많은 것을 즐기고 있기 때문에 플래티넘 카드가 필요하다고 여겼다. 그러나 실상을 말하자면 나는 그저 스스로를 이 세상에 짜 맞추고 있을 뿐이었다. 나는 다시 기꺼이 그린 카드를 사용하기로 했다(그 카드가 나에게 주는 위신은 아예 없는 것보다는 약간 나을 정도다).

좋은 것이 너무 많은

하나님은 나의 사업을 풍요롭고, 번성하며, 명예롭게 해주셨다. 언젠가 친구에게 나보다 재능이 많은 다른 이들은 고전하고 있는데 어째서 하나님이 나에게 그토록 많은 복을 내려주셨는지 모르겠다고 말하자 그가 이렇게 답했다. "자네가 하나님을 믿으니 하나님이 자네를 축복하시는 거겠지." 나는 그런 말이 참 좋았다.

그러나 그런 성공의 과정 어느 지점에선가 나에게 교만이 생겼다. 오만한 것은 아니었으나 나는 교묘하게 다른 이들을 깔보고 내가 이룬 성취를 내세우기 시작했다. 나는 나의 세속적인 성공에 우쭐해지기 시작했다.

어느 날 하나님께서 나의 주목을 끌기로 결정하셨다. 그분은 그분에 대한 나의 신뢰가 사라지고 있음을 아셨다. 그분은 결국 나를 충실하게 훈련시키기로 결정하셨고, 그 시험은 7년간이나 지속되었다. 그분은 나의 사업이 어려움에 처하게 하셨다. 그것은 최선의 교육이었고 나의 삶에서 영적으로 가장 값진 보상을 주는 경험이었다. 물론 나는 그런 상황을 반복하고 싶지 않다. 하지만 그것을 다른 그 무엇과도 바꾸고 싶지 않다. 그것은 하나님께서 어리석은 교만에 빠져 지내는 삶으로부터 나를 구해내시는 과정이었다.

대개 우리는 자기만족에 빠져 하나님이 어떤 분이시고 그분이 우리를 위해 어떤 일을 하셨는지 잊는 경향이 있다. 모세는 이스라엘 백성에게 그들이 스스로 만족하게 될 때 그들의 하나님을 찬양하고 그분을 잊지 말아야 할 것이라고 경고했다.

> 네가 먹어서 배부르고 아름다운 집을 짓고 거주하게 되며 또 네 소와 양이 번성하며 네 은금이 증식되며 네 소유가 다 풍부하게 될 때에 네 마음이 교만하여 네 하나님 여호와를 잊어버릴까 염려하노라(신 8:12-14).

방관하는 부모 혹은 폭군

교만 유형 2의 또 다른 요인은 하나님을 두려워하지 않는 것이다. 우리가 다음 장에서 논하게 될 하나님에 대한 두려움은 이해하기가 쉽지 않은 개념이다. 여호와를 두려워하는 것은 악을 미워하는 것이고 하나님에 대한 경외심에 사로잡히는 것을 의미한다. 하나님은 사랑이시다. 그러나 그분은 또한 거룩하시고 공의로우시다. 사람이 경외감과 두려움을 지니고 하나님을 예배하는 것은 "하나님은 소멸하는 불"이시기 때문이다(히 12:29).

공의로우신 하나님은 경외로 가득 찬 두려움의 대상이 되실 만하다. 만약 그분이 공의롭지 않으시다면, **방관하는 부모**나 **폭군**일텐데, 우리는 방관하는 부모에게 그 어떤 두려움도 갖지 않는다.

억압적인 폭군을 두려워하는 것은 불의 ― 우리가 **받지 않아도 되는** 것을 받는 것 ― 때문이다. 그러나 하나님에 대한 두려움은 우리가 전능하신 하나님께 드리는 경외인데, 그분이 우리에게 우리가 **받을 만한** 것을 주실 힘과 권위를 갖고 계시기 때문이다. 하나님에 대한 두려움은 인간을 겸손하게 만들며, 하나님에 대한 두려움이 없는 것은 우리를 교만 유형 2로 이끌어간다.

다윗 왕은 이렇게 썼다. "악인의 죄가 그의 마음속으로 이르기를 그의 눈에는 하나님을 두려워하는 빛이 없다 하니, 그가 스스로 자랑하기를 자기의 죄악은 드러나지 아니하고 미워함을 받지도 아니하리라 함이로다"(시 36:1-2). 하나님을 두려워하지 않는 사람은 교만해져 자신의 죄를 깨닫지 못한다.

부서지기 쉬운 남자의 자아

혹시 당신은 아내의 헤어스프레이를 사용하는가? 물론 아닐 것이다! 그렇다면 매디슨가의 사업가들은 어떻게 남자들에게 헤어스프레이를 사용하게 했을까? 그들은 검은색 캔에 담긴 헤어스프레이를 만들었다.

검정은 남자들의 색이다. 마피아들은 검정색 차를 몰고 다닌다. 검정색 양복은 강한 이미지를 만들어낸다. 검정색 가죽 재킷은 터프가이의 고전적인 아이콘이다. 따라서 당신이 남자들로 하여금 전통적으로 여자들만 하는 무언가를 하도록 만들고자 한다면, 남자의 자아 안에 있는 마초 정신에 호소하라. 스프레이 통을 검정색으로 만들라!

시간이 있다면, 검은색 헤어스프레이 통 속 내용물의 성분을 흰색 통에 들어 있는 것과 비교해보라. 물론 그 내용물 사이에는 아무런 차이가 없다. 오직 포장만 다를 뿐이다. 그 포장은 마치 자신이 강한 사자인 것처럼 느끼도록 고안되었다. 우리가 행하는 일 중 많은 것은 자신이 갖고 있는 이미지를 보존하기 위함이다. 헤어스프레이에 관한 예는 단지 우리가 얼마나 쉽게 자신을 속이는지를, 그리고 우리가 스스로 중요한 사람이라고 느끼기 위해 얼마나 많은 노력을 기울이는지를 보여준다.

가장 큰 강점이 가장 큰 약점이다

사무실에서 나는 아주 분석적이고 논리적이다. 문제를 바라보는 나의 정확하고 예민한 시각은 늘 나의 가장 큰 강점 중 하나였다.

어느 날 집에 도착했는데 아내의 표정이 좋지 않았다.

"무슨 문제 있어, 여보?" 내가 물었다.

그녀는 모든 아이가 겪는 전형적인 말다툼에 관한 이야기를 늘어놓았다. 이번에는 우리 아이들이 그 일을 겪었다는 사실이 조금 달랐다. 그리고 그날은 그녀에게 특별히 더 힘든 날이었다. 그녀는 완전히 기진맥진해 있었다. 나는 아내의 말을 주의 깊게 듣고 문제를 해결하기 위한 세 가지 간단한 방법을 알려주었다.

그런데 그 지점에서 나는 내가 뭔가 잘못 말했다는 것을 알게 되었다. 아내가 갑자기 울음을 터뜨렸기 때문이다. 사실 그녀는 내가 자신의 문제를 해결해주기를 원치 않았다. 그녀는 나의 날카로운 분석 능력에 아무런 흥미가 없었다. 그녀가 원했던 것은 단지 자신의 말을 들어줄 누군가였다.

때때로 우리의 가장 큰 강점이 가장 큰 약점이 될 수도 있다. 일터에서의 강점이 집에서는 약점이 될 수 있다. 마찬가지로, 기독교적 삶을 향한 확신 또한 우리가 자신과 다른 이들을 비교할 때는 약점이 될 수도 있다.

교만 유형 2는 불신자들보다 그리스도인들에게 훨씬 더 큰 유혹이다. 우리는 도덕적 삶을 추구하기 때문에 우리의 가치관이 주변의 사람들보다 얼마나 더 우월한지 알 수 있다. 자기 의가 커질수록 우리가 교만해질 가능성도 그만큼 커진다. 하나님은 교만한 종교인보다는 겸손한 죄인을 더 좋아하신다.

꼬맹이와 서열

내 딸은 햄스터 두 마리를 갖고 있다. 그중 하나는 함께 태어난 녀석 중 제일 꼬맹이였다. 그게 그 아이가 그 녀석을 택한 이유였다.

한 배에서 태어나는 모든 새끼 중에는 꼬맹이가 있다. 그 녀석은 자기 몫의 음식을 먹기 위해 아주 열심히 노력해야 한다. 그들에게 법칙이 있다면 그것은 적자생존이다.

10대 때 나는 용돈을 벌어볼 요량으로 닭을 키우려 했던 적이 있다. 애초에는 상업적인 목적으로 시작했으나, 결국 나는 그것을 통해 이윤보다 많은 교훈을 얻었다.

닭들은 새끼에게 닭장의 규칙을 가르쳤다. 닭의 우두머리는 자기가 원하는 누구든 쪼아댈 수 있었다. 그다음에는 두 번째 닭이 그렇게 했다. 그 닭은 넘버 원만 빼놓고 누구든 쪼아댈 수 있었다. 넘버 쓰리는 넘버 원과 넘버 투를 제외하고 다른 누구든 쪼아댈 수 있었다. 그 순서의 맨 끝에 있는 가련한 닭은 운이 없는 녀석으로 말 그대로 다른 녀석들의 밥이나 다름없었다!

우리는 사회를 서열(pecking order, 문자적으로 닭들이 쪼아대는 순서라는 뜻―옮긴이 주)로 조직화한다. 그러나 하나님께는 그 어떤 꼬맹이도 존재하지 않는다. 그리스도께서는 사람들을 서열에 따라 바라보지 않으면서 이 세상에 새로운 질서—우리의 이웃을 우리 자신처럼 사랑하라는—를 도입하셨다.

내가 이번 장 첫머리에서 언급했던 여종업원을 기억하는가? 언제 한번 여종업원에게 말을 걸어보라. 아마도 그녀의 삶은 쉽지 않을 것이다. 젊은 여자들은 종종 이혼하고 혼자 살면서 많은 남자에게 점심 값밖에 안 되는 돈으로 어린 자녀들을 양육하고 있다. 나이 든 여자들은 종종 남편이 죽었거나 생활 능력이 없어서 일을 한다. 젊은 여자든 늙은 여자든 일을 **해야만** 한다. 그리고 남자들의 우월감 때문에 그녀들은 늘 유쾌한 상황 속에서 지낼 수는 없다. 그들이 우리를 퉁명스럽게 대하는 것은 놀랄 일이 아니다. 그렇다고 우리가 그들을 쪼아대어야 한다는 말인가? 오히려 우리는 그들을 격려하고 그들을 염려하는 그리스도인들이 존재한다는 것을 알려주어야 하지 않을까? 혹은, 보다 실제적으로 더 많은 팁이라도 챙겨주어야 하는 것 아닐까?

다른 이들을 판단하는 대가

교만의 아주 명백한 징후 중 하나는 다른 이들을 끊임없이 비판하는 것이다. 기독교 공동체보다 이런 현상이 더 만연한 곳은 없다. 남자들은 계속 외적인 모습에 근거해 다른 이들의 영적 상황을 판단한다. 남자들은 어째서 어떤 이들이 성공하는지 그리고 어째서 다른 이들은 성공하지 못하는지 온갖 이유를 늘어놓는다. 세속적인 기준에 비추어 성공하지 못한 그리스도인 남자들을 깎아내리는 일에는 끝이 없다. 또한 성공한 사람에 대한 의심도 끝이 없다. 예수께서는 이렇게 말씀하셨다.

비판을 받지 아니하려거든 비판하지 말라. 너희가 비판하는 그 비판으로 너희가 비판을 받을 것이요. 너희가 헤아리는 그 헤아림으로 너희가 헤아림을 받을 것이니라. 어찌하여 형제의 눈 속에 있는 티는 보고 네 눈 속에 있는 들보는 깨닫지 못하느냐(마 7:1-3)

내가 다른 이들을 거칠게 비판한다면 다른 이 역시 나를 거칠게 비판할 것이다. 이 원리는 어떻게 작동하는가? 누구나 어느 때엔가 아주 특별한 사람을 만난 적이 있다. 말이 우아하고 그 누구에 대해서도 나쁘게 말하지 않는 사람 말이다. 그의 마음은 순전하다. 그가 화를 내는 것도 좀처럼 보기 힘들다. 당신은 다른 이들에게 그를 어떻게 소개하겠는가? 입이 마르도록 칭찬하지 않겠는가? 그는 자애롭다. 그러하기에 다른 이들도 그에게 자애롭다.

또한 우리는 화를 잘 내고 말이 거칠고 툭하면 짜증을 부리는 이들을 알고 있다. 그들은 늘 빈정거리는 말로 다른 이들을 깎아내린다. 당신은 그들이 늘 본성을 숨기고 있다고 의심한다. 당신의 문제가 그들의 손에 달려 있을 때 당신은 그들을 신뢰하지 않는다. 그런 이들에 관한 의견을 제시할 기회를 얻는다면, 당신은 그들에 대해 나쁜 보고서를 제출하지 않겠는가? 일이 작동하는 방식이 그렇다. "마음의 정결을 사모하는 자의 입술에는 덕이 있으므로 임금이 그의 친구가 되느니라"(잠 22:11). 만약 당신이 사람들에게 자애롭고 겸손하다면, 그들은 다른 이들에게 당신에 대해 좋게 말할 것이다. 만약 당신이 오만하고 다른 이들에게 비판적인 정신을 갖고 있다면, 그들은 다른 이들에게 자기들이 당신에 관해 **실제로** 어떻게 느끼고 있는지를 말할 기회를 놓치지 않을 것이다.

교만: 이행(移行)의 죄

교만은 7가지의 중한 죄 중 첫 번째이며(잠 6:16-19를 보라) 다른 모든 죄의 근원이다. 사람들은 교만이라는 통로를 통해 강팍한 마음이라는 죄 안으로 들어간다. 교만은 인간의 죄의 조상이다.

언젠가 사업적으로 나보다 성공하지 못한 한 남자로부터 내가 청하지도 않은 충고를 받은 적이 있다. 그는 나에게 특정한 건물을 짓지 말라고 조언했다. 나는 그의 조언을 무시했다. 내가 그보다 현명하다고 여겼기 때문이었다. 그로부터 몇 달 후 나는 살아남기 위해 아주 힘겨운 싸움을 해야 하는 상황에 처했다. 그 건물은 생각만큼 빨리 임대가 되지 않았고, 매달 지불해야 하는 할부금은 우리를 산 채로 갉아먹고 있었다. 교만이 적절한 조언을 듣지 못하게 하고 결국 잘못된 판단을 하도록 이끌어갔다. "의논이 없으면 경영이 무너지고 지략이 많으면 경영이 성립하느니라"(잠 15:22).

교만은 우리를 불일치, 질투, 자만, 오만함, 자랑, 분개, 시기, 오만, 독단, 증오, 자기 의, 사람들을 판단하려는 태도 그리고 거룩한 체하는 태도 등으로 이끌어갈 수 있다.

소경의 죄

예수님은 바리새인들을 "눈먼 인도자"라고 부르셨다(마 23:16). 성경에 등장하는 집단 중에서 바리새인들보다 더 예수님께서 반대하셨던 집단은 없다. 그분은 그들의 위선을 경멸하셨다. 그분은 그들의 오만한 마음을 혐오하셨다. 그 어떤 죄도 눈먼 인도자들의 오만함만큼 그분이 주신 새로운 계명 —서로 사랑하라—을 더 결정적으로 해치지는 않는다.

당신은 다른 이들의 필요에 눈이 멀어 있지 않은가? 당신은 사람들의 분노를 도움을 요청하는 부르짖음으로 보는가, 아니면 짜증스럽게 되받아쳐야 할 것으로 보는가? 당신은 당신이 고안해낸 서열로 사람들의 계급을 구분하고 있지 않은가? 하나님은 사람들을 편애하지 않으신다. 따라서 우리 역시 사람들을 편파적으로 대해서는 안 된다. 그리스도께서 우리에게 보여주신 모범은 겸손이다. 그러므로 우리 역시 그분과 같은 태도를 드러내야 한다. 하나님은 교만한 자를 대적하시고 겸손한 자에게 은혜를 베푸신다. 따라서 우리는 교만하지 말아야 하며 낮은 위치에 있는 이들과 기꺼이 교제하고 자만하지 말아야 한다.

교만 유형 2는 시련으로 가는 지름길이다. 인간의 교만은 그를 낮은 곳으로 이끌어간다. 사람은 낮아지기 전에 교만해진다. 파멸에 앞서 교만이 나타난다. 그리고 넘어지기 전에 오만한 정신이 나타난다. 불명예는 교만의 부산물이다. 주님께서는 모든 교만한 이들을 미워하신다. 그들은 반드시 벌을 받는다.

교만 유형 2는 사람들의 눈에 띄는 것을 거부한다. 그것은 자신을 그림자로 감싼다. 우리가 교만에 눈이 멀어 있는 것은 그것을 그 그림자 속에서 희미하게 보기 때문이다. 남자들이 자기 아내에게 성질을 부리거나 은밀하게 다른 여자를 생각할 때, 그것은 고도로 의식적이지만 교만은 그것보다 훨씬 더 은밀한 죄다.

솔직히, 우리 모두는 교만의 죄를 짓고 있으며 하나님께서 우리를 낮추셔서 우리가 교만의 결과들—수치, 파멸, 절망 그리고 하나님이 우리에게 갖고 계신 계획과 반대되는 일들—을 겪지 않게 해달라고 간청해야 한다. 불쾌하게 들리겠지만 오직 철저한 수술만이 우리의 마음에서 이 영혼을 파멸시키는 질병을 제거할 수 있다.

그러나 우리가 절대 잊지 말아야 할 것은, 다른 모든 도덕적 명령이 그러하듯이, 아무도 자신의 힘으로는 그런 사람이 될 수 없다는 점이다. 진지하게 생각해보라. 삶 속에 당신이 이런 상황에서 벗어날 수 있다고 간접적으로라도 암시해주는 무언가가 존재하는가?

예수님만이 이런 일을 하실 수 있다. 그분께서 믿음을 통해 우리 안에 사시기를 기도함으로써 우리의 교만을 정복할 수 있다. 이것이 유일한 길이다.

토론 문제

1. 다른 이들의 인정을 즐기는 것과 누군가로부터 칭찬을 받을 때 교만을 갖는 것이 잘못인가? 우리에게 가장 필요한 것이 격려를 받는 것 아닌가?

2. 교만의 죄가 스스로 진단하기에 쉬운가, 어려운가? 어째서인가?

3. 로마서 12:3을 읽으라. 그 구절에 비추어볼 때 잘못된 교만을 어떻게 정의할 수 있는가?

4. 갈라디아서 6:4을 읽으라. 이 구절이 칭찬하는 교만은 어떤 것인가?

5. 최근에 다른 이의 교만(오만, 비판적 태도)으로 인해 어려움을 겪은 적이 있는가? 당신은 그 사람이 왜 그런 태도를 발전시키게 되었다고 생각하는가?

   가능한 답변들:
   - 스스로 만족하게 되어 하나님이 어떤 분이신지를 잊었다(신 8:10-14, 17-19).
   - 하나님을 두려워하는 마음을 갖고 있지 않다(시 36:1; 막 5:39-40).
   - 하나님이 필요하지 않다고 은밀하게 생각한다(약 4:13-17).
   - 다른 대답: _____

6. 잠언 3:34; 16:5, 18; 18:12; 누가복음 18:14을 읽으라. 교만한 사람의 운명은 무엇인가?

7. 당신의 삶의 분야 중 교만이 당신을 해치고 있는 분야 — 일, 배우자, 아이들 — 를 설명해보라. 일이 왜 그렇게 되었는가? 그 문제를 해결할 수 있는가?

17장 두려움

우리가 유일하게 두려워해야 할 것은 두려움 그 자체다.
프랭클린 델러노 루즈벨트

"안심하라, 나니 두려워하지 마라!"
예수님, 마태복음 14:27

당신은 프랭클린 델러노 루즈벨트(Franklin Delano Roosevelt)가 귀족 가문 출신이라는 것을 알면 놀랄 수도 있을 것이다. 부유하고 영향력 있던 그의 부모는 그에게 특권 계급의 사람들이 그런 행운을 누리지 못하는 이들을 도울 책임을 지니고 있다고 가르쳤다.

하버드 대학 시절에 루즈벨트는 수줍음 많은 10대였음에도 스포츠 활동과 학교 신문에 관여하면서 대학 생활을 알차게 보냈다.

루즈벨트가 주 상원 의원과 해군 부사령관을 역임하면서 한창 탁월한 공인으로 인정받고 있을 즈음에 그에게 비극이 닥쳐왔다. 그는 아주 심한 소아마비에 걸렸다. 그 후로 이어진 어두운 날들은 그를 뒤틀린 몸의 고통 속에 가뒀다. 그러나 결단력이 있었던 루즈벨트는, 당시 많은 사람이 이제 그의 경력이 끝났다고 여겼음에도, 놀라운 용기를 발휘해 다시 손을 사용하게 되었고 이어서 목발을 짚고 걷는 법을 배웠다. 회복기 동안 불에 대한 두려움이 자주 그를 괴롭혔다. 그는 자신이 불타는 건물 속에 남겨지는 상상을 했다. 그의 삶은 이미 황폐해져 있었다. 상황이 그러했으니, 그가 나머지 삶을 자기연민에 빠져 뒹군다고 한들 누가 그를 비난할 수 있었겠는가? 그러나 루즈벨트는 그렇게 하는 대신 장애와 더불어 싸웠고 두려움을 이겨냈다.

불과 8년 후에 그는 뉴욕의 주지사가 되었다.

그리고 소아마비에 걸려 몸이 마비된 지 11년째 되던 해, 극심한 고통을 견디고 정계에서 은퇴하라는 요구를 견디어낸 끝에 두려움의 사람이자 용기의 사람인 프랭클린 델러노 루즈벨트는 미합중국의 제32대 대통령직에 올라 취임 선서를 했다.

그가 대통령직에 오를 즈음에 미국은 대공황의 늪에 빠져 있었다. 국민 네 사람 중 한 명은 실직 상태였고, 많은 이들이 가족을 위한 음식을 살 돈을 벌지 못했다. 많은 이들이 집을 잃어버렸다. 위대한 나라가 무릎을 꿇었다. 하나님은 미국을 낮추셨다.

루즈벨트의 다리처럼 미국은 두려움으로 절름거렸다. 누가 소아마비에 걸린 이들이 느끼는 고통을 그보다 더 잘 상징할 수 있었겠는가? 모든 곳에서 사람들은 끔찍한 고통을 느꼈고 다음에는 자기들 차례가 아닐까 하여 두려워했다. 당신의 이웃 네 사람 중 하나가 실직 상태에 있다고 상상해보라. 당신 곁에 있는 이들이 차압을 당했다고 상상해보라. 오늘 우리도 사적인 대공황을 겪었기 때문에 이게 무슨 말인지 알 것이다. 그것은 무서운 일이다. 당신은 어디로 돌아설 것인가?

이런 배경을 뒤로 하고 프랭클린 델러노 루즈벨트는 마이크를 움켜

잡았다. 그리고 20세기에 가장 많이 회자되었던 대통령 취임사 중 하나를 읽어나갔다. "우리가 유일하게 두려워해야 할 것은 두려움 그 자체입니다."

문제

당신은 무엇을 두려워하고 있는가? 무엇이 당신을 근심하게 하는가? 일에 대한 불안함이 있는가? 머지않아 해고 통지서를 받을 것 같은가? 어쩌면 당신은 외주를 늘리고 인력을 감소시키려는 사장 밑에서 계속 긴장하며 일하고 있을 수도 있다. 어쩌면 자신이 불치병에 걸렸음을 알게 되었고 이제 어떻게 가족을 부양해야 할지 알지 못하는 상황에 처해 있을 수도 있다. 어쩌면 당신은 사는 것보다 죽는 게 나아보이는 상황에 부닥쳤을 수도 있다.

당신의 사업은 해어진 실에 매달린 것처럼 보이기도 한다. 당신은 지난 몇 달간 그 사업에 매달려왔다. 그러니 그것이 실패하면, 당신은 삶의 방식을 변경할 수밖에 없을 것이다. 어쩌면 모든 것을 잃게 될 수도 있다. 처음부터 다시 시작한다는 생각은 당신의 손을 떨리게 만들 뿐이다.

자녀가 마약에 빠져 있을 수도 있다. 당황하고 놀란 당신은 누구에게 도움을 청해야 할지도 모른다. 혹은 중요한 거래를 놓쳐서 자금줄이 모두 막힐까봐 두려워하고 있을 수도 있다. 어쩌면 사람들이 당신을 협박할 수도 있고, 모든 관계가 근심으로 가득 차 있을 수도 있다.

어떤 이들은 삶의 방향을 잡지 못하고 있다. 그들은 하나님이 자기를 포기하실까 봐 두려워한다. 어떤 이들은 불확실한 미래를 두려워한다. 어떤 이들은 죽을 때 실제로 하나님 앞에 서 있을지 확신하지 못한다.

대부분의 사람은 바로 오늘 문 앞에 닥친 문제들로 소진되고 있다. 당신은 이렇게 생각한다. **나는 영생이나 구원과 관련해서는 아무 문제가 없어. 지금 내가 두려워하는 것은 앞으로의 스물네 시간이야.**

모든 이가 두려움이라는 감정과 싸운다. 실패에 대한 두려움, 거절에 대한 두려움, 갑작스러운 재앙에 대한 두려움, 사람들에 대한 두려움—이 모든 두려움은 그들을 의식적인 생각의 흐름 속으로 밀어 넣는다. 그러나 대부분은 이런 두려움을 갖고 있다는 사실조차 부인한다. 어떤 두려움은 건설적이지만—많은 영웅이 삶의 두려움에 대한 대응을 통해 탄생한다—대부분의 두려움은 사람들을 불구로 만든다. 확실히 두려움 자체는, 만약 우리로 하여금 하나님을 믿지 못하도록 만들지만 않는다면, 악한 것이 아니다. 하지만 악한 것이 **될 수도** 있다.

두려움은 우리도 모르는 새 우리에게 영향을 준다. 따라서 이번 장에서는 도대체 두려움이 무엇이며 어떻게 그것과 싸울지를 살펴보자.

두려움과 용기는 정반대다. 사전은 용기를 사람들로 하여금 확신과 결단력을 지니고 역경이나 재앙에 맞서게 해주는 마음의 상태라고 정의한다. 두려움은 우리를 마비시켜 역경을 더 심각하게 바라보도록 만드는 동요된 마음의 상태다.

성경은 반복해서 우리에게 두려워하지 말라고 말씀한다. 예수께서는 종종 그분의 말씀을 이렇게 시작하신다. "두려워하지 말라!" 우리는 "하나님이 우리에게 주신 것은 두려워하는 마음이 아니요 오직 능력과 사랑과 절제하는 마음이니"(딤후 1:7)라는 말씀을 듣는다. 심지어 우리는 두려워하는 이는 사랑 안에서 완전해지지 않은 것이라는 말씀마저 듣는다(요일 4:18). 만약 우리가 성경의 모든 곳에서 두려워하지 말라는 격려를 받고 있다면, 어째서 우리는 온갖 종류의 두려움과 계속 씨름하고 있는 것인가?

나는 왜 두려워하는가?

두려워하는 것은 하나님을 **온전하게** 신뢰하지 않는 것이다. 그분은 우리에게 두려워하지 말라고 가르치시면서 만약 우리의 염려를 그분께 맡기면 우리를 돌보아주시겠노라고 약속하셨다(벧전 5:7). 이 말씀을 믿지 않는다면, 그분을 온전하게 신뢰하지 않는 셈이다. 두려움과 신뢰의 부족은 함께 손을 잡고 걷는다. 하나가 가는 곳에 다른 하나도 따라간다. 따라서 자신이 두려워하는 이유를 알고자 한다면, 먼저 어째서 우리가 하나님을 신뢰하지 **않는지**를 알아야 한다.

우리가 하나님을 신뢰하기보다 두려워하는 쪽을 택하는 세 가지 이유가 있다.

▶ 1. 나는 일생 속아왔다

고등학교 시절에 나는 여자 친구가 다른 남자와 데이트를 했다는 의심에 사로잡혔던 적이 있다. 내가 그녀에게 따지자 그녀는 격렬하게 부인했다. 결국 내가 의심했던 그 3학년 학생(당시 나는 2학년이었다)과 결투를 벌였다. 두려워했던 것은 사실이었고 그 사실을 알아내기 위해 나는 코피를 쏟아야 했다.

우리 모두는 거짓말쟁이들이다. 그렇지 않은가? 당신은 거짓말쟁이다. 나도 거짓말쟁이다. 나의 아내도 거짓말쟁이다. 나의 부모도 거짓말쟁이다. 나의 사업 동료들도 거짓말을 한다. 나의 아이들도 거짓말을 한다. 우리는 사는 동안 늘 거짓말을 듣는다.

사소한 선의의 거짓말보다 우리 사회에 더 만연한 죄를 아는가? 선의의 거짓말은 입으로 짓는 죄 중 으뜸으로, 가장 자주 발생한다. 연구자들의 조사 결과에 따르면, 두 명의 낯선 이들이 대화를 하는 경우, 그들의 말의 평균 60%는 거짓말이며, 10분에 한 번씩은 거짓말을 하는 것으로 밝혀졌다.[34] 한 자료에 의하면 성인들은 자기들이 매주 13차례 선의의 거짓말을 한다고 인정했다. 아마도 그 자체는 선의의 거짓말이 아닐 것이다. 나는 실제 숫자는 그것보다 훨씬 더 클 것이라고 확신한다. 하지만 누가 자신이 거짓말쟁이라고 고백하고 싶어 하겠는가? **모든 사람**은 선의의 거짓말을 한다.

우리는 일생 우리가 아는 모든 이에게 속아왔다. 그러니 우리가 성경을 읽을 때 그것이 사실이라고 믿지 못하는 것이 놀랄 일이겠는가? 설령 성경이 "두려워하지 마라" 그리고 "하나님을 신뢰하라"고 말씀할지라도, 때로는 과연 그것이 사실일까 궁금해한다. 왜냐하면 우리는 일생 속아왔기 때문이다.

▶ 2. 공짜 점심은 없다

성경은 우리가 하나님을 신뢰하면 그분이 우리의 모든 필요를 채워주시고 우리의 모든 길을 인도해주시리라고 약속한다. 그 메시지는 우리의 관심을 끈다. 우리가 우리의 약점과 죄를 고백하면, 하나님께서는 우리를 용서하실 뿐 아니라 모든 불의에서 우리를 깨끗하게 해주실 것이다. 다시 말해, **하나님께서는 우리가 원했던 모든 것을 주실 것이고, 또한 그것을 우리가 없애버리고 싶어 했던 모든 것과 바꿔주실 것이다.**

이런 말을 처음 들을 때 대부분의 사람은 그것을 문자 그대로 받아들이기가 어렵다고 느낀다. 그것은 마치 공짜 점심을 주겠다는 말처럼 들리는데, 우리 모두는 세상에 공짜 점심 같은 것은 없다는 점을 아주 잘 알고 있다! 그럼에도 하나님께서는 다른 누군가 온전하게 지불한 값을 받으시고 그 값으로 우리에게 "공짜 점심"을 제공하신다.

만약 우리가 자신의 죄를 고백하고 그분을 따르면, 그분은 우리가 원하는 모든 것을 주실 것이다. 사랑, 기쁨, 평안, 인내, 친절, 선함, 충실함, 부드러움 그리고 자기통제 등 새해가 될 때마다 결심하는 모든 것을. 우리가 이 공짜 점심을 위해 해야 할 것은 그분께서 우리가 행한 모든 잘못에 대한 기억을 지우시도록 허락하는 것뿐이다.

그렇게 많은 이들이 복음을 이해하기 어려워한다는 사실이 놀랍지 않은가? 복음은 정말로 독특하다. 예수 그리스도가 오신 것은 사람들이 하나님의 율법을 지킬 수 없었기 때문이다. 그러나 하나님은 공의로운 분이시기에 누군가 우리가 지은 죄에 대한 벌을 받아야 했다. 그리고 예수님께서 우리를 위해 자신을 바치셨다. 그리스도께서 죽으신 것은 **우리의 죄**─당신의 죄와 나의 죄─때문이었다. 그것은 **그분의 죄가 아니라 우리의** 죄였다! 바로 그것이 다음 구절의 내용이다. "의인을 위하여 죽는 자가 쉽지 않고 선인을 위하여 용감히 죽는 자가 혹 있거니와 우리가 아직 죄인 되었을 때에 그리스도께서 우리를 위하여 죽으심으로 하나님께서 우리에 대한 자기의 사랑을 확증하셨느니라"(롬 5:7-8).

우리가 하나님을 신뢰하기 어렵다고 여기는 것은 우리의 경험이 공짜 점심은 없다고 말하기 때문이다. 우리는 그분을 그분의 말씀을 따라 믿기보다 계속 다른 각도에서 바라보며 혹시 다른 구멍은 없는지 살핀다. **어디가 함정일까?** 그로 인해 하나님을 온전하게 신뢰하지 않게 된다. 그리고 그것이 두려움으로 하여금 마음의 복도를 따라 어슬렁거리도록 만든다.

▶ 3. 우리는 정말로 죄를 지었다

우리가 하나님을 신뢰하지 않는 세 번째 이유는 우리의 도덕적 죄책과 연관되어 있다. 도덕적 죄책은 우리가 죄인임을 확신하도록 만든다. 우리는 우리가 생각과 말과 행동으로 도덕적 타락의 죄를 지었음을 알고 있다. 우리는 우리의 죄가 경멸할 만한 것임을 발견한다. 우리는 자신의 불의를 경멸한다. 우리는 치유할 수 없을 만큼 악한 자신의 마음에 탄식한다.

우리는 정말로 죄를 지었고 그 사실을 잘 알고 있다. 우리는 정말로 하나님의 벌과 진노를 받을 만하다. 우리는 정말로 하나님을 두려워해야 한다. 그분은 우리가 마땅히 받아야 할 것을 주실 수 있는 분이시다. 그러나 그분은 깊이를 알 수 없는 사랑으로 우리에 대한 징벌을 철회하셨고 대신에 그것을 주 예수께 짊어지우셨다.

당신이 하나님을 신뢰하기 어렵다고 여기는 것은 실제로 **죄를 지었음**을 알기 때문이다. 또한 하나님께서 당신을 실제로 용서하실 것이고 죄책을 제거해주실 만큼 은혜로우시다는 것을 분명하게 믿지 못하기 때문이다. 그러나 그분은 **정확하게** 바로 그 일을 하셨다.

남자들이 도덕적 죄책에 대한 하나님의 용서를 받아들이지 못할 때, 그들은 "사랑 안에서 완전해지지 않으며" 죄책에 대한 두려움이 그들과 함께 남는다. 그러나 "온전한 사랑이 두려움을 내쫓나니 두려움에는 형벌이 있음이라. 두려워하는 자는 사랑 안에서 온전히 이루지 못한다"(요일 4:18). 하나님은 우리가 그분을 신뢰할 수 있게 하시기 위해 우리에 대한 징벌을 철회하셨다. 따라서 우리는 두려워할 필요가 없다.

지금까지의 말을 종합해보면, 많은 이들이 하나님을 신뢰하기가 어렵다고 여기는 것은 우리가 일생 속아왔고, 공짜 점심을 얻을 것이라고 믿으며, 하나님의 용서를 받아들이기 어려워하기 때문이다. 그리고 하나님을 신뢰하지 않는 이들은 종종 자신들이 **두려움의 사이클**에 빠져 있음을 발견한다.

두려움의 사이클

어느 날 예수님은 얼마간 홀로 있으시고자 했다. 그래서 그분은 제자들에게 배를 타고 자기보다 앞서 호수 건너편으로 건너가라고 지시하셨다. 맑은 하늘이 밝게 빛났고, 제자들은 항해를 시작했다. 저녁 어느 때에 폭풍우가 몰려왔다. 그리고 배가 비바람에 요동치기 시작했다(마 14:22-31).

그즈음에 예수께서 그들을 향해 걸어오셨다. 그분은 물 위로 걸어오셨다. 제자들은 그분을 보고 크게 놀랐다. 그들은 그가 유령이라고 생각했다. 두려움이 그들을 사로잡았다.

즉각 예수께서 말씀하셨다. **"안심하라, 나니 두려워하지 마라!"**

나는 예수께서 그들에게 말씀하실 것을 더 갖고 계셨다고 상상할 수 있다. 하지만 그때 불쑥 베드로가 튀어나왔다. "주여, 만일 주님이시거든, 나를 명하사 물 위로 오라 하소서." 만약 당시에 그들이 서로를 알아보고 말을 할 수 있을 만큼 가까이 있었다면, 어째서 그런 말도 안 되는 요청을 했던 것일까? 차라리 "주여, 제발 배에 오르시어 우리를 구해주소서!"라고 말하는 편이 낫지 않았을까?

어쩌면 예수님께서 한 가지 예화를 만드시려고 했었던 것인지도 모른다. 그분은 보다 현명한 계획을 제시하시는 대신 베드로에게 이렇게 말씀하셨기 때문이다. **"오라."**

이어서 놀라운 일이 벌어졌다. 베드로가 배 밖으로 나가 물위를 걷기 시작한 것이다. 우리는 늘 물 위를 걷는 예수님만을 생각하지만, 우리와 같은 사람인 베드로 역시 물 위를 걸었다. 그 일을 위해서는 믿음이 필요했다.

그러나 베드로가 영웅이 되려던 바로 그 순간에 두려움의 사이클이 시작되었다. "그는 **바람을 보았다.**" 현실이 개입했다. 갑자기 그는 지금 자기가 미친 짓을 하고 있음을 깨달았다. 그는 물 위를 걷고 있었다! 그는 바람을 보았고 자기가 격렬한 폭풍 한가운데 서 있음을 깨달았다.

우리는 얼마나 자주 큰 믿음을 갖고 어떤 프로젝트―어쩌면 새로운 일―를 시작했다가 자신이 격렬한 폭풍 한가운데 서 있음을 발견하는가? 우리는 하늘이 밝게 빛날 때 항해를 시작하면서 주님께서 우리에게 어떤 일을 맡기셨다고 여긴다. 하지만 곧 폭풍이 닥쳐온다. 그리고 주변을 살피다가 결국 "바람을 본다." 두려움의 사이클의 첫 단계는 **현실**이다. 우리는 바람을 본다.

그러자 베드로는 이제 더 이상 예수님처럼 되겠다는 애초의 목표에 관심이 없어진다. 오히려 그는 바람을 보고 "**두려워했다.**" 두려움의 사이클의 두 번째 단계는 우리의 **반응**이다. 현실이 개입할 때 우리는 두려움으로 반응한다. 우리는 경건한 아이들을 키우겠다는 큰 계획을 갖고 있을 수도 있다. 혹은 자기 사업을 하는 영광스러운 꿈을 꿀 수도 있다. 그러나 현실과 마주해야 할 때, 그리고 아이들이 궤도를 벗어나거나 판매량이 비용을 커버할 만큼 충분하지 않을 때, 우리의 반응은 두려움이다.

두려움에 사로잡힌 베드로는 자신이 "물속으로 빠져들어 가는 것"을 발견했다. 그의 믿음은 그를 물 위에 뜨게 했으나, 그가 믿음을 계속하기보다 두려움을 택했을 때 그는 물속으로 **빠져들기 시작했다.** 두려움의 사이클의 세 번째 단계는 **결과**다. 현실에 대응할 때 우리는 종종 물에 빠지기 시작한다. 우리의 믿음은 우리를 물 위에 뜨게 해주지만, 바람이 불어와 우리의 경력이나 사업이나 가정을 흔들어댈 때, 우리는 곧 자신의 믿음이 너무 작다는 것을 알게 된다. 우리는 바람을 본다. 우리는 두려워한다. 그리고 우리의 문제라는 소용돌이와 함께 물속으로 빠져들기 시작한다.

그러나 베드로는 바보가 아니었다. 물속으로 빠져들기 시작했을 때 그는 정신을 다잡고 도움을 요청했다. 그가 소리쳤다. "주여, 나를 구원하소서!" 이 단순한 기도가 두려움의 사이클의 네 번째 단계다. **돌아서는 것**. 베드로는 그의 원천을 향해 돌아섰다. 그의 믿음은 그를 물 위에 떠 있게 할 정도로 충분하지 않았다. 그는 현명하게 도움이 필요함을 인정하고 자신의 힘의 원천인 예수님을 향해 돌아서서 그분을 향해 외쳤다. "주여, 나를 구원하소서!" 당신이 두려움과 문제라는 깊은 물속으로 빠져들어 가기 시작할 때, 당신은 원천을 향해 돌아설 생각을 하는가?

어떤 이가 아주 급박한 상황에 처해 오직 하나님만을 찾는 것을 본 적이 있는가? 탐욕스러운 사업가가 역경에 처해 "돈이시여, 나를 구원하소서!"라고 말하는 것을 들어본 적이 있는가? 자칭 무신론자조차 그의 아내가 위기에 처하면 이렇게 외친다. "오, 나의 하나님이시여!"

예수님께서는 "주여, 나를 구원하소서"라는 베드로의 짤막한 기도에 어떻게 응답하셨는가? 그분은 역겨워하시면서 나와 같은 반응을 하실 수도 있었다. 나는 그 이야기를 읽을 때 이렇게 생각하곤 했다. "이 멍청한 녀석아! 너는 애초에 멍청이로 태어난 것이니, 아니면 이제 막 멍청해진 것이니?"

나라면 그에게 한두 가지 가르침을 주기 위해 그가 몇 모금의 물을 마시도록 내버려 두었을 것이다. 그러나 예수님은 그런 식으로 그를 정죄

하지 않았다. 예수님은 그에게 경건한 꾸짖음 대신 두려움의 사이클의 다섯 번째이자 마지막 단계인 **구원**을 제공하셨다.

예수님께서는 주저하지 않으시고 즉각 손을 내밀어 베드로를 붙잡으셨다. 우리 모두가 사로잡혀 싸우고 있는 두려움의 사이클에 관한 놀라운 소식은, 우리가 마주하고 있는 바람이 아무리 거셀지라도, 폭풍이 아무리 클지라도, 우리가 아무리 두려워할지라도, 우리가 아무리 깊은 물 속으로 빠져들지라도, 우리가 예수님을 향해 돌아서면, 그분이 우리를 구원해주신다는 것이다.

그분이 당신에게 약속하시는 것은 당신의 사업을 지켜주겠다거나, 당신의 아들을 마약에서 벗어나게 해주겠다거나, 당신의 배우자를 자신에

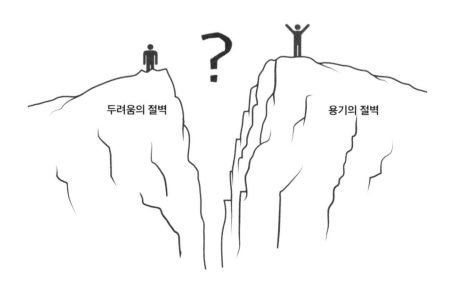

그림 **17.1** 두려움의 절벽과 용기의 절벽

게로 이끌겠다거나, 혹은 당신이 직업을 잃지 않게 해주겠다는 것이 아니라 바로 당신을 구원해주겠다는 것이다. 예수님께서는 우리가 두려움에 빠져 있을 때 그분을 외쳐 부르기만 하면 구원을 주시겠다고 약속하신다.

모두가 두려움의 사이클과 씨름하고 있다. 단번에 모든 치유를 얻을 수는 없다. 그러나 당신은 예수님의 이 명령을 따름으로써 허비하는 시간을 줄일 수 있다. "안심하라. 나니, 두려워하지 마라!" 이제 예수님께 순종함으로써 **두려움의 절벽**에서 **용기의 절벽**으로 건너가는 법을 배워보자.

그림 **17.2** 두려움의 절벽과 용기의 절벽

두려움의 절벽

물 위를 걷는 베드로의 이야기에서 예수님은 큰 인내를 드러내시고 베드로를 두려움의 절벽에서 구해내신다. 그러나 정말로 사람이 두려움의 절벽을 지나 그 두려움을 극복할 수 있는가?

종종 우리는 두려움의 절벽 위에 서서 넓고 깊은 간격 너머에 있는 용기의 절벽을 바라보고 있다. 우리는 그 용기의 절벽에 서 있기를 바란다. 어떻게 그곳에 이를 수 있을까? 그림 17.1은 그 딜레마를 보여준다. 그리고 예수님께서는 그 딜레마를 풀 수 있는 답을 주신다.

예수님께서는 베드로를 구원하신 직후에 이렇게 말씀하셨다. "믿음이 작은 자여, 왜 의심하였느냐?" 믿음이야말로 이쪽 절벽에서 저쪽 절벽으로 건너가는 방법이다. 우리는 두려움의 절벽에서 **믿음의 다리**를 타고 용기의 절벽으로 건너간다. 그림 17.2는 믿음이 어떻게 두려움과 용기 사이의 협곡에 다리를 놓는지를 보여준다.

믿음이란 무엇인가?

"믿음은 바라는 것들의 실상이요 보이지 않는 것들의 증거다"(히 11:1). **믿음은 늘 미래를 지향한다.** 이미 아는 것과 대면하기 위해 용기를 낼 필요는 없다. 의심과 두려움을 낳는 것은 불확실한 미래다.

우리는 미래에 어떤 일이 일어날지 알지 못한다. 그러나 우리는 하나님이 우리의 필요를 돌보실 것이고 우리를 영원히 자신과 연합시켜주시리라는 것을 안다. 바로 그것이 믿음이다. 오래된 속담 하나가 그것을 잘 요약해준다. "우리는 미래가 어떻게 될지 모른다. 하지만 누가 미래를 좌우할지는 안다."

예수님은 우리의 믿음의 주요 온전케 하시는 분이시다(히 12:2). 우리의 눈을 그분에게 고정할 때, 그분은 우리의 믿음을 증진하고 완전하게 해주신다. 빌 브라이트 박사는 여러 차례 이렇게 말했다. "믿음은 근육과 같다. 그것은 사용할수록 커진다."

그러므로 우리가 두려움의 절벽 위에 서서 넓은 협곡 너머에 있는 용기의 절벽을 바라볼 때, 예수님에 대한 그리고 그분이 주관하시는 확실한 미래에 대한 믿음이 우리가 그리로 건너가는 다리라는 사실을 기억하도록 하자.

경건한 두려움과 세속적인 두려움

성경에서 가장 잘못 이해되고 있는 원리 중 하나는 하나님을 두려워하는 것이다. 하나님에 대한 두려움과 당신이 붙잡고 싸우는 세속적 두려움(다른 두려움) 사이의 차이는 무엇인가?

종종 하나님에 대한 두려움은 번역의 문제로 치부된다. 종종 하나님에 대한 두려움이 단지 그분에 대한 경건한 생각일 뿐이라고 주장하는 이들이 있다. 사실 하나님에 대한 두려움에는 하나님이 정말로 어떤 분이신지에 대한 이해와 하나님이 아닌 모든 것에 대한 미움이 포함된다. 잠언 8:13은 이렇게 말씀한다. "여호와를 경외하는 것은 악을 미워하는 것이라." 악을 효과적으로 미워하기 위해 우리는 선과 악을 구별할 수 있어야 한다.

우리는 아주 실제적인 이유로 어떤 사람들을 두려워한다. **그들은 우리가 받아야 할 필요가 없는 것을 받게 하거나 마땅히 받을 만한 것을 빼앗아갈 힘을 갖고 있는 사람들이다.**

나는 내가 이뤄냈던 최초의 큰 거래를 아직도 기억한다. 수수료만 수십만 달러가 되는 큰 거래였다. 당연히 나는 아주 흥분했다! 한데 거래가 마무리되어갈 즈음에 구매자가 만약 내가 수수료를 감해주지 않으면 거래를 마무리하지 않겠노라고 협박하고 소리를 지르며 위협했다. 신참내기였던 나는 거래를 마무리하지 못할 게 두려워 내가 받을 수 있는 수수료의 1/6만 받기로 하고 거래를 마무리했다. 사람들이 우리에게 부당한 일을 할 수 있는 힘을 가지고 있을 때, 우리는 그들을 두려워한다.

또한 우리는 동일하게 실제적인 이유로 하나님을 두려워해야 한다. **하나님은 우리가 받을 만한 것을 주실 힘을 갖고 계신다**. 그분은 잘못된 일을 하실 힘을 갖고 계시지 **않다**.

우리가 받을 만한 것은 우리의 죄에 대한 징벌이다. 그러나 하나님은 그 징벌을 철회하고 대신 예수님을 보내어 우리의 죄를 위해 대속적 죽음을 겪게 하셨다. 휴! 그리하여 이제 우리는 팔짱을 끼고 있을 수 없게 되었다. 하나님은 사람들과 달리 공의로우시다. 그리고 그분은 악이 벌을 받기를 바라신다. 그러나 하나님께 감사하라. 그분은 우리가 그분의 진노를 피할 계획을 발전시키셨다. 그 계획은 예수 그리스도시다. 그리고 그리스도에 대한 믿음 때문에 지금 우리는 영생을 얻을 수 있게 되었다. 그것은 하나님이 우리에게 값없이 주시는 선물이다.

당신은 누구를 두려워해야 하는지 아는가? 우리는 사람들을 두려워한다. 하지만 그들은 참된 힘을 갖고 있지 않다. 우리는 그들이 사업을 할 때 우리를 속일까 봐, 임금 인상을 거부할까 봐, 우리를 해고할까 봐 혹은 우리의 집을 빼앗을까 봐 걱정한다. 그러나 하나님은 참된 힘을 갖고 계신다. 그분은 삶과 죽음에 대한 힘을 갖고 계신다. 그분은 우리의 죄를 심판하실 힘을 갖고 계신다. 그분은 우리를 위해 영원한 집을 준비해오셨다. 그분은 우리에게 이렇게 약속하셨다. "하나님을 사랑하는 자 곧 그의 뜻대로 부르심을 입은 자들에게는 모든 것이 합력하여 선을 이루느니라"(롬 8:28). 또한 그분은 우리가 "넉넉히 이길 것"이라고 말씀하신다(롬 8:37). 따라서 이제 당신에게 묻겠다. 우리는 누구를 두려워해야 하는가? 하나님인가 아니면 사람들인가? "사람을 두려워하면 올무에 걸리게 되거니와 여호와를 의지하는 자는 안전하리라"(잠 29:25).

존 위더스푼(John Witherspoon)은 다음과 같이 썼다. "우리를 사람에 대한 두려움에서 구해낼 수 있는 것은 오직 하나님에 대한 두려움뿐이다."[35] 우리로서는 사람을 두려워하기보다는 하나님을 두려워하는 편이 훨씬 낫다. 그분은 우리가 받아야 하는 것을 우리에게 주실 수 있다. 사람들은, 비록 우리가 받아야 할 이유가 없는 것을 우리에게 줄 수 있거나 마땅히 받아야 할 것을 받지 못하게 할 수는 있으나, 그 어떤 영속적인 방법으로도 우리를 해치지 못한다.

예수님도 두려워하셨는가?

아니다. 결코 아니다. 절대 아니다. 단 한 번도 그러신 적이 없다.

예수님이 결코 두려워하지 않으셨다는 사실은 우리에게 희망을 준다. 그분은 두려워하라는 유혹을 받으셨다. 하지만 그분은 결코 그 유혹에 굴복하지 않으셨다. 만약 그분에게 두려움의 대상이 될 만한 상황이 있었다면, 아마도 그분이 유다에게 배신당하신 날 밤 감람산에서였을 것이다(눅 22:39-46을 보라).

예수님은 자신의 운명을 알고 계셨다. 삶의 모든 것이 그날 밤의 불가피성을 지적했다. 따라서 그분은 제자들과 함께 늘 찾던 곳인 감람산의 그 자리로 물러나셨다. 예수님은 자기를 둘러싸고 있는 일로 두려움에 빠질 유혹을 느끼셨다. 그래서 그분은 자신의 제자들에게 이렇게 말씀하셨다. "유혹에 빠지지 않게 기도하라."

그 후에 예수님은 돌 하나 던질 거리만큼 더 물러나셔서 우리가 잘 아는 그 기도를 드리셨다. "아버지여 만일 아버지의 뜻이거든 이 잔을 내게서 옮기시옵소서. 그러나 내 원대로 마시옵고 아버지의 원대로 되기를 원하나이다." 그분이 하나님께 마음을 돌이켜주시기를 청하셨던 것은 우리가 그분의 고통스러운 상황을 짐작할 수 있는 첫 번째 단서다. 그분은 사형수 신세였다. 그분은 내일 자신이 죽으리라는 것을 아셨다. 그분은 두려워하도록 유혹을 받으셨다.

그때 하나님께서 천사를 보내 그분을 강건케 하셨다. 당신은 두려움에 휩싸여 포기하고 싶은 마음에 빠지지 않게 해주시기를 하나님께 간구해본 적이 있는가? 우리가 그분에게 간구할 때 그분은 늘 우리를, 그분이 예수님께 그렇게 하셨듯이, 강건케 해주실 것이다. 우리는 고린도전서 10:13에서 그 약속을 발견한다. "시험 당할 즈음에 또한 피할 길을 내사 너희로 능히 감당하게 하시느니라."

이 지점에서 예수님의 고뇌는 극에 달했다. 그분은 핏방울을 쏟아내기 시작했다. 이것은 의학적으로 헤마티드로시스(hematidrosis)라고 불리는데, 강력한 근심이라는 아주 드문 상황에서만 나타나는 현상이다.

감정 분해하기

이 지점에서 우리의 감정을 분해해 두려움과 불안, 근심 같은 다른 감정을 구별하는 것이 우리에게 도움이 될 것이다.

성경은 예수님의 상황을 "아고니아"(agonia)라고 묘사하는데, 그것은 어떤 투쟁의 결과로 나타나는 "고뇌"(agony) 혹은 "고민"(anguish)으로 번역된다. 『스트롱 성경 사전』(Strong's Exhaustive Concordance of the Bible)에 따르면, 이것은 성경에서 아고니아라는 단어가 사용된 유일한 경우다. 결론적으로 예수님은 그동안 만났던 것 중 가장 두려운 유혹에 직면하셨다. 그러나 그분은 두려워하지 않으셨고 그분의 아버지를 믿지 않는 죄를 짓지도 않으셨다.

예수님은 강건해지셔서 용기의 절벽 위에 올라서셨다. 그분의 **상황**은 변하지 않았으나 그분의 **태도**는 변했다. 하나님은 예수님의 고뇌의 근원을 제거하지 않으셨다. 하지만 그분은 예수님을 강건케 하셨고 그로 인해 두려워하지 않게 하셨다. 고뇌는 남아 있다. 그러나 두려움은 없다. 그것이 우리의 희망이다.

예수님께서 제자들에게 말씀하셨다. "유혹에 빠지지 않게 기도하라." 예수님께서 이 유혹을 극복하셨기에, 지금 우리도 유혹을 극복할 그분의 능력을 지니고 있다.

두려움을 극복하는 네 단계

근심의 공격을 받을 때, 다음과 같은 방식으로 우리의 감정을 분해해 두려움을 제거하도록 하자. 1단계는 안개를 뚫고 믿음의 다리로 향해 가는 길을 느끼는 것이다. 2단계는 용기의 절벽까지 기어가는 것이다. 3단계는 우리의 상황과 태도를 하나님께 그리고 그분의 뜻에 굴복시키는 것이다. 4단계는 하나님이 행동하시기를 인내하며 기다리는 것이다.

우리는 우리의 감정을 분해해 두려움을 제거할 수 있다. 물론 이렇게 해서 우리의 상황을 변화시키지 못할 수도 있다. 하지만 우리의 감정을 상황에 대한 고뇌와 고민에만 국한시킬 수 있다.

이 말씀을 기억하라.

사람이 감당할 시험밖에는 너희가 당한 것이 없나니 오직 하나님은 미쁘사 너희가 감당하지 못할 시험당함을 허락하지 아니하시고 시험당할 즈음에 또한 피할 길을 내사 너희로 능히 감당하게 하시느니라(고전 10:13).

두려움이라는 기회는 하나님을 신뢰하고 믿음의 다리를 건너 용기의 절벽에 이를 기회이기도 하다. 조만간 우리 모두는 "바람을 볼 것이다." 우리 모두는 두려워하고 물에 빠지기 시작할 것이다. 그리고 그것은 우리가 하나님을 신뢰하고 그분을 향해 "주여, 나를 구원해주소서!"라고 외칠 기회가 될 것이다.

토론 문제

1. 모든 사람은 두려움이라는 감정과 싸운다.
   □ 동의한다. □ 동의하지 않는다.
   당신의 답에 대해 설명해보라.

2. 믿음을 갖기가, 두려워하지 않기가, 그리고 하나님을 신뢰하기가 어째서 그렇게 어려운가?

3. 지금 당신을 두렵게 하고 있는 싸움은 무엇인가? 당신은 그런 두려움을 어떻게 극복할 수 있는가?("두려움의 사이클"을 보라)

   두려움의 사이클
   - 현실 — 바람을 본다.
   - 반응 — 두려워한다.
   - 결과 — 물에 빠지기 시작한다.
   - 돌아감 — "주여, 나를 구원하소서!"
   - 회복 — 예수께서 그분의 손을 내미신다.

4. 어째서 우리는 단번에 두려움을 극복하지 못하는가? 어째서 우리는 매일 그것과 더불어 씨름해야 하는가? 마태복음 6:34을 읽으라.

5. 용기와 두려움은 정반대다(마 14:27을 읽으라). 무엇이 당신으로 하여금 용기를 느끼게 하는가? 용기에 이르는 성경적 방법은 무엇인가?(막 4:40과 그림 17.2를 참고하라)

6. 세속적 두려움(사람에 대한 두려움)과 경건한 두려움의 차이를 서술해보라. 잠언 8:13과 베드로전서 3:10-14를 읽으라.

7. 할 수 있는 모든 일을 했음에도 여전히 희망이 보이지 않을 때, 당신은 그런 상황에 어떻게 반응하는가? 베드로전서 4:12-19; 5:6-7, 10을 읽으라.

18장 분노

"제가 폭발하면, 순식간에 모든 게 끝납니다"라고 학생이 말했다.
"수소 폭탄도 그래." 내가 답했다.
"그로 인한 피해를 생각해보게!"

조지 스위팅

내 사랑하는 형제들아 너희가 알지니.
사람마다 듣기는 속히 하고 말하기는 더디 하며 성내기도 더디 하라!
사람이 성내는 것이 하나님의 의를 이루지 못함이라.

야고보서 1:19-20

다니엘과 그의 아내 크리스틴은 즐거운 저녁 식사를 마친 후 차를 몰고 귀가 중이었다. 볼티모어의 거리는 차들로 붐볐다. 다니엘이 신호등을 보며 차의 속도를 늦췄을 때 옆 차선의 택시가 갑자기 방향을 바꾸더니 다니엘의 차 앞 비좁은 공간으로 끼어들었다.

다니엘은 경적을 울리며 택시 운전사를 향해 욕설을 퍼부었다. 그러나 이윽고 가로등이 초록색으로 바뀌었고 택시 운전사는 쌩하고 달아났다. 다니엘은 그 운전사에게 가르침을 주기로 작정하고 거리를 질주하며 그를 쫓아갔다. 경적을 울리고, 소리를 지르며, 차창 밖으로 손을 내밀어 흔들어대면서.

마침내 택시 운전사가 빨간 신호등에 걸렸고 다니엘이 택시의 승객

쪽 도어 옆에 차를 댔다. 그는 폭언을 하고 화를 냈으나 택시 운전사는 차창을 열지 않았다. 약 30초간 그렇게 시간이 흘렀을 때 마침내 택시 운전사가 운전석 뒤로 몸을 기대며 차창을 내렸다. 그리고 건조한 음성으로 다니엘에게 물었다. "이봐, 그래서 뭘 어쩌라고? 죽어라도 줄까?"

　당신을 진짜로 화나게 만드는 게 무엇인가? 어느 날 우리 부부가 자주 애용하는 커다란 쇼핑몰에서 걸어 나오다 한 사내가 일곱 살쯤 되어 보이는 어린 아들에게 소리를 지르는 것을 보았다. 아기를 안고 있던 아내가 그 모습을 지켜보고 있었는데 그녀의 얌전한 얼굴은 근심으로 얼어붙어 있었다. 갑자기 아무런 경고도 없이 아버지가 주먹을 들어 아들의 얼굴을 후려갈겼다.

　아이가 비명을 질렀다. 어머니는 히스테리 증상을 보였다. 그리고 나는 피가 거꾸로 솟아올라 목덜미까지 붉어졌다. 아버지가 주먹으로 아들을 때리는 것보다 나를 더 화나게 만드는 것은 없었다.

문제

　당신이라면 이런 질문에 어떻게 답하겠는가? 무엇이 당신을 화나게 만드는가? 당신도 나처럼 의로운 분노가 끓어올랐던 때가 있는가? 혹시 당신이 분노한 까닭이 무언가를 당신 마음대로 하지 못해서였는가?

　때로 우리는 의로운 이유로 분노한다. 하지만 99%의 경우 우리는 **이기적이고 참을성이 없기** 때문에 분노한다. 방금 나는 내 자신의 분노를 정당화시켜주는 예를 하나 제공했다. 하지만, 분명히 말하지만, 내가 들 수 있는 예의 99%는 나에게 그다지 유리하지 않을 것이다.

　분노는 우리의 집 안에 숨어 있다. 개인적으로 나는 사무실에서 성질을 부려본 적이 결코 없다. 동료들이 내가 자신을 통제하지 못한다고 생각하게 되는 상황은 원치 않는다. 복음은 진리이기에 나는 매해 더욱 인내심이 깊어졌다. 하지만 나는 집에서 가족들과, 특히 아이들과 함께 있을 때 화를 내지 않고 한 주를 보낸 적이 거의 없다는 것을 인정하지 않을 수 없다.

우리는 일터나 사교 모임에서는 그럴 듯한 쇼를 한다. 하지만 **당신의 사적인 성 안에 있는 당신이야말로 진짜 당신이다.** 일터에서 길고 고된 하루를 보낸 후 자신의 사적인 성으로 이어지는 도개교(跳開橋)가 들어올려지고 나면 그때 가족들이 **진짜 당신**과 만난다.

분노는 우리의 개인적인 삶, 결혼 생활 그리고 건강의 질을 해친다. 분노에 찬 말은 궁사의 활을 떠난 돌이킬 수 없는 화살과 같다. 그 말은 일단 입 밖으로 나가면 목표를 향해 공기를 가로지르며 전진할 뿐 되돌아오지 않는다. 그로 인한 피해는 결코 철회되지 않는다. 분노에 찬 말은 궁사의 화살처럼 날카로운 칼날로 목표물의 심장을 찢어놓는다.

분노가 가족들의 영혼을 휘저으면, 그 가족의 생명의 피가 말라 없어지기 시작한다. 당신의 비서는 당신을 매력적이라고 여기는데 당신의 아내는 이제 더 이상 당신을 인정해주지 않는다고 불퉁거리는가? 당신의 비서가 **진짜 당신**—당신의 집 안에서 은밀하게 살아가는 분노에 찬 당신—을 아는 일은 결코 일어나지 않는다. 만약 그런 일이 벌어진다면, 아마도 그녀는 당신을 바람 빠진 타이어 정도로 여길 것이다.

이번 장은 닫힌 성문 뒤에서 살아가는 진짜 우리를 다룰 것이다. 물론 거기에는 나도 포함되어 있다.

화를 내는 세 사람

조급한 프레디(Freddie Flash)는 성마르다. 그를 화나게 만드는 데 큰 노력은 필요하지 않다. 그는 발화점이 아주 낮아서 자주 성질을 부린다. 이는 **빈도의 문제**다. 그의 친구 중 몇은 이렇게 말할 정도다. "프레디는 온 세상에 화를 내."

프레디는 사소한 문제에도 폭발한다. 그는 늘 분노할 대상을 찾고 가장 사소한 도발에도 폭발한다. 그의 분노는 또 너무 쉽게 가라앉는다. 그러면서 자기가 남들에게 입히는 해가 심각하지 않다고 여긴다. 그는 사람들이 자기를 가능한 한 마주치지 말아야 할 사람으로 여기는 이유가 그가 너무 자주 화를 내기 때문임을 모른다.

자제력 강한 캐리(Cary Control)는 프레디처럼 매일 화를 내지는 않는다. 그러나 캐리의 오랜 인내가 마침내 끝나고 나면, 다이너마이트가 폭발한다! 그는 자제력을 잃고 자기 아내의 무릎이 덜덜 떨리고 아이들이 공포에 질려 뒷걸음질을 칠 정도로 끔찍한 장광설을 늘어놓는다. 이는 **강도의 문제**다.

갓 결혼했을 때 그는 거의 자기 아내를 때릴 뻔했다. 그는 즉각 눈물을 흘리며 용서를 구했다.

자신의 상황에 대한 캐리의 분통함은 매일 아침 눈뜨는 시간을 늦춘다. 때때로 삶의 압박은 그를 완전히 압도한다. 그의 분노의 강도는 그 자신조차 놀라게 한다. 그는 잘 참고 있으나 그런 상황을 늘 감추지는 못하는 것처럼 보인다. 때때로 그는 증기를 내뿜는다. 캐리는 분노의 화산 위에 앉아 있는 것처럼 보인다.

원한에 찬 개리(Gary Grudge)는 분노를 폭발시키지 않는다. 대신 개리는 분노로 비등하며 복수를 꿈꾼다. 그의 대응법은 자기가 미워하는 이를 깎아내리는 데 맞춰진다. 개리는 종종 한밤중에 깨어나 자기에게 잘못한 사람을 생각하며 식은땀을 흘린다. 이는 **지속성의 문제**다.

원한에 찬 개리는 자기 위(胃)의 내벽에서 분노의 독성 물질이 마치 낡고 부식된 경첩에 뿌려진 녹 제거제처럼 불타고 있음을 느낀다. 그는 자신의 위장에 좋은 음식을 밀어 넣고 있지만, 그의 고혈압과 대장염에는 의사의 처방이 필요할 정도다. 개리는 누군가를 용서하지 못한다.

조급한 프레디, 자제력 강한 캐리 그리고 원한에 찬 개리는 분노의 세 가지 증상을 보여준다. 낮은 발화점(빈도의 문제), 자제력을 잃어버림(강도의 문제) 그리고 원한을 품음(지속성의 문제). 만약 이런 것들이 분노의 **징후**라면, 그 밑바닥에 깔려 있는 **원인**은 무엇일까?

왜 우리는 화내지 말아야 할 때 화를 내는가

우리의 악한 본성을 들쑤시고 성령을 따라 살아가려는 우리의 노력을 방해하는 일곱 가지 원인이 존재한다. 예수 그리스도의 주 되심에 온전하게 굴복한 삶 속에서 이런 원인은 분노의 기회가 되기도 하고 혹은 우리의 삶의 또 다른 영역에서 하나님을 신뢰할 기회가 되기도 한다.

1. 권리의 침해. 모든 사람은 자기들에게 어떤 권리가 있다고 믿는다. 우리 모두는 육체적 차원에서 우리에게 얼마간의 "공간"에 대한 권리가 있다고 느낀다. 심리학자들은 사람들이 자신의 얼굴 앞 약 50cm 정도를 사적 공간으로 여긴다고 말한다. 누군가 이 공간을 침해하면 우리는 분노로 대응한다.

2. 자신의 삶에 대한 실망. 많은 사람이 자신의 "굴" 속에 진주가 들어 있지 않다고 느낄 때 분노로 고통스러워한다. 만약 그동안 우리가 자신의 능력을 따라 충실하게 살아왔다면, 우리는 자신의 삶이 주님께로부

터 왔음을 받아들일 필요가 있다.

그렇지 않은 이들에게는 잠언 19:3이 도움이 될 것이다. "사람이 미련하므로 자기 길을 굽게 하고 마음으로 여호와를 원망하느니라." 성공의 자리는 얼마 되지 않는다. 만약 지금 갖고 있는 것에 만족하지 못한다면, 더 많이 갖는 것이 아니라 지금 상황에 만족하는 법을 배우는 것이 중요하다.

3. 좌절된 목표. 실제적인 목표를 정하고 실현하는 것은 개인적 만족을 위한 큰 자산이 될 수 있다. 모든 사람이 목표를 정하지만, 어떤 이들은 그 목표를 이루는 과정은 생각하지 않는다. 자신의 목표를 이루는 일에서 좌절할 때, 우리는 자주 정당한 이유로든 그렇지 않은 이유로든 그 상황에 분노로 대응한다.

시편 37:5-8은 목표를 정하는 것을 위한, 그리고 그런 목표를 이루기가 어려워졌을 때 그 상황에 대응하는—그리고 대응하지 않는—방법을 말씀한다.

> 네 길을 여호와께 맡기라.
>
> 그를 의지하면 그가 이루시고,
>
> 네 의를 빛같이 나타내시며
>
> 네 공의를 정오의 빛같이 하시리로다.
>
> 여호와 앞에 잠잠하고 참고 기다리라.
>
> 자기 길이 형통하며 악한 꾀를 이루는 자 때문에
>
> 불평하지 말지어다.
>
> 분을 그치고 노를 버리며 불평하지 말라.
>
> 오히려 악을 만들 뿐이라.

4. 짜증. 삶에서 벌어지는 사소하고 짜증스러운 일들이 삶의 중요한 딜레마보다 우리를 더 무겁게 짓누른다. "나는 치약을 아래서부터 짜는데 그녀는 위에서부터 짜." "빌리! 몇 번을 말해야 하겠니? 집에서는 공 갖고 놀지 말란 말야!"

무더운 여름날 땀에 젖은 셔츠만큼 나를 짜증나게 만드는 것은 없다. 내가 무슨 말을 하는지 알 것이다. 당신은 오븐 속처럼 무더운 날 택시에 올라탄다. 순식간에 땀이 당신의 얼굴을 타고 흘러내리고 당신의 셔츠는 땀으로 흠뻑 젖는다. 목적지에 도착해 택시에서 내리는데 당신의 셔츠가 따라 나오질 않는다. 그것이 택시 시트에 착 달라붙어 있는 것이다.

전도서 7:9은 우리에게 이렇게 촉구한다. "급한 마음으로 노를 발하지 말라. 노는 우매한 자들의 품에 머무름이니라." 다시 말해 분노의 "영"을 지니지 말라는 것이다.

5. 오해받는다는 느낌. 앞서 언급했듯이, 여러 해 전에 나는 헨리 브랜트 박사의 말을 듣고 깊은 인상을 받았다. "다른 이들이 당신의 정신을 만드는 게 아니다. 그들은 단지 그것을 드러낼 뿐이다." 감정이 상하고 우리 안에서 분노가 일어날 때, 우리를 화나게 만들고 있는 것이 다른 사람들이 아님을 고백해야 한다. 그들은 단지 우리의 의식적인 사고 아래에 웅크리고 있던 분노를 드러내 보여줄 뿐이다.

종종 우리는 사람들이 우리를 오해한다고, 즉 그들이 우리의 감정, 우리의 태도, 우리의 능력 그리고 우리의 잠재력을 오해한다고 여긴다. 우리의 사정은 그렇지 않을 수도 있지만 자신에 대한 연민을 품고 화를 내는 것은 그런 오해를 푸는 데 전혀 도움이 되지 않는다.

벤저민 프랭클린이 이런 말을 한 적이 있다. "이유 없는 분노는 없다. 그러나 좋은 이유를 가진 분노도 없다."

6. 비현실적인 기대. 나는 낯선 이가 나를 헐뜯는 경우 그냥 넘어간다. 그러나 그리스도인 친구들이 나를 헐뜯으면 때때로 크게 분노한다. 문제는 내가 친구나 가족에게 비현실적으로 높은 기대를 가질 때 나타난다. 우리는 가족이 우리의 기대를 완벽하게 만족시키길 바란다.

종종 우리는 사랑하는 이들에게 우리의 기대와 어긋나는 그 어떤 틈도 주려고 하지 않는다. 그러나 우리 자신을 포함해 모두가 실수를 한다. 우리는 기대에 얼마간의 틈을 내줘야 한다. "너희는 모든 악독과 노함과 분냄과 떠드는 것과 비방하는 것을 모든 악의와 함께 버리고 서로 친절하게 하며 불쌍히 여기며 서로 용서하기를 하나님이 그리스도 안에서 너희를 용서하심과 같이 하라"(엡 4:31-32).

7. 병리학적·심리학적 요인들. 때때로 우리는 질병이나 감정적 무질서로 인해 분노한다. 어릴 때 학대를 당했던 사람은 부모가 되었을 때 동일한 분노의 문제를 지닐 가능성이 아주 높다.

자주 강도 높게 분노하는 사람은 가족과 영원히 소원해지거나, 혹은 더 나쁘게는 그렇게 화를 내는 동안 자기 가족을 때리기까지 한다. 그런 이들에게는 지금 당장 전문가의 상담이 필요하다.

솔직히 말하자면, 분노의 대부분은 죄로 끝난다. 우리가 방금 살펴본 분노의 일곱 가지 이유는 공통적으로 두 가지 특징을 지니고 있다. 이기심과 참지 못함이다. 우리는 사람들이 우리에게 동의하거나, 우리가 하고 싶은 대로 하도록 하거나, 우리가 원하는 것을 우리에게 주는 경우에 아주 행복해한다. 그러나 그들이 우리의 뜻대로 해주지 않을 때, 이기심과 참지 못함은 종종 우리를 분노로 이끌어간다.

그러나 분노가 적절한 때도 분명 있다.

분노가 정당화될 수 있는가?

대개 우리를 분노하게 하는 것은 장모님이 소집한 가족 식사 모임에 습관적으로 늦게 나타나는 사람 혹은 신호등의 색깔이 빨강임을 보고 차의 속도를 줄이고 있는데 갑자기 우리 앞 비좁은 공간으로 끼어드는 소형 자동차 같은 것들이다.

반면 우리가 마땅히 분노해야 하지만 실제로 우리를 분노하게 만들지 않는 것은 인종적 편견, 낙태, 무너져가는 도덕적 가치, 불의 등이다.

누군가 다른 이들에게 불의를 행하는 것을 볼 때 드러내는 통제되고 집중된 분노―의분―는 긍정적 결과를 낳을 수 있다. 선입견과 지독한 편견의 악취가 코를 찌를 때 그런 불의에 대한 분노는 의로운 이들을 악을 바로잡기 위한 열정으로 불태운다.

악의로 인해 발생한 친구의 배신은 정당한 분노의 원인이 된다. 비밀을 지켜줄 것이라 확신해 그에게 털어놓은 비밀이 공개되는 것도 분노하기에 충분한 이유가 될 수 있다. 우리의 명성을 위협하는 거짓 소문은 우리의 분노를 타오르게 한다.

하지만 그럴지라도 우리의 초점은 분노를 피하는 데 맞춰져야 한다. "어리석은 자는 자기의 노를 다 드러내어도 지혜로운 자는 그것을 억제하느니라"(잠 29:11). 우리는 자신의 분노를 통제하고 인내해야 한다. "노하기를 더디하는 자는 용사보다 낫고 자기의 마음을 다스리는 자는 성을 빼앗는 자보다 나으니라"(잠 16:32).

우리 모두는 때때로 배신의 아픔을 느낀다. 하지만 우리는 분노로 대응하기보다 뚜렷한 약속에 의지할 수 있다.

까닭 없는 저주에 주어진 약속

한 가지 놀라운 비밀을 나누고 싶다. 사실 비밀도 아니다. 성경에 있는 내용인데, 이 맛 좋은 말씀 한 조각에 대해 아는 이들은 거의 없다. 무엇이냐면, 당신이 부당한 소문 때문에 결코 근심할 필요가 없다는 것이다. 왜냐하면 **까닭 없는 저주에 주어진 약속**이 있기 때문이다.

내가 사업을 시작한 후 처음으로 높이 날아오르기 위해 날개를 펼쳤을 때 내 귀에 온갖 소문들이 날아들었다. "그는 그 건물을 지을 만한 자금 능력을 갖고 있지 않아." "그는 그 사업을 성공시킬 만한 전문적 능력이 없어." "나는 그의 자금줄이 막히고 있다는 소문을 들었어." 사람들은 악의적일 수 있다.

나는 아주 빨리 교훈을 얻었다. 눈에 보이는 목표물은 타격의 대상이 된다. 그럴 경우 당신은 사람들 가운데서 사라지거나, 아니면 탁월함을 입증함으로써 목표물이 될 수 있다.

까닭 없는 소문과 악의적인 말들이 내 등에 비수를 꽂기 시작하자 나는 황폐해졌다. 나는 평범함의 수렁 위로 올라서려고 몸부림을 쳤으나 그럴수록 내 등에는 탄환들이 날아와 박혔다.

어느 날 아침, 나는 주님께 내가 받고 있는 부당한 비난에 대해 한탄했다. 그러자 그분이 나의 삶을 바꿔줄 잠언의 말씀 한 구절로 나를 친절하게 이끌어주셨다. 나는 더 이상 다른 이들이 나에 대해 하는 말로 속을 끓이지 않게 되었다. 오히려 나는 잘못된 비난을 받고 있는 우리 모두에게 주시는 하나님의 약속을 떠올리게 되었다. "까닭 없는 저주는 참새가 떠도는 것과 제비가 날아가는 것 같이 이루어지지 아니하느니라"(잠 26:2).

까닭 없는 저주는 신비로운 방법으로, 하나님의 성령의 능력으로 나의 한쪽 귀로 들어와 다른 쪽 귀를 통해 나갔다. 그리고 하나님께서는 그런 소리를 듣는 이들이 무엇이 참이고 무엇인 거짓인지를 분별하도록 도우셨다.

혹시 평소에 잘 알던 어떤 남자에 관해 흥미로운 소문을 들었는데, 실제로는 사실이 아니었던 적이 있는가? 비록 그것은 한 귀로 들어왔으나 다른 귀를 통해 나갔다.

세상에서 가장 악한 소문 제작소가 어디인지 아는가? 그리스도인들의 모임이다. 그곳은 종종 "기도 사슬"이라는 이중의 기능을 갖고 있다. 그것이 작동하는 방식은 다음과 같다. 나는 톰에 관한 흥미로운 소식을 듣는다. 그가 아내가 아닌 여자와 점심을 먹는 모습이 목격되었다. 나는 나름 괜찮은 사람이어서 그런 검증되지 않은 소문은 그냥 귓전으로 듣고 넘긴다. 그러나 다음날 에드와 점심 식사를 할 때 나는 혹시 그가 톰에 관해 무슨 소식을 들은 게 있는지, 그래서 혹시 우리가 톰을 위해 함께 기도해야 할 문제가 있는지를 은밀하게 묻는다. 에드는 놀라는 표정을 짓는다. 그리고 무언가를 의심하기 시작한다.

그는 나에게 혹시 자기가 뭔가 도울 일이 있는지 묻는다. 내가 답한다. "글쎄, 뭐 딱히 문제가 있는 건 아닌데, 나는 톰이 바람이 났다는 소문을 들었어('점심 먹는 게 목격되었다'가 '바람이 났다'로 변화된 것에 주목하라). 우리가 그를 위해 기도하는 게 좋을 것 같아."

그날 저녁에 에드와 그의 아내는 톰슨 씨 부부와 함께 식사를 했다. 에드는 디저트를 먹는 동안 톰에게 기도가 필요하다는 말을 한다.

"오, 무슨 일이 있어요, 에드?"

"글쎄요, 나는 톰이 곧 제인과 이혼할 계획이라고 들었어요. 그가 시내 아파트에 여자 친구를 숨겨놓았다고 하더군요. 주님께 우리가 개입해야 할지 여쭤보아야 할 거 같아요."

톰이 배신감 때문에 분노로 몸부림치는 게 이상한가? 최악의 사실은 그가 점심 때 함께 있었던 여자는 그의 고객 중 하나였는데 그에게 물건을 사겠다는 말조차 하지 않았다는 점이다. 그러나 톰은 걱정할 필요가 없다. 까닭 없는 저주에 주어진 약속이 곧 모든 것을 정리해줄 것이기 때문이다.

우리가 분노할 때 일어나는 일

내 아들은 여덟 살 때까지도 초코 우유를 흘리는 버릇이 있었다. 어느 날 저녁 식사자리에서 그 아이가 4리터 정도의 우유를 쏟아 식탁이 난장판이 된 적이 있다. 잔뜩 화가 난 나는 마치 뾰로통한 어린 아이처럼 내 방으로 들어가 식사자리로 돌아오지 않았다.

"노하기를 속히 하는 자는 어리석은 일을 행한다"(잠 14:17). 화를 낼 때 우리는 아주 어리석게 되는 위험을 감수한다. 물론 대개 이런 일은 종종 집에서, 즉 닫힌 문 뒤에서, 밤 동안 도개교가 들어 올려진 상태에서 일어난다.

우리의 분노는 어떤 결과를 초래한다. "노하기를 맹렬히 하는 자는 벌을 받을 것이라. 네가 그를 건져주면 다시 그런 일이 생기리라"(잠 19:19). 언젠가 우리 회사는 아주 사소한 도발에도 화를 내는 관리자를 둔 적이 있었다. 그는 비서진을 두려움으로 초토화시켰고 다른 관리자들은 그를 미워했다.

나는 계속해서 그를 용서하고 또 용서했다. 그리고 마침내 그의 분노로 인한 좋지 않은 결과가 내 귀에 들어왔다. 그는 시내에 있는 부동산 중개업자들 대부분과 관계가 소원했다. 그들은 우리가 건물을 임대하기 위해 크게 의존하는 이들이었다. 결정적으로 그가 아주 사소한 관리상의 요청을 했던 임차인들에게 화를 낸 사건이 벌어졌다.

어느 날 아침 나는 그 관리자를 내 사무실로 불러서 말했다. "프레드, 나는 자네를 사랑하네. 정말일세. 그러나 우리의 사업상의 관계는 이것으로 결론이 난 것 같네, 자넨 해고일세."

성질이 불같은 사람은 벌금을 물어야 한다. 성질이 불같은 사람을 용서해주면 또다시 그를 용서해주어야 하는 상황이 생긴다.

원한에 찬 개리처럼 행동할 경우, 우리는 우리가 미워하는 것에 속박된다. S. I. 맥밀런(S.I. McMillen) 박사는 그의 책 『이런 질병 중 그 어느 것도』(None of These Diseases)에서 원한을 품은 자의 운명을 잘 포착해낸다.

어떤 사람을 미워하기 시작할 때 나는 그의 노예가 된다. 나는 더 이상 나의 일을 즐기지 못하는데 그것은 그가 나의 생각마저 통제하기 때문이다. 분노는 몸 안에서 너무 많은 스트레스 호르몬을 만들어내고 나는 몇 시간만 일을 해도 지친다. 전에 즐겼던 일이 이제는 고역이 된다. 휴가조차 기쁨을 주지 못한다. 아름다운 가을빛으로 물든 단풍나무, 참나무 그리고 자작나무가 즐비하게 늘어선 호숫가를 멋진 차를 몰고 달리면서도, 나는 마치 비 오는 날 진창길을 마차를 몰고 달리는 것처럼 느낄 수 있다.

내가 미워하는 사람이 내가 가는 모든 곳으로 따라온다. 나는 독재자처럼 나의 정신을 사로잡고 있는 그의 마수에서 벗어나지 못한다. 웨이터가 프렌치프라이, 아스파라거스, 아삭한 샐러드 그리고 아이스크림과 버무린 딸기 쇼트케이크와 함께 두툼한 스테이크를 서빙할 때조차 그 모든 것이 딱딱하게 굳은 빵과 물처럼 느껴진다. 내가 이빨로 그 음식을 씹어 삼킬지라도, 내가 미워하는 사람은 내가 그것을 즐기는 것을 허락하지 않는다.

내가 미워하는 사람은 내 침대로부터 아주 멀리 떨어져 있다. 그러나 그는 그 어떤 노예상보다도 잔인하게 내 생각에 채찍질을 하면서 나를 그런 광란 상태로 몰아넣는다. 스프링이 들어 있는 나의 매트리스가 나를 고문하는 틀이 된다.[36]

분노로 인한 또 다른 결과는 우리의 건강과 관련이 있다. 오늘날 의사를 찾는 이들 중 75-90%는 "스트레스로 인한 질병과 불편함을 호소하는 이들이다."[37] 신장, 갑상선, 뇌하수체 내분비계에서 나오는 분노의 분비물이 독소를 우리의 혈관 속으로 흘려보낸다. 우리의 분노(그리고 우리의 두려움)는 심장마비, 뇌졸중, 동맥경화증, 고혈압, 위궤양 그리고 다른 치명적인 질병의 원인이 된다.

분노는 언제 죄가 되는가?

대개 분노는 죄로 이어진다. "내 사랑하는 형제들아 너희가 알지니 사람마다 듣기는 속히 하고 말하기는 더디 하며 성내기도 더디 하라. 사람이 성내는 것이 하나님의 의를 이루지 못함이라"(약 1:19-20). 우리가 인내하면 평화가 찾아오지만 화를 내면 다른 이의 화를 촉발한다. 다른 사람의 보기 싫은 문신에 대해 우리가 한 말은 우리가 알아차리기도 전에 우리가 받은 가정교육에 대한 비난으로 이어진다.

분노를 위한 최고의 지침은 에베소서 4:26-27에서 발견된다. "분을 내어도 죄를 짓지 말며 해가 지도록 분을 품지 말고 마귀에게 틈을 주지 말라." 이 구절에는 세 조각의 지혜가 들어 있다. 첫째, 스스로를 통제하고 분을 내어 죄를 짓지 말라. 둘째, 화를 낸 채 잠자리에 들지 말라. 우리는 용서하고, 용서를 구해야 한다. 셋째, 화를 낼 때 우리의 통제가 위험에 빠진다. 그러면 사탄이 지켜보고 있다가 틈을 내어 들어온다. 결코 해가 질 때까지 분을 품어서는 안 된다. 바로 그때 분노가 죄가 된다.

분노의 유혹에 대응하는 법

분노 속에서 죄를 지으려는 유혹에 대응하는 몇 가지 성경적 지침이 존재한다.

• **자신을 다스리라.** "어리석은 자는 자기의 노를 다 드러내어도 지혜로운 자는 그것을 억제하느니라"(잠 29:11).

• **잘못을 간과하라.** "노하기를 더디 하는 것이 사람의 슬기요 허물을 용서하는 것이 자기의 영광이니라"(잠 19:11).

• **화를 내는 사람을 피하라.** "노를 품는 자와 사귀지 말며 울분한 자와 동행하지 말지니 그의 행위를 본받아 네 영혼을 올무에 빠뜨릴까 두려움이니라"(잠 22:24-25).

• **분노를 누그러뜨리라.** "유순한 대답은 분노를 쉽게 하여도 과격한 말은 노를 격동하느니라"(잠 15:1).

결론

남자들은 대개 불의에 분개해서가 아니라 이기심과 참지 못함 때문에 화를 낸다. 조급한 프레디는 성마르다. 그의 분노는 빈도의 문제다. 자제력 강한 캐리는 매일 화를 내지는 않으나 일단 그가 화를 내면 조심해야 한다! 그는 자제력을 잃는다. 그의 분노는 강도의 문제다. 그리고 원한에 찬 개리는 복수를 꾀한다. 만약 그를 만난다면 조심하라. 그의 분노는 지속성의 문제다.

남자들은 우리가 앞서 묘사했던 일곱 가지 이유로 화를 내지 말아야 할 상황에서 화를 낸다. 우리의 분노가 정당화되는 유일한 경우는 우리가 자신을 통제하는 상태에서 불의나 배신에 건설적으로 대응할 때다.

까닭 없는 저주에 주어진 약속인 잠언 26:2은 우리를 비난하는 데 최선을 다하는 부당한 루머와 가십으로부터 우리를 지켜준다.

분노할 때, 그는 어리석은 일을 행할 위험을 감수한다. 성질이 불같은 사람은 자신의 분노에 대한 대가를 치러야 한다. 종종 그 값은 그의 건강에 부과된다.

당신은 화를 잘 내는 사람인가? 당신은 일터에서 모두가 당신을 좋아하기에 자신이 꽤 괜찮은 사람이라고 생각하며 스스로를 속인 적이 있는가? 기억하라. 닫힌 성문 뒤에 있는 이가 진짜 당신이다. 이번 장을 읽어야 할 사람은 바로 그 사람이다. 물론 거기에는 나도 포함되어 있다.

만약 당신이 화를 잘 내는 사람인데 그 죄를 극복하고자 한다면, 당신이 가장 먼저 알아야 할 것은 혼자서는 그 일을 할 수 없다는 점이다. 만약 인간적 노력이나 의지로 당신의 분노를 극복하려고 한다면, 실패할 것이다. 그러나 당신 안에 계신 예수님은 그 일을 하실 수 있고, 만약 당신이 그분을 그 일의 일부로 삼는다면, 비록 시간은 걸리겠지만, 그 일에서 성공하도록 힘을 주실 것이다. 그렇다면 다음으로 해야 할 일은 무엇인가?

첫째, 예수님을 초대해 그분이 당신의 모든 발걸음을 인도하시고 당신에게 그분의 능력과 힘을 제공하시게 하라. 둘째, 당신이 분노하는 이유를 이번 장 첫머리에서 언급한 일곱 가지 이유로부터 고립시키라. 하나님께서 분노라는 분야에서 당신이 짓고 있는 죄의 깊이를 보여주시기를 간구하라. 셋째, 그분께서 당신이 분노하는 죄를 지은 것을 용서해주시고 또한 당신을 이타적이고 참을성 많은 사람으로 변화시켜주시기를 간구하라.

넷째, 다음에 피가 끓기 시작할 때 스스로에게 물으라. "지금 나는 **이타적인** 이유로 분노하고 있는가? 혹시 그저 **참지 못해서** 화를 내고 있는 것은 아닌가? 그렇다면, **무엇이든 말하거나 행하는 것을 늦추라.**

마지막으로, 당신이 분노함으로 상처를 주었던 이들을 찾아가 용서를 빌라. (곁들여 하는 말인데, 만약 당신이 하루에 몇 차례 무언가에 대해 "미안합니다"라고 말하지 않는다면, 자신을 속이고 있는 것일 수 있다.) 만약 당신이 그들에게 깊은 상처를 주었다면, 그들은 당신에게 즉각 반응하지 않을 수도 있다. 그건 상관없다. 당신이 변한다면, 결국 그들은 새로운 당신에게 반응하게 될 것이다. 당신의 가정을 고통스러운 고문실로부터 아름다운 성으로 회복시키는 것보다 더 흥미로운 것이 있겠는가?

토론 문제

1. 화를 내는 것은 괜찮다.
   ☐ 동의한다. ☐ 동의하지 않는다.
   이유를 설명해보라.

2. 에베소서 4:26-27을 읽으라. 분노는 언제 죄가 되는가?

3. 당신을 정말로 화나게 만드는 불쾌한 원인은 무엇인가? 당신은 자신의 분노가 적절한 반응이라고 보는가?

4. 분노가 그로 인한 비용을 넘어설 만큼 유익할 때가 있는가?(힌트. 전통적인 사업상의 "비용/수익" 분석을 해보라)

5. 분노하려는 유혹에 대한 다음의 대응법을 살펴보라.

   • 잠언 29:11
   • 잠언 19:11
   • 잠언 15:1

6. 하나님은 진노하시는 분이신가? 시편 30:5, 78:38-39, 103:8, 요나 4:2, 베드로후서 3:9을 읽으라. 이런 구절들이 하나님에 관해 말씀하는 것에 비추어볼 때 우리의 태도는 어떠해야 한다고 보는가?

7. 갈라디아서 5:16-17에 따르면, 당신은 당신 안에서 작동하고 있는 두 개의 세력을 어떻게 묘사할 것인가? 사람이 성령을 따라 살아갈 수 있는가?

19장 독립에 대한 갈망

내가 내 운명의 주인이다.
내가 내 영혼의 대장이다.

윌리엄 어네스트 헨리

여호와여, 내가 알거니와
사람의 길이 자신에게 있지 아니하니
걸음을 지도함이 걷는 자에게 있지 아니하니이다.

예레미야 10:23

브래드는 아장거리며 아빠를 떠나 앞으로 나아갔다. 그러다 갑자기 자기가 방문을 넘어섰다는 것을 알고는 두려움에 빠졌다. 그는 뒤로 돌아서서 달려와 아빠의 무릎에 팔을 두르며 꽉 매달렸다.

잠시 후 그가 다시 용기를 냈다. 그는 기우뚱거리며 다음 방으로 들어갔다. 잠시 동안은 상황이 아주 좋아 보였다. 그러다 갑자기 그는 문간을 지나 전속력으로 아빠에게 달려가 아빠를 끌어안았다. 자칫 아빠가 넘어질 뻔했을 정도로.

당시 브래드는 두 살이었는데 이미 독립에 대한 갈망을 드러내기 시작했다. 그러나 그 독립에는 아빠가 늘 자기를 돌보고 있다는 절대적 믿음이 공존했다. 이와 같이 우리도 하늘에 계신 아버지를 신뢰하면서 동시에 그분을 반역할 수도 있다.

문제

우리는 독립적인 사람이 되도록 교육을 받았다. 아주 어린 시절부터 독립적인 사람이 되라고, 자수성가하여 자신의 삶의 자리를 만들라고 배웠다. 우리는 "삶은 네가 만드는 것이야"라는 말을 듣고 자랐다.

우리는 일찍부터 스스로 운명을 만들어갈 수 있다고 배웠다. 그 가르침에 따르면, 스스로 영혼의 대장 혹은 운명의 주인이 될 수 있다. 혹은, 그렇게 보인다.

우리는 자신의 삶을 통제하기를 원한다. 비록 독립을 추구하라는 가르침을 받지는 못했을지라도, 우리 대부분은 독립을 추구하고, 인간적 본성이 우리를 그 방향으로 이끈다. 우리는 자신의 삶을 그려나갈 자유를 원한다. 우리는 스스로 삶의 사건들을 만들어나갈 힘을 얻게 되기를 원한다. 이 모든 것은 독립하고자 하는 갈망의 징표들이다. 그러나 독립하고자 하는 노력 속에서 종종 우리는 하나님과의 관계를 깨뜨리고 자신만의 길을 걸어 나간다.

자신의 삶에 **책임을 지는 것**과 하나님으로부터 **독립하고자 하는 것**은 아주 다른 문제다. 물론 우리는 삶에 책임을 져야 한다. 아무도 우리 대신 일하러 가주지 않는다. 아무도 우리의 청구서를 대신 결제해주지 않는다. 차이는 이것이다. 책임은 **우리의 몫**과 **하나님의 몫**을 인정한다. 우리의 몫은 하나님을 신뢰하고 주어진 의무를 충실하게 이행하는 것이다. 하나님의 몫은 우리의 모든 필요를 채워주시고 우리에게 안녕을 제공하시는 것이다. 독립은 하나님의 영향력에 맞서면서 독립이 우리의 필요를 채워줄 것이라 여긴다.

독립적인 사람은 이렇게 생각한다. 나는 내가 원하는 것을 내가 하고 싶을 때 내가 하고 싶은 곳에서 내가 함께하고 싶은 이와 함께하기를 원해. 나는 통제하기를 원해. 나는 나의 야망을 만족시키기를 원해. 나는 누군가에게 의존하고 싶지 않아. 사람들은 나를 실망시켜. 하나님도 나를 실망시킬 거야. 나는 그 일을 내 스스로 하고 싶어.

독립을 하면, 다른 누군가에게 의지할 필요가 없게 될 거야. 나는 다른 누구도 신뢰할 필요가 없게 될 거야. 그리고 나는 실망하고 환멸하는 고통을 피할 수 있을 거야.

독립을 하면, 내 삶을 통제할 수 있어. 돈을 통해서든 영향력을 통해서는 나의 길을 갈 수 있는 힘을 얻게 될 거야. 나는 내가 원할 때 가거나 올 수 있는 자유를 얻게 될 거야.

독립에 대한 갈망은 종종 자신을 위장한다. 배우자와 친구들은 겉만 보고서 우리가 옳은 길 위에 서 있다고 여긴다. 그러나 우리는 종종 소극적인 자립을 시도한다. 공개적으로 반역하는 것은 아니지만, 사실상 하나님의 뜻을 구하지 않으며 그분의 조언을 회피한다. 그리고 우리 자신의 일을 행한다.

하나님으로부터 독립하고자 하는 갈망의 반대는 그분을 신뢰하는 것이다. 하나님을 신뢰하지 않는 사람은 자신과 이 세상의 철학을 신뢰하는데, 그것이야말로 독립의 전형이다.

인간 잠재력 운동

나는 그리스도인이 되기 이전뿐 아니라 그리스도인이 된 이후에도 인간 잠재력 운동(human potential movement)에 아주 적극적이었다. 나의 서재는 성공에 이르는 길을 설파하는 온갖 책으로 가득 차 있다. 그런 책의 논지는 대개 "우리가 마음으로 생각하고 믿는 것은 무엇이든 이루어진다"는 것이다.

사실 나의 삶은 여러 측면에서 인간 잠재력 운동의 결과물이다. 오늘날의 시장 환경에서 부분적으로라도 "우리는 모든 것을 가질 수 있어"라고 믿지 않기는 사실상 어렵다. 우리 그리스도인이라고 독립하려는 갈망에 맞설 수 있는 특별한 예방 주사를 맞은 것은 아니다.

사실이다. 우리는 우리의 능력과 힘으로 수많은 세속적 성공을 거둘 수 있다. 그러나 하나님께서는 우리가 우리 자신을 의지하는 것을 원치 않으신다. 오히려 그분은 우리가 당신 자신을 의지하기를 바라신다.

사람을 의지하는 것 vs 하나님을 의지하는 것

눈물의 예언자 예레미야는 사람을 의지하는 자(독립적 인간)와 여호와를 의지하는 자(의존적 인간)의 운명을 대조하는 생생한 설명을 제공한다.

▶ 1. 독립적 인간

여호와께서 이와 같이 말씀하시니라.

무릇 사람을 믿으며 육신으로 그의 힘을 삼고

마음이 여호와에게서 떠난 그 사람은

저주를 받을 것이라.

그는 사막의 떨기나무 같아서

좋은 일이 오는 것을 보지 못하고

광야 간조한 곳, 건건한 땅,

사람이 살지 않는 땅에 살리라(렘 17:5-6).

자신의 힘을 의지하거나 세상의 가치 체계를 신뢰하는 사람은 불행해진다. 하나님께서 이 구절을 통해 말씀하시는 사람은 악한 사람이 아니다. 오히려 성경은 그를 용감한 사람으로, 즉 외적으로 승리한 사람으로 묘사한다. 그러나 내적으로 그는 여호와께 등을 돌렸다. 그 자립적인 인간의 운명은 어떠한가? 씨앗을 지니지 못한 떨기나무 같다. 그는 이리저리 구르고, 아무런 열매도 맺지 못하며, 어디로도 가지 못한다.

그 독립적인 사람은 자신의 갈망을 결코 충족시키지 못한다. 그로 인해 그의 마음 상태는 황무지와 같이 되지 않겠는가? 겉보기에는 풍요 속에서 살아가지만 그들의 얼굴 깊이 팬 주름이 그가 메마른 땅에서 살아가고 있음을 드러낸다.

최근에 편의점에서 걸어 나오다가 어느 저명한 노신사 한 분과 마주쳤다. 그는 아주 부드럽고 온화한 인상을 가지고 있었다. 인상은 그의 삶을 보여준다는 말이 떠올랐다. 어떤 사람들은 내가 만난 그 신사처럼 부드러운 인상을 갖고 있다. 그러나 많은 이들은 굳은 인상을 갖고 있다. 그런 인상은 그들이 독립적으로 메마른 땅에서 살아왔음을 보여준다.

언젠가 링컨 대통령이 자신의 내각에서 일하고 싶어 했던 이의 지원서에 퇴짜를 놓은 적이 있다. 그때 그는 다른 각료들에게 이렇게 말했다. "인상이 마음에 안 드는구먼."

각료 중 하나가 깜짝 놀라면서 자기 생각에는 그것이 좋은 이유가 될 것 같지 않다고 말했다.

그러나 링컨은 뜻을 굽히지 않았다. 그는 이렇게 말했다. "모든 남자는 40세 이상이 되면 자기 얼굴에 책임을 져야 한다네."

사람의 인상은 그가 독립적인 삶을 살았는지 아니면 의존적인 삶을 살았는지를 보여준다.

▶ 2. 의존적 인간

> 그러나 무릇 여호와를 의지하며
>
> 여호와를 의뢰하는 그 사람은 복을 받을 것이라.
>
> 그는 물가에 심어진 나무가 그 뿌리를 강변에 뻗치고
>
> 그 잎이 청청하며
>
> 결실이 그치지 아니함 같으리라(렘 17:7-8).

독립적 인간은 불행해지는 반면, 의존적 인간은 복을 얻는다. 물가에 심긴 나무에 관한 비유는 즙이 많은 열매로 풍성한 적도의 푸른 환경, 또는 오아시스를 떠올리게 한다. 하나님을 의지하는 삶은 실제로 신나는 춤과 같다. 그렇지 않은가?

이 구절을 좀 더 면밀하게 살펴보면, 우리는 이런 말을 읽는다. "**더위**가 올지라도 **두려워**하지 아니하며" 또한 "**가무는** 해에도 **걱정이** 없다." 예레미야가 오아시스를 묘사하고 있는 것일까? 결코 아니다. 오히려 그는 어려운 시절을 묘사하고 있는 중이다. 그리스도인이라도 어려운 일에서 면제되지 않는다. 하나님은 악인과 선인 모두에게 비를 내리신다. 어려운 시기도 모든 사람에게 닥친다. 삶은 공정하다. "나는 그저 일에 정신을 팔고 있었을 뿐인데, 갑자기 그런 일이 일어났어!" 모두가 고난을 겪고 모두가 어려운 시기를 지난다.

하나님을 의지하는 사람과 자신을 의지하는 사람의 차이는 **환경**이 아니라 **반응**에서 나타난다. 두 사람이 같은 암에 걸려도 서로 완전히 다르

게 대응할 수 있다. 하나님을 의지하는 사람은 적극적 태도를 지닌다. 그는 어려운 시기가 올 것을 알지만 그것을 두려워하지 않는다. 그는 삶의 불가피한 시련이 닥쳐올 때 절망하지 않는다.

의존적인 사람과 독립적인 사람은 얼굴에서 차이가 나타난다. 독립적인 사람은 미래를 두려워하지만, 의존적인 사람은 하나님께서 자기를 돌보아주시리라고 믿는다.

나무가 물가에 좀 더 가까이 심어지면, 그것이 얻는 양분도 그만큼 커진다. 물이 우리의 육체적 삶의 근원이듯, 하나님을 의지하는 것이 우리의 영적 삶의 근원이다. 하나님을 의지할 때 우리는 결코 삶의 근원으로부터 멀리 떨어져 있지 않다.

*　　*　　*

바람이 불고 비가 세차게 내렸다. 뉴올리언스에 그런 폭풍이 닥친 것은 50여 년 만이었다. 마이크는 서둘러 가족을 층계 아래로 대피시키고 폭풍이 지나갔다는 소식을 기다리며 휴대용 라디오에 바짝 귀를 기울였다.

마이크는 여러 해 전에 마당에 나무 두 그루를 심었다. 하나는 참나무였고, 다른 하나는 팽나무였다. 둘 다 키가 컸고 그 가지가 마당의 절반 정도 되는 그늘을 만들어주었다.

다음 날 아침 폭풍이 지나갔다. 마이크는 피해 상황을 살피러 밖으로 나갔다. 놀랍게도 그 거대한 팽나무의 뿌리가 뽑혀 이웃집 담장에 수평으로 넘어져 있었다.

"저런, 나무에 뿌리가 없었군!" 그가 소리쳤다. 팽나무에 뿌리가 없었다. 그 나무는 지탱할 만한 깊은 뿌리를 도무지 갖고 있지 않았던 것이다. 참나무만 홀로 서 있었다. 삶의 폭풍이 우리에게 다가올 때 우리에게 깊은 뿌리가 필요하다는 점을 엄중하게 상기해준 사건이었다.

독립적인 사람은 팽나무처럼 얕은 뿌리를 갖고 있다. 그래서 결국 황무지의 잡초더미처럼 살아간다. 의존적인 사람은 참나무처럼 깊은 뿌리를 갖고 있다.

힘에 대한 환상

독립에는 힘이 필요하다. 그 힘은 어려운 삶의 상황을 극복하기 위한 동물적인 힘일 수도 있고, 스스로 삶에 영향을 끼칠 수 있게 해주는 정치적 힘이 될 수도 있다. 돈은 힘을 제공한다. 그것은 시스템이 돌아가게 한다. 그리고 힘 있는 자리는 사람을 다른 이들로부터 독립할 수 있게 해준다.

그러나 도대체 힘이란 무엇인가―**참된** 힘이란 무엇인가? 우리가 보통 생각하는 힘은 사실 무능하다. 참된 힘은 하나님의 배타적 섭리이며, 그분이 사람들에게 직접 나누어주신다. 그리스도의 능력이 없다면 그어떤 세상도 존재하지 못한다.

> 만물이 그에게서 창조되되 하늘과 땅에서 보이는 것들과 보이지 않는 것들과 혹은 왕권들이나 주권들이나 통치자들이나 권세들이나 만물이 다 그로 말미암고 그를 위하여 창조되었고. 또한 그가 만물보다 먼저 계시고 만물이 그 안에 함께 섰느니라(골 1:16-17).

그분의 능력이 없으면 나뭇잎은 문자 그대로 나무에서 떨어질 것이다. 그분이 만물을 창조하셨다. 그분은 온 세상의 주님이시고 그분을 거부하는 자들조차 그분의 것이다. 예수께서 말씀하셨다. "참새 두 마리가 한 앗사리온에 팔리지 않느냐? 그러나 너희 아버지께서 허락하지 아니하시면 그 하나도 땅에 떨어지지 아니하리라"(마 10:29). 그것이 그리스도가 갖고 계시는 참된 힘이다. 반면 사람들은 어떤 힘을 갖고 있는가?

성경은 우리가 그리스도를 신뢰하지 않으면 그 어떤 참된 힘도 가질 수 없다고 말씀한다. 마태복음 5:36은 우리가 머리털 한 올의 색깔을 변하게 할 능력도 갖고 있지 않다고 이야기한다. 야고보서 4:14은 우리가 내일 무슨 일어날지 확신을 갖고 말할 수 없다는 것을 상기시킨다. 사도행전 27:20은 우리가 재앙으로부터 우리를 구할 수 없음을 상기시킨다. 그리고 예수께서는 그 어떤 사람도 자기를 믿지 않고 영생을 얻을 수 없다고 말씀하시면서 우리를 완전하게 낮추신다. 그렇다면 우리의 힘은 어디에 있는가? 우리는 그리스도께서 우리에게 부여하시는 것 외에는 그 어떤 참된 힘도 갖고 있지 않다.

우리가 독립을 위해 치르는 경기는 아주 작은 힘을 낳을 뿐이다. 그런 힘은 작고 연약하며 무능하다. 우리가 서로에게 사용하는 힘은 우리를 작고 눈먼 개미떼처럼 만든다. 우리는 이리저리 허둥거리고 정력적으로 계획을 짜내지만, 하나님의 은혜가 아니고서는 그 어떤 참된 힘도 제공되지 않는다는 사실을 인식하지 못하거나 잊어버린다.

우리는 도넛 대신 도넛에 뚫린 구멍을 바라본다. 우리는 삶의 작은 것에 주목하느라 큰 그림을 놓친다. 우리는 하찮은 문제에 심각하게 몰두하느라 삶 전체의 문제를 무시한다.

예수님, 오직 그분만이 병자를 치유하시고, 중요한 사람이 되고자 하는 우리의 필요를 채워주시며, 세상에서의 80년이라는 삶을 영원히 연장해주신다.

전환점

삶의 전환점은 자신이 원하는 하나님을 찾지 않고 본래의 하나님을 찾기 시작할 때 나타난다. 독립된 길을 추구할 때 우리는 하나님을 실제 모습 그대로 알려고 하기보다 우리가 원하는 방식의 하나님을 만들어내려 한다. 역사적으로 사람들은 그것을 우상숭배라고 불렀다.

오늘날 우리는 수많은 대체 신(혹은 우상)을 갖고 있다. 돈, 경력, 컨트리클럽, 영향력, 위신, 외모, 소유, 권력, 수많은 페이스북 친구, 이 모든 것을 유지하려면 엄청난 시간을 투자해야 한다. 이런 것들은 우리가 유일하고 참되신 하나님과 함께하는 시간을 줄인다.

우리는 하나님이 어떤 분인지에 대해 자신만의 간편하고 간결한 정의를 고안해냄으로써 자신을 위해 그분을 개인화하는 경향을 보인다. 나는 우리의 견해가 루마니아나 이집트의 그리스도인들이 하나님에 대해 갖는 견해와 크게 다르다고 확신한다. 존 화이트(John White)가 하나님에 관해 이렇게 쓴 적이 있다.

> 지난 50년 동안 그분은 사실상 사사로운 존재가 되었고, 오락을 위해 포장되었으며, 심리학적 만병통치약, 행복한 가정을 유지하기 위한 천상의 접착제, 우리의 변덕에 반응하는 슬롯머신, 성공을 위한 공식, 유사 종교적 기업을 위한 기금조달자, 범퍼 스티커를 위한 멋진 문구 그리고 거룩한 파이와 아이스크림이 되었다.[38]

어떤 면에서 하나님은 대통령과 같다. 우리는 대통령에 관한 여러 가지 정보를 갖고 있다. 우리는 그에 관한 뉴스를 듣는다. 우리는 그의 입장과 생각을 읽는다. 몇 사람은 그와 악수를 나누기도 했고 백악관을 방문하기도 했다. 그러나 정말로 그에 관해 얼마나 알고 있는가? 사실상 거의 없다.

마찬가지로 우리는 지금껏 하나님을 그저 흘끗 보았을 뿐이다. 그러나 만약 우리가 그분께 헌신한다면 그분에 관해 좀 더 많은 것을 알 수 있을 것이다. 우리는 그분을 있는 그대로 알지 못한다. 왜냐하면 사실 우리는 그런 노력을 결코 한 적이 없기 때문이다. 대통령과 하나님의 차이는 하나님의 경우에 우리가 원하는 것만큼 친밀하게 그분에 관해 알 수 있다는 점이다. 우리가 해야 할 것은 그분에게 시간을 투자하는 것뿐이다.

헝가리의 건축가 어노 루빅(Erno Rubik)은 머리를 쥐어뜯게 만드는 이른바 "루빅의 큐브"(Rubik's Cube)라는 퍼즐을 고안해냈다. 이 퍼즐은 43,000,000,000,000,000,000개의 가능한 조합을 갖고 있다. 때때로 성경을 이해하는 것은 루빅의 퍼즐을 맞추는 것만큼이나 어렵게 느껴진다.

정직하게 말해서 우리가 성경을 읽을 때 자주 혼란스러워질 수밖에 없다는 것을 고백해야 한다. 우리는 읽는 것의 많은 부분을 이해하지 못한다. 어떤 부분은 암호나 부호로 쓰인 것처럼 보이기도 한다. 예컨대 이런 말씀이 있다. "만일 네 눈이 너를 범죄하게 하거든 빼어 내버리라"(마 18:9). 이것은 무엇을 의미하는가? 우리는 성경을 어떻게 해석해야 하는가? 성경의 암호를 어떻게 깨야 하는가?

유한하고, 지리적으로 제약되어 있으며, 경험적으로 영향을 받을 수밖에 없는 우리의 마음은 하나님이 어떤 분이신지에 관해 서로 다른 결론을 낸다. 그리스 정치가 데모스테네스(Demosthenes)는 이런 말을 했다. "자기를 속이는 것보다 쉬운 것은 없다. 사람들은 자기가 바라는 것이 참되다고 믿는다." 우리의 잘못은 우리의 결론이 아니라 우리가 그분이 허락하신 정보를 갖고 자신을 속이는 데 있다.

독립적인 삶을 살고자 하는 반역에서 궁극적으로 벗어나는 길은 있는 그대로의 하나님을 찾는 것이다. 하나님이 어떤 분이신지 알 때, 그분은 우리가 그분의 비밀을 풀도록 도우실 것이고 또한 그분을 온전하게 신뢰할 방법을 가르쳐주실 것이다.

당신은 당신이 원하는 하나님을 추구하지 말고, 있는 그대로의 그분을 찾을 준비가 되어 있는가? 이 전환점을 찾기 위해서는 먼저 아무런 장식 없이 정확하게 하나님을 찾으려는 노력이 필요하다. 그분은 독립하고자 하는 갈망을 버릴 것을 요구하신다.

결론

아주 어린 시절부터 우리는 이 세상의 풍조에 휩쓸린다. 어릴 적부터 우리는 독립을 갈망하도록, 자신의 삶에 대해 책임을 지도록 그리고 자신의 운명을 개척하도록 배웠다.

우리는 삶을 통제하기 원한다. 그렇게 훈련을 받았고 우리의 본성 역시 그러하다. 만약 우리가 삶을 통제할 수 있다면, 그때 모든 것에서 독립해 우리 자신의 일을 할 수 있을 것이다. 인간 잠재력 운동은 자존이라는 붉은 석탄에 부채질을 해댄다. 우리의 삶에 책임을 지고 자신만의 규칙을 만들고자 하는 마음은 끊임없이 우리를 유혹한다.

그러나 하나님은 도덕적이고 영적인 원칙들과 절대적 기준들을 세우셨다. 우리의 하찮고 작은 능력은 하나님의 능력과 비교하면 전혀 능력이 아니다. 그 누가 자신의 생명을 한순간이라도 연장하며 자신을 구원할 수 있는가?

자신이나 인간의 제도를 신뢰하는 사람은 불행한 삶을 산다. 반면 하나님을 신뢰하는 자는 복을 얻을 것이다. 하나님을 신뢰하는 것은 그분을 의지하는 것이다. 반면 우리 자신을 신뢰하는 것은 독립하고자 하는 갈망을 따라 행동하는 것이다.

우리의 삶의 전환점은 자신이 바라는 하나님이 아니라 있는 그대로의 하나님을 찾기 시작할 때 나타난다. 하나님은 자신에 대한 반역을 포기하고 그분을 있는 그대로 알기를 진심으로 바라는 누구에게든 자신을 드러내실 것이다.

이 책의 앞부분에서 당신은 삶 속으로 그리스도를 모셔 들일 기회를 얻었다. 어쩌면 당신은 아직 그 지점에 이르지 못했을 수도 있다. 하지만 이 책을 읽는 동안 여러 가지 문제들에 대해 생각을 거듭해왔을 것이다.

혹은 어쩌면 당신은 이미 그리스도인일 수도 있으나 이 책을 읽으면서 그동안 당신이 하나님과 게임을 해왔다는 것을, 즉 당신이 있는 그대로 그분을 알았던 것이 아니며 단지 문화적 그리스도인에 불과했다는 것을 알게 되었을 수도 있다. 어쩌면 당신은 삶의 전환점에 도달해 있을 수도 있다. 당신은 생각했던 것보다 하나님에 대해 알아야 할 것이 많다는 것을 깨닫는다. 또한 당신은 그분과 함께 다음 단계로 넘어가 성경적 그리스도인이 되고 싶어 할 수도 있다.

만약 당신이, 난생처음으로든 아니면 보다 깊은 헌신을 통해서든, 당신 자신의 삶을 포기하고 그리스도를 따르며 있는 그대로의 하나님을 찾는 일에 몰두할 준비가 되어 있다면, 이어서 그분을 향해 당신의 갈망을 표현할 수 있는 방법을 알려달라는 기도를 드려야 한다. 우리는 믿음을 통해 의지로 그리스도를 받아들인다. 그것은 결단이다. 그것은 기도가 아니다. 그러나 기도는 당신의 마음과 정신의 갈망과 태도를 표현하는 탁월한 방법이다. 여기에 그런 기도의 예가 있다.

주 예수님, 저는 독립된 길을 추구함으로써 당신께 죄를 지었음을 고백합니다. 저는 당신께 반역했고 저를 신뢰했습니다. 당신을 있는 그대로 알지 못했고, 오히려 제가 원하는 하나님을 찾았습니다. 지금 저는 그 차이를 깨닫기 시작했습니다. 저를 용서하소서, 주님. 이제 저는 제 삶을 향한 문을 열고 당신을 구주이자 주님으로 받아들입니다. 저의 죄를 위해 십자가에서 돌아가신 것에 감사드립니다. 제 삶을 다스리시고 저를 당신이 원하는 사람으로 만들어주소서. 아멘.

이 기도가 당신의 마음과 정신의 갈망을 표현하고 있는가? 만약 그렇다면, 지금 당신이 있는 곳에서 무릎을 꿇고 이 기도로 그리스도에 대한 당신의 믿음을 표현해보면 어떻겠는가? 당신이 그렇게 할 때 성경은 그분이 당신의 기도를 들으시고 응답하시며 당신의 삶 속으로 들어오실 것이라고 약속한다. 요한계시록 3:20에서 예수님은 이렇게 말씀하신다. "볼지어다. 내가 문 밖에 서서 두드리노니 누구든지 내 음성을 듣고 문을 열면 내가 그에게로 들어가 그와 더불어 먹고 그는 나와 더불어 먹으리라."

당신 가까이 있는 누군가에게 당신이 경험한 것을 들려주라. 이번 주에 그리스도를 높이고 성경을 높이 존경하는 교회를 찾아가 예배를 드리라.

토론 문제

1. 대부분의 남자가 왜 자신의 삶을 통제하고 싶어 하는가?

2. 당신은 어떤 식으로 "스스로 운명의 주인"인 것처럼 행동해왔는가?

3. 신명기 5:7을 읽으라. 당신은 우리 문화 안에서 어떤 종류의 "신"을 만들어내고 있는가?

4. 당신의 삶을 통제하기를 그치고 "마음을 다하여 여호와를 신뢰하기"(잠 3:5) 위해 취할 수 있는 행동은 무엇인가?

5. 당신의 능력에 관해 스스로 속인 적이 있는가? 사람들은 실제로 어떤 능력을 갖고 있는가? 하나님은 어떤 종류의 능력을 갖고 계신가?

6. 대부분의 사람은 자신이 원하는 하나님을 만들어낸다. 무엇이 사람의 삶에서 전환점이 될 수 있는가?

7. 이번 장 말미에 있는 기도문으로 기도를 드렸는가? 기도를 드렸다면, 당신이 다음으로 밟아야 할 단계는 무엇인가? 기도를 드리지 않았다면, 당신이 다음으로 밟아야 할 단계는 무엇인가?

20장 고통 피하기

하나님은 위대한 사람을
위대한 시련을 통해 위대한 일을 하도록 준비시키신다.
J. F. 케네디

우리 형제 곧 그리스도의 복음을 전하는
하나님의 일꾼인 디모데를 보내노니
이는 너희를 굳건하게 하고 너희 믿음에 대하여 위로함으로
아무도 이 여러 환난 중에 흔들리지 않게 하려 함이라.
우리가 이것을 위하여 세움 받은 줄을 너희가 친히 알리라.
데살로니가전서 3:2-3

나는 여러 달 동안 재정적 어려움이라는 늑대와 싸워야 했다. 그 모든 날이 늑대의 아가리 속에 들어 있는 듯 힘들었다. 재정적 압박은 하나님과 가족에 대한 나의 사랑을 말라비틀어진 빵조각처럼 만들었다. 나는 고통을 피할 수만 있다면 무슨 일이든 하려고 했을 것이다.

어느 날 오후, 나는 일에 지쳐 파김치가 된 상태로 서둘러 집으로 향했다. 그즈음에는 자주 그렇게 했다. 고속도로를 달리고 있을 때 나는 지평선 위에서 번쩍이는 거대한 번갯불을 보고 가슴이 뛰었다. 만약 길이 계속 이어진다면, 저 불타는 번개 막대기가 아스팔트 포장도로 위에 불붙는 구멍을 낼 것만 같았다.

아주 솔직하게 말해서 만약 그것이 아주 짧은 시간이라면, 나는 그 번

갯불에 맞아 죽기를 바랐다. 문자 그대로 영광의 불꽃 속에서 사라지는 것은 얼마나 멋진 일인가! 그것이 나의 모든 문제를 해결해줄 것이다. 그리고 나는 주님과 함께 있을 것이다.

나는 그것을 진지하게 원하지는 않았다. 그러나 만약 자연적 원인이 나를 데려갈 수 있다면, 나는 모든 고통으로부터 벗어나게 된 것에 감사하려 했다.

문제

삶은 투쟁이다. 대부분의 남자가 바라는 것은 행복해지는 것, 고통과 고난을 피하는 것 그리고 그토록 많은 이들이 살고 있는 황량한 삶에서 벗어나는 것이다.

우리 모두는 멋진 삶을 살고 싶어 한다. 어째서 안 그러겠는가? 어느 바보가 고통스러운 삶을 추구하겠는가? 그리고 하나님은 우리의 삶에 풍성하게 복 주기를 바라신다. 그러나 성경은 고통이 하나님의 질서의 일부임을 가르친다. 우리가 그것을 추구해서는 안 되지만 그것이 우리를 찾아올 때 놀라서도 안 된다. 모두가 고통을 겪을 것이다. 당신이 할 수 있는 유일한 결정은 그 고난을 그리스도와 함께 겪을 것이냐 그분 없이 겪을 것이냐 하는 것뿐이다.

고난을 당할 때 우리의 삶 속에서 그리스도와의 독특한 교제가 나타난다.

사랑하는 자들아 너희를 연단하려고 오는 불 시험을 이상한 일 당하는 것 같이 이상히 여기지 말고 오히려 너희가 그리스도의 고난에 참여하는 것으로 즐거워하라. 이는 그의 영광을 나타내실 때에 너희로 즐거워하고 기뻐하게 하려 함이라(벧전 4:12-13).

마르틴 루터는 이렇게 말한다. "그 어떤 이도 자기 위에 십자가를 지우거나 시련을 택해서는 안 된다. … 그러나 만약 십자가나 시련이 닥쳐오면, 그는 그것을 인내하고 감당하며 그것이 자기에게 선하고 유익하다는 것을 알아야 한다."

우리가 고통을 당할 때 머릿속에 떠오르는 질문은 다음과 같다.

"하나님이 나를 돌보시는가?"

"그분은 내가 얼마나 고통스러운지 알고 계실까?"

"그분은 나를 돕고자 하시는가?"

"그분은 나를 도우실 수 있는가?"

"나를 향한 그분의 뜻은 무엇인가? 나를 도우시는 것인가, 아니면 넘어지게 하시는 것인가?"

분명한 진리는 삶이 우리 뜻대로 될 때 우리는 자신의 길을 신중하게 살피지 않는다는 것이다. 그럴 때 하나님은 우리에게 복을 주시는 영광을 얻으실 수 없는데, 그것은 종종 우리가 스스로 영광을 취하기 때문이다. 적어도 고통은 우리의 주의를 끈다. 도대체 사람들은 어째서 고통을 당하는 것일까? 하나님이 그것을 일으키시는가? 아니면 그분은 단지 그것을 허락하시는 것에 불과할까? 혹은 그것은 그분과 상관없이 일어나는 것일까?

사람이 고통을 당하는 일곱 가지 이유

사랑이 넘치는 아버지가 눈물을 흘리는 아들을 위로하는 모습을 떠올려보라. 우리는 그 아이가 어째서 울고 있는지 정확하게 알지 못한다.

하지만 우리는 그의 아버지가 그에게 몹시 마음을 쓰고 있음을 알 수 있다. 아들은 아버지에게 지금 자기가 어떤 느낌인지 말하지만, 우리는 그 말을 알아듣지 못한다. 마침내 아버지가 아들을 끌어안는다. 그리고 아버지의 사랑의 위로가 아들에게로 흘러간다. 그 아이가 하는 말을 좀 더 가까이서 알아들을 수 있으면 좋으련만….

마찬가지로, 고통을 당할 때 우리는 하늘에 계신 우리 아버지 앞으로 나아간다. 그리고 그분은 우리의 눈물을 닦아주신다. "그러므로 하나님의 능하신 손아래에서 겸손하라. 때가 되면 너희를 높이시리라. 너희 염려를 다 주께 맡기라. 이는 그가 너희를 돌보심이라"(벧전 5:6-7).

아들은 왜 울었을까? 우리는 이 아버지와 아들의 장면뿐 아니라 우리가 당하는 다른 고통까지 설명해줄 일곱 가지 이유를 추론할 수 있다.

1. 무고한 실수
2. 잘못된 판단
3. 신실함의 문제
4. 환경의 변화
5. 악의 발생
6. 하나님의 징계
7. 하나님의 시험

이제 이런 이유 각각을 설명해보자. 우리의 작은 소년 ― 그를 빌리라고 부르자 ― 이 거리에서 친구들과 야구를 하고 있었다고 치자.

▶ 첫 번째 이유: 무고한 실수

아마도 부주의함 때문이었을 것이다. 빌리의 야구공이 하수구에 빠져 영원히 사라지고 말았다. 빌리는 아무것도 잘못한 게 없었다. 누구의 잘못도 아니었다. 그러나 그는 여전히 고통을 당했고 실망에 빠져 울면서 집에 있는 아빠에게로 달려갔다.

잭은 정유 회사에 큰돈을 투자했으나 결국 그 돈 전부를 잃었고 실체 없는 수입에 대해 세금까지 물게 되었다. 우리 모두는 무고한 실수를 하지만 어쨌거나 그로 인한 결과를 감내해야 한다. 무고한 실수는 예측할 수 없다. 그리고 아무 잘못이 없음에도 우리는 고통을 당한다.

▶ 두 번째 이유: 잘못된 판단

혹은 빌리가 야구공으로 이웃집 유리창을 깨뜨렸을 수도 있다. 이것은 무고한 실수와는 다르다. 빌리는 존슨 씨네 집 유리창과 그렇게 가까운 곳에서 야구를 하면 안 된다는 것을 알고 있었다. 아빠가 이미 일러 주었기 때문이다. 그는 어떤 벌이 내려질지 몰라 두려워하면서도 아빠에게 사실을 말했다. 아빠는 빌리에게 존슨 씨를 찾아가 벌어진 일을 말씀드리고 용돈에서 돈을 떼어 유리창 값을 물어주어야 한다고 말했다.

앤드류는 처남이 차를 사는 데 연대 보증을 섰다. 6개월 후 은행은 앤드류에게 자동차 할부금을 갚으라는 통지를 보냈다. 그가 잘못한 것일까? 물론이다. 성경에 따르면 친구를 위해 보증을 서는 것은 잘못된 판단이다. 비록 그렇게 하는 것이 계명이나 율법을 어기는 것은 아닐지라도, 그것은 원칙을 깨는 일이다.

은행이 누군가의 신용이 충분히 좋다고 여기지 않을 때 당신이 은행보다 그 사실을 더 잘 판단할 수 있다고 여기는 것은 어리석다. 이것은 연방상거래위원회(FTC)의 연구 결과를 통해 입증된다. 그들은 은행에 연대 보증을 선 이들 중 50%가 결국 다른 이의 빚을 대신 갚는 것으로 끝난다는 사실을 발견했다.[39]

잘못된 판단은 그런 점에서 무고한 실수와 다르다. 무고한 실수에는 그 어떤 지침도 존재하지 않으나 몇 가지 형태의 지침이, 그것을 따르기만 한다면, 우리가 잘못된 판단을 하지 않도록 막아줄 수 있다.

무고하든 무고하지 않든, 우리는 여전히 고통을 겪는다. 우리 모두는 때때로 잘못된 판단을 한다.

▶ 세 번째 이유: 신실함의 문제

어린 빌리는 아랫동네 아이의 야구방망이를 훔치다 잡혀 엉덩이를 심하게 맞고 울고 있다.

어떤 이가 잠재 고객에게 자신이 판매하는 제품의 특성에 관해 거짓말을 했다. 고객은 그 말을 믿고 제품을 구매했다. 나중에 구매자는 세일즈맨이 거짓말을 했다는 사실을 알았고 그의 사장에게 전화를 걸었다. 고객을 속인 세일즈맨은 해고되었다. 때때로 사람들은 악의에 차 잘못된 일을 저지른다. 그들은 "죄를 짓는다."—그리고 그런 결정에 따르는 도덕적 혹은 다른 결과들을 감내해야 한다.

사람들은 종종 무고한 실수나 어리석은 판단 때문에 잘못된 일을 저지른다. 그러나 때로는 부정직하기 때문에 문제에 빠진다. 우리는 죄를 짓는다. 성경은 우리가 따라야 할 원칙들 외에도 피해야 할 죄들도 설명한다. 그리고 우리는 시민법에도 복종해야 한다.

▶ 네 번째 이유: 환경의 변화

빌리는 종종 거리에서 하는 야구 경기를 즐겼다. 그런데 경찰이 다가오더니 최근에 거리에서 야구 경기를 하지 못하게 하는 지방자치법이 통과되었다며 아이들을 쫓아냈다. 이런 변화에 놀란 빌리가 자기 아빠에게 달려가 매달리며 울었다.

그저 자신의 일에 몰두하고 있었을 뿐인데 갑자기 상황이 바뀌는 경우가 있다. 때로는 의회가 당신을 사업에서 몰아낼 조세개혁안을 통과시킨다. 혹은 갑자기 주식 시장이 붕괴되고 당신은 지불할 수 없는 액수의 증거금 납입 요청을 받는다. 회복하기 어려운 교통사고가 당신의 아들이나 딸에게 닥친다. 환경이 우리의 통제 범위를 벗어날 때 우리는 아무런 잘못이 없음에도 무서운 결과를 겪을 수 있다.

▶ 다섯 번째 이유: 악의 발생

빌리가 야구를 하는 동안 갑자기 아랫동네 깡패들이 몰래 다가와 얼굴을 후려쳤다.

론은 여러 해 동안 그에게서 다른 보험 상품을 구매했던 어느 경영자에게 새로운 보험 상품을 판매하기 위해 몇 달을 노력했다. 론이 그와 계약을 체결하기로 약속한 바로 전 날, 어느 비양심적인 보험 대리인이 그 경영자를 꼬드겨 그가 갖고 있던 모든 보험 상품을 해지하고 더 열등한 상품에 가입하게 했다.

론이나 빌리가 뭔가 잘못한 일이 있는가? 없다. 우리가 바라지 않아도, 세상에는 악이 존재한다. 세상은 완벽하지 않다. 그리고 할 수만 있다면 우리를 산 채로 잡아먹으려 하는 늑대들이 존재한다.

▶ 여섯 번째 이유: 하나님의 징계

빌리의 아빠는 그가 야구공으로 이웃집 창문을 깬 벌로 그를 방에서 나오지 못하게 했다.

테드는 8년간 장로로 섬긴 후 지나치게 오만해졌다. 그는 자기가 말을 하면 모든 것이 끝난다는 식으로 행동했다. 하나님께서는 다른 장로들을 그에게 보내어 그가 장로의 자리에서 내려오도록 조용히 요구하게 하셨다.

비록 당국자는 어떤 이가 잘못된 일을 하고 있다는 사실을 모를 수도 있다. 혹은 다른 누구도 어떤 이의 죄를 인식하지 못할 수도 있다. 하지만 하나님께서는 모든 것을 아신다. 그리고 그분은 자신이 아시는 일에 대해 징계하신다.

우리가 고통을 당하는 이유가 무엇이든, 하나님은 그런 상황을 이용해 우리의 성품을 형성하신다.

> 너희가 참음은 징계를 받기 위함이라. 하나님이 아들과 같이 너희를 대우하시나니 어찌 아버지가 징계하지 않는 아들이 있으리요. 징계는 다 받는 것이거늘 너희에게 없으면 사생자요 친아들이 아니니라(히 12:7-8).

▶ 일곱 번째 이유: 하나님의 시험

아빠는 빌리에게 엄마를 도와 설거지를 마칠 때까지 밖에 나가서 야구를 하면 안 된다고 말했다. 빌리의 성품과 행동에 관심이 많은 빌리의 아빠는 그가 가족을 얼마나 기꺼이 도우려 하는지 알고 싶었던 것이다.

창세기 22장은 하나님께서 아브라함을 어떻게 시험하셨는지 보여준다. 하나님께서는 그에게 칼을 들어 외아들 이삭을 제물로 바치라고 명하셨다.

> 하나님이 그에게 일러 주신 곳에 이른지라. 이에 아브라함이 그곳에 제단을 쌓고 나무를 벌여놓고 그의 아들 이삭을 결박하여 제단 나무 위에 놓고, 손을 내밀어 칼을 잡고 그 아들을 잡으려 하니, 여호와의 사자가 하늘에서부터 그를 불러 이르시되 아브라함아 아브라함아 하시는지라. 아브라함이 이르되 내가 여기 있나이다 하매, 사자가 이르시되 그 아이에게 네 손을 대지 말라. 그에게 아무 일도 하지 말라. 네가 네 아들 네 독자까지도 내게 아끼지 아니하였으니 내가 이제야 네가 하나님을 경외하는 줄을 아노라(창 22:9-12).

때로 하나님은 우리의 성품이 순전한지 알아보기 위해 우리를 시험하신다. "도가니는 은을, 풀무는 금을 연단하거니와 여호와는 마음을 연단하시느니라"(잠 17:3).

당신은 욥의 이야기를 기억할 것이다. 사탄은 온 세상을 두루 다녔다. 그리고 욥이 정직하고 하나님을 경외하는 것은 그가 아주 많은 것을 누렸기 때문일 뿐이라며 그를 참소했다. 하나님은 사탄에게 욥을 시험할 면허를 내주셨다. 그로 인해 욥은 사업이 망하고, 자식들은 죽고, 건강마저 빼앗겼다. 그러나 이 모든 상황 속에서도 욥은 죄를 짓지 않았고 하나님을 기쁘게 해드렸다. 고통은 쉽게 피할 수 있는 게 아니다. 우리는 우리의 잘못이나 다른 누군가의 잘못 때문에 고통을 당할 수 있다. 또한 우리는 무고한 실수나 우리의 죄 때문에 고통을 당할 수도 있다.

때로 하나님은 우리를 시험하신다. 그리고 때로는 우리를 징계하기도

하신다. 때로는 우리 주변의 환경이 변하고, 때로는 악한 일이 우리에게 닥치기도 한다.

고통의 원인이 무엇이든, 우리는 우리의 삶을 향한 하나님의 계획을 따라 자신을 낮출 수도 있고 그것에 맞서 저항할 수도 있다. 그러나 어느 경우이든 고통을 피하지는 못한다. 고통은 먹는 것만큼이나 우리의 삶의 일부다. 우리는 그것을 어느 정도 소비해야 한다. 충분한 영양을 공급받기 위해 시금치나 그밖에 다른 싫어하는 채소를 먹듯이 그것을 받아들여야 한다.

고통에 맞섬

고통을 당할 때 우리는 자신을 낮추기에 앞서 종종 그 고통을 피하기 위해 저항이나 반역 같은 단계를 밟는다. 하지만 고통을 피하거나 그것에 맞서는 것은 우리가 고통을 통해 아무것도 배우지 못하도록 한다.

우리가 고뇌를 경험하지 않는 한 고통은 우리에게 아무것도 가르쳐주지 않는다. 앤 모로우 린드버그(Anne Morrow Lindbergh)는 이렇게 쓴 적이 있다.

> 나는 고통 자체가 우리에게 무언가를 가르쳐준다고 믿지 않는다. 만약 고통만이 가르친다면, 온 세상 사람들 모두가 현명해질 것이다. 왜냐하면 누구나 고통을 당하기 때문이다. 고통에 슬픔, 이해, 인내, 사랑, 개방성 그리고 기꺼이 깨어지기 쉬운 상태로 남아 있고자 하는 태도 등이 덧붙여져야 한다. 상황이 정상적이라면, 이 모든 것과 다른 요소들이 결합해서 우리에게 무언가를 가르칠 수도 있고 우리를 중생으로 인도할 수도 있다.[40]

사람들이 고통을 피하고 그것의 결과에서 벗어나기 위해 흔히 시도하는 다섯 가지 방법이 있다.

1. **호소하기.** 고통을 당할 때 우리가 보이는 첫 번째 반응 중 하나는 하나님께 그분의 공정함에 대해 호소하는 것이다. 하나님이 우리가 바라는 것과 다르게 대하시는 게 옳은가? 종종 우리의 호소는 우리가 그렇게 여기지 않는다는 생각을 반영한다. 우리를 향한 그분의 약속은 "의인은 고난이 많으나 여호와께서 그의 모든 고난에서 건지시는도다"(시 34:19)라는 것이다.

2. **비교하기.** 우리는 자신을 다른 이들과 비교하면서 우리가 그들보다 더 나은 사람이며 따라서 긍휼을 받을 만하다고 주장한다. 혹은 자신을 다른 이들과 비교하면서 우리가 우리 자신이기보다 그들이기를 바란다. 그러나 시편 저자는 우리에게 이렇게 말한다. "사람이 치부하여 그의 집의 영광이 더할 때에 너는 두려워하지 말지어다. 그가 죽으매 가져가는 것이 없고 그의 영광이 그를 따라 내려가지 못함이로다"(시 49:16-17).

3. **불퉁거리기.** 우리는 상황에 낙심하고 자기연민에 빠진다. 우리가 겪어야 하는 고통에 관해 불퉁거리고 자신을 유감스럽게 여긴다. 우리는 시편 저자가 그랬던 것처럼 한탄한다. "볼지어다, 이들은 악인들이라도 항상 평안하고 재물은 더욱 불어나도다. 내가 내 마음을 깨끗하게 하며 내 손을 씻어 무죄하다 한 것이 실로 헛되도다. 나는 종일 재난을 당하며 아침마다 징벌을 받았도다"(시 73:12-14).

4. **소리지르기.** 우리는 고통으로 화가 나 주먹을 휘두르고 하나님을 향해 목소리를 높인다. 그분은 우리에게 구원을 허락하지 않으실 셈인가? 그러나 이런 일은 무익하다. "사람이 성내는 것이 하나님의 의를 이루지 못함이라"(약 1:20).

5. 의심하기. 고통이 얼마간 정리되고 우리의 고뇌가 얼마나 황폐한지 깨달은 후에 우리는 하나님이 실재하시는지를 의심하고 두려워한다. 그러나 성경을 읽을 때 우리는 하나님의 신실한 긍휼과 연민에 관한 많은 말씀들을 발견하고 용기를 얻는다. "두려워하지 말라, 내가 너와 함께함이라. 놀라지 말라, 나는 네 하나님이 됨이라. 내가 너를 굳세게 하리라. 참으로 너를 도와주리라. 참으로 나의 의로운 오른손으로 너를 붙들리라"(사 41:10).

호소, 비교, 불퉁거림, 소리침 그리고 의심 이후

확실히 우리는 고통을 겪을 때마다 이 모든 단계를 밟지는 않는다. 하지만 고통을 겪을 때 우리가 다양한 감정과 부정적인 생각을 경험하는 것은 지극히 인간적이다.

그러나 고통에 대한 해결책은 우리가 어쩌다 그런 일을 당하게 되었는지 생각하는 것이 아니라, 그 고통스러운 시간 속에서 비틀거리지 않고, 근심하지 않으며, 인내하고 견디고, 성령의 능력을 따라 살아가면서 그리스도의 고난에 동참해 참 교제를 즐기는 데 있다.

때로 하나님은 우리가 바라는 대로 우리를 구원해주신다. 하지만 그보다는 더 자주 우리를 위한 보다 큰 계획을 가지고 계신다. 또한 그분은 우리를 신속하게 구원해주지 않으신다. 그분의 계획안에서 우리의 역할은 모든 근심을 그분에게 맡기는 것이다.

예컨대, 다윗의 시편을 살펴보자.

> 여호와여 주의 긍휼을 내게서 거두지 마시고,
> 주의 인자와 진리로 나를 항상 보호하소서.

수많은 재앙이 나를 둘러싸고

나의 죄악이 나를 덮치므로

우러러 볼 수도 없으며

죄가 나의 머리털보다 많으므로

내가 낙심하였음이니이다.

여호와여 은총을 베푸사 나를 구원하소서.

여호와여 속히 나를 도우소서(시 40:11-13).

우리의 고통에 대한 공감

고통을 당할 때 우리는 예수님께서 우리가 겪는 일을 정확하게 아신다고 확신할 수 있다.

우리에게 있는 대제사장은 우리의 연약함을 동정하지 못하실 이가 아니요 모든 일에 우리와 똑같이 시험을 받으신 이로되 죄는 없으시니라. 그러므로 우리는 긍휼하심을 받고 때를 따라 돕는 은혜를 얻기 위하여 은혜의 보좌 앞에 담대히 나아갈 것이니라(히 4:15-16).

그리스도께서 우리처럼 고난을 받으셨기에, 우리도 사도 바울처럼 그분을 바라볼 수 있다. 바울은 이렇게 말했다. "내가 그리스도와 그 부활의 권능과 그 고난에 참여함을 알고자 한다"(빌 3:10). 그는 고통 속에서 그리스도의 공감을 경험했다.

고통의 특권

시대 속에서 온 세상의 그리스도인들은 우리가 알지 못하는 박해와 수치를 겪었다.

오늘날에도 여전히 많은 나라에서 ― 가장 두드러지게 이란, 이라크 그리고 아프가니스탄 등에서 ― 그리스도인들은 공적으로 자신들의 신앙을 고백할 경우 극심하게 박해를 당하거나 투옥된다. 북한 같은 나라에서 그리스도인들은 비밀경찰에 의한 체포와 처형을 피하기 위해 은밀하게 만난다. 지금도 전 세계 수많은 그리스도인이 지속적인 위험 속에 살아가고 있고 또한 많은 이들이 신앙 때문에 살해당하고 있다.

고통에 대한 사도 바울의 태도는 어떠했는가? 성경은 바울이 어떤 육체적 질병을 갖고 있었다고 전한다. 아마도 눈과 관련된 질병이었을 것 같은데, 바울은 그것을 "육체의 가시"라고 불렀다. 그는 세 번이나 하나님께 그것을 제거해주시기를 청했다. 그러나 하나님께서는 바울에게 이렇게 말씀하셨다. "내 은혜가 네게 족하도다. 이는 내 능력이 약한 데서 온전하여짐이라"(고후 12:9).

바울의 반응은 어떠했는가? "그러므로 도리어 크게 기뻐함으로 나의 여러 약한 것들에 대하여 자랑하리니 이는 그리스도의 능력이 내게 머물게 하려 함이라. 그러므로 **내가 그리스도를 위하여 약한 것들과 능욕과 궁핍과 박해와 곤고를 기뻐하노니** 이는 내가 약한 그때에 강함이라"(고후 12:9-10. 굵은 글씨는 저자가 덧붙인 것임).

분명하게 바울은 고통을 기뻐했다. 그러나 고통 자체를 위해 고통을 기뻐한 것은 아니었다. 그는 그리스도와 나누는 교제의 기쁨 때문에 고통을 기뻐했다.

선을 행하기 위한 고통은 그리스도인의 일부다. 그것이 바울이 우리에게 다음과 같이 권면하는 이유다. "그리스도를 위하여 너희에게 은혜를 주신 것은 다만 그를 믿을 뿐 아니라 또한 그를 위하여 고난도 받게 하려 하심이라"(빌 1:29).

솔직히 말해, 우리는 고통을 당하기 전까지는—어떤 피상적인 방법으로가 아니라, 즉 우리가 원하는 새 차를 얻지 못하는 것 같은 식이 아니라 그리스도인으로서 하나님이 우리를 돌보고 계시는지 그렇지 않으시는지에 관한 의문 때문에 고뇌로 가득 찰 때까지는—성령의 사역이 얼마나 인격적일 수 있는지 온전하게 이해하지 못할 것이다.

우리가 기댈 만한 것이 모두 사라지고, 완전히 코너에 몰리며, 모든 자원이 고갈되고, 아무리 머리를 써도 좋은 생각이 떠오르지 않으며, 친구들조차 그 어떤 현명한 조언도 해주지 못하고, 그동안 누렸던 모든 호의와 혜택이 사라질 때까지, 즉 당신이 완전히 소진되어 아무런 소망도 갖지 못한 채 어느 한순간이 아니라 몇 주씩 혹은 몇 달씩 혹은 심지어 몇 년씩 끝없이 그런 상황에 처할 때까지는 당신이 주님을 신뢰하는 일은 인격적이지 못하고 철저하게 추상적인 것에 머물 뿐이다.

당신은 그것을 부분적으로는 안다. 하지만 예수님께서 연민을 보이지 않으면 자신이 죽을 것처럼 느끼는 지점에 이르기 전까지, 당신은 그분을 완전하게 신뢰하지 않을 것이다. 그러나 일단 당신이 이 은혜의 문턱을 넘어서면, 당신은 근심을 극복할 수 있는 믿기 어려운 힘을 얻게 될 것이다. 유혹자가 당신이 겪어보지 않은 불확실한 일로 당신을 위협하는 것은 불가능할 것이다. 왜냐하면 그때 믿음에 대한 응답으로서 하나님의 손길이 다가와 당신을 감싸고 있음을 느낄 것이기 때문이다.

하나님의 백성의 회복

고통을 피하는 것은 불가능하다. 조심성이 아주 강해서 창밖으로 머리를 내밀지 않는 이들조차 조만간 슬픔에 찬 고통이 자신의 문을 두드리고 있음을 발견하게 될 것이다.

우리가 취해야 할 자세는 우리의 고통을 담대하게 맞이하는 것이다.

> 내 형제들아 너희가 여러 가지 시험을 당하거든 온전히 기쁘게 여기라. 이는 너희 믿음의 시련이 인내를 만들어내는 줄 너희가 앎이라(약 1:2-4).

당신의 삶이 아무리 어려워질지라도, 모든 것이 끝날 때까지는 끝난 게 아니라는 사실을 기억하라. 결코 포기하지 마라. 당신의 심장이 뛰기를 그치고 당신의 맥박이 멈추기 전까지는 언제라도 다른 길이 있다. 하나님은 **언제라도** 자신의 백성을 회복시켜주실 것이다. 그것이 욥이 고통을 당하면서도 하나님 앞에서 신실함을 유지할 수 있었던 이유다. 그는 하나님을 완전하게 믿었다. 그는 하나님께서 모든 것을 통제하고 계신다는 것을 알았다.

하나님은 우리에게 회복에 대한 약속을 주셨다.

"모든 은혜의 하나님 곧 그리스도 안에서 너희를 부르사 자기의 영원한 영광에 들어가게 하신 이가 잠깐 고난을 당한 너희를 친히 **온전하게 하시며 굳건하게 하시며 강하게 하시며 터를 견고하게 하시리라**"(벧전 5:10, 굵은 글씨는 저자가 덧붙인 것임).

멋진 삶에는 주 예수의 고난에 참여하는 독특한 고통이 포함되어 있다. 우리는 여러 가지 이유로 고통을 당하지만, 우리에게는 한 가지 소망이 있다. 우리는 고통에 맞서거나 피하려 할 수 있다. 그러나 결국 모두가 고통을 당한다. 만약 우리가 고통을 피해 달아나거나 숨으려 하지 않는다면, 그것이 우리의 삶의 달콤한 일부가 될 수 있다.

죽을 준비

이번 장 첫머리에서 나는 언젠가 내가 죽음을 고통으로부터의 궁극적 도피라고 여겼다고 말한 바 있다. 때로 우리는 너무 고통스러워 죽음을 좋은 것처럼 느끼기까지 한다. 그래서 우리는 바울처럼 이렇게 말할 수도 있다. "이는 내게 사는 것이 그리스도니 죽는 것도 유익함이라"(빌 1:21). 솔직히 말해, 그리스도를 위해 죽는 것은 그분을 위해 사는 것보다 훨씬 더 쉬운 일이다. 그러나 죽음만이 답은 아니다.

바울이 그의 사역 끝 무렵에 예루살렘으로 가고 있을 때 아가보가 바울이 예루살렘에서 체포되어 옥에 갇힐 것이라고 예언했다. 바울 주변의 사람들은 그에게 예루살렘으로 가지 말 것을 호소했다. 그러자 바울이 이렇게 답했다. "여러분이 어찌하여 울어 내 마음을 상하게 하느냐. 나는 주 예수의 이름을 위하여 결박당할 뿐 아니라 예루살렘에서 죽을 것도 각오하였노라"(행 21:13).

바울은 그 어떤 사람도 하지 못했던 방식으로 그리스도를 위해 살았고 고통을 당했다. 그는 죽음을 고통에 대한 도피로 여기지 않았다. 오히려 그는 죽음이 자신에게 좋은 것임을, 곧 그것을 통해 자신과 주 예수님이 연합되리라는 것을 알았다. 그것은 우리에게도 달콤한 것이 될 수 있다. 그리스도인은 그리스도를 위해 죽을 준비를 해야 한다. 그러나 그것보다 더 중요한 것은 우리가 자신의 고통 속으로 들어가 그분을 위해 사는 것이다.

토론 문제

1. 당신의 목표 중 하나가 고통을 피하는 것인가? 맞다면 왜인가, 아니라면 왜 그렇지 않은가?

2. 베드로전서 4:12-13을 읽으라. 당신은 고통을 당할 때 놀라는가? 고통을 당할 때 어떻게 기뻐할 수 있는가? 그것은 조금 비현실적인 것으로 보이지 않는가?

3. 최근에 당신이 당했던 고통스러운 상황에 대해 설명해보라. 사람들이 고통을 당하는 일곱 가지 이유 중 어떤 것이 당신의 고통의 원인이 되었는가?

    1. 무고한 실수
    2. 잘못된 판단
    3. 신실함의 문제
    4. 환경의 변화
    5. 악의 발생
    6. 하나님의 징계
    7. 하나님의 시험

4. 당신이 고통에 보이는 전형적인 반응은 무엇인가? 당신은 그것에 저항하는가? 사람들이 고통을 피하기 위해 시도하는 다섯 가지 방법을 다시 살펴보고 당신이 그 중 어느 방법을 주로 사용하는지 말해보라.

5. 베드로전서 5:10을 읽으라. 고통을 당할 때 그리스도인에게 주어진 약속은 무엇인가? 당신은 하나님께서 언제라도 고통당하는 그리스도인들을 회복시켜주실 것이라고 믿는가? 어떤 방법으로 그렇게 하실 것 같은가?

6부

정직한 삶

21장 정직, 그 값은 얼마인가?

만약 당신이 진실을 말한다면,
아무것도 기억할 필요가 없다.
마크 트웨인

원수는 입술로는 꾸미고 속으로는 속임을 품나니
잠언 26:24

카일은 질 높은 작업을 하는 것으로 알려진 소규모 건축업자였다. 어느 날 제법 규모가 있는 회사가 그동안 해왔던 것보다 큰 규모의 건축 프로젝트를 그에게 맡겼다.

기한 내에 건물을 완공하려면 수많은 복잡한 작업 공정 사이 정확한 협력이 필요했다. 계획된 완공일이 멈추지 않는 바지선처럼 저벅저벅 다가오자 그는 일꾼들을 거의 폭동 직전까지 내몰며 다그쳤다. 그는 기한 내에 작업을 완공할 것이라고 공언했고, 결국 그렇게 해냈다.

그러나 카일에게 일을 맡겼던 회사의 대표는 카일이 충분한 장비와 인력을 갖추지 않았다고 판단했고, 그것을 이유로 잔금을 치르지 않았다. 실제로 카일이 고용한 일꾼들은 그 작업에 필요한 자질을 갖추고 있지 않았다. 그래서 그는 공사비를 깎아야 했다. 그럼에도 건축주는 대금을 지불하려 하지 않았다. 카일은 임금을 지불해야 했고, 마침내 공사비를 왕창 깎아 청구서를 다시 작성했다. 그것은 그가 얻을 수 있었던 이익을 포기함을 의미했다.

문제

특정한 식품 — 가령 땅콩버터 같은 — 을 찾기 위해 주방에 들어갔다가 그게 어디에 있는지 찾지 못해 좌절해본 적이 있는가? 당신이 아내에게 소리친다. "여보, 땅콩버터가 어디에 있지?"

그러자 아내가 주방으로 들어와 두 번째 선반 위로 손을 뻗어 땅콩버터 캔을 꺼내 넘기면서 한심하다는 듯 이죽거린다. "어이구…."

때로 우리는 찾는 것이 눈앞에 있음에도 보지 못한다. 부정직이 그러하다. 너무 만연해 있어 그것이 우리 삶을 얼마나 전체적으로 그리고 완전하게 물들이고 있는지 알아차리지 못한다. 만약 우리가 그 장밋빛 색안경을 벗어버린다면, 우리는 온 세상이 다른 색으로 칠해져 있음을 알게 될 것이다. 그리고 부정직이라는 그림자에서 완전히 벗어난 세상을 보게 될 것이다.

솔직히 말해, 오늘날 부정직은 하나의 규범이 될 정도로 우리 사회 곳곳에 만연해 있다. 실제 상황도 그러하다. 부정직이 규범이 되면, 사람들은 하나님으로부터 격리된다.

TV 뉴스를 시청하거나 신문의 헤드라인을 읽어보라.

"미국 국방성, 뇌물 사건 조사중."

"모모 씨, 아내에게 불륜 사실 인정."

"하원 윤리위원회, 견책하기로."

"GDP 중 20% 국가에 보고되지 않음."

"대학 부정 밝혀지다."

헤드라인의 범죄 기사 못지않게 그리스도인의 매일의 삶 또한 부정직에 물들어 있고 이는 하나님을 슬프게 만든다. 대부분의 사람은 정직이라는 "기독교적 이미지"를 유지하느라 애쓰고 있지만, 실제로는 매일 진실에 눈을 감으며 살아가고 있다. 앨버트 웰스 2세(Albert Wells Jr.)가 이런 말을 인용한 적이 있다.

> 정직은 늘 드물다. 그리스의 철학자 디오게네스(Diogenes)는 낮에 촛불을 밝히고 정직한 사람을 찾아다녔다. 블레즈 파스칼은 자기는 한 세기에 세 사람의 정직한 사람도 만날 것을 기대하지 않는다고 말한 바 있다. 행동동기연구소(The Institute of Behavior Motivation)는 1백 명의 사람 중 97명이 거짓말을 한다는 것을—또한 그들이 1년에 약 1천 번의 거짓말을 한다는 것을—밝혀냈다.[41]

우리가 계속 곧고 좁은 길 위에서 걷도록 동료에게 강요당하지 않고 홀로 있을 때, 그때야말로 우리의 참된 성품이 시험에 처한다.

* * *

비행기 안에서 내 옆 좌석에 앉아 있던 남자가 버번 위스키와 콜라를 주문했다. 분주해서 정신이 없던 승무원은 그에게 음료수 값을 선반 위에 올려놓으면 나중에 가져가겠다고 말했다. 그녀는 몇 차례 복도를 따라 분주하게 오갔는데, 보아 하니 그 남자가 마신 음료수 값에 대해 잊은 것 같았다. 그녀가 우리 곁을 여섯 번째 오갔을 때 내 옆 좌석 남자가 슬그머니 손을 뻗어 선반 위에 놓인 자신의 돈을 취하더니 자신의 코트 주머니 속으로 밀어 넣었다. 정직―그 값은 얼마였을까? 그는 단 6달러에 그것을 팔아버렸다.

이 문제가 중요한 이유는, 만약 우리가 모든 상황에서―그것이 크든 작든 간에―절대적인 정직함을 유지하지 않는다면, 결국 우리는 하나님을 탄식하게 하고 하나님이 우리에게 주고자 하시는 큰 복에서 스스로 떨어져 나가는 셈이 될 것이기 때문이다. 누가복음 16:10은 이렇게 경고한다. "지극히 작은 것에 불의한 자는 큰 것에도 불의하니라."

공통점

성경의 위대한 영웅들은 다양한 배경을 가진 사람들이다. 어떤 이들은 왕이었다. 기드온 같은 이들은 최악의 가정 출신들이었다. 삼손은 강력한 힘을 가진 인물이었던 반면, 소심한 모세는 자신의 그림자에도 놀랄 정도였다. 요나는 의심했다. 그러나 다윗은 불굴의 신앙을 가졌다.

이런 사람들이 하나님에 대한 믿음 외에 공통적으로 지녔던 특성이나 특징이 있었을까? 하나님이 이런 다양한 사람에게 매혹되신 이유가 무엇일까? 그 답은 우리 중 어떤 이들에게는 고통스러운 것이 될 것이다. **하나님은 그들이 홀로 있을 때 자신이 그들을 믿을 수 있다는 것을 아셨다.**

그런 이들 중 일부는 기꺼이 하나님께 순종했고 신실했으나, 다른 이들은 뿌루퉁한 아이들 같았다. 그들은 하나님을 비웃고, 앙탈을 부리며, 저항했다. 하지만 그들 모두 나름의 진실함을 지니고 있었다. 그들은 법석을 떨고 불통거린 후에 결국은 정직하게 행동했다. 이들의 삶을 다른 이들의 삶과 구별해준 것은 무엇보다도 그들의 신앙에 바탕을 둔 정직함이라는 특징이었다.

저울의 하단부

부정직을 생각할 때 우리는 대개 굉장히 무분별한 행동, 가령 세금을 속이거나, 회사의 물건을 슬쩍하거나, 고객에게 거짓말을 하거나, 아내를 속이고 바람을 피우는 것 등을 떠올린다.

만약 우리의 생각을 그런 중요한 문제들에만 국한시킨다면, 큰일에서 신뢰를 얻기 위해 먼저 작은 일에서 신뢰를 얻어야 한다는 사실을 놓칠 수 있다. 하나님이 보시기에 우리는 은행을 털었을 때나 가방에 모텔 객실의 수건을 가지고 나왔을 때나 모두 유죄다. 분명히 결과는 다르다. 하지만 평결은 역시 유죄다.

어느 날 밤 나는 몇 가지 서류를 전해주기 위해 회사 동료의 집을 방문한 적이 있다. 그의 집 전화기 옆에 회사 로고가 새겨진 메모지가 놓여 있었다. 우리 회사의 방침 중 하나는 사무실 용품을 개인적으로 소비해서는 안 된다는 것이었다. 그날 이후 그에 대한 나의 믿음은 전과 같지 않았다. 그는 메모지 값으로 상사의 믿음을 팔아넘겼다.

예수님은 비유 중 하나에서 청지기에 대해 이런 말씀을 하셨다. "너희가 만일 불의한 재물에도 충성하지 아니하면 누가 참된 것으로 너희에게 맡기겠느냐. 너희가 만일 남의 것에 충성하지 아니하면 누가 너희의 것을 너희에게 주겠느냐"(눅 16:11-12).

* * *

택시 운전사가 나에게 백지 영수증을 내밀며 말했다. "원하는 대로 써넣으세요."

"아니요, 됐습니다. 나는 그리스도인입니다. 그건 옳지 않아요."

이건 뭐지, 하는 듯한 눈빛으로 한참 나를 쳐다보던 그가 어깨를 으쓱거리며 말했다. "알겠습니다, 손님. 좋으실 대로."

우리는 하나님이 우리에게 큰 책임을 맡기시도록 하기에 앞서 정직함이라는 스펙트럼의 하단부에서 우리의 정직함을 입증해야 한다. 앞서 인용한 누가복음 16:10의 전반부는 우리가 작은 일에 충성할 때 주어지는 보상을 말씀한다. "지극히 작은 것에 충성된 자는 큰 것에도 충성할 수 있다." 우리가 정직함을 보일 때 그 모습에 놀란 세상은 그리스도께서 인간의 삶에서 만드실 수 있는 차이를 다시 생각하게 될 것이다.

크게 쓰임 받는 쉬운 방법

어떤 이가 부동산 중개업에서 큰 성공을 거뒀다. 그와 같은 인물이 되기를 바라는 후배가 그에게 어떻게 그렇게 큰 성공을 거둘 수 있었냐고 물었다.

"나는 평범하고 근면하고 정직한 중개인일 뿐입니다. 나는 특별하지 않아요"라고 그가 답했다. "당신도 알다시피, 이 업계에는 원칙을 무시하는 사람들이 너무 많아요. 그래서 나처럼 정직하고 평범한 사람이 오히려 굉장해 보이는 거죠!"

하나님은 소수의 선한 사람들을 찾으신다. 당신은 하나님의 팀에 소속되어 일을 하기 위해 가장 똑똑할 필요도 가장 잘생길 필요도 그리고 가장 유능할 필요도 없다. 그저 신실하기만 하면 된다. 하나님은 신실하고 정직한 사람을 찾으신다. 자신이 신뢰하실 수 있는 사람을 찾으신다.

대부분의 사람들이 부정직이라는 유사(流砂)의 늪에 빠져 허우적거리고 있기 때문에 하나님의 눈에는 오히려 평범하고 근면하며 정직한 사람이 아주 선해 보인다. 만약 그분이 당신을 신뢰하신다면 당신을 사용하실 것이다.

도둑질하지 마라

한동안 인류를 살펴보신 후에 하나님은 열 가지 규칙을 정하기로 하셨다. 그것은 우리의 유익을 위한 규칙이었다. 거짓말, 속임수, 도둑질을 금하는 것이 그 열 가지에 들어갔다. 십계명 전반에서 정직에 대한 강조가 나타난다. 따라서 당신이 십계명에 불순종할 때는 언제나 부정직한 행위를 하고 있는 셈이다. 성경에서 이 십계명에 대한 순종의 중요성은 다음과 같이 설명된다.

> 그런즉 너희 하나님 여호와께서 너희에게 명령하신 대로 너희는 삼가 행하여 좌로나 우로나 치우치지 말고, 너희 하나님 여호와께서 너희에게 명령하신 모든 도를 행하라. 그리하면 너희가 살 것이요 복이 너희에게 있을 것이며 너희가 차지한 땅에서 너희의 날이 길리라(신 5:32-33).

우리의 번영은 정직해지는 일에서 보이는 순종과 관련이 있다. 하지만 모두가 알고 있듯이, 우리는 자신의 힘으로는 정직해질 수 없다. 이 책에서 묘사하는 그 어떤 다른 미덕도 그러하다. 그러나 우리 안에 계신 그리스도께서는 그 일을 하실 수 있다. 그리스도께 순복하는 이들은 더욱 그분을 닮아가기 위해 그분이 우리 안에서 역사하시게 하겠노라고 맹세해야 한다. "너희는 이 세대를 본받지 말고 오직 마음을 새롭게 함으로 변화를 받아 하나님의 선하시고 기뻐하시고 온전하신 뜻이 무엇인지 분별하도록 하라"(롬 12:2).

사소한 선의의 거짓말

존은 빌의 새로운 사무실 개소식에 참석할 것이라고 말했지만, 결국 개소식에는 나타나지 않았다. 나중에 빌은 존이 자신의 초대에 응하기 전에 이미 같은 시간에 다른 약속이 있었음을 알았다. 그리고 그는 그 선약을 지켰다. 존은 궁금했다. "어째서 그는 선약이 있다는 말을 하지 않았을까?"

그 일은 그들의 관계에 결코 사라지지 않는 쐐기를 박아넣었다. 관계는 신뢰 위에 세워진다. 이 신뢰라는 연약한 실은 쉽게 끊어질 수 있다. 그리고 **선의의 거짓말**은 모든 신뢰 관계에 금이 가도록 만든다.

"전화해줘서 고마워. 안 그래도 내가 막 전화하려던 참이었는데."

"언제 밥 한번 먹자."

"당신을 위해 기도하겠습니다."

선의의 거짓말은 아무도 해치지 않는다는 주장이 존재한다. 그것은 옳은 말이 아니다. 왜냐하면 선의의 거짓말을 하는 사람은 늘 하나님의 복을 잃어버리는 피해자이기 때문이다.

결국 선의의 거짓말은 당신을 해친다. 19세기 영국의 예술 비평가 존 러스킨(John Ruskin)은 우리가 아주 많은 방법으로 거짓말을 한다고 썼다.

거짓말의 핵심은 말에 있지 않고 속임수에 있다. 거짓말은 침묵으로, 얼버무림으로, 음절에 대한 악센트로, 어느 문장에 특정한 의미를 부여하는 눈빛으로 이루어질 수 있다. 그리고 이 모든 거짓말은 평범하게 말로 이루어지는 거짓말보다 훨씬 더 나쁘고 야비하다. 따라서 말로 하지 않고 몸짓이나 침묵으로 속였으므로 자신이 누군가를 속였다는 것에 대해 가책을 받지 않는 눈먼 양심보다 나쁜 것은 없다.[42]

좁은 길

미국의 코미디언이자 배우인 조지 번스(George Burns)가 이런 말을 한 적이 있다. "연기에서 가장 중요한 것은 정직이다. 그것을 속여 연기할 수 있다면, 당신은 성공한 것이다."

영적 순례의 측면에서 종종 사람들은 옳은 길로 가지 않는다. "정직"이라는 이름이 붙은 길은 좁고 사람들로 붐비지 않는 길이다. 하나님 앞에서 자신을 구별하기 위한 방법은 스스로 다른 사람들과 다르게 행동하는 것뿐이다. 그것은 쉽게 할 수 있는 일이다.

그리스도는 영생에 이르는 길이 좁다고 말씀하셨다.

> 좁은 문으로 들어가라. 멸망으로 인도하는 문은 크고 그 길이 넓어 그리로 들어가는 자가 많고 생명으로 인도하는 문은 좁고 길이 협착하여 찾는 자가 적음이라(마 7:13-14).

부정직은 넓은 길이다. "순종"을 통해 얻을 수 있는 풍성한 삶을 발견하는 이들이 그토록 적은 까닭은 우리의 부정직이 길을 가로막고 서 있기 때문이다.

도덕적 상대주의는 부정직이라는 영역에서 안전한 항구를 발견한다. 그것의 기본 가치는 다음과 같다. 아무도 당신이 속이는 것을 (혹은 거짓말하거나 훔치는 것을) 보지 못하면, 당신은 붙잡히지 않을 것이다. 그리고 당신이 붙잡히지 않으면, 그것은 옳은 것이다. 왜냐하면 당신이 붙잡히지 않았다면, 당신은 기술적으로 그 어떤 잘못도 행하지 않은 셈이기 때문이다.

그것이 호텔의 수건을 슬쩍하는 것이든, 소득세를 탈루하는 것이든, 잔돈을 돌려주지 않는 것이든, 노란불을 보고 질주하는 것이든, 회사에 지각하는 것이든, 혹은 농땡이를 치는 것이든 간에, 중요한 원칙은 이러하다. 좁은 길은 풍성한 삶으로 이어진다. 그리고 오직 소수의 사람들만 그것을 발견한다.

사업에서 실패하는 세 가지 이유

한 분야, 즉 사업이라는 분야를 좀 더 상세하게 살펴보도록 하자. 사업은 다음 세 가지 중 한 가지 이유 때문에 실패한다. 잘못된 판단, 환경의 변화 혹은 정직의 문제.

▶ 1. 잘못된 판단

주요 도로를 서쪽으로 확장하는 작업이 3년 내에 완공될 예정이었다. 그럼에도 15년이 지나도록 길이 개통되지 않았다. 투자자들은 토지가 거래되기를 바라며 2, 3년씩 기다렸다. 그러나 도로 계획이 계속 지연되자 결국 모두가 그 사업을 포기하고 말았다.

모두가 실수를 한다. 그리고 내가 아는 모든 이들은 적절하게 소통이 이루어지는 경우, 잘 굴러가지 않는 사업을 하면서 그런 상황을 견뎌내고 있다. 소수의 사람들은 아주 오만해서 모든 투자가 계획대로 성공할 것이라고 믿는다. 그러나 우리 모두는 우리가 인간이며 잘못된 판단을 한다는 것을 안다.

▶ 2. 환경의 변화

제2차 세계대전 막바지에 세 명의 형제(그들 중 하나가 나의 장인어른이시다)가 제대군인지원법에 근거해 제대군인들을 위한 비행훈련학교를 시작했다. 그들은 수천 명의 제대군인들에게 비행법을 가르쳤다. 전쟁이 끝나고 나서 4년쯤 되었을 때 그 어떤 사전 경고도 없이 의회가 제대군인지원법을 개정했다. 그로 인해 비행훈련학교는 제대군인들을 위한 수업료 지원에 적합하지 않은 곳이 되고 말았다. 형제들의 사업은 즉시 위기에 처했다. 결국 그들은 그 사업을 접어야 했다.

당신이 얼마나 훌륭한지와 상관없이 사업 환경의 변화무쌍함이 마치 사자가 먹잇감에 몰래 다가가듯이 당신에게 다가올 수 있다. 당신은 그 사실을 알아차리기도 전에 재앙과 맞닥뜨린다. 그리고 그 악화된 상황을 개선하기 위해 할 수 있는 것이 아무것도 없을 수 있다. 조세개혁이나 다른 법적 변화가 갑자기 당신이 수십 년간 운영해온 회사를 업계에서 퇴출시킬 수도 있다.

▶ 3. 정직의 문제

사업이 어려워지는 세 번째 이유는 정직의 문제이다. 거래를 성사시키기 위해 꼼수를 부리는 이들은 아기 돼지 세 마리 중 첫째와 같다. 짚으로 지은 집은 큰 바람이 불어올 기미만 느껴져도 무너진다.

고객에게 거짓말을 하는 것, 거래를 망칠 수도 있는 정보를 숨기는 것, 가짜 경쟁자를 내세워 가격을 후려치는 것, 마땅히 올려줘야 할 임금을 올려주지 않는 것, 할 수 있음에도 처음에 합의한 비용을 지불하지 않는 것, 이 모든 것이 하나님께는 아주 중요하다. 그분은 소수의 선한 사람을 찾고 계신다.

단박에

우리 모두는 순간마다 정직해질지 말지를 결정하는 딜레마에 빠진다. 보통 일상에서 우리는 거짓말하고 속이며 훔칠 수많은 기회를 얻는다.

만약 우리가 매번 정직해질지 말지를 두고 결정을 내려야 한다면, 아주 많은 에너지를 소비해야 할 것이고 결국 엉성한 결정을 내리거나 우리의 진실함을 적당하게 타협하는 위험한 상황을 겪게 될 것이다. 어째서 이 문제를 정리하지 못하는가? 어째서 당신이 **언제나** 정직해야 한다는 결정을 내리지 못하는가?

그것이 하나님께서 욥을 그토록 좋아하셨던 이유다. 욥은 가족과 사업을 잃은 후에도 하나님이 무언가를 잘못하셨다고 비난하는 죄를 짓지 않았다. 그런 까닭에 하나님은 사탄에게 이렇게 말씀하셨다. "네가 내 종 욥을 주의하여 보았느냐. 그와 같이 **온전하고 정직하여** 하나님을 경외하며 악에서 떠난 자가 세상에 없느니라. 네가 나를 충동하여 까닭 없이 그를 치게 하였어도 **그가 여전히 자기의 온전함을 굳게 지켰느니라**"(욥 2:3, 굵은 글씨는 저자가 덧붙인 것임). 욥의 진실함 때문에 "여호와께서 욥의 말년에 욥에게 처음보다 더 복을 주셨다"(욥 42:12).

문제를 단박에 해결하고 늘 좁은 길을 택하기로, 즉 늘 진실함을 지니기로 결심함으로써 우리는 매일 수많은 결정을 내리는 문제로부터 ─ 마치 바위 위로 떨어지는 물방울처럼 우리의 인격을 마모시킬 수도 있는 수많은 사소한 결정들로부터 ─ 해방될 수 있다. 그렇게 함으로써 우리는 수많은 이들의 삶에 그늘을 드리우고 있는 부정직이라는 색조를 거둬낼 수 있다.

새롭게 개선된 세제를 사용해보기 전까지 자신의 흰 빨래가 얼마나 거무칙칙했는지 알지 못했던 주부처럼, 우리는 우리의 영혼의 밝음 안

에 눈에 띨 만한 차이가 존재한다는 것을 알게 될 것이다. 그리고 하나
님께서는 자신이 작은 일과 큰일 모두에서 우리를 신뢰하실 수 있음을
아시게 될 것이고, 실제로 욥에게 그러셨던 것처럼 우리에게도 참된 풍
요를 내려주실 것이다.

토론 문제

1. 대부분의 남자가 작은 일에서 술수를 부린다(가령, 신호등이 바뀔 때 운전하기, 속도위반, 사무실 용품을 집으로 가져가기, 1주일이 걸릴 것을 알면서 이틀 안으로 배송하겠다고 약속하기 등등).

   □ 동의한다. □ 동의하지 않는다.

   개인적인 것이든 어디서 본 것이든 예를 들어보라.

2. 누가복음 16:10을 읽으라. 원칙은 이렇다. "작은 일을 하는 방식이 큰일을 하는 방식이 될 것이다." 당신은 이 원칙에 동의하는가? 당신은 두 세트의 기준, 즉 작은 일을 위한 기준과 큰일을 위한 기준을 유지하는 것이 가능하다고 보는가? 어째서인가, 어째서 그렇지 않은가?

3. 당신이 완전하게 정직해지고 신뢰할 만한 사람이 되고자 애쓰고 있는 삶의 영역은 무엇인가? 그것을 위해 어떤 노력을 하고 있는가?

4. 누가복음 16:11-12을 읽으라. 예수께서는 이 구절에서 두 가지 수사적인 질문을 하신다. 당신은 어떻게 답할 것인가? 어째서인가?

5. 레위기 6:1-5을 읽으라. 보상은 현대에도 타당한 성경의 원리인가? 당신은 누군가에게 보상해야 할 필요가 있는가?

6. 대부분의 남자가 매일 정직과 관련된 수많은 결정을 해야 한다. 그러나 우리는 늘 정직한 쪽을 택하기로 단박에 결심함으로써 그 문제를 해결할 수 있다. 당신은 진실성을 향해 기꺼이 단박에 헌신하겠는가?

22장 은밀한 생각

사람의 은밀한 생각은 모든 것을 향한다.
거룩한 것, 세속적인 것, 깨끗한 것, 음란한 것, 무거운 것,
그리고 가벼운 것 모두를 수치심이나 부끄러움 없이 생각한다.

토머스 홉스

하나님 아는 것을 대적하여 높아진 것을 다 무너뜨리고
모든 생각을 사로잡아 그리스도에게 복종하게 하니

고린도후서 10:5

우리 세 사람은 시내의 아름다운 거리에 있는 테이블에서 맛있는 샌드위치를 먹고 있었다. 이른 봄에 새로 나온, 종이처럼 얇고 투명한 잎사귀들 사이로 햇빛이 부서지고 있었다. 시원한 공기가 마음을 상쾌하게 만들어주었다!

우리가 막 자리에서 일어서려던 때 매우 아름다운 여자 하나가 길을 따라 걸어 내려왔다. 그녀는 아름답고 상큼하며 우아했다. 그녀는 그날과 아주 잘 어울려 보였다. 그녀가 지나갈 때 나와 함께 있던 두 사람을 포함해 많은 남자의 머리가 그녀를 따라 돌아갔다. 나는 그들의 눈동자가 그녀를 따라가는 것을 보았다. 그리고 그들이 자신들의 머릿속에서 정신적으로 그녀의 옷을 벗기고 있음을 직감할 수 있었다. 그러나 우리

는 그녀에 대해 한마디도 하지 않은 채 사무실로 돌아왔다.

나는 나 자신이 딜레마에 빠져 있음을 알았다. 나는 그 두 사람의 분명한 욕망에 분개했다. 하지만 그와 동시에 나는 그들과 나 사이의 유일한 차이는 내가 나의 눈동자의 움직임을 좀 더 조심스럽게 통제했을 뿐이라는 사실을 분명하게 알고 있었다.

그리스도인들은 여자들에 대해 음욕을 품지 말아야 한다고 **기대되기 때문에** 나는 나의 생각을 신중하게 숨겼다. 하지만 나는 여자들을 의식하지 않는 척하는 것이 거짓임을 잘 알고 있었다. 나는 내가 겉으로 드러내는 이미지와 달리 은밀한 생각을 하고 있음을 알았다. 나는 이런 이중적인 삶의 압박을 좋아하지 않았으나 어쩔 수 없이 그런 압박 앞에서 당황했다. 나는 그것이 나 혼자만의 문제라고 여겼다. (내 죄가 용서받지 못하거나 내가 진짜 그리스도인이 아닐 수도 있다고 생각했다.)

나는 다른 그리스도인 남자들이 나와 동일한 문제로 씨름하고 있을 수도 있다는 생각을 하지 못했다. 도대체 누가 자신의 은밀한 생각을 떠벌리려 하겠는가? 어째서 나는 내 머릿속을 온통 휘젓고 있는 환상, 질투, 욕망, 시기, 야심, 돈과 권력에 대한 갈망 그리고 분노 같은 은밀한 생각들을 통제하지 못하는 것일까?

문제

지금 당신은 다른 이들이 알고 있는 "당신"과 다르게 보일 만한 은밀한 생각을 하며 살고 있지 않은가? 당신의 친구와 동료들이 당신의 마음속을 들여다본다면 당황하지 않겠는가? 만약 사람들이 당신의 생각을 들을 수 있다면, 당신의 배우자가 당신에게 이혼을 요구하지 않겠는가?

우리 모두는 은밀한 생각, 즉 오직 자신만 아는 생각을 하며 살고 있다. 이 은밀한 삶은 대개 **가시적인** 당신, 즉 다른 이들이 알고 있는 당신과 크게 다르다. 그러나 그것이 **진짜** 당신이다. 그리고 그것이 우리 하나님께서 알고 계시는 당신이다.

우리 중 어떤 이들에게 은밀한 생각은 환상적인 꿈의 세계다. 그 세계는 우리를 부자로, 유명하고 강력한 사람으로 만들어줄 복잡한 여러 가지 계획을 섞어 만든 것이다. 어떤 이들은 자기를 유혹하는 아름다운 여인들과의 만남을 상상한다. 우리 모두는 자기가 바라는 은밀한 모습을 만들어내는데, 다른 이들이 이를 알아차리면 당황하게 될 것이다.

어떤 이들은 자신이 계획한 대로 되지 않는 삶에 대한 비통함과 분노로 가득 찬 증오의 세계에서 부글거린다. 우리는 다른 사람에게 닥쳐온 행운에 대한 시기와 질투로 끓어오른다. 우리는 부자들의 말에 경멸을 느낀다. 그 말들이 틀려서가 아니라 우리가 그들의 성공을 경멸하기 때문이다.

우리의 정신을 관통하며 흐르는 부정적인 사고의 영속적인 흐름으로부터 구원을 얻을 길은 없는 것처럼 보인다. 은밀한 생각에 대해 말하는 것은 아주 민감한 문제이기에 그동안 그 주제에 관해서는 거의 아무것도 말해지지 않았다. 왜 사람들은 은밀한 생각을 할까? 도대체 우리의 마음속 구석진 곳에서 무슨 일이 벌어지고 있는 것일까?

마음의 전쟁

어느 날 아침 나는 성경 공부 모임을 인도하기 위해 차를 몰고 있었다. 나는 혼자 드라이브하는 것을 좋아한다. 차 안은 사고의 흐름을 방해하며 갑작스럽게 끼어드는 이 없이 혼자만의 생각을 즐길 수 있는 몇 안되는 장소 중 하나다.

교통이 혼잡해 차가 밀렸다. 신호등을 보고 속도를 늦추면서 나는 다음 녹색 신호에서 교차로를 통과할 수 있을 거라고 여기며 안도했다. 내가 천천히 브레이크를 밟는 동안 내 곁에 있던 차가 내 앞의 그 비좁은 공간을 보더니 경고도 없이 차선을 바꾸며 끼어들었다. 나는 급브레이크를 밟았고 백미러를 체크했다. 거기까지는 괜찮았다. 화가 치밀었으나 성경 공부 모임을 인도하러 가는 중이었기에 재빨리 마음을 다잡고 정신을 밝게 유지했다. 심지어 나는 영적 불량배임이 분명한 그 멍청이를 용서하기까지 했다.

신호등이 녹색으로 바뀌고 길게 늘어서 있던 차들이 조금씩 교차로 쪽으로 움직이기 시작했다. 어느 차가 교차로를 마지막으로 빠져나갔을지 추측해보라. 당신이 옳다. 바로 그 차였다. 그 차 뒤에 있던 나는 붉은 신호등 앞에서 멈춰서야 했다. 그것이 나를 분개하게 만들었다. 성경 공부고 뭐고 할 것 없이, 나는 하나님께 순복하지 않은 나의 일부에서 터져 나오는 소리를 그냥 내지르고 말았다.

만약 이것이 단 한 번의 사건이었다면 나는 크게 걱정하지 않았을 것이다. 그러나 매일 우리 모두는 우리의 생각을 통제하는 문제와 씨름한다. 그리스도인의 진짜 전쟁터는 마음이다.

당신은 사도 바울이 우리와 마찬가지로 이런 싸움을 하며 탄식했다는 것을 알면 기뻐할지도 모르겠다. 언젠가 그는 이렇게 썼다.

내가 행하는 것을 내가 알지 못하노니 곧 내가 원하는 것은 행하지 아니하고 도리어 미워하는 것을 행함이라. 만일 내가 원하지 아니하는 그것을 행하면 내가 이로써 율법이 선한 것을 시인하노니 이제는 그것을 행하는 자가 내가 아니요 내 속에 거하는 죄니라. 내 속 곧 내 육신에 선한 것이 거하지 아니하는 줄을 아노니 원함은 내게 있으나 선을 행하는 것은 없노라. 내가 원하는 바 선은 행하지 아니하고 도리어 원하지 아니하는 바 악을 행하는도다. 만일 내가 원하지 아니하는 그것을 하면 이를 행하는 자는 내가 아니요 내 속에 거하는 죄니라. 그러므로 내가 한 법을 깨달았노니 곧 선을 행하기 원하는 나에게 악이 함께 있는 것이로다. 내 속사람으로는 하나님의 법을 즐거워하되 내 지체 속에서 한 다른 법이 내 마음의 법과 싸워 내 지체 속에 있는 죄의 법으로 나를 사로잡는 것을 보는도다. 오호라 나는 곤고한 사람이로다. 이 사망의 몸에서 누가 나를 건져내랴(롬 7:15-24).

역사상 가장 위대한 그리스도인 중 하나가 우리와 같은 갈등을 했음을 아는 것은 얼마나 큰 위로가 되는가! 그럼에도 우리가 마음속에서 벌어지는 이 싸움을 이해하지 못하면, 실제로 그 싸움에서 이길 가능성은 거의 없다. 그럴 경우 우리의 승리는 계획적으로가 아니라 우연히 이루어질 가능성이 크다.

그러나 우리 마음속에서 벌어지는 이 싸움의 단순함을 이해하기 시작할 때, 우리는 은밀한 생각을 제어할 수 있는 화력을 얻게 된다. 오늘날 그리스도인들은 종종 그 싸움을 준비하지 못한다. 그것은 마치 시민들을 징집해 전쟁터로 내보내면서 그들에게 소총 쏘는 법조차 가르치지 않는 것과 같다.

그런데 바울은 자신이 던진 질문에 스스로 답한다. 그는 "이 사망의 몸에서 누가 나를 건져내랴?"라고 물은 후 이렇게 답한다. "우리 주 예수 그리스도로 말미암아 하나님께 감사하리로다"(롬 7:25). 하나님은 어떻게 우리 주 예수 그리스도를 통해 마음을 위한 싸움에서 이기도록 우리를 준비시키시는가? 우리는 두 개의 마음을 갖고 있다.

X마음과 Y마음

MIT 교수 더글라스 맥그레거(Douglas McGregor)가 발전시킨 흥미로운 경영학 이론이 있다. "X이론과 Y이론"이다. X이론을 지지하는 매니저는 사람들이 기본적으로 게으르고 무책임하며 지속적으로 감독을 받지 않으면 일을 제대로 하지 않는다고 믿는다. 반면에 Y이론을 지지하는 매니저는 사람들이 대개 일을 잘하기를 바라며 분명하게 정의된 목표를 제시하면 그것에 잘 대응한다고 믿는다. 지원과 격려를 받으면 일을 잘 해낼 수 있다고 믿는다.

우리는 이 이론을 위한 몇 가지 성경적 근거를 찾아볼 수 있다. 성경은 마음의 두 부분을 묘사한다. 하나는 육 혹은 악한 본성에 지배를 받는 "X마음"이라고 부를 수 있다. 다른 하나는 성령에 지배를 받는 "Y마음"이라고 부를 수 있다. 그리스도를 따르는 자로서 우리는 X마음의 악한 본성을 따라 행하도록 방치되어 있지 않다. 오히려 우리는 Y마음을 가르치고 그것을 따라 행하도록 인도하시는 성령을 받았다. 성령은 하나님이 마음을 위한 싸움에서 이길 수 있도록 우리를 준비시키시는 방법이다.

만약 우리가 두 가지 마음의 작동법을 이해한다면, 은밀한 생각을 제어할 수 있을 것이다. 여기에 그 작동법을 이해하기 위한 해독기가 있다.

> 육신을 따르는 자는 육신의 일[X마음]을, 영을 따르는 자는 영의 일[Y마음]을 생각하나니 육신의 생각[X마음]은 사망이요 영의 생각[Y마음]은 생명과 평안이니라(롬 8:5-6).

여기서 우리가 확실하게 두 개의 구별된 마음을 갖고 있는 것이 아니라는 점을 분명하게 해두자. 그러나 우리에게는 두 가지 구별된 본성 ─ 악한 영향력에 반응하는 악한(혹은 육적인) 본성과 하나님의 성령에 반응하는 새로운 피조물(혹은 영적)의 본성 ─ 을 갖고 있다. 은밀한 생각이라는 죄는 X마음 안에서, 즉 우리의 악한 본성 안에서 잉태된다.

우리 모두에게는 X마음과 Y마음이 있다. 우리는 악한 본성을 따라 ─ "육신의 일을 따라" ─ 살면서 X마음의 사람이 될 수도 있고, 성령을 따라 살면서 Y마음의 사람이 될 수도 있다. 너무나 자주 우리는 이쪽에서 저쪽으로 넘어간다. 그리고 자신이 하는 모든 일에서 불안정한 두 마음을 지닌 사람이 된다(약 1:8을 보라).

문제는 때때로 단순한 생각과 악한 생각 사이의 차이가 아주 흐릿해질 수 있다는 데 있다. X마음은 언제 죄가 되는가?

흐릿한 선

어린 조니가 모래 위에 선을 긋고 동생 지미에게 말했다. "이 선은 안 넘는 게 좋을 거야. 넘으면 널 때릴 거야!"

지미는 즉각 도전적으로 선을 넘고는 의기양양하게 팔짱을 꼈다. 조니는 잠시 머뭇거리더니 모래 위에 다른 선을 하나 긋고 반복해서 말했다. "이 선은 안 넘는 게 좋을 거야. 넘으면 널 때릴 거야!"

유혹과 죄를 구분하는 흐릿한 선은 어디쯤에 그어져 있을까? 돌 위에 새겨져 있는가 아니면 모래 위에 새겨져 있는가? 즉각적인 결과가 마음에 들지 않으면 언제라도 다시 그을 수 있는 선인가? 우리의 생각 안에서 유혹과 실제적인 죄의 차이는 무엇인가?

많은 이들이 유혹과 죄의 차이를 분명하게 이해하지 못한다. 그래서 종종 우리는 깊이를 알 수 없는 물 위를 걷고 있다고 느낀다. 우리는

180cm의 키를 갖고 있으면서도 고작 120cm 깊이의 물에 빠져 죽는 사람과 같다.

이 흐릿한 선이 어디에 그어져 있는지 아는 것은 마치 조광기(調光器)를 돌리는 것과 같다. 어두운 방 안에서 걸을 때, 처음에는 자신이 제대로 걷고 있는지 아니면 테이블 위를 걷고 있는지 알기가 매우 어렵다. 그러나 조광기를 살짝 돌리면, 그 방안에 있는 흐릿한 물체들을 볼 수 있으며, 천천히 그리고 조심스럽게 이리저리 돌아다닐 수 있게 된다. 그러다가 빛의 강도를 최대한 높이고 나면, 당신은 모든 것을 분명하게 볼 수 있고 어디로든 마음대로 다닐 수 있게 된다.

유혹과 죄의 차이를 이해하는 것은 어디에서 안전하게 걸을 수 있는지 혹은 그럴 수 없는지를 이해하는 것이다. 그 빛은 하나님의 말씀으로부터 온다. 조광기는 그 말씀에 대한 우리의 이해를 가리킨다. 말씀을 이해하는 것만큼 그 빛의 밝기가 밝아진다. 빛이 밝을수록 물체의 흐릿함이 덜해지고 우리는 어디로 걸어야 하는지 더 큰 확신을 얻게 된다.

유혹은 죄가 아니다

우리의 삶 속으로 들어오는 생각들이 전부 죄는 아니다. 사실 그리스도인들은 회심 이전보다 훨씬 더 많은 유혹을 받을 수 있다. 왜냐하면 유혹자가 가장 잘 하는 일이 믿음과 관련해 우리를 낙심시키는 것이기 때문이다.

종종 우리는 이렇게 묻는다. "여전히 이런 생각을 하고 있는 내가 어떻게 **참된** 그리스도인일 수 있는가?" 만약 우리가 그런 생각을 하고 있다면, 누가 이기고 있는지 생각해보라. 식당에서 우리 옆자리에 앉아 있는 남자의 거친 말을 제어하기보다 우리 자신의 생각을 제어하기가 훨씬 더 어렵다.

많은 이들이 유혹이 반복되는 것을 어쩌지 못해 자신을 정신적으로 학대한다. 그러나 **생각은 죄가 아니다!** 사실 우리는 마음속에 쓰레기 같은 생각을 너무 많이 집어넣어 그것이 우리를 유혹하도록 만든다. 그럴지라도 생각은 그저 생각일 뿐이다. 유혹하는 생각은 악한 생각이 될 수 있다. 그러나 그것은 오직 X마음이 제멋대로 활개 치며 선을 넘는 경우에만 그러하다.

유혹이 선을 넘을 때

우리의 생각 속에서 유혹은 언제 실제적인 죄가 되는가? 가장 적절한 예는 섹스가 될 것이다. 남자들은 육체적으로 여자들에게 끌린다. 그렇다면 언제 정신적 끌림이 죄가 되는가? 단순한 유혹에서 실제적 죄로 넘어가는 명확한 선이 존재하는가? 우리는 넘지 말아야 할 선을 그을 수 있는가?

우리의 정상적인 관찰이 비정상적인 집착이 될 때 우리는 선을 넘는다. R. C. 스프로울 박사는『하나님이 기뻐하시는 삶』(생명의 말씀사, 2015)에서 이렇게 쓴다.

> 여자에게 성적 매력을 느끼는 것은 욕망이 아니다. 욕망은 우리가 단순한 인식을 집착어린 판타지로 바꿀 때 태어난다. 성적인 생각을 우리 마음속으로 끌어들여 품을 때, 단순한 인식에서 욕망으로 넘어가는 것이다. 루터는 그것에 대해 이렇게 말한 바 있다. "우리는 새가 우리의 머리 위로 날아가는 것을 어쩌지 못한다. 그러나 새를 끌어들여 우리 머리에 둥지를 틀게 하는 것은 다른 문제다."[43]

한 친구가 나에게 이렇게 말한 적이 있다. "유혹은 아름다운 여인에게 성적으로 끌리는 것이다. 죄는 그녀를 다시 보기 위해 그녀가 사는 곳 주변을 어슬렁거리는 것이다."

어떤 일을 잘 하고 나면 우리는 으쓱한다. 그때 우리는 인간으로서 자신에 대해 꽤 좋은 느낌을 갖는다. 이 느낌이 언제 죄가 되는가? 자신이 이룬 일을 다른 이들이 이룬 일과 비교하고 다른 사람들보다 자신을 더 우월한 자리에 올려놓을 때 우리는 선을 넘는 셈이 된다.

언젠가 드와이트 무디(Dwight L. Moody)가 이런 말을 했다. "그리스도인이 스스로 유혹에 노출되어 있음을 발견할 때 하나님께서 붙들어주시기를 기도해야 한다. 또한 유혹을 받을 때 낙심하지 말아야 한다. 유혹을 받는 것은 죄가 아니다. 죄는 유혹에 빠지는 것이다."[44]

죄 숨기기

톰에게는 여자를 훔쳐보는 습관이 있었다. 여행을 할 때마다 그가 가장 즐기는 것은 공항 터미널에 앉아 자기 앞을 오가는 여자들을 훔쳐보는 것이었다. 그리스도인이 되고 나서 톰은 자신의 그런 집착이 하나님을 슬프게 한다는 것을 알게 되었다. 하지만 그것은 그의 은밀한 습관이었다. **게다가, 그는 이렇게 생각했다. 누구나 사소한 악에 빠져 있어. 그렇지 않은가? 아무도 해를 입지 않아. 이건 아무도 희생되지 않는 죄야.**

틀렸다, 톰.

하나님께는 그 어떤 비밀도 없다. 그분은 우리가 입 밖에 내기도 전에 말하고자 하는 모든 말을 알고 계신다. 다른 누구도 모르지만, 하나님은 아신다. 우리의 은밀한 생각—사실 그것은 하나님께는 은밀한 것이 아니다— 또한 성결한 삶을 목표로 해야 한다.

우리가 선을 넘어서 죄에 빠질 때 우리는 무엇을 어떻게 해야 하는가? 간단하다. 그것을 고백하라. 당신이 죄를 지은 이에게(만약 해당된다면) 사과하고, 할 수 있다면(해당된다면) 그 상황을 바로잡고, 그리스도의 용서를 받으며, 앞으로 나아가라. "자기의 죄를 숨기는 자는 형통하지 못하나 죄를 자복하고 버리는 자는 불쌍히 여김을 받으리라"(잠 28:13).

왜 우리의 생각을 제어하기 위해 그런 싸움을 해야 하는 것일까?

다른 이들에게 보임

술집에 가는 것은 죄가 아니다. 그러나 나는 술집에 앉아 있기보다는 감옥에 가는 편을 택할 것이다. 솔직히 말해, 내가 그렇게 하는 이유는 영적인 것이 아니라 이기적인 것이다. 나는 명성이 더럽혀지는 것을 바라지 않는다. 그래서 술집에 가는 것을 엄격하게 금한다. 이것은 예수님이 나에 대해 생각하시는 것보다는 나의 친구들이 나에 대해 생각하는 것과 더 깊은 관련이 있다.

말과 행위의 **가시성**(visibility)은 우리가 조심하도록 돕는다. 가시성은 어느 정도의 자기훈련을 초래한다. 때로 나는 동료 집단의 압력이 거룩하신 하나님에 대한 두려움보다도 의로운 삶을 살게 하는 데 실제적으로 더 큰 영향을 끼친다고 여긴다. 우리는 다른 이들과 잘 지내고 좋은 평판을 받기를 바란다. 그리고 이런 생각은 우리의 행동을 제어한다.

불신자들은 죄를 인식하게 하고 유죄를 확증해주는 성령을 갖고 있지 않고, 교회라는 동료 집단의 압력도 갖고 있지 않기에, **높은 가시성**의 통제를 받지 않는다. 그로 인해 그들은 X마음을 지니고 살아간다.

물론 가시성에 의한 동료의 압력은 나쁜 게 아니다. 만약 동료의 압력이 존재하지 않는다면, 나는 그 어떤 책임도 지려고 하지 않을 것이고,

죄에 대한 유혹은 더욱 매력적일 것이다.

그러나 잘 드러나지 않는 우리의 은밀한 생각에는—자기훈련과 성령에 대한 의존을 제외하고는—높은 위험을 감수하게 하는 그 어떤 동료의 압력도, 그 어떤 종류의 책임도 존재하지 않는다. 그렇게 **낮은 가시성**의 결과는 무엇일까? 다른 이가 알게 되면 당혹스러울 수밖에 없는 은밀한 생각을 그 어떤 통제도 받지 않은 상태로 계속해나가는 것이다.

내 자신의 인식

가시성이 높은 죄는 다른 이들에게는 분명하게 보이는 반면 우리에게는 보이지 않을 수도 있다.

새로운 그리스도인으로서 우리는 새로 발견한 믿음에 온갖 과도한 것들을 가지고 나온다. 유감스럽게도 우리는 화, 분노, 비통함, 자기중심성, 욕망, 시기 그리고 질투 등으로 가득 차 있다.

그리스도인이 되기 전에도 우리는 은밀한 생각들을 감추며 살았다. 그리스도인이 되고 나면 이런 은밀한 생각들을 더 잘 감춘다. 우리는 신자로서 새로운 직무 내용 설명서에 맞춰 말과 행위를 조심스럽게 통제한다. 가시성이 낮은 죄는 사각지대와 같다. 그렇게 잘 인식되지 않는 분야야말로 우리의 마음을 차지하기 위해 가장 치열한 싸움이 벌어지는 곳이다. 시편 기자는 이렇게 말한다. "자기 허물을 능히 깨달을 자 누구리요. 나를 숨은 허물에서 벗어나게 하소서. 또 주의 종에게 고의로 죄를 짓지 말게 하사 그 죄가 나를 주장하지 못하게 하소서. 그리하면 내가 정직하여 큰 죄과에서 벗어나겠나이다"(시 19:12-13). 자신이 인식하지 못하는 적을 때려눕히기는 어렵다.

가시성과 인식의 연결

그림 22.1은 가시성과 죄에 대한 우리의 인식의 관계를 보여준다. 가시성은 외부 세계("타인")를 향하는 반면, 인식은 내부 세계("나")를 향한다. 가시성이 높은 죄는 대개 말과 행위에 관련된 죄임을 주목하라. 종종 우리는 다른 사람의 은밀한 생각이 어떻게 죄를 짓게 하는지 어렴풋이 알게 되고 이 가시성은 다른 사람들이 알아차리기 전 행동을 고칠 수 있는 동기가 된다.

반면에 가시성이 낮은 죄는 대개 우리의 은밀한 생각 안에서 일어나는 죄다. 우리가 그리스도인이 되면 공개적으로 행하는 우리의 말은 아주 깨끗해진다. 하지만 그럴수록 마땅히 생각할 것 이상으로 자신을 높이 생각하는 교묘한 오만함을 억제해주는 어떤 동료 집단의 압력도 존재하지 않는다. 우리는 은밀한 생각을 극복하기 위해 더욱 깊은 영적 삶 속으로 들어가야 한다.

우리의 죄가 갖고 있는 가시성은 우리가 그것을 크게 인식하고 변화를 추구할 동기를 제공한다. 인식되지 못한 우리의 일부는 변화되지 않는다. 죄에 대한 인식은 우리가 성찰하지 않는 삶을 살아가는 정도와 상관이 있다. 높은 인식은 말과 행위에 집단의 도덕관을 적용함으로써 나타날 수 있다. 그러나 우리는 생각의 "오류"와 "숨겨진 잘못"을 인식하기 위해 성령께 의지해야 한다.

주님을 받아들이기 전에 나는 말을 할 때마다 상상할 수 있는 거의 모든 욕을 내뱉었다. 그리스도인이 된 후 그런 조잡한 말들의 악함을 날카롭게 인식했는데, 의심할 바 없이, 그것이 지닌 가시성 때문이었다. 나는 기도를 드렸고, 하나님께서는 이 분야에서 나를 극적으로 변화시켜주셨다.

그러나 나의 운명을 제어하고 하나님을 포함해 다른 누군가의 도움 없이 스스로 삶의 주인이 되고자 하는 나의 야심은 몇 년 동안 나의 인식에서 벗어나 있었다. 아마도 그것이 지닌 낮은 가시성 때문이었을 것이다. 가시성과 인식이 조화를 이룰 때 어떤 일이 벌어지는지 살펴보도록 하자.

▶ 1. 높은 가시성/높은 인식

그림 22.1에서 보듯이 높은 가시성/높은 인식의 죄는 가장 노골적인 죄, 즉 누구라도(심지어 불신자들조차) 잘못된 것으로 인식할 만한 죄다.

언젠가 한 친구가 그의 아내를 포함해 모두가 아는 불륜을 저질렀다. 친구들 몇이 그를 찾아가 그런 노골적인 밀회를 중단하라고 권했다. 그

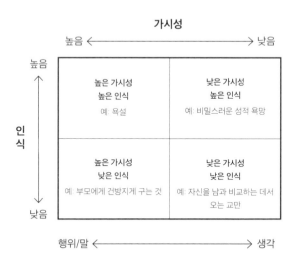

그림 **22.1** 가시성과 인식의 관계

는 자기가 하고 있는 일을 아주 잘 알고 있었다. 그리고 그 일이 너무나 확연했기에 다른 이들도 당연히 알고 있었다. 그럼에도 그는 그 일을 포기하지 않았다.

▶ 2. 높은 가시성/낮은 인식

이런 죄는 종종, 늘 그런 것은 아니지만, 불신자들이 저지르는 죄다. 어떤 이가 그리스도인이 되었다. 그러나 그 후에도 그는 여전히 회사에서 자주 화를 내는 사람으로 알려져 있었다. 그에 대한 지적을 받았을 때 그는 자기는 가끔씩 그렇게 화를 내는 것이 정상이라고 말했다. 그때까지 아무도 그에게 화가 어떻게 죄가 될 수 있는지를 인식시키지 못했다. 다행히 그는 그때 이후로 꽤 큰 진전을 이뤘다.

▶ 3. 낮은 가시성/높은 인식

이제 낮은 가시성의 문제로 돌아가보자. 은밀한 생각은 거의 아무런 방해도 받지 않은 채 슬금슬금 연기를 피울 수 있다. 낮은 가시성/높은 인식의 죄는 그리스도인들에게 주어진 천벌이다. "나는 이런 생각을 하는 게 잘못이라는 걸 알아. 하지만 그렇다고 해서 그걸 포기할 수는 없어." 혹은 "나도 어쩔 수가 없어."

언젠가 내 친구 하나가 나에게 아는 사람을 통해 사업 자금에 대한 융자를 얻게 해주겠노라고 제안했다. 그러나 도움을 받으러 갔을 때 나는 그의 요구를 따라갈 수가 없었다. 나는 깊은 상처를 받았고 용서하기 힘들 정도로 화가 났다. 그래서 몇 달 동안 분노로 이글거렸다. 나는 비통함과 분함에 빠져 허우적거렸다. 나는 그와 대면할 용기가 없었다. 그래서 속으로 곪아 터지고 있었다.

나는 은밀한 생각 안에 들어 있는 죄를 분명하게 인식하고 있었다. 하지만 낮은 가시성 때문에 그것에 대해 누구에게도 설명할 필요가 없었다. 마침내 성령에 의한 강력한 확신을 통해 나는 그 친구와의 관계를 회복했다.

▶ 4. 낮은 가시성/낮은 인식

모든 죄 중 가장 교활한 것은 낮은 가시성/낮은 인식의 죄다. 다른 그 누구도 알아차리지 못할 뿐 아니라 심지어 우리들 역시 그것을 보지 못한다. 우리가 삶을 되돌아보며 점검하는 일이 거의 없기 때문에 잘못된 생각으로 인한 일에 무감각해진다.

어느 날 나는 내가 비판적이라는 것을 깨달았다. 나는 모든 것에 비판적이었다. 사람, 그림, 건물, 차, 옷, 풍경, 색깔 등 거의 모든 것에 대해 그랬다. 아무것도 나의 비판에서 벗어나지 못했다. 그것이 유일한 문제도 아니었다. 나는 비판에 비교를 덧붙였다. 그렇게 하면서 아주 교묘하게 자신을 보다 좋은 사람으로 보이게 하기 위해 다른 이들을 계속 깎아내렸다.

바로 그것이 교만이라는 죄의 핵심이다. 우리는 이 책의 16장에서 교만이 비교의 죄라는 것을 말한 바 있다. 성경은 우리에게 자신에 대해 마땅히 생각할 것 이상으로 생각하지 말라고 가르친다(롬 12:3).

만약 우리가 은밀한 생각을 보다 잘 인식하려면, 우리의 생각이 우리의 것처럼 보이지 않을 때 잠시 멈춰 서서 때때로 "왜?"라고 물어야 한다. 그때 우리는 자신의 은밀한 생각을 정복하기 위한 거대한 발걸음을 내딛게 될 것이다.

스스로 속는 마음

일반 맥주와 라이트 맥주를 만드는 양조 회사가 자사의 제품을 좋아하는 이들을 대상으로 설문 조사를 실시했다. "당신은 일반 맥주와 라이트 맥주 중 어느 것을 좋아하십니까?" 놀랍게도 사람들은 라이트 맥주를 일반 맥주보다 3배 정도 더 좋아한다고 답했다. 몇 년 동안 그 양조 회사는 일반 맥주를 라이트 맥주보다 9배나 많이 만들어왔는데 말이다! 고심 끝에 양조 회사는 사람들이 질문을 이렇게 해석하고 있다고 결론을 내렸다. **당신은 세련되고 차별화된 맥주를 좋아하십니까, 아니면 그저 평범한 맥주를 좋아하십니까?**[45]

우리는 스스로를 속이고 바보로 만드는 놀라운 능력을 갖고 있다. 스스로의 이미지를 너무 중요하게 여긴 나머지 종종 우리는 우리가 영웅으로 끝나기만 한다면 실패에 대한 그 어떤 이유라도 믿으려 한다. 예언자 예레미야가 그것을 지적하며 이렇게 말한 적이 있다. "**만물**보다 거짓되고 심히 부패한 것은 마음이라 누가 능히 이를 알리요마는"(렘 17:9, 굵은 글씨는 저자가 덧붙인 것임).

우리의 생각, 동기 그리고 야망이 어떻게 형성되는지에 대한 견고한 이해를 발전시키지 않는 한, 우리는 순전하지 못한 생각, 잘못된 동기 그리고 이기적인 야심을 갖게 될 것이다. 만약 우리의 망루에 보초를 세우지 않는다면, 우리의 적은 낮은 인식이라는 외투를 입고 우리의 생각 속으로 침투해 들어올 것이다.

솔로몬은 다음과 같이 썼을 때 이것을 이해하고 있었다. "마음의 경영은 사람에게 있어도 말의 응답은 여호와께로부터 나오느니라. 사람의 행위가 자기 보기에는 모두 깨끗하여도 여호와는 심령을 감찰하시느니라"(잠 16:1-2).

존은 낡은 차의 연비가 좋지 않아 새 차를 사기로 결정했다. 그가 산 새 차는 첫해에 가격이 4천 달러나 떨어졌다. 반면에 그가 아낀 연비는 금액을 따지면 고작 4백 달러였다! 존이 진짜로 원했던 것은 보다 나은 연비가 아니라 위신이었던 것이다.

은밀한 생각 정복하기

지금쯤 당신은 은밀한 생각을 제어하는 것이 가망 없는 일이라고 여길지도 모르겠다. 정반대다. 만약 우리가 성령님께 요청하기만 한다면, 그분이 우리의 정신(우리의 X마음)을 살피시고 오류를 지적해주실 것이다. "사람의 영혼은 여호와의 등불이라. 사람의 깊은 속을 살피느니라"(잠 20:27). 다윗 왕은 수사학적 질문을 제기한다. "내가 주의 영을 떠나 어디로 가며 주의 앞에서 어디로 피하리이까"(시 139:7). 우리는 하나님으로부터 도망칠 수 있다. 그러나 그분을 피해 숨을 수는 없다. 우리의 마음―우리의 은밀한 생각―을 위한 싸움에서 승리하기 위한 지름길은 자신과 성령이 살필 수 있도록 우리를 개방하는 것이다. 다윗 왕의 기도가 우리의 기도가 되어야 한다.

> 하나님이여 나를 살피사 내 마음을 아시며
> 나를 시험하사 내 뜻을 아옵소서.
> 내게 무슨 악한 행위가 있나 보시고
> 나를 영원한 길로 인도하소서(시 139:23-24).

모든 생각을 사로잡아

아이들을 키우는 것은 힘든 일이다. 무엇이 그것을 그토록 어렵게 만드는가? 아이들은 늘 우리의 규칙과 질서의 한계를 시험하기 때문이다. 우리가 그들을 위해 어떤 경계를 정해놓든, 그들은 늘 우리의 인내의 한계를 시험하고 또 시험하고자 한다.

나의 친구 중 어떤 부부는 자기네 딸이 열세 살이 되기 전까지는 PG-13 등급 영화(13세 미만 어린이들이 관람시 부모와 동반할 것을 권하는 영화―옮긴이 주)를 관람하지 못하게 하는 규칙을 정해놓았다. 친구들은 열 살이나 열한 살 때부터 이미 그런 영화를 보러 다녔고 그 아이도 매주 부모에게 이런저런 영화를 보러 가도 되느냐고 물었다. 모두가 PG-13 등급 영화들이었다. 그 아이는 늘 부모의 한계를 테스트했다.

우리의 생각이 바로 이 소녀의 생각과 같다. 그것은 매일 우리에게 자기들이 우리가 정한 규칙과 질서의 경계를 넘어서도 되느냐고 묻는다. 우리의 생각은 늘 그 한계를 시험한다. Y마음을 유지하고 X마음을 제어하기 위해서는 생각에 대한 훈련과 노력이 필요하다. 그렇다면 도대체 우리는 어떻게 해야 할까?

바울은 이렇게 말한다. "하나님 아는 것을 대적하여 높아진 것을 다 무너뜨리고 모든 생각을 사로잡아 그리스도에게 복종하게 하니"(고후 10:5). 그 어떤 생각도 제멋대로 흘러가도록 허락받아서는 안 된다. 우리의 생각은 늘 부모를 시험하고자 하는 딸처럼 자기 멋대로 하고 싶어 하지만, 우리는 우리의 모든 생각을 사로잡아 그리스도께 복종시켜야 한다. 어째서인가? 솔로몬이 전도서를 마무리하는 말로 답해보자. "하나님은 모든 행위와 모든 은밀한 일을 선악 간에 심판하"실 것이기 때문이다(전 12:14).

물론 당신은 그렇게 하기에 충분한 의지력이 없다는 것을 안다. 그러나 당신 안에 계신 그리스도께서 그 일을 하신다. 그리스도가 우리의 삶을 주관하실 때 성령께서 권능을 발휘하신다. 우리가 옛 사람―악한 본성, 육―이 우리를 주관하게 할 때 성령의 불은 꺼진다. 해결책은 우리의 모든 생각을 사로잡는 것이다. 그리고 만약 우리가 죄를 지었음을 알게 될 경우 그 죄를 고백하고 그리스도께서 다시 우리를 주관해주시기를 청해야 한다. 바로 그것이 성령의 능력을 따라 사는 일의 핵심이다.

토론 문제

1. 우리는 은밀한 생각을 하며 산다. 즉 우리가 다른 이들에게 드러내 보이는 것과는 다른 "비가시적인" 삶을 살아간다.
   □ 동의한다. □ 동의하지 않는다.
   왜인가?

2. 예레미야 23:24을 읽으라. 당신은 하나님이 당신의 생각을 아신다고 여기는가? 어째서 사람들은 인간에 불과한 동료들 사이에서는 옳게 사는 것을 강조하면서도, 자신들의 생각과 중요한 우선순위에서는 옳게 살아가지 않는 것인가?

3. 당신은 어떤 생각과 관련해 실제로 싸움을 벌이며 살아가고 있는가?(가령, 욕망, 판타지, 혹은 증오)

4. 로마서 8:5-6을 읽으라. 참된 전쟁터는 우리의 마음이다. 이 구절에 따르면 우리의 생각에 영향을 주는 두 개의 힘은 무엇인가?(롬 8:5) 그 각각을 선택한 결과는 무엇인가?(롬 8:6) "X이론과 Y이론"에 대해 들어본 적이 있는가?

5. 유혹과 죄의 차이는 무엇인가? 생각은 죄인가?

6. 우리의 은밀한 생각 속으로 들어온 유혹은 언제 유혹과 죄 사이의 선을 넘는가?

7. 고린도후서 10:5을 읽으라. "모든 생각을 사로잡아"라는 말씀은 무슨 뜻인가?

23장 잃어버린 고리를 되찾다

우리 사회에서는 우리가 믿는다고 말하는 것과
우리의 실제 행동 방식 사이에 그 어떤 연관성도 드러나지 않는다.
어딘가에 불연속성이 존재한다.

무명씨

친구의 아픈 책망은 충직으로 말미암는 것이나
원수의 잦은 입맞춤은 거짓에서 난 것이니라.

잠언 27:6

남자들과 목회자에게 보내는 공개서한

목사님께

목사님은 저를 잘 아실 겁니다. 저는 매 주일 교회 앞 좌석에 앉습니다. 늘 그 자리입니다. 예배를 마치고 나올 때면 목사님은 저와 악수를 하고 저를 향해 웃어주십니다. 제가 보기에는 목사님도 저를 만나는 게 즐거워 보입니다.

그러나 목사님은 "진짜" 저를 아주 잘 알지는 못하십니다. 저의 행복한 미소 뒤에는 균형 잡히지 않은 삶이 있습니다. 때때로 목사님은 저에게 요즘 어떻게 지내느냐고 물으십니다. 그러면 저는 이렇게 답합니다. "좋습니다, 목사님은 어떠세요?" (저는 제 자신을 지키는 가장 쉬운 길이 관심을 다른 이에게 돌리는 것이라는 사실을 배웠습니다.)

사실 저는 목사님이 정말로 저의 답을 원하신다고는 여기지 않습니다. 저는 목사님이 진짜 고통과 고난을 당하는 수많은 이 ―직업, 집, 가족, 사랑하는 이들을 잃은 이들―을 상대하고 계신다는 것을 압니다. 솔직히 말해, 저는 목사님께 지금 저의 영적 상황을 말씀드리는 것이 살짝 당혹스럽기까지 합니다. 저는 꽤 좋은 상태에 있다고 생각되기 때문이죠. 어쨌거나 저는 성공한 사업가입니다.

저는 저의 삶을 살펴보고 삶의 방식을 점검해보려고 했습니다. 하지만 분명한 것은 제가 그렇게 하기 위한 방법을 알지 못한다는 것입니다. 저는 목사님의 설교를 정말로 좋아합니다. 그것은 저의 감정과 정신을 움직입니다. 그러나 월요일 아침 9시에 전화벨이 울리고 고객들의 불평이 시작되면, 저는 그 설교를 따라 변화될 수 없다고 느낍니다. 저에게는 정말로 도움이 필요합니다.

저는 저의 문제가 정말로 영적인 문제라고 생각합니다. 하지만 저로서는 영적인 답을 찾을 수가 없습니다. 저는 저의 결혼 생활이 성공적인 것처럼 보인다는 것을 알고 있습니다. 그러나 닫힌 성문 뒤에서의 삶은 아주 다릅니다. 목사님이 그것을 아시게 된다면 저는 몹시 부끄러울 것입니다.

지금 저의 아이들은 저와 시간을 보내는 것을 좋아하지 않습니다. 솔직히 저는 너무 오랫동안 그 아이들을 저의 삶에서 제외해왔기에 그 아이들을 비난할 자격도 없습니다. 저는 기억하기도 어려울 만큼 수많은 밤을 모텔에서 홀로 지냈습니다. 처음에는 그것이 가족을 위하는 일이라 여겼습니다. 가족에게 더 나은 삶의 조건을 제공하는 것이라 여겼지요. 그러나 이제 저는 그 일이 저를 위한 것이었음을 압니다. 제 자신의 만족을 위해 일했던 것입니다. 어쩌면 저는 그것이 저를 더 중요한 인물로 만들어주리라고 여겼는지도 모르겠습니다. 어쨌거나 저는 목적과 수단을 혼동했습니다. 그리고 이제 저는 정말로 아이들이 저를 더 이상 그렇게 많이 좋아하지 않는다고 생각합니다.

저는 많은 사람을 알고 있습니다. 하지만 저는 아주 외로운 사람입니다. 저는 절망스러운 일이 발생할 때 누구와 이야기를 나눠야 할지 모르겠습니다. 저의 삶에는 자문을 구할 만한 사람이 없습니다. 아무도 제가 경제적으로, 사업적으로, 아내와의 관계에서, 아이들과의 관계에서 혹은 영적으로 어떤 상황에 있는지 알지 못합니다. 제가 보기에 그들은 그런 문제에는 관심도 두지 않는 것처럼 보입니다. 저는 목사님이 집단 차원에 관심을 갖고 계신다는 것을 압니다. 그러나 저는 그저 저에 관해 개별적으로 그리고 개인적으로 말씀을 드리는 겁니다. 저는 목사님이 저와 개인적으로 시간을 보내실 것을 기대하지 않습니다. 그러나 저는 우리가 사람들을 연결시켜 이런 문제들에 관해 이야기하는 방법을 찾을 수 있기를 바랍니다. 저는 목사님이 진심으로 그런 생각을 하신다면 그런 일이 일어날 것이라고 봅니다.

솔직히 저는 사업을 하는 동안 몇 가지 후회할 만한 일을 했습니다. 저는 꼼수를 부렸고 저의 정직함을 훼손했습니다. 저는 그것에 대해 죄책감을 느낍니다. 그러나 아무도 주목하지 않기에 저로서는 모든 것이 괜찮은 척하며 계속 살아가고 있습니다.

정말로 저는 다른 사람들과 크게 다르지 않습니다. 종종 저는 혹시 다른 이들도 그 형식화된 주일 아침의 미소 뒤에서 나와 동일한 방식으로 느끼며 살고 있지 않을까 하는 의심을 하곤 합니다.

오, 이런, 사실 저는 이 편지를 목사님께 보낼 계획이 없었습니다. 그러나 저는 저의 가슴에서 무언가를 덜어내야만 했습니다. 정말로 저는 목사님께 이런 문제를 말씀드리고 싶었습니다. 저는 알고 싶은 것도 많고, 함께 이야기를 나눌 누군가가 필요합니다. 그럼 주일에 뵙게 되기를 바랍니다.

제임스 올림

문제

언젠가 나는 사업 파트너와 함께 남자 복식 테니스 경기를 한 적이 있다. 그때 내 파트너는 내가 친 공이 네트에 걸릴 때마다 나에게 화를 냈다. 마침내 내가 말했다. "이봐, 좀 봐줘. 나라고 의도적으로 네트를 맞췄겠나!" 사실 자신의 삶을 그리스도께 맡긴 이들 중 그 누구도 **의도적으로** 성경의 말씀에 불순종하지는 않는다. 사람들은 의도적으로 실패하지 않는다. 목회자에게 편지를 보낸 가공의 인물 제임스 역시 자신의 삶이 실패하기를 바라지 않았다. 그럼에도 우리는 사람들이 매일 그들의 온전한 가능성에 미치지 못하는 삶을 살아가고 있음을 본다. 그들의 삶은 바퀴가 떨어져나가는 마차처럼 보인다. 어째서인가? 그리스도인들이 실패하는 것은 그들이 실패를 **원하기** 때문이 아니다. 사실 모든 참된 그리스도인들은 예수 그리스도에 대한 믿음을 통한 순종의 삶을 살아가기를 원한다. 그러나 "마음은 원이로되, 육신이 약하기에" 모든 구석에서 유혹이 우리를 괴롭힌다.

내 친구 하워드 볼(Howard Ball)이 언젠가 말했다. "때로 사람들은 신실한 그리스도인의 삶을 사는 것이 어렵다고 말한다. 그것은 전혀 사실이 아니다. 그것은 어렵지 않다. 그것은 인간적으로 불가능하다."[46] 그 어떤 사람도 늘 올바른 선택을 할 의지력이나 목적의식을 갖고 있지 않다. 우리가 자신을 통제하고 있다고 생각하는 때조차 우리에 대한 공격이 시작된다! "그런즉 선 줄로 생각하는 자는 넘어질까 조심하라"(고전 10:12).

남자들이 문제에 빠지는 가장 큰 이유 중 하나는 그들이 그들의 삶에 대해 어떤 이에게도 답해야 할 필요가 없기 때문이다. 주변 사람들에게 물어보라. 당신은 기독교적 삶의 방식과 관련해 **자문**(accountability, 원래 이 용어는 재산 관리자가 자금 제공자에게 재산의 변동 결과를 정확하게 기록하고 전달하는 책임을 의미하는데, 저자는 그것을 사람이 자신의 삶에 관해 누군가에게 보고하고 그의 의견을 구하는 것을 의미하는 것으로 사용한다. —옮긴이 주)을 받고 있는 이들이 극소수라는 것을 알게 될 것이다. 그것은 오늘날의 기독교의 **잃어버린 고리**(missing link, 무언가가 완전해지기 위해 반드시 있어야 하는데 안타깝게도 사라진 어떤 일부를 가리킨다. —옮긴이 주)다. 지난 30여 년간 나는 수많은 남자와 함께 일해왔다. 그 과정에서 나는 자문 관계를 유지하는 것이 남자들이 가장 하기 어려워하는 일임을 발견했다. 어째서 그런 것일까?

어떤 이들은 자신들의 삶 전체를 "스스로 보스가 된다"는 목적에 바쳐왔기에 누군가에게 자문을 구하려 하지 않는다. 다른 이들은 선천적으로 확신에 차 있기에 다른 누군가가 자신들의 사적인 삶에 개입하는 것을 원치 않는다. 또 다른 사람들은 자문에 관심은 있으나 자문이 실제로 무엇인지 그리고 그것을 어떻게 해야 하는지 분명하게 알지 못한다.

우리는 매일 도덕적으로, 영적으로, 관계적으로 그리고 경제적으로 실패한다. 그것은 성공하기를 원치 않아서가 아니라 **맹점**과 **약점**이 있기 때문이다. 우리는 그것들을 다룰 수 있다고 믿지만 그러지 못한다. 그리고 가족, 사업, 직업, 저축 등을 잃어버린다. 그리고 하나님과의 관계에 손상을 입힌다. 그것은 서로 "어떻게? 어째서? 무엇을? 그리고 누가?"

라고 묻지 않기 때문이다. 사실 그것들은 다른 사람들에게 꺼내기가 매우 어려운 질문들이다.

어떤 이들은 심각한 실패를 경험한다. 그들은 격정의 순간에 갑자기 불꽃이 되어 부서지고 타서 없어진다. 그러나 문제에 빠지는 보다 일반적인 방식은 수많은 사소한 결정, 즉 감지되지 않은 채 이루어지는 결정 때문이다. 그것은 바위 위로 떨어지는 물처럼 천천히 사람을 마모시킨다. 우리는 뻔뻔스럽거나 무분별하지는 않으나 교묘하게 오랜 시간에 걸쳐 꼼수를 부리고, 타협하며, 자기를 속이고, 잘못된 생각을 하는 거미줄에 걸린다. 그리고 그런 상태가 그 누구에 의해서도 도전받지 않은 채 지속된다.

하나님의 말씀은 우리에게 믿음 안에 굳게 서는 법과 넘어지지 않게 조심하는 법을 가르친다. "단단한 음식은 장성한 자의 것이니 그들은 지각을 사용함으로 연단을 받아 선악을 분별하는 자들이니라"(히 5:14). 그러나 남자들은 넘어진다. 자신의 행위나 믿음과 관련해 누군가에게 답해야 할 필요가 없기 때문이다.

늘 악이 숨어 있고 악이 종종 성공하는 세상에서 어떻게 우리가 삶에 질서를 세워 가장 큰 성공의 가능성을 확보할 수 있을까? 그 질문에 대한 답 — 잃어버린 고리 — 은 자문이다.

자문의 목적 및 정의

자문의 목적은 삶의 방식이 매일 조금씩 더 그리스도를 닮아가고 그분과의 친밀한 교제 속에서 성숙하는 것에 다름 아니다.

우리의 추구, 헌신, 희생 그리고 애정의 대상은 십자가에 달리신 예수님이시다. 그분은 우리가 사랑을 바쳐야 할 분이시다. 그 어떤 것도 살아 계신 그리스도와의 친밀한 교제에 비하면 별 볼 일 없는 성취에 불과하다. 우리는 자문을 통해 매일의 삶의 경험 속에서 그분의 권능과 임재의 온전함을 얻기를 갈망하고 추구하며 그것을 위해 노력한다. 우리를 향한 그분의 은총을 보다 신중하게 우리의 것으로 만드는 것이야말로 누군가에게 우리가 주 예수께 보다 순종하고 헌신할 수 있도록 도와달라고 요청하는 목적이다.

누군가 당신에게 삶의 어느 분야와 관련해 자문을 부탁했던 적이 있는가? 당신이 누군가에게 삶의 어느 분야와 관련해 자문을 부탁했던 적이 있는가? 정확하게 자문이란 무엇인가?

자문은 핵융합과 같다. 모두가 그것에 관해 들었다. 그리고 모두가 그것이 중요하다는 것을 안다. 그러나 실제로 그것을 설명할 수 있는 사람은 거의 없다.

여기에 그리스도인들을 위한 자문의 정의가 있다. **자문이란 삶의 모든 중요한 분야에서 일어나는 일을 자격 있는 사람에게 정기적으로 보고하는 것이다.**

이 정의의 다음 네 가지 측면을 살펴보라. 보고하다, 중요한 분야, 정기적으로, 자격 있는 사람.

보고하다

상업 분야에 종사하는 이들은 누구나 누군가에게 무언가를 보고해야 한다. 자영업자조차 고객과 소비자들에게 보고를 해야 한다. 나는 사업을 하고 있으나 여전히 소수의 파트너 및 채권자들에게 재정과 경영에 관한 보고를 해야 한다.

내가 아는 한, 사업상의 자문을 위한 가장 성공적인 공식은 다음 30일

내지 60일간의 목표를 논의하고 합의하는 월례 회의를 여는 것이다. 그후에 부하 직원들은 이런 목표를 지니고 나름의 방식대로 일할 자유를 누린다. 그러나 그 자유의 대가는 정확한 보고다. 다음 달 회의에서 부하 직원들은 미래를 위해 새로운 목표를 정하기에 앞서 지난달에 이룬 결과에 대해 보고해야 한다.

우리가 개인적 삶의 중요한 분야에 관련해 정기적으로 보고하지 않는다면, 우리는 양떼처럼 방황하게 될 것이다. 그러나 다른 누군가에게 우리의 삶을 살펴보게 하는 것은 독립적인 사람이 되고자 하는 우리의 갈망에 부합하지 않는다. 우리는 그리스도인처럼 살기를 바라면서도 종종 "나와 예수 사이에" 거리를 두기를 바란다. 그러나 성경의 길은 신자들 사이의 자문을 강조한다.

> 형제들아 사람이 만일 무슨 범죄한 일이 드러나거든 신령한 너희는 온유한 심령으로 그러한 자를 바로잡고 너 자신을 살펴보아 너도 시험을 받을까 두려워하라. 너희가 짐을 서로 지라. 그리하여 그리스도의 법을 성취하라 (갈 6:1-2).

> 아무 일에든지 다툼이나 허영으로 하지 말고 오직 겸손한 마음으로 각각 자기보다 남을 낫게 여기고 각각 자기 일을 돌볼뿐더러 또한 각각 다른 사람들의 일을 돌보아 나의 기쁨을 충만하게 하라(빌 2:3-4).

> 새 계명을 너희에게 주노니 서로 사랑하라. 내가 너희를 사랑한 것 같이 너희도 서로 사랑하라(요 13:34).

두 사람이 한 사람보다 나음은

그들이 수고함으로 좋은 상을 얻을 것임이라.

혹시 그들이 넘어지면,

하나가 그 동무를 붙들어 일으키려니와

홀로 있어 넘어지고 붙들어 일으킬 자가 없는 자에게는

화가 있으리라(전 4:9-10).

친구의 아픈 책망은 충직으로 말미암는 것이나

원수의 잦은 입맞춤은 거짓에서 난 것이니라(잠 27:6).

철이 철을 날카롭게 하는 것 같이

사람이 그의 친구의 얼굴을 빛나게 하느니라(잠 27:17).

우리는 어떤 종류의 "보고"를 해야 하는가? 우리가 자문 관계에서 제공하는 보고는 일차적으로 우리가 세운 **목표**와 우리가 그것을 따라 살아가야 하는 **기준**이다.

우리는 삶을 향한 하나님의 **목적**과 그분이 우리를 위해 갖고 계신 **우선순위**를 이해하도록 도와주는 목표들을 정해야 한다. 우리에게는 이런 목표들을 달성하기 위해 지금 어떻게 일하고 있는지 보고할 수 있는 누군가가 필요하다.

성경은 모든 그리스도인에게 해당되는 **성품** 및 **행위**를 위한 일반적인 지침들을 상세하게 설명해준다. 또한 우리에게는 살아가는 동안 그런 기준을 따라 살도록 도전하고 격려해줄 사람들이 필요하다.

다음은 우리가 개략적인 형태로나마 누군가에게 보고해야 할 것들이다.

- 목표
- 목적
- 우선순위
- 기준
- 성품
- 행위

중요한 분야들

전문가들은 영국의 기관선 타이타닉호가 절대로 침몰할 수 없다고 여겼다. 그러나 타이타닉호는 첫 항해 중이던 1912년 4월 14일 밤에 빙산의 숨겨진 부분과 충돌했고, 이는 역사상 가장 큰 해양 참사 중 하나가 되었다. 빙산 중 잠수해 있던 부분이 당시 세계에서 가장 큰 여객선의 몸통에 90m 정도의 구멍을 내자 1,500여 명의 사람이 물속으로 빨려 들어갔다.

빙산은 자연의 가장 아름답고도 위험한 현상 중 하나다. 우리가 보는 빙산의 부서진 덩어리들은 참으로 아름답다. 그것은 마치 우리가 친구들 앞에 내놓는 "최고의 음식"처럼 보인다. 그러나 빙산은 전체의 1/8내지 1/9정도만 보일 뿐이다. 나머지는 수면 아래에 숨어 있다. 그리고 바로 그곳이 위험이 도사리고 있는 곳이다.

빙산처럼 우리 삶의 아름다운 부분은 10%뿐이고 우리는 사람들이 그것을 보도록 허락한다. 그러나 우리가 실제 삶의 대부분, 즉 종종 다른 그리스도인들의 정밀한 검사로부터 감추어져 있는 삶을 살아가는 곳은 수면 아래에 있다. 거칠고 수면 아래에 숨어 있는 우리의 은밀한 삶은 종종 관계에 구멍을 내고 영적 삶을 훼손시킨다. 눈에 보이지 않고 신중하게 성찰하지 않는 삶이 우리를 침몰시킬 수 있다. 우리가 삶의 그런 분야들과 관련해 누군가에게 자문을 받지 않는다면 말이다.

그림 23.1은 우리의 대부분의 대화가 어떻게 삶의 진부한 차원들─뉴스, 스포츠, 날씨 같은─주변을 맴돌고 있는지를 보여준다. 그러나 이것은 빙산의 일각, 즉 "보이는" 당신일 뿐이다. "진짜" 당신은 매일 우리 삶의 중요한 분야에서 고통스러운 문제들과 더불어 싸우고 있다. 그리고 우리에게는 수면 아래에 있는 위험 주변을 항해하도록 도와줄

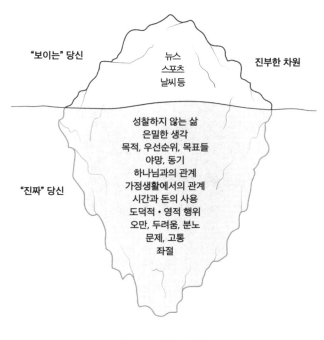

그림 **23.1** 자문의 빙산

누군가가 필요하다.

자문이 필요한 삶의 분야들은 각기 다른 각도에서 검토될 수 있다. 구별해야 할 것은 **인격적인** 자문과 **전문적인** 자문이다. 경력이나 윤리와 관련해 자문해줄 사람이 아내와 아이들과의 관계를 극대화하도록 도와줄 이와 같지 않을 수 있다.

또한 **모든 사람**이 다뤄야 할 필요가 있는 분야들과 **개인적으로 위험도가 큰** 분야—우리가 특별한 투쟁을 해야 하는 분야—를 구분해야 한다. 예컨대, 만약 당신이 신용카드, 포르노, 도박, 약물, 술 중독자이거나 동성애를 경험하고 있다면, 당신은 그 분야에서 직접 분투해본 경험이 있는 누군가에게 자문을 구하는 것이 현명하다.

아마도 가장 유용한 구별은 **범주에 대한** 구별일 것이다. 모두에게 자문이 필요한 중요한 분야들은 다음과 같다.

- 하나님과의 관계
- 결혼을 했다면, 배우자와의 관계
- 자녀들이 있다면, 자녀들과의 관계
- 돈과 시간의 사용
- 도덕적이고 윤리적인 행동
- 개인적으로 갈등하고 있는 문제

당신이 실제로 갈등하고 있는 문제는 무엇인가? 당신의 약점은 무엇인가? 당신의 맹점에 대해 알고 싶지 않은가? 지금 당신은 은밀한 생각의 어느 영역에서 갈등을 겪고 있는가? 당신에게 개인적으로 위험한 분야는 어떤 것인가? 이것들이야말로 당신의 **자문 파트너**가 정기적으로 당신에게 물어야 할 질문들이다.

정기적으로

"정기적으로"는 자문 파트너들과의 접촉이 자주 그리고 어느 정도는 조직적으로 이루어져야 한다는 것을 의미한다. 나는 그가 죽기 전까지 32년 동안 매주 나보다 서른 살이나 위인 남자와 정기적으로 만났다. 우리는 주님과의 관계에 대해 그리고 비록 그보다 빈도는 낮았으나 가족과의 관계에 대해 서로 자문했다. 또한 우리는 늘 귀한 교제와 기도를 나눴다.

내가 경험한 바로는 정례적인 만남을 갖지 않는 이들은 결국 만남을 그치게 되어 있다. 격주나 월별로 만나는 것도 가능하다. 하지만 나는 매주 만나는 것을 추천한다. 그림 23.2는 우리가 그런 정례적인 만남 때 다루기 원하는 문제들이다. 당신은 거기에 적절하다고 여기는 다른 자문 분야들을 무엇이든 덧붙일 수 있다.

당신은 이런 질문들을 명함 뒤에 붙일 수도 있다. 어느 날 친구에게 내 명함을 보여주었다. 그것을 받아든 그가 한참 동안 말없이 그것을 읽어내려갔다. 마침내 그가 고개를 들고 놀라워하는 표정으로 말했다. "삶을 안정적으로 유지하기 위해 알아야 할 모든 것이 명함 앞뒷면에 요약되어 있다니 매우 흥미롭네."

이런 질문들은 특히 처음에는 부자연스러워 보인다. 개인적 관심, 연민 그리고 우정이 뒤따르지 않는다면, 이런 질문들은 매우 어색하다. 가장 중요한 것은 정확한 보고를 위해 모두에게 원하는 만큼의 시간을 제공하는 것이다. 기억하라. 궁극적 목적은 우리가 모든 삶의 방식에서 더욱 주님과 같이 되고 그분과 더욱 친밀해지는 것이다.

자문을 위한 주간 체크리스트

이 질문을 지침으로 사용하라. 매번 모든 질문을 다 할 필요는 없다.
그러나 매주 반드시 각 분야를 모두 다루도록 하라.

시작하는 질문
- 하나님이 이번 주에도 복을 내리셨는가? 무슨 일이 있었는가?
- 이번 주에는 어떤 문제로 어려움을 겪었는가? 무엇이 잘못되었는가?

영적 삶
- 하나님의 말씀: 지속적으로 읽었는가?(얼마나 자주? 얼마나 오랫동안? 어째서 하지 못했는가? 다음 주에는 어떠할 것 같은가?)
- 기도: 당신 자신, 다른 이들, 찬양, 예배, 고백, 감사를 위한 당신의 기도에 대해 묘사해보라. 그리스도와 당신의 관계는 어떻게 발전하고 있는가?
- 유혹: 이번 주에 어떤 유혹을 받았는가? 그 유혹에 어떻게 대응했는가?

가정생활
- 아내: 해당된다면, 당신의 아내와의 관계는 어떠한가?(시간, 의미 있는 대화, 태도, 친밀함, 실망, 짜증, 자녀와 그리스도의 관계)
- 자녀: 해당된다면, 당신의 자녀들과의 관계는 어떠한가?(격려하기, 함께하는 시간의 양과 질, 가치, 교육, 영적 안녕)
- 재정: 당신의 재정 상태는 어떠한가?(채무, 나눔, 저축, 소비, 청지기)
- 시간: 그것을 받을 만한 사람에게 당신의 시간을 주었는가?

직장 생활
- 일: 요즘 일의 상황은 어떠한가?(직업, 관계, 유혹, 스트레스, 문제, 과로)

사역
- 제자 만들기: 이번주에 [1] 누군가에게 그리스도 "안에서" 살도록 ─ 구원을 얻어 그분 안에 거하라고 ─ 권한 적이 있는가? [2] 그들을 그리스도 "처럼" 살도록 ─ 그분 안에서 성숙하도록 혹은 훈련을 받으라고 ─ 준비시킨 적이 있는가? [3] 그들을 그리스도를 "위해" 살도록 ─ 다른 이들을 제자 삼고, 사랑하고, 섬기라고 ─ 보낸 적이 있는가?
- 증언: 당신의 믿음을 누군가에게 전한 적 있는가?
- 섬김: 이번 주에 다른 누군가를 위해 그 어떤 보상도 받을 수 없는 일을 한 적이 있는가?(가난한 이들을 돌봄, 격려, 자비, 다른 이들을 섬김)
- 고백: 고백하지 않은 죄가 있는가?
- 교회: 이번 주에 교회에서 예배를 드렸는가? 예수님에 대한 당신의 믿음이 강화되었는가?

중요한 관심사
- 하나님의 뜻: 당신은 자신이 하나님의 뜻의 중심에 있다고 느끼고 그분의 임재를 경험하고 있는가?
- 생각: 어떤 은밀한 생각과 씨름하고 있는가?
- 우선순위: 우선순위는 제대로 정해져 있는가?
- 고위험성: 개인적으로 위험성이 큰 어떤 분야에서 일하고 있는가?
- 투명성: "보이는 당신"과 "진짜 당신"은 일치하는가?(그렇지 않다면, 어떤 방식으로 그러한가?)
- 충실함: 위에서 언급한 중요한 분야들에서 충실했는가? 그렇지 않다면 당신의 계획은 무엇인가?

기도
- 10분 내지 15분간 기도를 드림으로써 마치라. 이번 주에 관심을 가져야 할 것들에 집중하라.

그림 **23.2** 자문을 위한 주간 체크리스트

자격 있는 사람

어느 크게 성공한 카운티의 국장이 나에게, 자문 그룹의 일원이 되어 줄 수 있겠느냐고 물었다. 이 그룹의 역할에 관해 논의한 후 우리는 그에게 필요한 것이 정치적 자문 그룹이 아니라 영적 자문 그룹임을 알게 되었다.

그에게서 자문 그룹의 일원이 되어달라는 부탁을 받았던 사람들 대부분은 자기들이 그를 정치적으로 돕는 데 적합하지 않다는 사실에 즉각 동의했다. 하지만 또한 모두가 그가 공적 영역에서 그리스도를 위해 일하도록 돕는 문제에 관심이 있었다.

자격 있는 사람에게 자문을 구한다는 것은 무엇을 의미하는가? 자문 파트너들의 포괄적인 자격은 그들이 그리스도를 사랑하고, 당신이 성공하기를 바라며, 또한 자문의 필요성을 이해해야 한다는 것이다. 적절한 사람에게 자문을 구하는 것은 당신의 영적 삶의 질에서 극적인 차이를 만들어낼 수 있다. 어떤 사람이 이상적인 자문 파트너가 될 수 있을까?

재능과 지혜를 가진 사람, 당신이 존경하는 사람, 당신이 좋은 느낌을 받고 그들의 판단을 신뢰할 수 있는 사람들을 택하라. 가장 곤란한 일은 당신이 자신에게 가장 어려운 질문들을 하도록 권한을 부여한 이들을 의심하는 것이다. "지혜로운 자와 동행하면 지혜를 얻고 미련한 자와 사귀면 해를 받느니라"(잠 13:20).

앞서 언급했듯이, 당신은 다른 분야에서 자문을 줄 사람들을 찾기 원할 수 있다. 주님과 당신의 관계에서 당신에게 도움을 줄 수 있는 이가 재정 문제에도 도움을 줄 수 있다고 기대하지 마라.

기존의 친구가 자문 파트너를 위한 좋은 후보자일 가능성이 크다. 비록 전혀 모르는 사람을 택할지라도, 그와 친구가 될 가능성은 아주 높다.

그런 이유에서 당신은 본서의 10장("위험하지만 의미 있는 보상, 친구")을 자문이라는 맥락에서 다시 읽을 수도 있다.

이 지점에서 조심해야 할 것이 하나 있다. 아내 외의 다른 여성과 자문 관계를 맺어서는 안 된다. 아내 외의 다른 이성과 가까운 교제를 맺고자 하는 유혹에 빠지는 것은 재앙을 불러들이는 것이다.

아내는 부서지기 쉽고 민감할 수 있는 개인적 약점이라는 분야에서 특별히 도움이 된다. 나는 모든 남자가 결혼 생활에 대해 자문을 받아야 한다고 믿는다. 내가 어떤 결정을 하고서도 확신을 갖지 못할 때, 나는 나의 아내 팻시에게 그 문제에 관해 알려준다. 팻시는 내가 무엇을 하려는지 알고 있고 또한 늘 내가 생각지 못했던 특별한 시각이나 통찰을 제공하는 한두 가지 질문을 던진다.

그럼에도 도덕적·영적·재정적·관계적 문제 등 모든 분야에서 자문해줄 수 있는 이를 택하는 것을 잊지 마라. 가족과 주님과의 관계에서 큰 성공을 거두었음에도 재정적으로 어리석은 결정을 함으로써 파산한다면 얼마나 비극적이겠는가! 자문에서 2/3는 충분히 좋은 것이 아니다.

안타깝게도 우리 모두는 은밀한 정보가 누설되는 바람에 고통을 겪은 적이 있다. 누군가 우리의 비밀을 누설할 경우 우리는 다음과 같이 느낀다. "누군가 그것에 대해 말을 했다면, 그것은 온 천하에 말해진 것이다." 사람들이 다른 이들에게 좀처럼 자신을 드러내려고 하지 않는 한 가지 이유는 비밀(confidentiality) 때문이다. 이것은 아주 심각한 일이다. 내가 누군가에게 참된 모습을 드러내려고 할 경우, 나는 그 사람이 신뢰할 만하다고 확신할 수 있기를 바란다. 친구에게 배신당하는 것에 대한 두려움이 많은 이들로 하여금 자문에 응하는 위험을 감내하지 못하도록 가로막는다. 당신이 기대하는 파트너와 함께 여기에 대해 이야기를 나누는 것이 반드시 필요하다.

당신이 자문 파트너십을 맺을 수 있는 사람을 찾으라. 다시 말해, "보스"를 찾기보다는 서로 도울 수 있는 동료를 찾으라. "혹시 그들이 넘어지면 하나가 그 동무를 붙들어 일으키려니와 홀로 있어 넘어지고 붙들어 일으킬 자가 없는 자에게는 화가 있으리라"(전 4:10).

다른 문제가 있을 경우 그 문제와 관련된 사람에게 도와달라고 요청하는 것을 피하라. 만약 당신이 누군가에게 돈을 빌렸다면, 그 사람은 당신이 돈 문제와 관련해 자문을 구해야 할 적절한 대상이 아니다. 만약 누군가가 여러 해 동안 주말에 당신을 가족에게서 떼어놓을 골프 클럽에 가입하라고 종용해왔다면, 그는 당신의 배우자와 자녀들과 더 많은 시간을 보내는 문제와 관련해 자문을 구해야 할 사람이 되지 못한다.

자문 그룹의 규모는 어느 정도가 적절할까? 내가 처음으로 몇 사람에게 자문 그룹을 만들자고 제안했을 때, 나는 그들을 둘이 한 조를 이루도록 묶었다. 하지만 그것은 내가 기대했던 것만큼 효과적이지 않았다. 몇몇 경우에 그 두 사람은 서로 방황했다. 자문을 위한 최적의 규모는 서너 사람이다. 너무 적으면 문제가 발생하고, 너무 많으면 각 사람이 충분히 말할 시간을 갖지 못하게 될 수 있다.

마지막으로, 과도해지지 마라. 시간은 제한되어 있다. 또한 아마도 당신은 정기적으로 (가능하다면 매주) 만날 것이기에, 너무 많은 자문 관계를 맺어 당신의 삶이 "숙제"로 가득 차 있다는 느낌을 갖지 않게 할 필요가 있다. 네 사람으로 이루어진 그룹을 만들었다면, 그 서로 다른 사람들의 서로 다른 재능들이 당신의 중요한 분야들 모두를 충분히 커버할 수 있을 것이다.

그런데 도대체 자문이 왜 그리도 중요한 것일까?

이곳과 그곳

우리가 **이곳에서** 자문에 대해 관심을 가져야 할 궁극적인 이유는 그
곳에서 우리가 무언가를 설명해야 하기 때문이다. 그곳에서 우리는 삶
의 모든 측면에 대해 하나님께 설명을 드려야 한다.

> 내가 너희에게 이르노니 사람이 무슨 무익한 말을 하든지 심판 날에 이에
> 대하여 심문을 받으리니(마 12:36).

> 이러므로 우리 각 사람이 자기 일을 하나님께 직고하리라(롬 14:12).

> 하나님께서 각 사람에게 그 행한 대로 보응하시되 … 곧 나의 복음에 이른
> 바와 같이 하나님이 예수 그리스도로 말미암아 사람들의 은밀한 것을 심판
> 하시는 그날이라(롬 2:6, 16).

언젠가 우리는 예수 그리스도께 우리의 모든 것에 대해 설명을 드리
게 될 것이다. 이곳에서의 삶이 신실할수록, 하나님께서는 우리가 그리
스도의 심판대 앞에 설 때 더 많은 보상을 해주실 것이다. 자문 관계는
우리가 이곳에서 하나님을 기쁘게 해드리는 방식으로 살아가도록 도울
수 있다.

실천적 차원에서 매일의 평안과 기쁨은 우리가 자신의 삶의 중요
한 분야들에서 유지하는 신실함과 균형에서 나온다. 그 문제가 도덕적
인 것이든, 영적인 것이든, 관계적인 것이든 혹은 재정적인 것이든 간
에―사실상 그것들은 우리의 실패의 "네 가지 커다란 부분"이다―우리
가 재능과 지혜를 갖고서 그것들을 다룰 때 우리는 개인적 만족감을 경

험한다. 자문 관계를 통해 얻는 다른 이의 도움이 없다면, 우리 중 아무도 자신의 온전한 가능성에 이르지 못한다!

케네디 스페이스 센터가 위치한 플로리다주 멜번 출신의 하원의원인 빌 넬슨(Bill Nelson)은 불운했던 챌린저호의 재앙이 일어나기 직전에 콜럼비아 우주선을 타고 여행을 한 적이 있다. 그의 책 『미션』(Mission)에서 그는 자신이 경험한 우주에 대해 묘사했다. 그는 적절한 궤도를 유지하는 것이 얼마나 미묘한 문제인지 설명했다. 우주에는 아무런 저항이 없기에 사람은 문자 그대로 거대한 우주선을 혼자의 힘으로 이리저리 움직일 수 있다. 그런 상황에서 적절한 궤도를 유지하기 위해 우주선에 장착된 컴퓨터들은 계속해서 방향과 고도를 수정한다. 이런 수정을 위해 작은 로켓들이 발사된다. 큰 변화를 주기 위해서는 커다란 제트 엔진들이 가동된다.[47]

우주선은 실제 운항 시간 중 90% 정도를 "궤도 이탈" 상태에 있다고 한다. 만약 로켓들이 발사되지 않거나, 과도하게 발사된다면, 우주선은 항로에서 이탈해 우주 미아가 될 것이다.

우리들 역시 너무 많은 시간을 궤도 이탈 상태에서 살아간다. 우리 역시 삶을 적절한 궤도에 올려놓기 위해 계속 방향과 고도를 수정할 필요가 있다. 자문 파트너들이 던지는 질문은 작은 로켓이나 반동 추진 엔진이나 제트 엔진 역할을 하면서 우리가 방향을 수정해 올바른 궤도 위에 머물게 해줄 수 있다. 그렇게 하지 않을 경우 우리는 방향을 잃고 헤매게 될 위험이 있다.

상담과 자문의 차이

많은 남자들이 문제에 빠지는 것은 그들이 기독교적 상담을 받고 그것으로 할 일을 다했다고 여기기 때문이다. 솔직히 말하자면, 상담은 우리가 내리는 판단에 가치를 더해주기는 하나(실제로 우리 중 대부분의 사람은 더 많은 상담을 받을 필요가 있다), **상담만으로는 충분하지 않다.**

누군가에게 상담을 구할 때 나는 그에게 나에 관한 모든 것을 알려 주지 않는다. 대개 나는 상담자에게 그가 답해줄 수 있을 것 같은 문제에 관한 정보만을 제공할 뿐이다. 고백하건대, 종종 나는 그 정보마저 조언자가 내가 이미 갖고 있는 결론에 동의할 만한 방식으로 조작한다.

상담을 받는 이에게는 상담자에게 자기가 무엇을 하기로 결정했는지에 관해 말할 의무가 없다. 그런 까닭에 우리는 탁월한 상담을 받고서도 여전히 우리 자신이 원하는 일을 행한다(그것은 옳은 결정일 수도 있고 옳지 않은 결정일 수도 있다).

상담자가 우리에게 어려운 질문을 할 권한을 갖고 있지 않다면, 우리는 충분히 멀리 나아가지 못한다. 만약 우리를 사랑하는 어떤 이들에게 삶의 중요한 분야에 관해 충분히 자문하지 않는다면, 우리는 계속 은밀한 삶, 즉 그리스도의 가르침에 대해 책임을 지지 않는 삶을 이어나가게 될 것이다.

잘못 생각해서는 안 된다. 그 어떤 이도 혼자 힘으로 그리스도인다운 삶을 살아가지 못한다. 자신의 생각에만 빠져 있을 경우 우리는 자신에게 오류가 없다고 확신하게 된다. "만물보다 거짓되고 심히 부패한 것은 마음이라 누가 능히 이를 알리요?"(렘 17:9)

조언을 구하는 일에서는 내가 주도권을 쥘 수 있다. 그러나 자문을 구하는 것은 다른 사람에게 주도권을 줄 권리와 책임을 넘기는 것이다. 자문을 구하는 것은 우리에게 제기된 질문들에 답하는 것이다. 지금 당신의 삶 속에서 누군가가 당신에게 질문을 던지고 있는가?

교제와 자문의 차이

대부분의 관계에서 우리는 뻔한 말―뉴스, 스포츠, 날씨 같은―을 넘어서지 못한다.

우리가 어떤 이에게 묻는다. "요즘 어떻게 지내세요?"

그가 답한다. "좋아요, 아주 좋습니다!"

그러나 그의 아이들은 학교에서 어려움을 겪고 있고, 그의 아내는 그와 말을 하지 않으며, 두 달이나 월세를 밀렸다. 그럼에도 그에게 모든 것은 "아주 좋다!"

자문은 본질적으로 관계를 중심으로 이루어지지 않는다. 오히려 그것은 우리가 신뢰하는 소수의 사람들 앞에서 "어항 속 금붕어"처럼 살아가기로 한 의도적인 결정으로부터 나온다. 자문은 누군가가 어려운 질문을 하도록 허락할 뿐 아니라, 또한 그런 어려운 질문을 하는 것이 우리의 관계의 기초를 형성하도록 허락하는 것을 의미한다. 때때로 상황이 아주 어려워질 수도 있으나, 그 관계가 갖고 있는 교제의 측면이 자문의 역할을 침묵시키게 해서는 안 된다.

반면에 교제는 삶의 중요한 분야들에 질문을 제기하지 않는다. 교제는 그런 일을 해달라는 요구를 받은 적이 없으며 또한 다른 이의 사적인 영역 안으로 들어가도 좋다는 허락을 얻었다고 여기지도 않기 때문이다. 그 어떤 그리스도인 형제라도 당신이나 나에게 초대받지 않은 채 어려운 질문을 제기하지 못한다. 설령 그들이 원할지라도 말이다.

영적 순례 초기에 나는 그리스도인으로서 가장 황당한 일 중 하나를 겪었다. 우리 여섯 사람은 매주 함께 모였다. 솔직히 당시에 나는 신앙생활을 막 시작한 상태여서 자문에 관해서는 들어본 적도 없었다. 우리는 아주 광범위한 주제들에 대해 논의했으나 대부분은 교제를 위해 만났다. 우리 그룹의 멤버 중 하나였던 하워드 데이턴(Howard Dayton)은 그 무렵에 돈과 소유를 다루는 법에 관한 기독교 서적을 쓰고 있었다. 우리의 교제하는 시간의 일부가 그의 생각을 살피는 데 쓰였다.

어느 날 우리는 우리 그룹의 멤버 중 하나가 일을 그만두고, 아내와 이혼하며, 어린 세 자녀에 대한 양육을 포기하고, 그의 비서와 재혼했다는 것을 알게 되었다. 그 모든 것은 우리에게 커다란 충격이었다. 아무도 그가 그런 문제를 갖고 있으리라고 생각해본 적이 없었다. 당신은 이렇게 물을 수 있을 것이다. **그렇게 알지 못하는 것이 어떻게 가능했는가?** 그 질문에 대한 답은 당신이 생각하는 것보다 훨씬 더 쉽다. 우리는 서로에게 자문에 필요한 질문을 한 적이 없었던 것이다. 나는 그 경험을 통해 자문이 없는 교제의 가치가 매우 제한적이라는 사실을 배웠다.

우리 가운데 나타나는 수많은 도덕적·영적 실패는 사람들이 문제를 갖고 있으며 따라서 자문을 받을 필요가 있음을 암시해준다. 그런데 왜 그들은 서로 자문하지 않을까?

왜 사람들은 자신을 드러내려 하지 않는가

인간의 영혼은, 제멋대로 하도록 내버려두면, 늘 자기만의 독립적인 길을 찾아 나선다. 그리스도께 사로잡힌 후에도 우리는 육신에 속한 옛 사람(X마음)과 성령에 속한 새 사람(Y마음) 사이에서 벌어지는 일생의 싸움을 계속해나간다. 우리의 옛 사람은 정말로 자신을 드러내려 하지 않으며 자신의 모든 것을 바쳐 그런 개념에 저항한다. 우리가 자신을 드러내지 않으려 하는 몇 가지 공통되는 요인들이 존재한다.

▶ 1. 의지의 문제

프로 스포츠 리그들은 정기적으로 약물 남용 금지 규칙을 어긴 선수들을 출장 정지시킨다. 랜스 암스트롱(Lance Armstrong, 미국의 프로 사이클 선수―옮긴이 주)으로부터 로저 클레멘스(Roger Clemens, 미국 프로 야구 선수―옮긴이 주)까지 그렇게 출장이 정지되었던 선수들은 자신들이 삶을 스스로 관리할 수 있다고 여겼다. 뉴욕 자이언츠에서 올 프로 라인배커(미식 축구에서 스크럼 라인의 후방을 지키는 선수―옮긴이 주)였던 위대한 선수 로렌스 테일러(Lawrence Taylor)는 1988년 리그에 출장이 정지되었다. 그 때 그는 이렇게 말했다.

> 오, 나는 그러려고 했던 게 아닙니다. 그렇게 하지 말았어야 했는데 결국 나는 나쁜 결정을 했고 값을 치르게 되었어요. … 나는 자이언츠가 나를 돕는 것을 허락하지 않았어요. 아내가 나를 돕는 것도요. 나는 혼자서 그 일을 했고 혼자서 해내려고 했어요. **나는 내가 혼자서 그 일을 할 수 있었다고 말하고 싶었던 거예요**[굵은 글씨는 저자가 덧붙인 것임]. 그런데 일이 그렇게 되지 않았어요. 여러분, 나는 이제야 그걸 알게 되었어요.[48]

알코올이나 마약 중독자들이 누군가에게 도움을 받기 전에 취해야 할 첫 번째 단계는 자기에게 문제가 있음을 인정하는 것이다. 문제를 부정하는 것은 그 질병을 극복할 모든 희망을 차단하는 것이다. 알코올 중독이나 약물 남용을 다루는 상담가라면 누구라도 그 첫 단계가 얼마나 중요한지 알려줄 수 있을 것이다.

나의 어머니와 아버지는 네 명의 다루기 어려운 남자애들을 키우셨다. 우리 중 하나가 어머니가 한 제안에 대해 툴툴거리면 어머니는 눈동자를 이리저리 굴리며 이렇게 말씀하시곤 했다. "말을 물가로까지 끌고 갈 수는 있으나 억지로 물을 마시게 할 수는 없어." 자문이 이루어지기 위해서는 우리 스스로 의지를 갖고 임해야 한다.

우리가 죄와 자기기만에 대한 우리의 성향을 직시하고 우리에게 다른 이의 도움이 필요하다는 사실을 인정하지 않으면, 자문 프로그램을 계속해나갈 수 없다. 우리는 그런 프로그램을 시작할 수는 있으나, 몇 가지 어려운 순간을 맞고 나면 그런 시끄럽고 불편한 질문들을 포기하게 될 것이다.

▶ 2. 강한 개성의 문제

언젠가 나는 어떤 이와 자문 관계를 발전시켜보려고 했는데 사실상 완전한 실패로 끝나고 말았다. 당시 우리 둘 다 초짜였고 서로에게 모든 것이 되기 위해 애썼다. 얼마 후에 나는 그가 내가 물어야 하거나 말해야 하는 것에 관심이 없다는 사실을 알게 되었다.

그는 나와 기꺼이 만나려고 했으나 자신이 주님과, 아내와 그리고 자녀들과 어떻게 지내고 있는지에 관한 어려운 질문들 앞에서 자신의 자아를 내려놓고 밝히는 일에 실패했다. 그는 "나를 위한 어떤 아이디어가 있나요?"라고 묻는 대신 자신의 입장을 옹호했다.

마침내 어느 날 나는 이런 생각에 이르렀다. **어째서 논쟁을 해야 하는가? 만약 그 자신이 그 문제에 관심이 없다면, 어째서 내가 그의 영적 성공에 관심을 갖는 유일한 사람이 되어야 하는가?** 나는 그에게 그의 태도에 관해 말했다. 그리고 그것이 우리가 서로 자문하기 위해 만난 마지막

날이 되었다. 그의 강한 자아가 그로 하여금 실패를 인정하고 자신을 다른 이 앞에서 낮추도록 만들지 못했던 것이다.

▶ 3. 성공의 문제

나는 한 성공한 사업가에게 혹시 누군가가 그에게 그의 결정과 관련해 자문을 해주고 있느냐고 물었다.

"그런 질문을 하다니 매우 흥미롭군요"라고 그가 말했다. "지난 몇 년간 나는 나에게 자문해줄 사람이 없다는 사실을 인식해왔어요. 큰 성공을 거두자 모든 사람이 내가 모든 일을 내 식대로 한다고 여기더군요. 성공을 통해 얻어진 나의 세속적인 명성 때문에 대부분의 사람들은 내가 어떻게 지내는지 묻는 것 자체를 꺼리더군요. 그들은 내가 사업에서 성공했으니 삶의 다른 모든 분야에서도 역시 성공적일 거라고 여기는 것 같았어요. 솔직히 말해, 요즘 나는 아무에게도 자문을 받지 못한 채 일하고 있어요."

성공한 사람들은 큰 위험 속에 있다. 자신의 능력을 확신하는 그들은 혼자서 다루기에 너무 큰 문제 같은 것은 없다고 여기는 경향이 있다. 유능하고 자기 확신으로 가득 차 있는 그들은 어떻게든 일이 되도록 만들어나간다. 그러나 모든 사람에게는 맹점과 약점이 있다.

한 친구가 자기 사업을 하는 이들을 위해 몇 가지 건전한 충고를 해준 적이 있다. 그중 하나는 이렇다. 당신의 조직 안에서 확실한 지위를 갖고 있는 사람을 택하라. 그에게 당신이 궤도에서 이탈하고 있다고 느끼면 언제라도 당신 방의 문을 두드리고 들어와 그의 마음속에 있는 말을 할 수 있는 권한을 제공하라는 것이었다.

▶ **4. 상처의 문제**

우정의 대가는 개인적으로 상처를 받을 수 있다는 것이다. 효과적인 자문의 값 역시 개인적으로 상처를 받을 수 있다는 것이다. 우정 관계에서 개인적으로 상처를 받는 것은 **자발적으로** 이루어진다. 그러나 자문 관계에서 그것은 **필수적으로** 이루어진다. 뉴스, 스포츠, 날씨에 관한 대화의 수준을 넘어서려면, 우리는 표면 아래 감춰져 있는 자신의 일부를 드러내야만 한다.

상처받을 수 있다는 것은 우리의 자문 파트너로부터 승인을 얻지 못하는 위험을 감수하는 것을 의미한다. 사실을 직면해보자. 우리가 자신의 흠과 결을 드러내 보일 수 있는 누군가를 찾아가지 않는 것은 자연스러운 일이다. 그런 의미에서 자문은 의지의 결단이다. 왜냐하면 우리가 어느 형제로 하여금 "철이 철을 날카롭게 하듯" 우리를 단련시키도록 허락하는 값을 지불할 경우 주 예수께로부터 오는 보다 큰 보상을 얻게 되리라고 기대하기 때문이다.

우리 중 아무도 거부당하기를 원치 않는다. 거부당하는 것은 우리가 자신을 다른 이들에게 드러낼 때 겪을 수도 있는 아주 두려운 일 중 하나다. 우리는 다른 이의 거부가 아니라 존경을 바란다. 추측하건대, 자문 관계를 시작하라는 도전을 받아들이는 대부분의 사람은 개인적으로 상처받을 준비가 잘 되어 있지 않을 것이다. 괜찮다. 그러나 당신의 파트너에게 거짓말을 하고 그와 더불어 게임이나 하려고 하지 않도록 조심하라. 오히려 정직하게 당신이 자문 관계 안으로 서서히 들어가기를 원한다고, 즉 그 관계가 어떻게 구체화되는지 알기를 원한다고 말하라. 그러나 당신이 자신을 투명하게 드러내고 상처받을 준비가 되기 전까지 당신의 파트너가 "수면 아래" 영역에서 당신에게 자문해줄 수 없다는 점에 유념하라. 어느 분야는 숨기겠다는 얄팍한 생각은 하지 마라.

그동안 나는 깊은 수치심을 느낄 만한 많은 일들을 해왔다. 사실 우리 모두가 그러하다. 자문 관계를 맺기 위해 누군가에게 우리의 모든 더러운 과거를 들춰내 상처를 자초할 필요는 없다. 나는 만약 우리가 어느 한 분야에서 그리스도께 정직하다면 다른 어떤 것들은 그냥 놔두는 것이 더 낫다고 생각한다. 그러나 우리가 계속 씨름하고 있는 분야에서는 비록 상처를 받더라도 자문 파트너에게 자신을 드러내는 것을 통해서만 올 수 있는 도움이 필요하다. 만약 과거에 저지른 어떤 잘못이 남아 있다면, 그것에 관해 말하라. 예수께서는 우리가 치유되기를 원하신다.

자문 관계에서조차 우리가 어느 분야에서 우리의 파트너를 속이는 것은 가능하다. 스스로를 개인적으로 상처받을 수 있는 상태에 두려고 하지 않는다면 말이다.

▶ 5. 구조의 문제

우리가 문제에 빠지는 이유는 해야 할 것을 이해하지 못해서가 아니라 해야 한다고 이미 알고 있는 것을 하도록 훈련시키는 구조가 없기 때문이다.

어느 날 나는 한 그룹의 사람들에게 그들이 얼마나 자주 골프를 치는지 물었다. 정기적으로 골프를 친다고 답한 이들은 얼마 되지 않았는데 그들은 자기들에게 약속된 경기(standing game) ― 구조 ― 가 없다고 말했다. 정기적으로 골프를 치지 않는 대부분의 사람 중 단 한 사람도 약속된 경기가 없었다.

만약 우리가 우리 안에 있는 "옛 사람"을 이기려 한다면, 그렇게 하기 위해 준비할 필요가 있다. 지속적으로 자문 관계를 맺는 사람들만이 특정한 구조나 프로그램을 계획하고 그것에 참여해왔다. 그들은 "약속된 경기"를 갖고 있었다. 우리의 자문 체크리스트에는 우선순위와 매주 맞아야 하는 알레르기 주사 목록이 들어 있어야 한다. 편리함을 위해 동일한 시간과 장소에서 만나라. 그리고 그것이 매주 반복적인 약속이 되도록 달력에 표기해두라.

시작하기

당신과 뜻이 통할 거라고 여기는 몇 사람을 택하라. 그들에게 당신이 어떤 자문 관계를 세우려 하고 있다고 말하라. 만약 그들 역시 그 주제에 관심을 보인다면, 그들로 하여금 이번 장을 읽게 하라. 그러고 나서 그들과 함께 모여 매주 만날 시간과 장소를 정하고 모임을 시작하라. 아래에 있는 "자문을 위한 주간 체크리스트"에 대해 논하고 빙산 비유가 당신에게 해당되는지 살펴보라. "자문을 위한 주간 체크리스트"를 복사하거나 오려내라(혹은 지갑 크기의 카드로 만들어 소지하라). 그리고 그것을 당신들의 논의를 이끌어줄 자료로 사용하라.

이것이 단순해 보일지라도, 어리석게 행동하지 마라. 비록 단순해 보이기는 할지라도, 실제로 그것을 행하는 것은 아주 중요하다. 자문 관계를 시작한 이들 중 15% 미만의 사람만이 실제로 이런 과정을 시작하고 유지한다. 자문에는 노력, 헌신 그리고 많은 인내가 필요하다. 그러나 그로 인한 보상은 그것이 지불하는 값에 해당하는 가치를 지닌다.

결론

자문은 대부분의 사람이 삶 속에서 잃어버린 고리다. 우리는 삶의 중요한 분야와 관련해 어려운 질문을 제기할 자격을 지닌 사람들에게 정기적으로 자문을 구하지 않기에 궤도에서 벗어난다. 그 질문은 우리가 정한 **목표**와 하나님께서 세우신 **기준**에 관한 것이다.

우리는 지금 여기에서 자문 관계가 중요하다는 사실을 배웠다. 왜냐하면 하나님께서 궁극적으로 우리가 행한 모든 일에 대해 설명을 요구하실 것이기 때문이다. 자문은 단순한 상담이나 교제를 넘어선다. 거기에는 우리에게 제기되는 질문―때때로 어려운 질문―에 답하는 것이 요구된다.

만약 당신이 아무도 당신에게 "누구? 무엇? 왜? 그리고 어떻게?"라고 묻지 않는 대부분의 사람들 중에 속해 있다면, 나는 당신에게 삶에서 잃어버린 이 고리를 채우기 위해 도전하라고 권한다. 그 고리는 당신이 당신의 믿음을 따라 행동할 수 있게 해주는 그리고 제어되지 않은 채 선회하지 않게 해주는 요소가 될 것이다.

자문을 위한 주간 체크리스트

자문은 정기적으로 자격 있는 사람들에게 당신의 삶의 중요한 분야들 각각에 대해 답하는 것이다.

지침들

1. 450쪽에 있는 질문들을 사용하라.
2. 각 사람이 동일한 시간을 사용하게 하라. 그러나 어떤 이가 이번 주에 특별하게 어려운 문제를 겪었다면, 유연하게 대처하라. 그럴 경우 설령 한 시간 전체를 사용하더라도 그 문제에 충분히 집중하라.
3. 각 사람이 한 번에 한 문제를 다루게 하고 다른 이들로 하여금 답하게 하라. 그것이 진행을 원활하게 해줄 것이다.
4. 기도 시간을 빼먹지 마라.
5. 서너 명으로 이루어진 작은 그룹을 만들라. 모두가 분명하게 말한다면 그 모임은 아주 잘 작동할 것이다(한 시간은 아주 빨리 지나갈 것이다).
6. 본서의 23장("잃어버린 고리를 되찾다")을 매년 적어도 한 번은 읽고 그 장의 끝에 있는 질문들에 관해 논의하라. 해를 거듭할수록 자문에 대한 당신의 이해가 변해 놀라게 될 것이다.

7. 계속해나가라. 아마도 자주 그만두고 싶어질 것이다. 포기하고 싶어질 때 하나님께서 당신을 강건하게 해주시기를 기도하라.

8. 각 사람이 당신이 스스로 세운 목표들과 하나님의 말씀이라는 기준에 대해 자문하게 하라.

9. 자문의 목적이 매일 당신의 삶의 모든 분야에서 보다 그리스도처럼 되는 것 그리고 그분과 보다 친밀해지는 것임을 잊지 마라. 우리의 탐구, 헌신, 희생 그리고 애정의 대상이 예수님이시라는 것을 기억하라. 살아 계신 주님과의 친밀함에 미치지 못하는 모든 것은 창백한 성취에 불과하게 될 것이다.

10. 이런 형식이 불편하다면, 질문을 자유롭게 바꾸고 당신 자신의 체크리스트를 만들라. 형식보다 중요한 것은 내용이다. 당신의 삶의 중요한 분야들을 한 명의 자문 파트너나 하나의 자문 그룹 이상에게 나눠맡기는 것도 괜찮다.

11. 자문 체크리스트를 중심으로 한 모임을 10분 내지 15분 정도 기도를 드리는 것으로 마치라. 그 주의 관심사들에 집중하라.

토론 문제

1. 자문을 위해 그리스도인들과 정기적으로 계획된 시간을 갖고 있는 남자들을 얼마나 알고 있는가? 어째서 그렇게 적은 이들만 자문 관계를 맺고 있다고 보는가?

2. 근래에 발생한 눈에 띌 만한 공적 인물들의 도덕적 실패는 어떻게 하면 피할 수 있었을까?

3. 다음 진술을 읽고 당신의 생각을 말해보라.

   어떤 이들은 심각한 실패를 경험한다. 그들은 격정의 순간에 갑자기 불꽃이 되어 부서지고 타서 없어진다. 그러나 문제에 빠지는 보다 일반적인 방식은 수많은 사소한 결정, 즉 감지되지 않은 채 이루어지는 결정 때문이다. 그것은 바위 위로 떨어지는 물방울처럼 천천히 사람을 마모시킨다. 우리는 뻔뻔스럽거나 무분별하지는 않으나 교묘하게 오랜 시간에 걸쳐 꼼수를 부리고, 타협하며, 자기를 속이고, 잘못된 생각을 하는 거미줄에 걸린다. 그리고 그런 상태가 그 누구에 의해서도 도전받지 않은 채 지속된다.

4. 당신은 자문을 어떻게 정의하는가? 자문 관계가 작동하기 위해 필요한 중요한 요소가 있다면 무엇인가?

5. 자문과 상담의 차이는 무엇인가? 자문과 교제의 차이는 무엇인가?

6. 우리가 자문을 받아야 할 삶의 중요한 분야로는 어떤 것들이 있는가?

7. 당신이라면 자문 파트너를 어떻게 선택하겠는가?

8. 자문 관계를 만들 준비가 되어 있는가? 왜인가? 왜 그렇지 않은가?

7부

결론

24장 사람은 어떻게 변화될 수 있는가?

1년에 두세 번 이상 생각하는 사람은 거의 없다.
나는 일주일에 한두 번 생각한 것으로 세계적인 명성을 얻었다.

조지 버나드 쇼

천국의 비밀을 아는 것이 너희에게는 허락되었으나
그들에게는 아니되었나니.
무릇 있는 자는 받아 넉넉하게 되되
없는 자는 그 있는 것도 빼앗기리라.

예수, 마태복음 13:11-12

마이애미에서 올랜도까지 이어지는 고속도로는 300km 이상 끝없이 단
조롭게 뻗어 있다. 그것은 세계에서 가장 긴 고속도로다. 우리는 마이애
미에 있는 팻시의 부모님과 이틀에 걸쳐 아주 즐겁고 알찬 시간을 보냈
다. 그런데 올랜도로 돌아오는 차 안에서 나는 삶에 대한 좌절감에 사로
잡혔다.

나는 하나님께 질문하기 시작했다. 한 시간 반에 걸쳐 계속 하나씩 하
나씩 푸념 섞인 질문들을 쏟아냈다. 나는 그런 질문들이 도대체 어디에
서 나오는 것인지 알지 못했다.

하나님께서는 다음과 같이 말씀하시는 듯했다. 오, 저런, 아직도 더 있
단 말이냐! 그러면서도 그분은 내가 계속 푸념을 털어놓게 하셨다. 솔직

히 지금 나는 그게 무엇이었는지조차 기억나지 않는다. 팻시는 꼭대기로부터 바닥까지 나의 그런 감정의 스펙트럼 전체를 지켜보았다. 당시 우리는 결혼한 지 몇 달 안 된 상태였고 나는 팻시가 내가 폭발할지도 모른다고 생각할까 겁이 났다. 당시에 나는 이제 막 그리스도인이 된 상태였고 나의 머릿속은 하나님에 관한 질문으로 가득 차 있었다. 그러다 갑자기 그렇게 솟구치던 질문들이 멈춰버렸다.

모든 질문이 그친 후 내가 받은 인상은 이것이었다. **보아라, 나는 너의 고민을 이해한다. 그러나 너는 지금 당장 모든 것을 알 필요가 없다. 걱정하지 말고 나를 신뢰하라. 너에게 필요한 모든 것은 나다. 너는 이런 문제들을 풀 수 없다. 그것이 내가 여기에 있는 이유다.**

내가 던졌던 질문들과 관련해 단 하나의 답도 얻지 못했음에도 나는 평온함을 느꼈다.

나는 이것이 나에게 필요했던 모든 것이었고 그때 이후 내가 하나님께 그 어떤 질문도 하지 않았다고 말하고 싶다. 하지만 당신은 그것이 사실이 아니라는 점을 알 것이다. 하지만 그때는 그것으로 충분했다. 질문을 던지기 시작했을 때보다 더 많은 것을 알지 못했지만 나는 그것이 중요하지 않았음을 알았다. 그분이 나를 사랑하신다고 느꼈다. 중요한 것은 바로 그것이었다.

삶은 커다란 의문부호다. 하나님은 커다란 답이시다. 질문이 무엇이든 그분이 답이시다. 우리가 얼마나 낮은 곳에 있든 높은 곳에 있든, 얼마나 지쳐 있든 강력하든, 얼마나 배신을 당했든 친구들에게 둘러싸여 있든, 얼마나 불명예스럽든 당당하든, 얼마나 상처를 입었든 행복하든, 얼마나 부유하든 파산했든, 얼마나 성공했든 실패했든, 얼마나 유명하든 무명하든, 하나님이 우리의 답이시다. 그분이 우리에게 필요한 모든 것이다.

나는 저항이 녹아 없어지는 것을 느꼈다. 그것은 통제당하기를 원하는 감정이었다. 나는 그날 아침 고속도로 위에서 아주 깊이 그분께 항복했다. 그 후로 여러 차례 나는 깊은 순례를 했고 그로 인해 그분과의 관계에 대한 깊은 인식을 얻게 되었다. 그리고 나의 삶은 바뀌기 시작했다.

어쩌면 지금 당신은 이 책 때문에 혹은 다른 이유로 당신의 삶을 바꾸고 싶어 하는 중요한 시점에 처해 있을 수 있다. 당신은 영적 삶의 보다 깊은 차원 속으로 들어가고 싶어 할 수도 있다.

문제

이 책을 시작하면서 나는 이런 질문을 던졌다. "어째서 사람들은 그들이 생각하는 것을 생각하고, 그들이 말하는 것을 말하며, 그들이 하는 일을 하는가?" 그리고 이제 우리는 이 중요한 질문에 대한 답을 좀 더 잘 이해할 수 있게 되었다.

잠시 후 당신은 이 책을 옆으로 제쳐놓고 삶의 다음 장으로 나아가 이 세상이라는 도가니 속에서 살아가게 될 것이다. 내일 아침에 전화벨이 울리고 고객들이 불평을 해대기 시작하면 삶의 현실이 나타나기 시작할 것이다. 우리는 힘겹고 도전적인 세상에서 살아간다. 하지만 그것은 우리가 움츠러들어야 할 세상이 아니며 사실 우리로서는 그럴 수도 없다.

미국인들은 한 꾸러미로 잘 포장된 문제들에 대해 단순하고도 직선적인 해결책을 기대하는 데 익숙하다. 가령 "행복한 삶을 위한 손쉬운 세 가지 해법" 혹은 "성공적인 삶을 위한 네 가지 확실한 방법" 같은 해법들을 말이다. 그러나 삶은 이런저런 해법들로 대처할 수 있는 것 이상으로 복잡하다. 우리는 하룻밤 사이에 지금의 우리가 된 것이 아니며, 또한 앞으로도 그렇게 빨리 변하지 못한다. 인내, 도전과 실패가 반복되는 노력, 매일 부지런히 자신을 갈고닦는 것이야말로 변화를 위한 길이다.

우리는 이 마지막 장에서 우리가 변화되고 우리의 삶을 다음 단계로 넘기기 위해 매일 실천해야 할 몇 가지 단계들을 개괄하려 한다. 다음 질문에 답해보자. "사람은 어떻게 변화될 수 있는가?"

유명한 유언들

유명한 남자들의 유언 혹은 말년에 남긴 말들은 매력적이다. 유언은 종종 그들이 삶의 초기에 취했던 입장이나 그것을 기준으로 삼아 살았던 우선순위들이 의미와 목적에 대한 그들의 갈망을 충족시키지 못했음을 드러낸다. 어떤 이들은 이 세상에서 커다란 존경을 얻는다. 그들의 성취는 사람들의 눈에 대단해 보인다. 그러나 삶의 끝 무렵에 과연 얼마나 많은 이들이 평안을 누렸을까? 얼마나 많은 이들이 모두가 바라는 목적, 의미 그리고 중요성에 대한 깊은 허기를 충족시켰을까?

당신은 어떤 위대한 이들이 무덤으로 갈 때 어떤 마음을 갖고 있었는지 알면 깜짝 놀랄 것이다.

> 죽음의 어두운 골짜기에서조차 둘 더하기 둘은 여섯이 아니다.
>
> 레프 톨스토이, 러시아 소설가

> 일생 인간의 문제로 씨름하다가 결국 발견한 것이 우리가 할 수 있는 충고가 고작 "좀 더 친절하라"라는 것임은 살짝 당혹스러운 일이다.
>
> 올더스 헉슬리, 『멋진 신세계』의 저자

오늘 매디슨 스퀘어 가든의 매출은 얼마나 되었나?

P. T. 바넘, 바넘 & 베일리 서커스의 광대 겸 설립자

우리 모두가 가게 되어 있어.

[맥킨리 대통령은 버팔로에서 암살당했다. 그가 임종하는 자리에서 그의 아내가 부르짖었다. "나도 갈래요. 나도 갈래요." 그러자 그가 이렇게 답한 것이다.]

윌리엄 B. 맥킨리, 미국의 25대 대통령

나는 일생 나를 둘러싸고 있는 죄의 구덩이에서 빠져나오려 했으나 그럴 수 없었다. 그리고 어떤 손길이 내려와 나를 붙잡아 세워주지 않는다면 앞으로도 결코 그러지 못할 것이다.

세네카, 로마의 철학자이자 정치가

이 세상의 모든 지혜는 우리가 이 세상을 떠날 때 타고 떠나야 하는 작은 뗏목과 같다. 우리가 그 위에 올라 항해할 수 있는 견고한 토대가 하나 있다면, 아마도 그것은 신의 말씀일 것이다.

소크라테스, 고대 그리스 철학자

나는 마지막 항해를 하려 한다. 그것은 어둠 속으로의 위대한 도약이 될 것이다.

토머스 홉스, 영국의 철학자

나는 빠져나갈 구멍을 찾고 있다네.

W. C. 필즈, 일생 동안 불가지론자로 살았던 미국의 코미디언

임종 자리에서 성경을 읽는 이유를 설명하면서

사람은 현실로부터 얻어낼 수 있는 만족이 빈약하기에 허기진 상태에 있다.

지그문트 프로이트, 심리분석의 창시자

나는 내 시간이 이르기 전에 죽는다. 그리고 나의 몸은 땅으로 돌아가 벌레들에게 먹힐 것이다. 나의 깊은 불행과 그리스도의 영원한 나라 사이에는 얼마나 깊은 간격이 존재하는가! 나 자신, 알렉산더 대왕 그리고 카이사르의 야망이 얇은 공기 속으로 사라지는 반면, 유대인 농부 예수가 오랜 세월 동안 그의 양손을 활짝 펴고 사람들과 나라들의 운명을 통제하고 있는 것에 나는 놀란다.

나폴레옹, 프랑스의 군인이자 정치 지도자

매일의 노력

재충전이 가능한 배터리를 사용하면 돈을 아낄 수 있다. 그러나 만약 그것들을 제때에 충전하지 않는다면, 당신은 일을 못하게 될 수도 있다. 배터리에 재충전이 필요한 것과 마찬가지로, 그리스도인들은 그들의 영적 배터리를 매일 재충전해야 한다. 그렇게 하지 않으면, 우리는 첫날에는 100% 충전 상태로 시작하고, 다음 날에는 85%만 충전된 상태로 시작하고, 그다음 날에는 70%, 그다음에는 50% 그리고 그다음에는 25%로 시작하다가 머지않아 전원에 접속할 힘조차 갖지 못하게 될 것이다.

그리스도인의 순례는 매순간 그리고 매일 이루어지는 여행이다. 거기에는 매일의 노력이 요구된다. 그것이 없다면 우리는 방황하게 될 것이다. "내 아들아 지식의 말씀에서 떠나게 하는 교훈을 듣지 말지니라"(잠 19:27).

하나님 나라는 여기에서 시작된다. 이곳은 하나님의 세상이다. 그러나 이곳에서는 선과 악이 나란히 살아간다. 그들은 적이다. 선과 악 사이의 이런 투쟁이 우리의 모든 문학, 뉴스, 영화 그리고 TV 쇼 전체를 지배하고 있다. 그것이 그렇게 지배하는 까닭은 그 투쟁이 우리 삶의 가장 실제적인 특성이기 때문이다. 우리가 매일 경계를 서지 않는다면, 다른 쪽이 우리의 저항의 벽을 깨뜨리고 침투할 것이다.

예수께서는 이렇게 말씀하셨다.

> 천국은 좋은 씨를 제 밭에 뿌린 사람과 같으니, 사람들이 잘 때에 그 원수가 와서 곡식 가운데 가라지를 덧뿌리고 갔더니, 싹이 나고 결실할 때에 가라지도 보이거늘 집 주인의 종들이 와서 말하되 주여 밭에 좋은 씨를 뿌리지 아니하였나이까. 그런데 가라지가 어디서 생겼나이까. 주인이 이르되 원수가 이렇게 하였구나. 종들이 말하되 그러면 우리가 가서 이것을 뽑기를 원하시나이까. 주인이 이르되 가만 두라, 가라지를 뽑다가 곡식까지 뽑을까 염려하노라. 둘 다 추수 때까지 함께 자라게 두라. 추수 때에 내가 추수꾼들에게 말하기를 가라지는 먼저 거두어 불사르게 단으로 묶고 곡식은 모아 내 곳간에 넣으라 하리라(마 13:24-30).

이 세상은 하나님의 밭이다. 그리고 그분은 그 밭을 선과 악, 가라지와 곡식이 나란히 살아가도록 만드셨다. 그러나 우리가 매일 물을 주고,

비료를 뿌리며, 밭을 갈아주지 않는다면, 가라지가 곡식을 삼킬 것이다.

정적이고 변하지 않는 삶은 거의 없다. 대개 우리의 영적 삶은 전진하거나 후퇴한다. 삶은 당신이 다니는 체육관에 있는 트레드밀과 같다. 앞으로 걷기를 그치면, 바닥에 쓰러질 것이다. 어떻게 해야 계속 앞으로 걸을 수 있을까? 매일 재충전을 해야 한다. 곡식은 한데 모아져 곳간으로 가고, 가라지는 뽑혀 불에 던져질 것이다.

우리가 올바른 선택을 하도록 돕기 위해 매일 취할 수 있는 실천적 단계들로는 어떤 것들이 있을까?

변화를 위해 매일 실천할 과제들

휴스턴 애스트로스(Huston Astros, 미국 텍사스주 휴스턴을 연고지로 하는 프로 야구팀―옮긴이 주)와 애틀란타 브레이브스(Atlanta Braves, 미국 조지아주 애틀랜타를 연고지로 하는 프로 야구팀―옮긴이 주)는 매년 봄 훈련을 위해 올랜도를 찾는다. 당신 생각에는 몸값만 수백만 달러가 넘는 그 혈기왕성한 운동선수들이 그 몇 주 동안 올랜도에서 무엇을 할 것 같은가? 그들이 플로리다를 찾아온 것은 복잡하고 거의 사용되지 않는 특별한 야구 전략을 익히기 위해서일까? 아니다. 그들이 매일 하는 것은 아주 기본적인 훈련, 즉 뛰고, 달리며, 치고, 몸을 만드는 일이다. 그들은 매일 치고, 달리며, 구른다. 같은 방식으로 그리스도인 역시 매일 기본으로 돌아가야 한다.

▶ 1. 매일의 준비

우리가 해야 할 첫 번째 영적 훈련은 매일 "가라지들" 사이에서 살아가기 위한 준비를 하는 것이다. 매일 아침이든 저녁이든 시간을 정해놓고 성경을 읽고 연구하고 기도하는 것이 사람이 변화되도록 돕는 건축용 블록의 첫 번째 요소를 구성한다. 나는 정기적으로 하나님의 말씀을 연구하지 않으면서 삶에 중요한 변화를 가져온 사람을 알지 못한다. 현재까지의 연구는 일주일에 네 차례 이상 이런 훈련을 하면 실제로 변화가 나타난다는 것을 알려준다.[49]

당신의 관심을 사로잡는 구절에 **밑줄을 그으라.** 힘, 용기 그리고 믿음을 북돋는 구절들을 **암기하라.** 훈련의 행위이자 믿음의 표현으로서 실제 모습 그대로의 하나님을 추구하는 것을 **매일의 습관으로 삼으라.**

그 과정에서 얻은 인상, 아이디어 그리고 기도를 적으라. 당신이 드린 기도를 **일기처럼 적고,** 그에 대한 응답을 기록해두라. 나는 나의 기도를 돕기 위해 ACTS라는 머리글자를 사용하고 있다.

- A는 하나님의 속성을 찬양하는 경배(adoration)를 가리킨다.
- C는 내가 지은 죄에 대한 용서를 구하는 고백(confession)을 가리킨다. 우리는 하나님에게 짧게나마 자신의 행위에 대해 설명하는 법을 배워야 한다.
- T는 하나님의 은혜와 나의 기도에 대한 응답에 대한 감사를 표현하는 감사(thanksgiving)를 가리킨다.
- S는 나를 위해 그리고 다른 이들을 위해 떠오르는 무엇이든 그리고 모든 것을 구하는 탄원(supplication)을 가리킨다.

끈질기게 기도하라(눅 11:5-13을 보라). 또한 나는 주기도문을 사용해 기도하며 종종 그중 한 구절을 두고 아주 상세하게 기도하기도 한다. 예컨대 "우리의 죄를 용서해주소서"라고 기도할 때 나는 용서를 구하는 나의 죄들을 하나하나 열거한다.

▶ 2. 매일의 유혹

모든 사람이 매일 죄를 짓도록 유혹을 받는다. 하나님은 우리가 원하기만 하면 탈출구를 제공해주시겠노라고 약속하신다. 유혹을 받을 때 그 생각을 거부하고 주님께서 우리에게 그런 유혹에 맞서 승리할 힘을 주시는 것에 감사하라. 사도 바울은 이렇게 쓴다.

> 사람이 감당할 시험밖에는 너희가 당한 것이 없나니. 오직 하나님은 미쁘사 너희가 감당하지 못할 시험당함을 허락하지 아니하시고 시험당할 즈음에 또한 피할 길을 내사 너희로 능히 감당하게 하시느니라(고전 10:13).

우리 마음에 무슨 생각이 떠오르든 간에 우리는 그것을 사로잡아 그리스도께 복종시켜야 한다. 그리고 기억하라. 생각만으로는 죄가 되지 않는다!

▶ 3. 매일의 죄

모두가 죄를 짓는다. 언젠가 세네카는 이렇게 말했다. "우리 모두가 죄를 지었다. 어떤 이는 많이, 어떤 이는 적게 지었을 뿐이다." 불가피하게 우리는 유혹에 넘어가 죄를 짓는다. 죄를 인식할 때 그것을 주님께 고백하고 그분이 요한1서 1:9에 나오는 그분의 약속을 따라 우리의 모든 죄 곧 과거와 현재와 미래의 모든 죄를 용서해주시는 것에 감사하라. 그리스도를 초대해 그분이 당신의 삶을 주도하시게 한 후, 삶의 다음 부분으로 넘어가라. 그것이 성령의 능력을 따라 사는 삶의 핵심이다. 요한은 이렇게 쓴다.

> 만일 우리가 죄가 없다고 말하면 스스로 속이고 또 진리가 우리 속에 있지
> 아니할 것이요. 만일 우리가 우리 죄를 자백하면 그는 미쁘시고 의로우사 우
> 리 죄를 사하시며 우리를 모든 불의에서 깨끗하게 하실 것이요(요일 1:8-9).

▶ 4. 매일의 능력

예수님께서 우리의 삶을 통제하실 때 우리 안에서 성령의 능력이 작
동한다(요 14:26; 16:13; 롬 8:9을 보라). 성령은 **모든** 신자에게 주어진다(고전
3:16을 보라).

그러나 모든 신자가 이 능력을 즐기지는 않는다. 그들이 그분에게 맞
서거나 죄를 짓기 때문이다. 대부분의 그리스도인은 매순간 그리고 매
일 하나님과 교제하며 사는 것이 무엇인지를 이해조차 하지 못한다. 하
나님의 성령의 열매─사랑, 희락, 화평, 인내, 자비, 양선, 충성, 온유, 절
제─는 그리스도께 항복해 매순간 그리스도의 마음에 자신의 삶을 맡
기는 자들에게만 주어진다.

만약 우리가 우리의 야망을 십자가에 못 박고, 우리의 죄를 고백하며,
예수 그리스도께 우리 삶의 첫 자리를 내어드린다면, 성령의 능력이 우
리의 모든 필요를 채워주실 것이다. 성령의 능력을 따라 사는 것은 매순
간 살아 계신 그리스도와의 강력한 관계 속에서 사는 것을 의미하며, 그
럴 경우 우리는 독수리처럼 날개를 치며 올라갈 것이고, 혹시 죄를 지을
때라도, 눈물로 그 죄를 고백함으로써 치유를 얻게 될 것이다.

▶ 5. 매일의 증언

우리의 삶에서 그리스도가 참으로 중요하다면, 그때 우리는 다른 이들에게 그분에 대해 말하고 싶어질 것이다. 모든 그리스도인은 증언하라는 **명령**과 그에 필요한 **능력**을 지니고 있다(행 1:18). 대위임(The Great Commission)은 이렇게 명령하지 않는다. "그러므로 너희 중 37%가 가서 모든 민족을 제자로 삼으라." 그것은 그저 "가라"고 명령한다. 당신은 다른 이들이 그리스도께 대한 믿음을 갖는 것을 보고자 하는 **갈망**을 갖고 있는가? 아니라면, 어째서 그러한가? 당신은 누군가에게 처음으로 그리스도를 신뢰하는 법을 보일 **능력**을 갖고 있는가? 아니라면, 훈련을 통해 그 능력을 얻으라(딤전 2:3-4; 벧전 3:15을 보라).

이 모든 것을 듣고 숙고한 후에 내릴 수 있는 결론은 이 세상에서 저 세상으로 넘어가는 것이 인간의 영혼뿐이라는 것이다. 따라서 만약 우리가 무엇보다 먼저 인간의 영혼의 필요를 다루지 않는다면, 다른 무엇이 의미가 있겠는가?

▶ 6. 매일의 순례

삶은 투쟁이다. 매일은 우리가 영원한 운명을 위해 준비하는 순례의 일부다. 매일 우리는 그리스도를 주님으로 인정하고 그분을 마음 안으로 구별해 모셔야 한다. 당신이 보고 듣는 좋은 것에 초점을 맞추라. 재판관 앞에 선 증인처럼 당신의 삶 속에 발생하고 있는 **변화**를 증언하라.

당신 주변의 사람들을 격려해 정기적으로 교제, 자문, 성경 공부 그리고 기도를 위해 함께 모이라. 누군가를 격려하는 것은 그들이 용기를 내도록 고무하는 것이다. 성경을 믿고 그리스도를 높이는 교회의 주중 예배에 참석하라. "가서 제자 삼으라"는 그리스도의 비전을 공유하는 리더가 이끄는 주중 성경 공부 모임에 참여하라. 자문 관계를 형성하라. 당신의 직업을 거룩한 소명으로 여기라. 당신이 가진 것을 나눌 때 가난한 이를 기억하라. 충실한 청지기가 되라. 편협함과 인종적 편견에 맞서 싸우라. 하나님과 사람을 향한 사랑을 증진시키라. 그리고 기억하라. 일터에서의 그 어떤 성공도 가정에서의 실패를 보상하지 못한다.

부분적 항복이라는 죄

플로리다의 19대 주지사 풀러 워렌(Fuller Warren)은 위스키에 대한 입장이 어떠하냐는 질문을 받았을 때 이렇게 답했다.

> 만약 당신이 말하는 것이 사람들의 마음에 독을 타고, 육체를 오염시키며, 가족의 삶을 망치고, 죄를 부추기는 악마의 음료라면, 나는 그것에 반대합니다. 그러나 만약 당신이 말하는 것이 크리스마스 분위기를 띄우고, 겨울의 냉기를 막아주며, 어린 장애아들을 위로하기 위한 공적 금고를 위한 기금을 마련하는 데 필요한 과세 대상이 되는 것이라면, 나는 그것에 찬성합니다. 그것이 나의 입장입니다. 그리고 나는 그 입장에 대해 타협하지 않겠습니다.[50]

우리 중 대부분이 이처럼 그리스도와 이 세상에서의 삶 사이를 왔다 갔다 한다. 또한 그렇게 타협을 하는 까닭은 우리가 주 예수 그리스도께 부분적으로만 항복했기 때문이다. 우리에게 제기되는 도전은 어떤 종류의 사람, 즉 이 책이 묘사해온 사람, 다시 말해 기독교적 세계관에 헌신한 사람 곧 성경적 그리스도인이 되라는 것이다.

결론

이제 발걸음을 멈추고 당신의 영원한 운명과 이 세상에서의 존재 목적에 관해 진지하게 생각해볼 시간이다. 성찰하는 삶은 살 만한 가치가 **있다!** 그리스도께서 당신 마음의 모든 깊은 구석을 살펴보시도록 결단하라. 그리스도께서는 우리가 이 세상의 틀을 깨고 진정한 그리스도인의 삶을 살아갈 능력을 주시기를 원하신다. 그러나 거기에는 우리 쪽의 매일의 노력이 요구된다.

언젠가 나의 아버지는 어느 종업원이 이렇게 말하는 소리를 들으셨다. "몰리 씨, 저에게는 더 많은 돈이 필요합니다. 당신이 저에게 돈을 더 주신다면, 분명히 약속드리는데, 더 열심히 일하겠습니다."

현명한 눈을 반짝이며 아버지는 이렇게 대응하셨다. "자네에게 돈이 더 필요하다는 것을 알겠네. 한마디 하지. 나는 자네를 돕고 싶네. 가서 더 열심히 일하게나. 그러면 내가 자네에게 더 많은 돈을 주겠네."

종종 우리는 그 어떤 노력도 하지 않은 채 하나님께서 우리의 "급료"를 올려주시기만 바란다. 그러나 높은 임금을 받으려면 우리가 먼저 그분을 있는 그대로 알기 위해 매일 얼마간이라도 단계를 밟아나갈 필요가 있다.

이제 펜은 당신의 손에 들려 있다. 그러니 가라. 가서 당신 스스로 이 책의 다음 장을 쓰라. 하나님께서 당신의 마음에 있는 모든 갈망을 이루어 주시기를 바란다.

토론 문제

1. 무엇이 변화에 저항하도록 만드는가? 성경이 당신에게 요구하는 사람이 되기 위한 변화에 저항하도록 만드는 것이 무엇인가?

2. 하나님께 대한 당신의 불만은 무엇인가? 하나님이 답해주시기를 바라는데 그분이 답을 주시지 않은 어떤 문제를 갖고 있는가? "삶은 커다란 의문부호이다. 하나님은 커다란 답이시다"라는 진술에 대해 어떻게 생각하는가? 당신에게는 정말로 모든 답이 필요한가, 혹은 하나님만으로 충분한가?

3. 사람들에게 기억되기를 바라는 당신의 유언을 적어보라.

4. 당신은 변화에 필요한 매일의 노력을 기울일 준비가 되어 있는가? 당신은 "사람들은 한 꾸러미로 잘 포장된 문제들에 대해 단순하고도 직선적인 해결책을 기대하는 데 익숙하다"라는 진술을 개인적으로 어떤 방식으로 확인하는가?

   · 당신은 매일의 준비 과정에서 특별히 무엇에 헌신하는가?
   · 매일의 유혹에 어떻게 대비하는가?
   · 매일의 죄를 어떻게 다루는가?
   · 성령의 능력 안에서 살아가는 법을 이해하고 있는가? 있다면 설명해보라.

5. 다른 이들이 예수 그리스도 안에 있는 구원에 이르는 믿음을 얻고자 그분께 나아오는 것을 보고자 하는 갈망을 갖고 있는가? 그들을 그렇게 이끄는 훈련을 받은 적이 있는가? 없다면, 그런 상황을 바로잡기 위해 어떤 준비를 할 것인가?

6. 부분적인 항복의 죄를 지은 적이 있는가? 즉 당신 몫의 케이크를 갖고 있으면서 다른 쪽도 먹고자 하는 죄를 지은 적이 있는가? "옛사람"의 길과 깨끗이 결별할 의지가 있는가?

저자의 새로운 후기

이제 어떻게 해야 하나?

이제 당신은 어디로 가려 하는가? 우리 나라와 세계는 세상을 황폐하게 만드는 "인생의 문제"와 마주하고 있다. 남자들의 결혼과 가정에서 나타나는 부차적인 피해는 믿기 어려울 정도다. 물론 우리가 고의로 실패하는 것은 아니다. 그러나 만약 앞으로의 25년이 지난 25년과 같다면, 지금까지 우리가 알아 왔던 삶은 더 이상 존재하지 않게 될 것이다.

우리가 현재의 상황 속에 얼마나 깊이 빠져 있든 간에, 유일한 해결책은 우리의 삶의 방식을 제자화하는 것이다. 제자를 만드는 것은 우리가 마주하고 있는 모든 문제에 하나님의 복음의 능력을 풀어놓기 위해 그분이 직접 고안하신 방법이다.

예수께서 "가서 제자가 **되라**"라고 말씀하시지 않으셨다는 것에 주목하라. 그분은 이렇게 말씀하셨다. "가서 제자를 **만들라**." 물론 당신은 누군가에게 당신이 갖고 있지 않은 것을 주지 못한다. 그런 까닭에 제자가 되는 것은 중요하다. 그러나 한 세대 전에 우리는 "만들기"를 희생하면서 "되기"를 강조했다. 그로 인한 결과는? 오늘날 대부분의 그리스도인들은 전염성을 갖고 있지 않다. 사람들은 우리를 향해 콧방귀를 낀다. 그리고 아무도 우리가 갖고 있는 것을 붙잡지 않는다. 우리는 "넘겨주지 않는" 영적 과식자들의 세대를 만들어냈다.

그러니 이제 당신은 여기를 떠나 어디로 가려는가? 이 책에서 나는 당신을 제자화하기 위한 단계를 밟았다. 이제는 당신이 가서 다른 이들을 제자로 삼을 차례다. 먼저 당신의 가족을 제자화하는 것을 잊지 마라. 그것이 당신의 가장 중요한 우선순위가 되어야 한다. 당신의 가족을 제자화한 후에 오늘날 당신을 가장 필요로 하는 전쟁터로 나아가 사람들을 제자화하라. 그들에게 "넘겨주는 것"을 가르치라. 왜냐하면 당신의 제자가 다른 제자들을 만들어내기 전까지 당신은 제자를 만드는 것이 아닐 것이기 때문이다.

예수님의 말씀에 따르면, 제자 삼는 일은 틀림없이 앞으로 25년의 상황에 변화를 가져다줄 것이다.

리더를 위한 지침

『어떻게 살 것인가』에 관한 토론 그룹을 시작하는 데 관심이 있는 이들
은 누구나 성공적으로 그렇게 할 수 있다. 또한 그들은 다음과 같은 지
침들을 따름으로써 활발한 토론을 이끌 수 있다.

1. 몇 주에 한 번씩 모일지 그리고 각 주에 어느 장을 읽고 토론할지
를 정하라. 그룹은 기존의 성경 공부 모임, 교제 그룹, 기도 그룹 혹은 성
인 교육반으로부터 만들어질 수도 있다. 혹은 완전히 새로운 그룹을 만
드는 것도 가능하다.

2. **새로운 그룹을 시작하는 법.**『어떻게 살 것인가』목차와 각 장들 끝
에 있는 토론 문제들을 복사해 당신이 함께 만나고 싶은 이들에게 나눠
주라. 그들이 그 책을 읽고 각 장 끝에 있는 토론 문제에 대해 논의하는
그룹에 참여하고 싶은지 물어보라. 그것은 회사, 교회, 이웃 혹은 다른
어떤 곳에 속한 이들이 함께 모이는 그룹이 될 수 있다. 적절한 규모는
8-12명 사이가 될 것이다(간혹 어떤 이들이 모임에 빠질 수도 있음을 감안하라).
몇 주 동안 만날지를 결정하라. 6주 동안 만나 처음 여섯 장에 관해 토론

하는 식으로 시작하는 것에 대해 고려해보라. 더 긴 모임보다 6주 정도의 모임에 관심을 가질 이들이 많기 때문이다. 5주와 6주 즈음에 각 사람에게 그 책의 나머지 장들에 관한 논의를 계속해나가자는 제안을 해보라. 그러나 설령 그들이 6주 후에 모임을 멈춰야 하거나 그러기를 원한다고 할지라도 죄책감을 느끼지 않게 하라. 만약 그룹이 형성된다면, 그들에게 『어떻게 살 것인가』에 대한 공부를 마친 후에라도 계속해서 만나는 그룹을 만들자고 제안할 수도 있을 것이다.

3. **첫 주.** 각 사람에게 책과 함께 시간 계획표를 나눠주라. 첫 번째 장을 다음 주 독서 과제로 제시하고 그 장 끝에 있는 토론 문제들에 답할 준비를 하라고 요청하라. 각 사람에게 3분에 걸쳐 간략하게 지금 자신이 영적 여행의 어느 지점에 있는지에 관해 말해 달라고 요청하라. 이 질문에 대한 정답이 존재하지 않는다는 점을 주지시키라. 어떤 이는 시작 단계에 있을 수 있고, 다른 이들은 높은 단계에 있을 수도 있다. 기도로 모임을 마무리하라. 당신이 마치겠다고 말한 시간에 정확하게 마치라.

4. **그 이후의 모임.** 어색함을 깨뜨리는 질문으로 시작하라. 한 가지 방법으로 매주 다른 사람에게 최대 5분간 자신이 어떻게 그리스도인이 되었는지 개인적인 증언을 할 기회를 줄 수도 있다. 다음과 같은 것이 1시간짜리 모임을 위한 좋은 시간표가 될 수 있을 것이다.

- 어색함을 깨뜨리기 위한 질문(5분)
- 토론 문제에 대한 논의(45분)
- 그룹 기도(10분)

5. **대안적 방식.** 각 장에 관한 20분짜리 강연을 준비하라. 프레젠테이션 후에 30분간 토론 문제들에 관해 논의하고 10분간 기도하라. 당신의 창의성을 사용해 사람들이 『어떻게 살 것인가』를 다루도록 도울 수 있는 다른 방법들을 모색하라.

6. **다과.** 커피, 물 그리고 무알콜 음료 등을 준비하라. 점심이나 아침 시간에 만난다면, 식사를 위해 추가로 15분 정도를 확보하라.

7. **토론 이끌기.** 성공적인 토론 그룹을 만드는 핵심은 각 사람이 말할 기회를 얻게 하는 당신의 능력이다. 당신의 역할은 각 사람이 그날의 주제에 대해 자신의 생각과 아이디어를 내놓도록 격려하는 것이다. 주제를 벗어난 질문이 제기되는 경우, 그 문제는 다른 시간에 논의하자고 제안하라. 어떤 이가 너무 장황하게 말하는 경우, 그에게 수줍은 사람들이 말할 수 있게 해달라고 은밀하게 요청하라. 그룹 내에 수줍은 사람이 있을 경우, 당신이 주도해서 다음과 같이 물으라. "모모 씨, 당신은 세 번째 질문에 뭐라고 답하시겠습니까?" 같은 질문을 연속해서 하라. 그리고 모두가 그 질문에 대해 언급할 기회를 얻게 하라. 시간이 부족해 모든 질문을 다룰 수 없더라도 걱정하지 마라. 사람들에게 입을 열 기회를 주는 것이 목표다. 반드시 모든 질문에 답할 필요는 없다.

8. 당신은 『어떻게 살 것인가』에 관한 토론을 이끌 만한 성경 교사로서의 경험을 갖고 있지 않을 수도 있다. 누군가 당신이 답하기 어려운 질문을 할 경우, 간단하게 모르겠다고 말하고 넘어가라.

9. 그룹 토론을 통해 경험하게 될 기쁨과 깊은 이해가 당신의 노력이 가치 있는 것임을 알려줄 것이다.

감사의 말

나의 영적 성장에 가장 큰 영향을 준 이들에게 깊은 감사와 사랑을 표현하고자 한다. 그들이 나에게 영향을 준 순서대로 그들의 이름을 열거하자면 다음과 같다. 나의 아버지 밥 몰리, 나의 장인 에드 콜, 나의 첫 번째 성경 공부 리더 짐 길리언, 톰 스키너, 내 아들 존 몰리, 은퇴할 때까지 나의 담임목사였던 척 그린, R. C. 스프로울, 빌 브라이트, 사위 제이 시몬, 지금 나의 담임목사 조엘 헌터 그리고 손자 데이비스 콜 몰리.

『어떻게 살 것인가』는 또한 다음 네 명의 여인으로부터 깊은 영향을 받았다. 나의 어머니 앨린, 나의 아내 팻시, 팻시의 어머니 준, 나의 딸 젠.

원고를 꼼꼼히 살펴서 독자들에게 진정성이 있고 이해될 만한 것이 되도록 만들어준, 지난 25년간 나의 담임목사였던 척 그린과 나의 아내 팻시에게 특별한 감사를 드린다. 새 원고를 교정하고 여러 가지 유익한 제안을 해준 제이미 투르코에게도 감사드린다.

나는 나 같은 무명작가의 책을 출판하기로 동의해준 로버트 월게머스와 마이크 하얏트에게 깊은 감사를 드린다. 그리고 특히 로버트가 에릭과 함께 지난 25년 동안 출판된 20여 권의 책에 대한 나의 저작권 대리인으로 남아준 것에 감사드린다.

존더반 출판사에 있는 나의 동료와 친구들에게, 특히 이 개정판의 출판을 위해 격려해준 존 슬로안과 더크 버스마에게 감사드린다. 또한 그들의 모든 스태프에게도 감사드린다.

그동안 나는 너무 많은 이들에게 도움을 받았으나, 만약 내가 맨 인 더 미러(Man in the Mirror, 저자가 설립한 사역단체—옮긴이 주)에 있는 환상적인 팀—가볍게 선택한 단어가 아니다—에 대한 감사를 잊는다면, 나 자신을 용서하기 어려울 것이다. 그들은 "모든 교회가 모든 남자를 제자화하는 것"을 가능하게 만든다는 우리의 비전을 솜씨 있게 진척시키고 있다. 그들의 사랑과 지원이 없었다면, 이 모든 일은 일어나지 못했을 것이다.

미주

1   Vance Packard, *The Hidden Persuaders* (New York: Pocket Books, 1981), 17.

2   James Heiser, "Ted Koppel's Absurd Lament Over Media Bias," *The New American*, 〈www.thenewamerican.com/usnews/politics/item/3532-ted-koppels-absurd-lament-over-media-bias〉 (2014년 2월 13일 접속)에서 인용.

3   Wilson Bryan Key, *Subliminal Seduction* (New York: Signet, 1974), 61.

4   Jean M. Twenge, W. Keith Campbell, Elise C. Freeman, "Generational Differences in Young Adults' Life Goals, Concern for Others, and Civic Orientation, 1966-2009," *Journal of Personality and Social Psychology*, vol. 102, no 5 (2012): 1045-62에서 인용.

5   Francis A. Shaeffer, *A Christian Manifesto* (Westchester, IL: Crossway, 1981), 17-18. 『기독교 선언』(생명의말씀사 역간).

6   Allan Bloom, *The Closing of the American Mind* (New Yokr: Simon and Schuster, 1987), 41.

7   Lane Cooper, *Louis Agassiz as a Teacher*, copyright ⓒ 1945 by Cornell University에서 재인용. 출판권자의 허락을 받아 사용함.

8   Francis A. Schaeffer, *How Should We Then Live?* (Westchester, IL: Crossway, 1976), 205. 『그러면 우리는 어떻게 살 것인가?』(생명의말씀사 역간).

9   Frank Grenville Beardsley, *A History of American Revivals* (New York: American Tract society, 1912), 211; U.S. census data.

10 조사에 따르면, 2012년 미국의 가계 부채는 약 114조 달러에 이르며, 미국 인구 조사국에는 약 1억1천5백만 가구가 등록되어 있다. Lam Thuy Vo, Jacob Goldstein, "Household Debt In America, In 3 Graphs," National Public Radio online, 〈www.npr.org/blogs/money/2012/11/21/165657931/household-debt-in-america-in-3-graphs〉 (2014년 2월 14일 접속); "State & Country Quick Facts," U.S. Census Bureau online, 〈http://qickfacts.census.gov/qfd/states/0000.html〉(2014년 2월 14일 접속).

11 C. S. Lewis, *Mere Christianity* (New York: Macmillan, 1943), 10을 보라. 『순전한 기독교』(홍성사 역간).

12 "State of the American Workplace: Employee Engagement Insights for U. S. Business Leaders," Gallup, Inc., 2013, 〈www.gallup.com/strategicconsulting/163007/state-american-workplace.aspx〉(2014년 2월 18일 접속).

13 "Cat's in the Cradle," Sandy and Harry Chapin 작사 작곡, copyright © 1974, Story Songs, Ltd.

14 "The World Fact Book," Central Intelligence Agency, 〈www.cia.gov/library/publication/the-world-factbook/fields/2127.html〉(2014년 2월 18일 접속).

15 Michael Foust, "70 percent of High School Students Are Virgins, Study Reports," *Baptist Press*, 〈www.bpnews.net/BPnews.asp?ID=33877〉(2014년 2월 18일 접속).

16 James C. Dobson, *Straight Talk to Men and Their Wives* (Waco, TX: Word, 1984), 35-36 에서 재인용.

17 Matea Gold, "Kids Watch More Than a Day of TV Each Week," *Los Angeles Times*, 〈http://articles.latimes.com/2009/oct/27/entertainment/et-kids-tv27〉(2014년 2월 18일 접속).

18 Myron Magnet, "The Money Society," *Fortune*, July 6, 1987, 〈http://money.cnn.com/magazines/fortune/fortune_archive/1987/07/06/69235/st-kids-tv27〉(2014년 2월 18일 접속).

19 Anne Marie Miller, "3 Things You Don't Know About Your Children and Sex," *Church Leaders*, 〈www.churchleaders.com/youth/yourth-leaders-articles/169715-anne-marie-miller-things-you-know-about-your-children-and-sex.html?p=1〉(2014년 2월 18일 접속)

20 Gordon McDonald, *The Effective Father* (Wheaton, IL: Tyndale House, 1977), 79. 『좋은 아빠가 되기까지』(하늘사다리 역간).

21 "Too Soon, Children Are Grown, the Years Gone," June 2, 1988, Chicago Tribune, (2014년 2월 18일 접속). 출판권자의 허락을 받아 사용함.

22 Carol Kent, Speak Up with Confidence (Nashville: Nelson, 1987), 89에서 재인용.

23 "I Am a Rock" Paul Simon 작사, 작곡, copyright © 1965.

24 Charles Lamb, "The Two Races of Me," in *The Prose Works of Charles Lamb*, vol. 2 (London: Edward Moxon, 1836), 50.

25 Terence P. Jeffry, "U.S. Government's Foreign Debt Hits Record $5.29 Trillion," 2012 년 8월 16일, *CNS News*, 〈http://cnsnews.com/news/article/us-government-foreign-debt-hits-record-529-trillion〉(2014년 2월 18일 접속).

26 Bernard M. Bass, *Bass & Stogdill's Handbook of Leadership: Theory, Research & Managerial Applications*, 3rd ed. (New York: Free Press, 1990).

27 "At Talk with Brzezinski," *New York Times* Opinion, 1981년 4월 22일자, 〈www.

nytimes.com/1981/04/22/opinion/a-talk-with-brzezinski.html〉 (2014년 2월 22일 접속).

28　Louis B. Barnes and Mark P. Kriger, "The Hidden Side of Organizational Leadership," MIT *Sloan Management Review*, 1986년 10월 15일에서 재인용. 〈http://sloanreivew.mit.edu/article/the-hidden-side-of-organizational-leadership/〉(2014년 2월 22일 접속).

29　Peter Drucker, "Getting Things Done: How to Make People Decisions," *Harvard Business Review* (July-August 1985), 1.

30　Leo Tolstoy, "Three Methods of Reform," in *Pamphlets: Translated from the Russian* (Christchurch, Hants, UK: Free Age Press, 1900), 29.

31　Theodore Roosevelt, "The Man in the Arena," 1910년 4월 23일에 한 그의 연설 "Citizenship in the Republic"에서 발췌함. 〈*www.theodoreroosevelt.com/trsorbonnespeech.html*〉(2014년 2월 22일에 접속).

32　Dale Carnegie, *How to Win Friends and Influence People* (New York: Simon & Schuster, 1936), 93. 『데일 카네기 인간관계론』(현대지성 역간)

33　C. S. Lewis, *Mere Christianity* (New York: Touchstone, 1996), 112.

34　Discovery Channel, "How Often Does the Average Person Tell a Lie?" *Cognitive Neuroscience*, 〈http://curiosity.discoveryh.com/question/average-person-tell-lie〉(2014년 2월 24일 접속).

35　John Witherspoon, *The Works of the Reverend John Witherspoon*, vol. 2 (Philadelphia: William Woodward, 1802), 562.

36　S. I. McMillen, MD. *None of These Diseases* (Westwood, NJ:Spire, 1973), 72.

37　"The Effect of Stress on Your Body," *Mental Health Center, WebMD*, 〈www.webmd.com/mental-health/effects-of-stress-on-your-body〉(2014년 2월 24일 접속).

38　John White, *Putting the Soul Back in Psychology* (Downers Grove, IL: InterVarsity, 1987), 79.

39　Howard Dayton, 컴파스(Compass)의 설립자. 개인적 서신을 통해 알려줌.

40　Anne Morrow Lindbergh, *Hour of Gold, Hour of Lead: Diaries and Letters of Anne Morrow Lindbergh, 1929-1932* (New York: Harcourt Brace Jovanovich, 1973), 3.

41　Albert M. Wells Jr., ed., *Inspiring Quotations: Contemporary and Classical* (Nashville: Nelson, 1989), 90에서 재인용.

42　John Ruskin, *The Works of John Ruskin, vol. 5 (New York:Wiley, 1885)*, 268.

43　R. C. Sproul, *Pleasing God* (Wheaton, IL: Tyndale House, 1988), 79.

44 Dwight L. Moody, *Life Words: Selections from Gospel Addresses of D. L. Moody* (London: John Snow, 1875), 53.

45 Packard, *Hidden Persuaders*, 12-13에서 재인용.

46 "Standing for the Faith," International Diocese, Anglican Church in North America, 〈www.idio.net/content/standing-faith〉 (2014년 2월 25일 접속).

47 Bill Nelson, *Mission* (New York: Harcourt Brace Jovanovich, 1988), 120.

48 "Taylor Says He Made a 'Bad Decision,'" September 1, 1988, *New York Times*, 〈www.nytimes.com/1988/09/01/sports/taylor-says-he-made-a-bad-decision.html〉(2014년 2월 24일 접속).

49 Arnie Cole, EdD, Pamela Caudill Ovwigho, Ph.D. "Understanding the Bible Engagement Challege: Scientific Evidence for the Power of 4," December 2009, Center for Bible Engagement, 〈www.centerforbibleengagement.org/images/stories/pdf/Scientific_Evidence_for_the_Power_of_4.pdf〉(2014년 2월 24일 접속).

50 Jacksonvill Jaycees, "The History of the Jaycees,"〈www.jacksonville-jaycees.org/jaycees_history.html〉 (2014년 2월 24일 접속).

● 독자 여러분들께 알립니다!

'CH북스'는 기존 '크리스천다이제스트'의 영문명 앞 2글자와
도서를 의미하는 **'북스'**를 결합한 출판사의 새로운 이름입니다.

어떻게 살 것인가

남자가 세상에서 하나님의 뜻대로 산다는 것

1판 1쇄 발행 2020년 7월 1일
2판 1쇄 발행 2020년 12월 15일

발행인 박명곤
사업총괄 박지성
편집 채대광, 김준원, 박일귀, 고여림, 이은빈
디자인 구경표, 한승주
마케팅 박연주, 유진선, 이호, 김수연
재무 김영은
펴낸곳 CH북스
출판등록 제406-1999-000038호
대표전화 070-4917-2074 **팩스** 031-944-9820
주소 경기도 파주시 회동길 37-20
홈페이지 www.hdjisung.com **이메일** main@hdjisung.com
제작처 영신사 월드페이퍼

"크리스천의 영적 성장을 돕는 고전"
세계기독교고전 목록